Systemwettbewerb und Umverteilung

CeGE-Schriften

Center for Globalization and Europeanization of the Economy
Centrum für Globalisierung und Europäisierung der Wirtschaft
Georg-August-Universität Göttingen

Band 11

Verantwortliche Herausgeberin für diesen Band:
Renate Ohr

PETER LANG
Frankfurt am Main · Berlin · Bern · Bruxelles · New York · Oxford · Wien

Ingmar Kumpmann

Systemwettbewerb und Umverteilung

Gefährdet die Globalisierung den Sozialstaat?

PETER LANG
Europäischer Verlag der Wissenschaften

Bibliografische Information Der Deutschen Bibliothek
Die Deutsche Bibliothek verzeichnet diese Publikation in der Deutschen Nationalbibliografie; detaillierte bibliografische Daten sind im Internet über <http://dnb.ddb.de> abrufbar.

Zugl.: Göttingen, Univ., Diss., 2004

D 7
ISSN 1617-741X
ISBN 3-631-53729-8

www.peterlang.de

Vorwort der verantwortlichen Herausgeberin

Wirtschaftliche Aktivitäten erfolgen heute im Rahmen einer weltweiten Vernetzung der Gütermärkte, der Geld- und Kapitalmärkte sowie der Arbeitsmärkte, verbunden mit einer wachsenden internationalen Interdependenz wirtschaftspolitischer Maßnahmen. Dieser Prozess – zumeist als Globalisierung bezeichnet – bietet die Chance eines wachsenden Wohlstandes, aber er ist auch mit Risiken verbunden. Die Hauptwege der Globalisierung – ein unbeschränkter Außenhandel und freier internationaler Kapitalverkehr – stehen deshalb nicht überall gleichermaßen hoch im Kurs. Manche krisengeschüttelten Schwellenländer beklagen, dass sie zum Spielball volatiler Finanzmärkte geworden seien. Die ärmsten der Entwicklungsländer fühlen sich durch einen freien Welthandel oft eher ausgebeutet denn unterstützt. Und nicht zuletzt nennen von Arbeitsmarkt- und Finanzierungsproblemen geplagte Industrieländer gerne den globalen Wettbewerb als Ursache ihrer internen Misere. Globalisierung intensiviere den Standortwettbewerb, wodurch u.a. auch die Systeme der sozialen Sicherung der einzelnen Staaten in Konkurrenz zueinander gerieten und sich hohe Sozialstandards nicht halten ließen. Das „Soziale“ in unseren marktwirtschaftlichen Ordnungen ginge verloren.

Dies zum Ausgangspunkt nehmend befasst sich die vorliegende Untersuchung mit der Frage, ob der mit der Globalisierung verbundene verstärkte Wettbewerb auch zu einem Systemwettbewerb zwischen den Staaten führt, der letztlich den wirtschaftspolitischen Umverteilungsmaßnahmen enge Grenzen setzt oder sie gar auf ein Minimum „herunterkonkurriert“. Dazu wird zunächst auf die Ziele und Notwendigkeiten einer staatlichen Sozialpolitik eingegangen, anschließend wird der zwischenstaatliche Systemwettbewerb charakterisiert. Die Folgen des Systemwettbewerbs für den Spielraum der Umverteilungspolitik werden sodann sowohl theoretisch als auch empirisch analysiert, wobei der Autor nicht nur auf vorhandene empirische Untersuchungen zurückgreift, sondern auch eine eigene Studie vorstellt.

Die Untersuchung kommt zu dem Ergebnis, dass es nicht der internationale Kapitalverkehr und damit der Standortwettbewerb um Direktinvestitionen ist, der den größten Wettbewerbsdruck auf die Sozialstandards auslöst, sondern – wenn überhaupt – der internationale Handel. Dieses Ergebnis leistet zugleich einen Beitrag zur Erklärung, warum der Sozialstaat in den Industrieländern trotz der Globalisierung nicht „wegkonkurriert“ wurde. Denn es sind vor allem die internationalen Kapitalströme, die in rasantem Tempo zugenommen haben, während der Welthandel zwar auch wuchs, aber nicht in vergleichbarem Maße.

Die vorliegende Arbeit ist in das Forschungsprogramm des Centrums für Globalisierung und Europäisierung der Wirtschaft (CeGE) eingebettet. Das CeGE hat sich unter anderem zum Ziel gesetzt, globale Wirtschaftsbeziehungen in ihren Ursachen und Auswirkungen interdisziplinär zu analysieren und daraus wirtschaftspolitische Handlungsempfehlungen abzuleiten. Die hier vorgestellte Analyse trägt dazu bei, indem sie die aus der Globalisierung resultierenden Herausforderungen des Standortwettbewerbs und des Systemwettbewerbs analysiert und in ihren Konsequenzen für wirtschaftspolitische Zielsetzungen diskutiert – eine sowohl aktuelle als auch brisante Fragestellung mit interessanten Ergebnissen.

Renate Ohr

Danksagung

Das vorliegende Buch habe ich während meiner Tätigkeit als wissenschaftlicher Mitarbeiter am Institut für Volkswirtschaftslehre der Universität Hohenheim und am Volkswirtschaftlichen Seminar der Georg-August-Universität Göttingen geschrieben.

Ich danke Frau Prof. Dr. Renate Ohr für die Betreuung der Arbeit, für inhaltliche Anregungen und für die angenehme Zusammenarbeit am Lehrstuhl. Herrn Prof. Dr. Gustav Kucera danke ich dafür, dass er bereit war, das Zweitgutachten zu übernehmen. Ihnen beiden und Herrn Prof. Dr. Wolfgang Benner vom Betriebswirtschaftlichen Seminar der Universität Göttingen danke ich für die faire Doktorprüfung. Ich danke Frau Anita Lackemann und Frau Monika Rudolph für die Organisation der Prüfung.

Ich danke meinem sehr guten Freund Ingo Schade dafür, dass er mir bei den für die Regressionsanalysen wichtigen Computerprogrammen und der Lösung von Computerproblemen geholfen hat. Herrn PD Dr. Bernd Hayo danke ich für wichtige Hinweise zur Anwendung von ökonometrischen Verfahren. Herrn Marius Busemeyer und Herrn Prof. Dr. Manfred Schmidt von der Universität Heidelberg danke ich dafür, dass sie mir Teile einer bislang unveröffentlichten Datenbank zur parteipolitischen Zusammensetzung von Regierungen, die ich für die Regressionsanalyse brauchte, zur Verfügung gestellt haben.

Ich danke meinem Kollegen Dr. Carsten Eckel für hilfreiche Kommentare zur Frage der Motive für die Standortwahl bei Direktinvestitionen.

Meinem Freund Robert Ulmer danke ich herzlich für die guten Kommentare und Kritiken, mit denen er mich in vielen interessanten Diskussionen auf wesentliche Argumente zu dem Thema aufmerksam gemacht hat. Ihm ist dieses Buch gewidmet.

Ingmar Kumpmann

Für Robert

Inhaltsverzeichnis

Verzeichnis der Abbildungen und Tabellen

Abbildungen im Text:

Tabellen im Text:

Tabellen im Anhang:

Erster Teil: Einleitung

Seit Jahren ist die Globalisierung der Wirtschaft in der öffentlichen Diskussion. Die Zunahme internationaler Wirtschaftsbeziehungen und deren Folgen stehen im Mittelpunkt vieler wirtschaftspolitischer Debatten. Dabei nehmen die Auswirkungen der ökonomischen Internationalisierung auf die Politik einen großen Raum ein. Oft wird die Vermutung geäußert, die Autonomie der Politik werde durch die zunehmende Internationalisierung der Wirtschaft immer mehr eingeschränkt. In einer Welt, in der die privatwirtschaftlichen Akteure die Möglichkeit haben, durch Abwanderung den staatlich gesetzten Zwängen auszuweichen, verliere die Politik an Gestaltungsspielraum. Dies betreffe insbesondere den Versuch, die am Markt entstandenen Einkommensverhältnisse durch Umverteilung zu verändern. Die Finanzierung der sozialpolitisch motivierten Umverteilung sei immer weniger möglich, da diejenigen Wirtschaftssubjekte, die die Kosten tragen sollen, sich durch Abwanderung entziehen könnten. Der Staat, der den Wettbewerb regulieren und unerwünschte Wettbewerbsergebnisse korrigieren soll, müsse sich zunehmend selbst dem Wettbewerb stellen, nämlich einem „neuen Systemwettbewerb“ (Hans-Werner Sinn[1]) mit anderen Staaten um die Gunst mobiler Produktionsfaktoren und um Absatzmärkte für die eigenen Unternehmen. Die Kosten der Umverteilung wirkten dabei als Wettbewerbsnachteil und gerieten unter Druck. Im Systemwettbewerb der Staaten sei deshalb eine sozialpolitisch motivierte Umverteilung zugunsten der Alten, Armen und Kranken nicht mehr aufrecht zu erhalten.

Dieser Ausgangsthese wird jedoch von vielen Autoren mit unterschiedlichen Argumenten widersprochen. Höhere Mobilität könne mit der Aufrechterhaltung von Umverteilungssystemen einhergehen, wenn die Nettozahler ein Interesse am Wohlergehen der Leistungsempfänger haben, oder wenn nicht Steuern und Sozialbeiträge, sondern andere Faktoren für Wanderungsentscheidungen ein größeres Gewicht haben. Nicht zuletzt gibt es den empirischen Befund, dass es in den letzten Jahrzehnten in den Industrieländern trotz Internationalisierung tatsächlich nicht zum umfassenden Abbau von Umverteilungssystemen gekommen ist.

Das Ziel dieser Arbeit ist zu überprüfen, ob die Ausgangsthese der Debatte zutrifft, ob also die staatlich organisierte Umverteilung von Einkommen zugunsten

---

[1] Vgl. H.-W. Sinn (2003) und (2004).

der alten Menschen, der Arbeitslosen, der Kranken und anderen Bedürftigen infolge der Internationalisierung der Wirtschaft reduziert wird.

Der eigene Beitrag dieser Arbeit zu der Debatte besteht darin, die Unterschiedlichkeit der Formen des internationalen Wettbewerbs zu betonen und darauf aufbauend die verschiedenen Wirkungen dieser Formen zu analysieren. So muss vor allem zwischen dem Standortwettbewerb um mobile Produktionsfaktoren und dem Wettbewerb um Absatzmärkte unterschieden werden. Der oft schillernde Begriff der „Wettbewerbsfähigkeit von Staaten" erhält unterschiedliche Bedeutungen, abhängig davon, ob es in erster Linie darum geht, mobile Produktionsfaktoren ins Land zu holen oder für inländische Produzenten Absatzmärkte im Ausland zu gewinnen[2]. Eine zentrale These der Arbeit ist, dass diese Unterscheidung auch für die Wirkungen der Internationalisierung auf die Umverteilungspolitik relevant ist. So kommt eine eigene empirische Untersuchung zu dem Ergebnis, dass der Wettbewerb um Absatzmärkte einen leichten, aber signifikanten Druck auf den Sozialstaat ausübt, während sich dies für den Wettbewerb um mobile Produktionsfaktoren (hier um Direktinvestitionen) nicht nachweisen lässt. Die These vom Abbau der Umverteilung durch den Systemwettbewerb wird für den Wettbewerb um Absatzmärkte bestätigt, nicht jedoch für den Wettbewerb um mobile Produktionsfaktoren.

Für die Erklärung dieses Ergebnisses werden empirische Untersuchungen anderer Autoren über die Motive von Direktinvestitionen und theoretische Modelle der Neuen Wirtschaftsgeografie herangezogen. Direktinvestitionen werden nach vielen empirischen Studien vor allem in Ländern mit großen oder wachsenden Absatzmärkten durchgeführt, sodass sich die Bedeutung von Steuern und Sozialbeiträgen als Standortfaktoren relativiert. In Ansätzen der Neuen Wirtschaftsgeografie kann dieses Argument theoretisch abgebildet werden: Auf Grund der Ansiedlung in der Nähe großer Absatzmärkte erzielen Unternehmen Renten, die ihnen andere Standorte nicht bieten können und die deshalb zur Finanzierung der Umverteilung mit Steuern belegt werden können, ohne dass dies notwendigerweise zur Abwanderung mobiler Unternehmen führt. Insoweit dagegen die Auswahl von Produktionsstandorten unabhängig von der Nähe zu Absatzmärkten erfolgt und die Absatzmärkte durch internationalen Handel beliefert werden, wirken Steuern als effektiver Wettbewerbsnachteil des Landes und geraten durch die internationale Konkurrenz unter Druck.

[2] So bereits Ohr (1999), S. 54 f.; Trabold (1995), S.169. Beide beziehen noch weitere Aspekte wie die technologische Leistungsfähigkeit oder den Zugang zu Know how ein, die in den Kapiteln 3.2 und 3.3 ebenfalls berücksichtigt werden.

Eine weitere, eigene theoretische Erklärung für den unterschiedlichen Effekt verschiedener Formen des internationalen Wettbewerbs auf die Umverteilung beruht darauf, dass Steuern und Beiträge durch den Wettbewerb nur dann unter Druck geraten, wenn sie für die am Markt konkurrierenden Unternehmen unterschiedlich hoch sind. Dies ist der Fall, wenn Absatzmärkte von Unternehmen aus verschiedenen Ländern beliefert werden, also ein internationaler Wettbewerb um Absatzmärkte besteht. Dann haben Anbieter aus Ländern mit hohen Steuern gegenüber ihren Konkurrenten aus Niedrigsteuer-Ländern Wettbewerbsnachteile. Durch den internationalen Wettbewerb um Absatzmärkte geraten deshalb die Steuern unter Druck. Siedeln sich dagegen alle Anbieter eines Marktes durch Direktinvestitionen im Land des Absatzmarktes an, dann unterliegen sie dort alle denselben (an der Quelle erhobenen) Steuern, sodass deren Höhe für die Wettbewerbsposition der einzelnen Unternehmen irrelevant ist.

Zu einer allgemeinen Senkung der Sozialbudgets hat der internationale Wettbewerb um Absatzmärkte jedoch bislang nicht geführt. Nimmt er weiter zu, kann dies aber für die Zukunft nicht ausgeschlossen werden.

Zusätzlich wird hier erstmals die Beeinflussung der Sozialleistungen pro Kopf relativ umfassend empirisch untersucht. Die Ergebnisse werden gemeinsam mit dem Resultat für das gesamte Sozialbudget interpretiert. Dabei ergeben sich Hinweise dafür, dass die Höhe des Sozialbudgets einnahmenseitig von verschiedenen Faktoren begrenzt wird, u.a. von dem internationalen Wettbewerb um Absatzmärkte. In Zeiten, in denen der Bevölkerungsanteil der alten Menschen und der Arbeitslosen wächst, steht dem begrenzten Sozialbudget ein steigender Bedarf an Sozialleistungen gegenüber. Infolgedessen werden die begrenzten Mittel auf eine größere Zahl von Leistungsempfängern aufgeteilt, sodass im Ergebnis auf den Einzelnen geringere Anteile des Volkseinkommens entfallen. Somit trägt der Wettbewerb um Absatzmärkte indirekt dazu bei, dass in Zeiten mit wachsendem sozialpolitischem Bedarf die Empfänger von Sozialleistungen nur unterdurchschnittlich am Wirtschaftswachstum teilhaben können.

Kaum eine wirtschaftspolitische Debatte wird frei von Werturteilen geführt. Auch in wirtschaftspolitischen Beiträgen, die mit dem Anspruch der Wertfreiheit auftreten, sind meistens Werturteile implizit enthalten. Dies ist nicht verwunderlich, da die Aufstellung wirtschaftspolitischer Ziele, die Frage nach deren Erreichbarkeit, ihre Rechtfertigung und die Formulierung von Empfehlungen für die Politik die vielleicht wichtigsten Motive wirtschaftspolitischer Forschung darstellen. Auch in den Debatten zu Globalisierung und Sozialstaat wird nicht nur darüber diskutiert, ob die Internationalisierung der Wirtschaft zum Abbau sozialer Leistungen führt, sondern ebenso kontrovers über die Frage, ob dies wünschenswert ist.

In dieser Arbeit soll nicht die Wertung im Mittelpunkt stehen, sondern die Frage, ob der Systemwettbewerb faktisch zur Reduzierung der Umverteilung führt oder nicht. Das Erkenntnisinteresse beruht jedoch auf der Wertung, dass die Existenz eines staatlichen Systems sozialpolitischer Umverteilung grundsätzlich wünschenswert ist, in welchem Umfang und welcher Ausgestaltung auch immer. Argumente für dieses Werturteil werden im Kapitel 2.1 vorgestellt[3]. In den folgenden Kapiteln werden Werturteile zugunsten der Untersuchung von Tatsachen und Zusammenhängen zurückgestellt, weil das hauptsächliche Thema der Arbeit kein normatives ist. Ausnahmsweise wird am Ende des Kapitels 4.1.1 noch einmal normativ diskutiert, inwieweit eine möglicherweise durch den Systemwettbewerb verursachte Reduzierung von staatlicher Umverteilung positiv beurteilt werden kann. Erst im letzten Teil, wenn politische Konsequenzen angesprochen werden, wird noch einmal auf das genannte Werturteil Bezug genommen. Allerdings werden auch die übrigen Teile der Arbeit nicht vollkommen frei von Werturteilen sein. So werden im Kapitel 3.1 die Ingangsetzung von Lernprozessen und die Begrenzung politischer Macht als mögliche positive Wirkungen des Systemwettbewerbs diskutiert. Bei der Diskussion des Begriffs der Wettbewerbsfähigkeit von Volkswirtschaften wird das Ziel, Einkommen und Beschäftigung zu schaffen, als gegeben vorausgesetzt. Insbesondere bei der Darstellung neoklassisch geprägter Modelle im Kapitel 4.1.1 werden das Ziel, die staatlichen Strukturen und Sozialsysteme den Präferenzen der Menschen anzupassen, oder auch das Ziel der Pareto-Effizienz eine Rolle spielen. Dabei wird versucht, die Werturteile als solche klar kenntlich zu machen, um den Unterschied von Wertung und Tatsachenanalyse nicht zu verwischen.

Der Rest der Arbeit gliedert sich in vier Teile. Im (nach dieser Einleitung) zweiten Teil geht es um die Umverteilung durch den Sozialstaat. Nach der Präsentation von Argumenten für die Existenz eines staatlichen Umverteilungssystems (Kapitel 2.1) werden vor allem das Ausmaß der sozialpolitischen Umverteilung und die Theorien über ihre Beeinflussung genauer dargestellt. Im dritten Teil wird der Begriff eines Systemwettbewerbs der Staaten theoretisch hergeleitet und wird seine Relevanz mithilfe von Zahlen zur Internationalisierung der Wirtschaft empirisch belegt. Im vierten Teil wird diskutiert, wie sich der Sys-

---

[3] Diese beruhen notwendigerweise auf grundsätzlicheren Werturteilen.

temwettbewerb auf die Umverteilung auswirkt. Dies geschieht zuerst theoretisch (in den Kapiteln 4.1.1 bis 4.1.6) und anschließend empirisch (in den Kapiteln 4.2.1 bis 4.2.3). Im empirischen Teil werden viele Studien zu den Motiven von Direktinvestitionen, zum Außenhandel und zur Beeinflussung der Steuer- und Sozialpolitik berücksichtigt. In der eigenen empirischen Studie wird die Beeinflussung der Umverteilung durch den internationalen Wettbewerb und andere Faktoren untersucht, wobei versucht wird, methodische Probleme bisheriger Studien zu vermeiden. Aufbauend auf den zuvor präsentierten theoretischen und empirischen Einsichten werden Schlussfolgerungen gezogen (Kapitel 4.3). In einem kurzen fünften Teil werden noch einmal die wichtigsten Ergebnisse zusammengefasst und mögliche politische Konsequenzen angesprochen.

Zweiter Teil: Umverteilung

2.1. Ziele und Formen der Umverteilungspolitik

Die Aufstellung wirtschaftspolitischer Ziele erfordert Werturteile. Nur abgeleitet von Werturteilen lassen sich Empfehlungen geben, kommen wir zur Formulierung von Forderungen und Zielen.

Der wissenschaftstheoretische Status von Werturteilen ist umstritten. Einerseits wird in der Tradition David Humes und Max Webers ein grundlegender Unterschied zwischen der (empirisch zu untersuchenden) Frage, wie die Welt ist, und der Frage, wie sie sein soll, in den Wirtschaftswissenschaften weitgehend anerkannt. Demnach lassen sich Werturteile weder a priori notwendig herleiten, noch als empirische Erkenntnisse gewinnen, sondern haben als Willensäußerungen bzw. politische Setzungen einen grundlegend anderen Status – auch wenn sie für die Richtung der empirischen Forschung bedeutsam sind[4]. Dieser Sichtweise steht Kants Standpunkt entgegen, wonach das zentrale Werturteil (der Kategorische Imperativ) ebenso wie die grundlegenden Kategorien der empirischen Erkenntnisgewinnung aus reiner Vernunft notwendig hergeleitet werden kann[5]. Nach der Kritischen Theorie sind die Werturteile stets von der beurteilten Sache selbst mitbestimmt und lassen sich von ihr nicht trennen[6]. Diese Meinungsunterschiede werden hier nicht weiter diskutiert. Es besteht immerhin Einigkeit, dass es Werturteile gibt und geben muss, unabhängig von ihrem Status.

Empirisch arbeitende Ökonomen können im Zusammenhang wirtschaftspolitischer Werturteile mindestens zweierlei tun. Sie können zum einen unter Einbeziehung von Tatsachen und ökonomischen Gesetzmäßigkeiten mögliche Zielkonflikte, die sich aus der Setzung mehrerer Werturteile ergeben, identifizieren. Sie können zum zweiten auf Basis ihrer empirischen Forschung die Eignung von Mitteln zur Erreichung der politisch vorgegebenen Ziele überprüfen. Ist durch ein Werturteil also ein Ziel vorgegeben, dann ist der beste Weg zu seiner Erreichung prinzipiell empirisch erforschbar[7].

---

[4] Vgl. Hume (1739/40), S. 244 f.; Hume (1751/77), S. 264 f.; Weber (1904), Teil I, z.B. S. 25, 27 f., 31, 33.
[5] Vgl. Kant (1785), S. 54 f., 114.
[6] Vgl. Adorno (1961), S. 137 ff.
[7] Vgl. Weber (1904), S. 25 ff.

In diesem Kapitel werden für den Bereich der Verteilungspolitik auf Grundlage verbreiteter Werturteile Zielstellungen genannt, Zielkonflikte diskutiert und politische Konsequenzen beschrieben.

Diskussionen über verteilungspolitische Ziele sind meistens von drei konkurrierenden Idealvorstellungen geprägt, dem Leistungsprinzip, dem Gleichheitsprinzip und dem Bedarfsprinzip.

Auf der einen Seite steht die Idee der Leistungsgerechtigkeit, die eine Einkommensverteilung nach Leistung anstrebt. Jeder soll einen Anteil am Einkommen erhalten, der seinem Beitrag zur Produktion entspricht.

Nach neoklassischer Theorie entspricht das Markteinkommen dem Grenzprodukt des bereitgestellten Produktionsfaktors und erscheint damit leistungsgerecht zu sein[8]. Das Einkommen des Einzelnen entspricht seinem Beitrag zur Produktion in dem Sinne, dass es dem Produktionsrückgang entspricht, der einträte, wenn der Einzelne unter sonst gleichbleibenden Umständen aus dem Produktionsprozess ausscheiden würde. Das leistungsgerechte Einkommen kommt nach dieser Theorie als Ergebnis des Marktprozesses zu Stande.

Die Einkommensverteilung ist aber in der Marktwirtschaft nicht nur ein Ergebnis der Märkte, sondern wirkt zugleich auf die Märkte zurück, indem die Einkommen als Faktorpreise wichtige Steuerungsfunktionen erfüllen. So soll die Höhe von Löhnen relative Knappheiten von Arbeitskräften anzeigen und Anreize zur Arbeit in den produktivsten Sektoren der Volkswirtschaft setzen. Entsprechend sollen Zinsen und Gewinne die Kapitalknappheit anzeigen und das Kapital dorthin locken, wo es am produktivsten verwendet werden kann, also den größten Nutzen stiftet. Leistungsgerechtes Einkommen soll auch den Menschen einen Anreiz geben, überhaupt einen Beitrag zur Produktion zu leisten, zum Beispiel als Arbeitskräfte sich um gute Leistung zu bemühen oder als Vermögensbesitzer den Betrieben Geld für Investitionszwecke zur Verfügung zu stellen. Das Markteinkommen setzt einen deutlichen Leistungsanreiz.

Wird leistungsgerechte Verteilung mit ihrer Funktion als Anreiz begründet, dann leitet sich dieses verteilungspolitische Ideal aus dem Ziel allokativer Effizienz bzw. hoher Produktion ab[9]. Aber Verteilung nach Leistung wird nicht nur als Mittel zur Schaffung von Anreizen betrachtet, sondern ist für viele zugleich ein fundamentales Gerechtigkeitsideal an sich. Leistungsloses Einkommen gilt nicht

[8] Vgl. zum Beispiel die Lehrbuchdarstellung von Külp (1994), S. 30 ff.
[9] Vgl. K. Kumpmann (1929), S. 88 ff.

nur als ineffizient, sondern ist in den Augen vieler Menschen auch ungerecht. In einer solchen Gerechtigkeitsauffassung sollte sich das Einkommen danach richten, wie stark die Individuen sich für die Produktion eingesetzt haben.

Soll die Einkommensverteilung den persönlichen Einsatz widerspiegeln, dann ist eine Verteilung, die sich nach der tatsächlich erbrachten Leistung richtet, jedoch problematisch. Denn in die tatsächlich erbrachte Leistung gehen Eigenschaften ein, die außerhalb des Einflusses der Individuen liegen. Denn das Leistungsprinzip belohnt nicht nur Einsatz und Mühe, sondern in sehr hohem Maße auch angeborene oder in der Kindheit erworbene Begabungen, die nicht (ggf. nicht mehr) im Einflussbereich der Menschen liegen. Begabungen belohnen zu wollen, läuft aber der Idee der Gerechtigkeit nach persönlichem Einsatz zuwider. Die Einkommensverteilung müsste sich stattdessen nicht nach der tatsächlich erbrachten Leistung, sondern nach der dabei eingebrachten Mühe und der Motivation richten. Diese sind jedoch in der Praxis nicht messbar, sodass die tatsächliche Leistung als unvollkommener Indikator des persönlichen Einsatzes übrigbleibt. Ein weiteres Problem dabei ist die prinzipielle Unvergleichbarkeit der Beiträge, die die Besitzer verschiedener Produktionsfaktoren leisten. Der Konsumverzicht, den der Kapitalgeber zugunsten der Produktion leistet, und das Arbeitsleid, welches die Arbeitskraft für die Produktion auf sich nimmt, können in der Praxis nicht verglichen werden. Sie müssten aber messbar sein, wenn die Einkommensverteilung ihnen Rechnung tragen sollte.

Diese Probleme entstehen, wenn das Leistungsprinzip nicht nur als Anreiz, sondern als Gerechtigkeitsgrundsatz vertreten wird. Für das Ziel der Leistungs*anreize* und damit der Effizienz bleiben sie jedoch unerheblich. Denn bei leistungsgerechter Entlohnung schlagen sich zwar *interpersonelle* Unterschiede von Einsatz und Mühe nicht korrekt in interpersonellen Einkommensunterschieden nieder, *jeder für sich* kann aber durch größeren Einsatz ein höheres Einkommen erzielen.

Doch auch, wenn man Leistungsgerechtigkeit in der Weise auffasst, dass das Einkommen durch Faktoren bestimmt werden sollte, die in jedem selbst liegen, wie Fleiß, Ausbildung und auch Begabung sowie (bei Kapitalgebern) die Bereitschaft zum Konsumverzicht, entspricht das Einkommen nach Grenzprodukt nicht diesem Ideal. Die neoklassische Theorie zeigt, dass das Grenzprodukt eines Produktionsfaktors auch in erheblichem Maße durch äußere Einflüsse bestimmt wird, auf die der Einzelne keinen Einfluss hat. So ist die Ausstattung mit komplementären Produktionsfaktoren entscheidend für das Grenzprodukt eines

Faktors[10]. In Branchen mit hoher Kapitalausstattung beispielsweise ist das Grenzprodukt des Faktors Arbeit höher als in Branchen mit geringer Kapitalausstattung. Außerdem ist unter der Annahme sinkender Grenzprodukte die Faktorentlohnung umso niedriger je mehr Anbieter desselben Produktionsfaktors auf dem Markt sind. Die Einkommen richten sich also nach Knappheiten. Die Ausstattung mit komplementären Faktoren und die Knappheit des eigenen Faktors sind für die Einkommensverteilung wesentlich. Angesichts dieser Erkenntnisse wird deutlich, dass die Ergebnisse eines vollkommenen Marktes nach neoklassischer Theorie in wesentlichen Punkten nicht mit dem Ideal der Leistungsgerechtigkeit übereinstimmen.

Verzerrungen bei der Einkommensverteilung können sich außerdem durch Marktunvollkommenheiten ergeben. So können Gruppen, denen es gelingt, den Wettbewerb zu unterdrücken und sich zu Kartellen zusammenzuschließen, eine Veränderung der Einkommensverteilung zu ihren Gunsten durchsetzen. Gewerkschaften und Anbieterkartelle auf Gütermärkten bewirken eine Änderung der Einkommensverteilung, die auch mit neoklassischer Leistungsgerechtigkeit nicht übereinstimmt[11].

Als Fazit bleibt festzuhalten, dass die am Markt zu Stande kommende Einkommensverteilung zwar klare Leistungsanreize setzt und damit dem Produktionswachstum dient. Allerdings ist sie als Norm interpersoneller Gerechtigkeit, die sich am persönlichen Einsatz orientiert, ungeeignet. Denn der Effekt persönlichen Einsatzes kann überlagert werden durch eine Reihe anderer Faktoren, wie persönliche Begabungen, Unterschiede der Ausstattung mit komplementären Produktionsfaktoren, Faktorknappheiten oder Marktunvollkommenheiten, sodass die interpersonelle Verteilung nur noch teilweise vom persönlichen Einsatz bestimmt wird.

Der Idee der Leistungsgerechtigkeit steht die Forderung nach Gleichheit gegenüber[12]. Dabei erscheint die Forderung nach Gleichverteilung der Einkommen naheliegend. Dieses Ideal scheint am ehesten der in den bürgerlichen Menschenrechten verkündeten grundsätzlichen Gleichberechtigung aller Menschen zu entsprechen.

---

[10] Vgl. Carell (1972), S. 329 f.
[11] Vgl. Külp (1994), S. 38-54.
[12] Vgl. K. Kumpmann (1929), S. 116 ff.

Dieses einfachste Gleichheitsideal stößt jedoch nach weit verbreiteten Auffassungen auf zwei Probleme. Zum einen erscheint es unangemessen zu sein angesichts der Tatsache, dass die Bedürfnisse der Menschen stark voneinander abweichen. Sollte etwa ein gesunder und vielleicht auch mit immateriellen Werten leicht zufriedener Mensch den gleichen Anspruch auf Anteile am Volkseinkommen haben wie ein Schwerstbehinderter, dessen Leiden nur durch Einsatz teuerster Technik stark gelindert werden kann? Das einfache Gleichheitsprinzip gibt der Gleichheit der Einkommen ein größeres Gewicht als der Gleichheit der Bedürfnisbefriedigung. Das Bedarfsprinzip als drittes Verteilungsideal korrigiert dies, indem es die Verteilung nach Bedürfnissen anstrebt[13]. Ersetzt man aber das Ziel gleicher Einkommen durch das Ziel gleicher Bedürfnisbefriedigung, dann ergibt sich das Problem, die Bedürfnisbefriedigung oder Nutzenniveaus mehrerer Personen vergleichen zu müssen.

Ein zweiter Einwand bezieht die Rückwirkung der Verteilung auf die Produktion ein. Das einfache Gleichheitsprinzip wie das Bedürfnisprinzip berücksichtigen nicht die Größe des verteilbaren Gesamteinkommens. Während das Leistungsprinzip die Menschen zur Ausweitung der Produktion motiviert, fehlt bei einer Gleichverteilung (und bei Bedarfsgerechtigkeit) ein entsprechender finanzieller Anreiz. Wenn Einkommensunterschiede – vor allem durch Einführung einer Belohnung für hohe Produktion – zu größerer Leistung und damit zu einem größeren verteilbaren Gesamtwohlstand führen, dann entsteht ein Zielkonflikt zwischen Gleichheit und Produktion[14]. Wenn eine radikale Gleichheitsauffassung der Gleichheit unbedingten Vorrang vor der Produktion einräumt, dann kann dies bedeuten, dass die Gesellschaft um des Ziels der Gleichheit willen Möglichkeiten zur Wohlstandsmehrung ungenutzt lässt.

Jeder Eingriff in die Einkommensverteilung beeinflusst die Funktionstüchtigkeit der Märkte. Denn je größer die Teile des Volkseinkommens sind, die über das Sozialsystem verteilt werden, desto weniger Mittel bleiben übrig, um als Nettolohn, -zins und -gewinn auf den Märkten die für die Produktion wesentlichen Anreiz- und Steuerungsfunktionen zu erfüllen. Sollen die Faktormärkte ihre Funktionsfähigkeit behalten, dann muss der Umfang der sozialpolitisch motivierten Umverteilung begrenzt sein.

Jede Norm, die neben der Gleichmäßigkeit der Verteilung auch der Erhöhung des Wohlstands Bedeutung beimisst, wird deshalb eine Regel zur Abwägung

[13] Vgl. Musgrave/Musgrave/Kullmer (1975/1990), S. 102-107; Külp (1994), S. 272-275; K. Kumpmann (1929), S. 121.
[14] Vgl. Okun (1975).

zwischen Verteilungsziel und Produktionsziel enthalten müssen. Zwei grundsätzliche Richtungen zur Entscheidung dieser Frage können unterschieden werden, zum einen der Utilitarismus und die an ihn anknüpfenden Ansätze der Wohlfahrtstheorie, zum anderen Rawls' Gerechtigkeitstheorie.

Der Utilitarismus erhebt die Erreichung der größtmöglichen gesamtgesellschaftlichen Glückssumme zum obersten Ziel[15]. Die Verteilung hat in der Weise stattzufinden, dass insgesamt der größte Gesamtnutzen zu Stande kommt.

Lerner zeigt, dass unter bestimmten Annahmen der größte Gesamtnutzen bei völliger Gleichverteilung der Einkommen erreicht wird. Die Annahmen bestehen darin, dass ein vorgegebenes Einkommen verteilt werden soll und alle Menschen identische Nutzenfunktionen mit abnehmendem Grenznutzen des Einkommens haben. Denn das Nutzenmaximum erfordert den Ausgleich der Grenznutzen aller Individuen, der bei identischen Nutzenfunktionen nur bei völliger Gleichverteilung der Einkommen erreicht wird[16]. Dieses Prinzip gilt nur bei vorgegebener Produktions- und Einkommenshöhe.

Gibt man die Annahme identischer Nutzenfunktionen auf und lässt in den Annahmen unterschiedliche Bedürfnisstrukturen zu, dann ergibt sich eine Korrektur von Lerners Verteilungsregel. Ist ein gegebenes Gesamteinkommen zu verteilen, dann soll Einkommen verstärkt denjenigen zufließen, die daraus den größten Nutzen ziehen. So lässt sich das kommunistische „jedem nach seinen Bedürfnissen“[17] geradezu aus der bürgerlichen Moralkonzeption des Utilitarismus herleiten.

Auch Lerner erkennt, dass die Einkommensverteilung auf die Höhe des verteilbaren Einkommens zurückwirken kann, sodass ein Kompromiss zwischen Erhöhung der Produktion (durch Einkommensungleichheit) und Gleichverteilung gefunden werden muss[18]. Allerdings gibt der Utilitarismus in abstrakter Form eine Regel an, nach der diese Abwägung zu geschehen hat: Eine zunehmende Ungleichheit ist dann anzustreben, wenn dies zu einem Wachstum der Produktion führt, welches einen Nutzenzuwachs bewirkt, der größer ist als der Nutzenverlust aus zunehmender Ungleichheit. Somit liefert der Utilitarismus eine ab-

---

[15] Vgl. Bentham (1789/1823), S. 1-4.
[16] Vgl. Lerner (1947), S. 24-32; ähnlich bereits Pigou (1924), S. 78 f.
[17] Marx (1875), S. 21.
[18] Vgl. Lerner (1947), S. 40.

strakte (aber in der Praxis schwer anwendbare) Regel der Einkommensverteilung[19].

Abbildung 2.1: Möglichkeiten der Nutzenverteilung zwischen zwei unterschiedlich leistungsstarken Personen

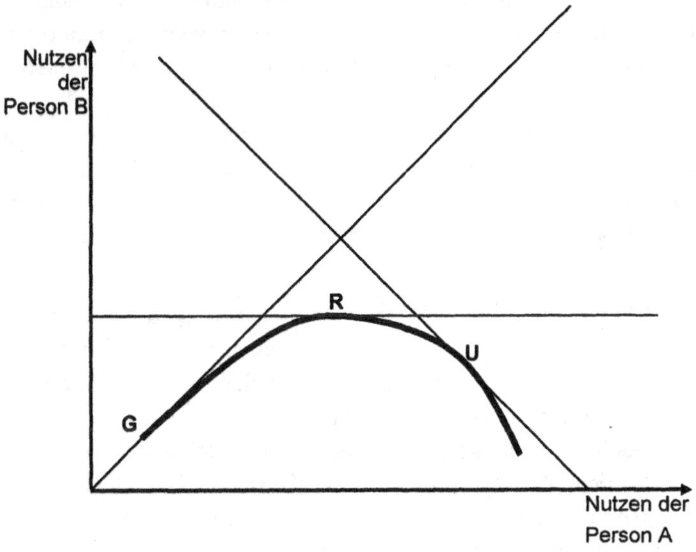

Möglichkeiten der Nutzenverteilung (fette Linie) zwischen zwei Personen A und B mit A als leistungsstärkerer Person, angelehnt an Rawls (1971), S. 76 f., Fig. 6 und 8.
Annahme: Identische Nutzenfunktionen beider Personen.
G = Gleichverteilung, R = Rawls-Lösung, U = Utilitaristische Lösung

In der Abbildung 2.1 wird dieses Ergebnis grafisch veranschaulicht. Es wird von zwei Individuen A und B ausgegangen, von denen A mehr zur Produktion beitragen kann. Auf den Achsen sind die Nutzen der beiden Individuen aus ihrem Einkommen abgetragen. Die fettgedruckte Linie gibt an, welche Nutzenverteilungen möglich sind[20]. Werden die Einkommen zwischen beiden Individuen

[19] Vgl. Brandt (1992), S. 380 f.

[20] Wie bei Lerner wird dabei angenommen, dass die Nutzenfunktionen der beiden Individuen identisch sind.

gleich verteilt, dann ist der Leistungsträger A so schwach motiviert, dass nur die Kombination der Nutzenniveaus im Punkt G zu Stande kommt. Beide erreichen das gleiche, aber eben nur ein niedriges Nutzenniveau. Lässt man Einkommensunterschiede zu, dann steigt der Leistungsanreiz, sodass für beide Individuen mehr Einkommen und folglich ein höherer Nutzen entsteht. Werden die Einkommensunterschiede noch größer, wächst die Produktion weiter, allerdings wird der Grenznutzen aus dem Produktionszuwachs immer kleiner. Zum einen sinkt bei Geltung neoklassischer Annahmen der Grenznutzen des Einkommens generell. Zum anderen wird dies durch die steigende Ungleichheit noch verstärkt. Denn der Leistungsträger A, der von der zunehmenden Ungleichheit profitiert, besitzt ein höheres Einkommen, sodass bei ihm der Grenznutzen geringer ausfällt als bei B. Der leistungs- und einkommensschwächere B würde zwar aus einem Einkommenszuwachs einen größeren Grenznutzen ziehen, durch die zunehmende Ungleichheit fallen aber seine Einkommenszuwächse immer geringer aus.

Ab dem Punkt R gelingt ein Produktionswachstum nur dann, wenn die Ungleichheit so stark vergrößert wird, dass B Einkommen verliert. Zunächst wird der dadurch entstehende Nutzenverlust des B noch durch einen größeren Nutzenzuwachs des A überkompensiert. Im Punkt U, in dem die Kurve die am weitesten außen liegende fallende 45-Grad-Linie gerade berührt, ist der Nutzenzuwachs des A aus dem Wachstum genau so groß wie der Nutzenverlust des B aus der wachsenden Ungleichheit. Die Summe der beiden Nutzenniveaus ist hier maximal. Dieser Punkt sollte nach utilitaristischer Auffassung verwirklicht werden: Die Verteilung soll nach der utilitaristischen Regel so sein, dass der maximale Gesamtnutzen beider Individuen erzielt wird. Würde die Ungleichheit über den Punkt U hinaus vergrößert, würde zwar die Produktion weiter steigen. Aber der Grenznutzen des A aus dem zusätzlichen Einkommen wäre kleiner als das Grenzleid des B aus dem (durch die wachsende Ungleichheit steigenden) Einkommensverlust. Mit dem Punkt U wird für die Abwägung von Gleichheit und Produktion eine theoretisch eindeutige (wenn auch in der Praxis nicht mit Gewissheit realisierbare) Lösung vorgeschlagen.

Ein Problem bei der Verteilungsregel, die auf Erreichung des maximalen Nutzens der Gesellschaft abzielt, ist die interpersonelle Vergleichbarkeit der individuellen Nutzenniveaus, die in der Realität praktisch nicht gegeben ist. Um dieses Problem zu umgehen, ziehen sich viele Ökonomen auf das Pareto-Kriterium als einzigen Wohlfahrtsmaßstab zurück, das einen interpersonellen Nutzenvergleich strikt vermeidet und allein solche Veränderungen als Verbesserungen klassifiziert, durch die mindestens ein Wirtschaftssubjekt bessergestellt wird ohne andere schlechter zu stellen. Auch dieses Kriterium ist utilitaristisch geprägt indem es die Erhöhung des Wohlergehens der Individuen zum vorrangigen Ziel erhebt[21].

Es ist nach diesem Kriterium empfehlenswert, eine Veränderung durchzuführen, wenn diese dazu führt, dass einige Gesellschaftsmitglieder bessergestellt werden, ohne dass jemand schlechter gestellt wird. In allen Fällen jedoch, in denen durch eine Veränderung mindestens ein Wirtschaftssubjekt besser und mindestens ein anderes schlechter gestellt werden, und damit in der Mehrzahl aller Fälle, lässt sich mit dem Pareto-Kriterium keine Entscheidung treffen. Damit enthält sich die paretianische Wohlfahrtsökonomik weitgehend einem Werturteil in Verteilungsfragen[22]. Insoweit jedoch auch die Einkommensverteilung im menschlichen Einflussbereich liegt, also durch politisches Handeln beeinflusst werden kann, ist ein verteilungspolitisches Werturteil unvermeidlich. Auf Verteilungspolitik verzichten zu wollen, läuft faktisch darauf hinaus, die vom Markt hervorgebrachte Einkommensverteilung als die richtige anzusehen, also implizit ein Werturteil zugunsten des unkorrigierten Marktergebnisses zu treffen.

Eine andere Lösung der Abwägung von Gleichheit und Produktion ergibt sich aus der Theorie der Gerechtigkeit von Rawls. Er versucht in der Tradition Lockes und Rousseaus, Prinzipien der gesellschaftlichen Ordnung aus der Theorie eines rationalen Gesellschaftsvertrages herzuleiten.

Ausgangspunkt ist ein fiktiver „Urzustand" der Gesellschaft. In diesem Urzustand soll der Gesellschaftsvertrag zwischen den Menschen abgeschlossen werden. Der Urzustand ist deshalb so konstruiert, dass die in ihm zu Stande gekommenen Vereinbarungen intuitiv als fair gelten können. In ihm sind alle Menschen gleichberechtigt und unterliegen dem „Schleier des Nicht-Wissens". Letzteres bedeutet, dass sie nicht wissen, welche Begabungen, Neigungen und soziale Stellung sie im gesellschaftlichen Leben haben werden. Diese Bedingung des Urzustandes ist notwendig, damit die Menschen beim Abschluss des Gesellschaftsvertrages unparteiisch sind, also nicht Regeln fordern, die von vornherein systematisch die eigene soziale Gruppe begünstigen. Wenn die Menschen sich im Urzustand auf soziale Regeln verständigen, dann tun sie dies ohne Kenntnis ihrer eigenen individuellen gesellschaftlichen Stellung[23]. Ähnlich wie bei Kant sollen allgemeingültige Regeln gefunden werden, die vernünftige Men-

21 Vgl. Bohnen (1964), S. 66; Külp/Knappe (1984), S. 6 f.
22 Vgl. Külp (1973), S. 106 ff.
23 Vgl. Rawls (1971), S. 17-22, 120, 136-147.

schen unabhängig von zufälligen individuellen Einflüssen und Umständen wählen[24]. Andererseits wählen sie Regeln im Wissen um Gesetze menschlichen Verhaltens, sodass sie die Erkenntnis einbeziehen, dass Menschen durch Belohnung zur Leistung motiviert werden. Im Urzustand verhalten sich die Menschen zugleich egoistisch und haben keinen Neid, sodass ihre Entscheidung vom Nutzen anderer unabhängig ist.

In Rawls' Urzustand sind die Menschen außerdem risikoscheu. Das Argument läuft darauf hinaus, diejenige Verteilung für gerecht zu halten, die von risikoaversen Wirtschaftssubjekten in einer Situation gewählt würde, in der sie selber nicht wissen, ob sie zu den Gewinnern oder Verlierern der folgenden gesellschaftlichen Entwicklung gehören werden. Dies führt dazu, dass die Menschen sich besonders für die Lage der am schlechtesten gestellten Gesellschaftsmitglieder interessieren, weil sie nicht wissen, ob sie zu ihnen gehören werden. Im Urzustand, in dem man den eigenen künftigen finanziellen Erfolg nicht voraussagen kann, wird man sich als risikoscheues Individuum für die Verteilungsregel entscheiden, die den Schwächsten der Gesellschaft am meisten nützt. So geht in den Rawlsschen Gesellschaftsvertrag die sogenannte „Maximin"-Regel ein, nach der unter den möglichen Einkommensverteilungen diejenige zu wählen ist, bei der die Ärmsten den größtmöglichen Nutzen und deshalb das größtmögliche Einkommen erhalten[25].

Die völlige Gleichverteilung erscheint als naheliegende Konsequenz dieses Ansatzes. Aber es ist zugleich im Urzustand rational, Ungleichheit zuzulassen, wenn durch sie alle Wirtschaftssubjekte – insbesondere die schwächsten – bessergestellt werden. Jede Erhöhung der Ungleichheit wird im Urzustand die Zustimmung aller rationalen, risikoaversen und über ihre eigene Zukunft ungewissen Individuen finden, wenn durch sie die Lage der Schwächsten verbessert wird. Die Vergrößerung der Ungleichheit wird bejaht, um Leistungsanreize zu setzen, die eine Produktionszunahme bewirken, von der auch die Ärmsten profitieren[26].

Vergleicht man Rawls' Maximin-Prinzip mit dem utilitaristischen Ziel, den größten Gesamtnutzen herzustellen, dann zeigt sich, dass es eine größere Gleichverteilung bedeutet. Dies lässt sich anhand der Abbildung 2.1 erkennen. Von den auf der fetten Linie liegenden möglichen Verteilungen soll diejenige gewählt werden, die den Nutzen des ärmeren Individuums B maximiert. Dies ist

---

[24] Vgl. Kant (1785), S. 67 f.
[25] Vgl. Rawls (1971), S. 14 f., 76 ff., 152 ff., 175-177.
[26] Vgl. Rawls (1971), S. 78, 150 f.

im Punkt R der Fall, bei dem im Vergleich zur utilitaristischen Lösung U die Gesamtnutzensumme kleiner und die Verteilung gleicher ist.

Ein Vorschlag zur Verwirklichung dieses Verteilungsideals ist das „möglichst hohe Grundeinkommen" als umfassende soziale Versorgungsleistung für alle. Die Grenze für eine weitere Erhöhung sozialer Leistungen zugunsten der Schwächsten ist nach diesem Konzept dort erreicht, wo die Leistungsanreize so weit reduziert sind, dass die nachhaltige Finanzierung der Sozialleistungen selbst gefährdet wird[27].

Während das utilitaristische Ziel maximalen Nutzens das Problem des interpersonellen Nutzenvergleichs hat, gibt es diese Schwierigkeit bei Rawls nicht. Geht man davon aus, dass Nutzen durch Einkommen zu Stande kommt, dann ist das Ziel maximalen Nutzens für die Schwächsten mit dem Ziel maximalen Einkommens für sie identisch.

Die theoretischen Unterschiede zwischen dem utilitaristischen und dem Rawlsschen Standpunkt sind grundlegend. Im Utilitarismus geht es um Nützlichkeitsfragen bei Vorgabe des Wohlfahrtsmaximums als Endziel. Bei Rawls hingegen steht in Kantscher Tradition die Idee der Schaffung konsensfähiger allgemeingültiger Regeln ausgehend von der Fiktion eines Urzustandes im Mittelpunkt. In der praktischen Bedeutung sind die Unterschiede jedoch geringer. Denn beide Konzeptionen versuchen, eine moralische Intuition zu erfassen, die den meisten Menschen gemeinsam ist[28]. Diese besteht darin, dass bei der Einkommensverteilung ein Kompromiss zwischen reiner Leistungsgerechtigkeit und damit dem Anreiz zur Produktion einerseits und Gleichheit andererseits erreicht werden muss.

Die Notwendigkeit der Umverteilung ergibt sich daraus, dass eine Verwirklichung der (utilitaristischen oder Rawlsschen) verteilungspolitischen Ziele sich in der Marktwirtschaft normalerweise nicht von alleine einstellt. Es liegt in der Natur des Marktes, dass er lediglich in Form von Faktorpreisen Einkommen schafft. Dies führt zu der Konsequenz, dass diejenigen, die keinen Produktionsfaktor anzubieten haben, kein Einkommen am Markt erzielen können. Aber auch bei Wirtschaftssubjekten, die am Markt nur geringe Einkommenserzielungschancen haben (weil ihr Produktionsfaktor reichlich vorhanden ist, wenig nach-

[27] Vgl. Rawls (1971), S. 285 f., Van Parijs (1995), S. 38; Ulmer (2001), S. 113; Ulmer (2004).
[28] Rawls (1971), S. 20 f., erklärt ausdrücklich, dass sein Konzept sich auch an unseren intuitiven Überzeugungen messen lassen und durch diese ggf. korrigiert werden muss.

gefragt wird oder nur mit kleinen Mengen komplementärer Faktoren kombiniert wird), kann der Markt hinter den utilitaristischen bzw. Rawlsschen Verteilungsidealen zurückbleiben. Der Markt schafft eine Einkommensverteilung, die von der individuellen Leistung beeinflusst wird, hohe Leistungsanreize setzt und damit dem Ziel der Produktionserhöhung dienlich ist. Die vom Markt hervorgebrachte Einkommensverteilung entspricht also oft nicht dem utilitaristischen oder dem Rawlsschen Kriterium. Um den nach dem Utilitarismus oder nach Rawls notwendigen Kompromiss mit dem Gleichheitsziel zu erreichen, müssen in der Regel die Marktergebnisse korrigiert werden.

Die Tatsache, dass sich in der paretianischen Wohlfahrtsökonomik fast keine verteilungspolitischen Normen herleiten lassen, und die allgemeine Aversion vieler Ökonomen gegenüber verteilungspolitischen Werturteilen führen dazu, dass verteilungspolitische Maßnahmen oft mit allokativen Überlegungen begründet werden. Dabei spielt die Interpretation des Sozialstaats als Versicherung gegen bestimmte Lebensrisiken eine bedeutsame Rolle.

Rawls' Verteilungskonzept enthält die Idee der Versicherung, da der Rawlssche Urzustand eine Situation der Unsicherheit über die eigenen Einkommensperspektiven ist, in der man sich gegen das Risiko des Einkommensausfalls möglichst gut absichern möchte. Der Gesellschaftsvertrag, in dem sich die Menschen auf das Maximin-Prinzip einigen, ist im Kern ein Versicherungsvertrag risikoscheuer Individuen.

Die Notwendigkeit von Umverteilungspolitik wird oft hergeleitet, indem ein Marktversagen auf privaten Versicherungsmärkten nachgewiesen wird. Ein solches Marktversagen kommt insbesondere durch adverse Selektion zu Stande[29]. Bei einigen Risiken, wie dem Risiko, arbeitslos zu werden oder an einer bestimmten Krankheit zu leiden, sind die Informationen über die Wahrscheinlichkeit des Schadensfalls ungleich verteilt. Die Versicherung kennt die Risiken nur im Durchschnitt aller Versicherten und orientiert ihre Beiträge daran. Der Versicherte dagegen ist über sein persönliches Schadensrisiko besser informiert und wird sich nur dann versichern, wenn dieses überdurchschnittlich ist. Infolgedessen verlassen die guten Risiken die Versicherung, während die schlechten verbleiben. Die Versicherung muss deshalb die Beiträge erhöhen, was auch die mittleren Risiken zum Austritt veranlasst. Setzt sich der Prozess fort, löst sich die private Versicherung auf. Am Ende kommt die Versicherung nicht zu

[29] Vgl. Arrow (1963), S. 947 f., 967; Akerlof (1970), S. 492 ff.; Rothschild/Stiglitz (1976).

Stande, obwohl alle Wirtschaftssubjekte ein Bedürfnis nach ihr haben. Die Volkswirtschaft bleibt hinter ihren Möglichkeiten zur Bedürfnisbefriedigung zurück.

Diese Ineffizienz hat weitere Konsequenzen. Gelingt es nicht, bestimmte Risiken zu versichern, dann kann dies dazu führen, dass solche Risiken nicht mehr eingegangen werden, auch wenn sie volkswirtschaftlich erwünscht sind[30]. So könnte vermutet werden, dass unternehmerische Risiken kaum mehr eingegangen werden, wenn die damit verbundene Gefahr des dauerhaften Einkommensverlustes zu groß und nicht versicherbar ist. Müssen innovative Unternehmer damit rechnen, im Falle des Scheiterns ohne Absicherung ihr Einkommen zu verlieren, dann wird die Bereitschaft, neue Betriebe zu gründen, Risiken einzugehen und neue Produkte auf den Markt zu bringen, erheblich zurückgehen[31]. Die Volkswirtschaft lässt nicht nur den Bedarf an Versicherung unbefriedigt, sondern verzichtet außerdem auf Innovationen und zum Teil auf das Trial-and-Error-Verfahren, durch das in der Marktwirtschaft private Unternehmen ihre Produktion dem Bedarf der Verbraucher annähern[32]. Der Staat kann durch Einführung einer Zwangsversicherung das Problem der adversen Selektion lösen und das Versicherungsbedürfnis befriedigen.

Ein anderes Argument beruht auf der Vermutung, dass Menschen zwar privat Vorsorge betreiben können, aber subjektiv dazu nicht ausreichend bereit sind[33]. So könnte die private freiwillige Vorsorge gering ausfallen, weil künftige Bedürfnisse zu wenig in das aktuelle Entscheidungskalkül eingehen oder Menschen sich zu sehr auf die Hilfe des Staates verlassen. Molitor identifiziert hier „verfehlte individuelle Präferenzen"[34], die der Staat zu korrigieren hätte. Diese Sichtweise ist insofern ein Bruch mit herkömmlicher Theorie, als die Rationalität der Individuen in Frage gestellt und daraus die Forderung nach Einführung der Zwangsversicherung durch einen parternalistischen Staat hergeleitet wird. Problematisch ist dabei das Vertrauen in die Fähigkeit des Staates, individuelle Präferenzen besser identifizieren zu können als die Individuen selbst.

Alle Formen der Sozial- und Umverteilungspolitik lassen sich als Versicherung interpretieren[35]. So sind alle Sozialleistungen Hilfen in bestimmten zuvor

[30] Vgl. Arrow (1963), S. 946.
[31] Vgl. H.W. Sinn (1995), S. 246.
[32] Vgl. Hüther (1999), S. 102.
[33] Vgl. Molitor (1987), S. 7 f.
[34] Molitor (1987), S. 7.
[35] Vgl. H.W. Sinn (1997a), S. 30-33.

definierten Notsituationen, finanziert durch eine Gemeinschaft von Gesellschaftsmitgliedern, die das Anrecht auf die gleichen Leistungen haben, falls sie in dieselben Notlagen geraten.

Umgekehrt sind aber auch alle Versicherungen Umverteilungsinstitutionen. Jede Versicherung ist effektiv eine Umverteilung von den Versicherten, bei denen der Schadensfall nicht eintritt, zu jenen, bei denen er eintritt. Eine Krankenversicherung verteilt um von den Gesunden zu den Kranken, eine Arbeitslosenversicherung von den Beschäftigten zu den Erwerbslosen und eine Rentenversicherung von den Jungen zu den Alten.

Mackenroth argumentiert, dass eine Versicherung gegen Risiken in Form von Vorsorge immer nur individuell möglich ist, das heißt, die Versicherung kann nur dem Einzelnen helfen, dessen Schicksal vom gesellschaftlichen Durchschnitt negativ abweicht. Eine Versicherung der ganzen Gesellschaft ist dagegen unmöglich, da bei einer gesamtgesellschaftlichen Krise keine Nicht-Betroffenen vorhanden sind, die zur Hilfe herangezogen werden könnten[36]. Beruht der aktuelle Konsum stets auf aktueller Produktion, dann kann es volkswirtschaftlich gesehen keine Vorsorge für künftige Notzeiten geben. Stattdessen ist dann jede Versicherung ein System, das für künftige individuelle Schadensfälle regelgeleitete interpersonelle Umverteilungsmaßnahmen vorsieht.

Während die Rawlsschen und die utilitaristischen Argumente in erster Linie verteilungspolitisch und das Versicherungsargument überwiegend allokativ motiviert sind, gibt es auch ein stabilisierungspolitisches Argument für Umverteilung. Die marginale Konsumneigung ist bei Beziehern niedriger Einkommen meist hoch, bei den Beziehern hoher Einkommen dagegen niedrig. Deshalb bedeutet eine Umverteilung von den Reichen zu den Armen zugleich eine Steigerung des gesamtwirtschaftlichen Konsums. In der keynesianischen Tradition lässt sich die Umverteilung deshalb mit dem Ziel der Steigerung der effektiven Nachfrage begründen[37]. Dem lässt sich entgegenhalten, dass die Bezieher hoher Einkommen bei Besteuerung ihre Ersparnis reduzieren, sodass negative Effekte für die Investitionstätigkeit nicht ausgeschlossen werden können. Und auch hier muss die mögliche Reduzierung von Leistungsanreizen gegengerechnet werden.

Ein konjunkturpolitischer Einsatz der Umverteilungspolitik ist problematisch, da die Verwirklichung verteilungspolitischer Ziele eine langfristige, also konjunk-

[36] Vgl. Mackenroth (1952), S. 42.
[37] Vgl. Lerner (1947), S. 319 f.

turübergreifende Verlässlichkeit der Umverteilungspolitik erfordert. Als automatischer Stabilisator bei kurzfristigen Nachfragekrisen wirken indes Lohnersatzleistungen für Arbeitslose, die deren Kaufkraft kurzfristig stützen.

Die Forderung nach Korrektur der Marktergebnisse durch Umverteilung lässt sich also aus verschiedenen Argumenten herleiten. Eine weitere Frage besteht darin, ob die für notwendig gehaltene Korrektur der Marktergebnisse privat oder staatlich erfolgen soll. Eine private Lösung hat den Vorteil, dass sie weitgehend freiwillig und marktkonform erfolgen kann. Die Marktergebnisse werden nicht verzerrt. Dagegen greift staatliche Umverteilung mittels Zwangsabgaben in das Marktgeschehen ein und verzerrt fast zwangsläufig Marktergebnisse.

Andererseits können private Umverteilungsinitiativen nur bedingt das gewünschte Ergebnis hervorbringen. So ist private Umverteilung zum großen Teil Umverteilung innerhalb der Familie und damit meistens Umverteilung innerhalb derselben sozialen Schicht. Folglich ist sie nur begrenzt geeignet, eine gesamtgesellschaftliche Änderung der Verteilung zu erreichen. In dem utilitaristisch-wohlfahrtsökonomischen Sinne Lerners ist sie zwangsläufig suboptimal. Denn nach Lerners Logik ist die Nutzensteigerung aus Umverteilung am größten, wenn die Kosten der Umverteilung von den Gruppen mit dem geringsten Grenznutzen des Einkommens, also den Reichen, getragen werden. Bei einer Umverteilung innerhalb derselben sozialen Schicht zahlen die Bezieher niedriger Einkommen für die Allerärmsten mit der Folge, dass der Nutzenverlust der Zahler deutlich höher ausfällt. Die staatliche Umverteilung kann dagegen die Reichen und damit Personen mit geringerem Nutzenverlust (d.h. geringerem Grenznutzen) zur Finanzierung der Sozialleistungen heranziehen.

Eine private Umverteilung von den Reichen zu den Armen bleibt notwendigerweise freiwillig. Deshalb droht sie immer durch den Egoismus der potenziellen Zahler zu scheitern oder zu gering auszufallen. Doch selbst wenn die Wohlhabenden so altruistisch sind, dass sie bereit sind, für das Ziel der Armutsbekämpfung oder einer größeren Gleichheit etwas zu zahlen, kann die private Umverteilung misslingen. Es droht – ähnlich wie bei öffentlichen Gütern – ein Free-Rider-Problem: Nur wenn viele Altruisten zahlen, kann das Verteilungsziel erreicht werden, der Beitrag des einzelnen ist ein „Tropfen auf den heißen Stein". Der einzelne Altruist verlässt sich lieber auf die Spenden der anderen, da sein eigener Beitrag nur marginal zur Erzielung der gewünschten Verteilung beiträgt, seine eigenen anderen Konsummöglichkeiten jedoch spürbar einschränkt. Nur der Sozialstaat, der sich durch Zwangsabgaben finanziert, kann die Befriedigung der altruistischen Bedürfnisse durchsetzen[38].

Schließlich ist eine Umverteilung, die auf freiwilligen Spenden für soziale Organisationen beruht, in hohem Maße von den Schwankungen und Moden bei der privaten Spendenbereitschaft abhängig. Kurzfristige Änderungen der öffentlichen Meinung (beispielsweise durch wechselhafte Medienberichterstattung) beeinflussen das Spendenaufkommen. Die Öffentlichkeit nimmt außerdem nicht notwendigerweise alle sozialen Probleme gleichermaßen wahr. Bedürftige, denen es nicht gelingt, öffentlich auf ihre Notlage aufmerksam zu machen, werden benachteiligt. Der Staat kann besser eine systematische, einheitliche und an nachprüfbare Kriterien gebundene Umverteilung für alle Bedürftigen gewährleisten.

Dem Staat die Zuständigkeit für die Umverteilung zuzuweisen, führt aber auch zu speziellen Problemen, die mit der Art der Entscheidungsfindung in staatlichen Institutionen zusammenhängen. So nehmen verschiedene Gruppen in unterschiedlichem Ausmaß Einfluss auf staatliche Entscheidungen mit der Folge, dass staatliche Umverteilungsprozesse nicht mehr den aus der Theorie hergeleiteten Idealen entsprechen müssen.

In der Neuen Politischen Ökonomie werden Einflussfaktoren für politische Entscheidungen untersucht. Die Richtung der Umverteilung hängt demnach von dem politischen Einfluss der gesellschaftlichen Gruppen ab. Dabei spielt die Fähigkeit zur Bildung von Interessenorganisationen eine wesentliche Rolle. So kommt Olson zu dem Ergebnis, dass kleine Gruppen leichter Interessenorganisationen bilden können als große (vgl. Kapitel 2.4.3)[39]. Külp verweist darauf, dass die Reichsten der Gesellschaft aus verschiedenen Gründen besonders leicht für die Durchsetzung ihrer Interessen organisierbar sind und über finanzielle Mittel verfügen, um etwa über Parteispenden Einfluss auf die Politik zu nehmen. Andererseits stellen die Armen nur einen vergleichsweise geringen Bevölkerungsanteil und sind deshalb für den Wahlerfolg von Politikern weniger wichtig als die breiten Mittelschichten. Aus diesen Gründen betreibe der Sozialstaat im Wesentlichen eine Umverteilung innerhalb der Mittelschichten[40]. Der politische

---

[38] Vgl. Apolte (1999), S. 36.

[39] Vgl. Olson (1965).

[40] Vgl. Külp (1975), S. 227 f., 237, 239 f. Külps Beispiel ist die deutsche Sozialversicherung. In ihr gehören die Schwächsten der Gesellschaft, die nie eingezahlt haben, nicht zu den Begünstigten. Zugleich werden die Reichsten der Gesellschaft – Kapitaleigentümer oder Personen mit Einkommen oberhalb der Pflichtversicherungsgrenze – an den Kosten nicht beteiligt.

Entscheidungsprozess verhindert demnach eine optimale Umsetzung der Umverteilungsaufgabe durch den Staat.

Ob sich aus diesen Argumenten die Schlussfolgerung ableiten lässt, der Staat solle nicht die Zuständigkeit für die erwünschte Umverteilung übernehmen, kann jedoch bezweifelt werden. Diese Einwände lassen die Erkenntnis unberührt, wonach nur der Staat in der Lage ist, bestimmte Umverteilungsziele zu erreichen. So kann die Lösung des Problems adverser Selektion oder die Einbeziehung von mehreren sozialen Schichten in den Umverteilungsmechanismus nur vom Staat bewerkstelligt werden. Die Einwände der Neuen Politischen Ökonomie verweisen allerdings darauf, dass nicht jede staatliche Umverteilung sinnvoll sein muss. Durch diese Einwände erscheint eher die Art staatlicher Entscheidungsfindung als die Zuständigkeit des Staates für die Umverteilung überhaupt in Frage gestellt zu werden.

Die Wahl des richtigen Umfangs staatlicher Umverteilung ist ein dauernder Streitpunkt. Dies liegt daran, dass die theoretischen Argumente teilweise voneinander abweichen und sich verschiedene Niveaus als Konsequenz ergeben. So wurde gezeigt, dass Rawls eine größere Einkommensgleichheit anstrebt als der Utilitarismus. Zum anderen sind die Empfehlungen aus den genannten Argumenten oft zu abstrakt, um zu klaren Politikempfehlungen zu führen. Beispielsweise sind aus den Punkten R und U in der Abbildung 2.1 nur schwer Konsequenzen für die Höhe sozialpolitischer Schlüsselgrößen wie Rentenniveau, Sozialhilfesatz oder den Leistungskatalog der Krankenversicherung ableitbar. Letztlich lassen sich die genannten Ansätze vor allem verstehen als Argumente für eine die Marktgesetze beachtende Umverteilungspolitik überhaupt. Ähnlich lässt sich aus der Versicherungsidee kein klares Umverteilungskonzept ableiten, da die Präferenzen der Individuen für Versicherungsschutz meist im Verborgenen bleiben und nur über den Umweg des politischen Entscheidungsprozesses wirken können. Für die Entscheidung über konkrete Formen staatlicher Umverteilung sind weitere Einzelargumente und Zweckmäßigkeitsüberlegungen relevant.

Staatliche Verteilungspolitik nimmt sehr verschiedene Formen an. Kaum eine staatliche Maßnahme hat keine Wirkung auf die Verteilung der Einkommen. Verteilungspolitik besteht aber nicht allein in der nachträglichen Korrektur von Marktergebnissen, sondern bereits in Versuchen, die Marktergebnisse von Anfang an in die gewünschte Richtung zu lenken[41]. Die Wettbewerbspolitik zielt auch darauf ab, Monopolrenten abzubauen und damit die Einkommensverteilung der Verteilung unter vollständiger Konkurrenz anzunähern. Der Staat kann auf die Einkommenserzielungschancen am Markt einwirken, indem er zum Beispiel Bildung fördert oder die Vermögensverteilung beeinflusst. Die Sparförderung oder ein kostenloses Bildungswesen sind Beispiele für diese Versuche, die Einkommensverteilung zu beeinflussen.

Umverteilungspolitik im engeren Sinne geht vom Ergebnis der Märkte aus und sucht dieses entsprechend verteilungspolitischen Zielen zu ändern. Die Steuerpolitik ist teilweise bewusst verteilungspolitisch ausgestaltet, indem durch progressive Steuersätze Bezieher hoher Einkommen überproportional zur Finanzierung von Staatsausgaben herangezogen werden. Hinzu kommt die Verfolgung sozialer Zwecke mit Steuervergünstigungen. Auch öffentliche Güter kommen verschiedenen Personengruppen in unterschiedlichem Maße zugute, sodass auch ihre Bereitstellung beträchtliche Verteilungskonsequenzen hat.

Kernbereich der staatlichen Umverteilung ist jedoch die *Sozialpolitik*. Sie ist der Bereich, der bewusst und in erster Linie auf eine Umverteilung zugunsten der Schwachen, Kranken und Alten in der Gesellschaft abzielt. Während bei der Bereitstellung öffentlicher Güter Umverteilung nur als erwünschter oder in Kauf genommener Nebeneffekt entsteht, ist die Sozialpolitik in ihrem Kern auf Umverteilung orientiert[42]. Aus diesem Grund ist der Schwerpunkt dieser Arbeit auf die Analyse von Einflüssen auf die Sozialpolitik ausgerichtet.

In der Sozialpolitik werden üblicherweise die Formen Versicherungs-, Versorgungs-, Fürsorgeprinzip unterschieden[43]. Beim Versicherungsprinzip wird die Gewährung sozialer Leistungen an vorangegangene Einzahlungen geknüpft. Eine klar definierte Gruppe von Mitgliedern (meistens die Arbeitnehmer) zahlt für Bedürftige und erwirbt dadurch eigene Ansprüche auf Leistungen im Falle von Alter, Krankheit oder Erwerbslosigkeit. Oft werden die Arbeitgeber der Versicherten an den Sozialversicherungsbeiträgen beteiligt. Das Sozialsystem ist vom übrigen Staatshaushalt getrennt. Das Versicherungsprinzip dominiert die sozialen Sicherungssysteme zum Beispiel in Deutschland, Frankreich oder den Niederlanden.

Beim Versorgungsprinzip werden Sozialleistungen aus dem allgemeinen Staatshaushalt finanziert. Anspruch auf Leistungen haben im Prinzip alle Bürger. Fi-

[41] Vgl. Teichmann (1993), S. 297 ff., 303 ff.
[42] Vgl. Frerich (1996), S. 14 f.
[43] Vgl. Quante (1957); Groebel (1989), S. 49-52.

nanzierungsgrundlage sind die Steuern. Das Sozialsystem ist hier Teil des allgemeinen Staatshaushalts. Das Versorgungsprinzip wird zum Beispiel in skandinavischen Ländern oder im britischen Gesundheitssystem angewendet.

Beim Fürsorgeprinzip werden die Sozialleistungen ebenfalls aus dem allgemeinen Staatshaushalt und damit aus Steuermitteln finanziert. Im Unterschied zum Versorgungsprinzip werden jedoch Leistungen nur nach strenger Bedürftigkeitsprüfung gewährt. In Übereinstimmung mit dem aus der katholischen Soziallehre stammenden Subsidiaritätsprinzip[44] erhält nur derjenige staatliche Hilfe, der sich weder selber helfen kann noch auf dezentraler Ebene (von Verwandten oder Hilfsorganisationen) Unterstützung erhält.

Die Entscheidung zwischen diesen drei Formen wird oft mit Zweckmäßigkeitsüberlegungen begründet. So gilt als Vorteil des Versicherungsprinzips die Tatsache, dass hier die Sozialkassen meistens vom übrigen Staatshaushalt strikt getrennt sind und die Ansprüche auf Sozialleistungen unter den Eigentumsschutz fallen, sodass das System ein hohes Maß an Verlässlichkeit aufweist und ein kurzfristiger Zugriff der Regierung auf die Sozialkassen kaum möglich ist[45]. Die separaten Sozialkassen machen außerdem die Kosten der sozialen Sicherheit auch für die breitere Öffentlichkeit transparent.

Nachteilig ist hingegen die Tatsache, dass Ansprüche auf Leistungen an vorangegangene Einzahlungen gebunden sind, sodass gerade die Schwächsten der Gesellschaft, die nie eingezahlt haben, hier keine Absicherung erhalten[46]. Deshalb wird üblicherweise das Versicherungsprinzip mit Elementen der beiden anderen Prinzipien kombiniert, z.B. in Deutschland durch die nach dem Bedürftigkeitsprinzip organisierte Sozialhilfe. Problematisch ist auch die häufig anzutreffende Ankopplung der Versicherungspflicht an das Arbeitsverhältnis. Dies hat zur Folge, dass die Umverteilung zwischen den Beziehern von Lohneinkommen stattfindet, während Kapitaleinkünfte nicht herangezogen werden. Außerdem wird bei Beteiligung der Arbeitgeber an den Sozialversicherungsbeiträgen in Zeiten wachsenden sozialpolitischen Bedarfs die Beschäftigung von Arbeitskräften verteuert. Deshalb wird oft der Sozialversicherung eine Mitschuld an unfreiwilliger Arbeitslosigkeit gegeben.

Beim Versorgungsprinzip kann dagegen eine Einbeziehung der gesamten Bevölkerung in die Umverteilung gelingen. Die Steuerfinanzierung ermöglicht sowohl die Heranziehung von Kapitaleinkünften als auch die Begünstigung von

[44] Vgl. Pius XI. (1931), Ziffer 79.
[45] Vgl. Neumann/Schaper (1998), S. 143 f.
[46] Vgl. K. Kumpmann (1924), S. 26 f.

nicht erwerbstätigen Bevölkerungskreisen. Das System ist besser geeignet zur Erreichung gesamtgesellschaftlicher Verteilungsziele.

Das Fürsorgeprinzip knüpft die Gewährung sozialer Leistungen an oft aufwändige Bedürftigkeitsprüfungen, um sicherzustellen, dass nur wirklich Bedürftige begünstigt werden. Ziel ist es, die Marktergebnisse möglichst wenig zu verändern und die Umverteilung auf eine sehr zielgenaue Förderung der Schwächsten zu begrenzen. Ob es indes gelingt, durch ein bürokratisches Verfahren die Zielgenauigkeit zu steigern, kann bezweifelt werden, da der Erfolg im Umgang mit Behörden oft bestimmte Begabungen erfordert, die nicht notwendigerweise bei den Ärmsten der Gesellschaft am stärksten ausgeprägt sind.

In der Realität sind stets Mischformen der drei Prinzipien anzutreffen. In die tatsächliche Wahl der Prinzipien gehen neben den genannten Zweckmäßigkeitsüberlegungen auch die Kräfteverhältnisse der gesellschaftlichen Gruppen, ihre Wertvorstellungen und allgemeinen gesellschaftlichen Konzepte ein. Dies wird im Kapitel 2.4 näher untersucht.

2.2. Die Entwicklung des Sozialstaats: allgemeines Bild

2.2.1. Die Sozialleistungsquote als Indikator sozialpolitisch motivierter Umverteilung

Grundsätzlich können an zwei Stellen Maße für die Umverteilung gefunden werden: an der Einnahmenseite und an der Ausgabenseite des Sozialstaats. Die Einnahmen des Sozialstaats bestehen aus den Steuern und Beiträgen, mit denen Sozialleistungen finanziert werden. Die Ausgaben des Sozialstaats sind die Sozialleistungen, die über den Staat gewährt werden.

Nach den Theorien, die eine Gefährdung des Sozialstaats herleiten, wird der Sozialstaat in erster Linie von der Einnahmenseite her unter Druck gesetzt. Druck auf den Sozialstaat geht von seinen Nettozahlern aus, die weniger Steuern und Beiträge zahlen wollen. Im vierten Teil dieser Arbeit wird gezeigt, dass auch im internationalen Wettbewerb nicht der Abbau von Sozialleistungen, sondern die Senkung von Steuern und Beiträgen die unmittelbaren Wettbewerbsmaßnahmen der Regierungen sind. Der Abbau sozialer Ausgaben erfolgt demnach, um die

Senkung von Steuern und Beiträgen zu ermöglichen. Steuern und Beiträge stehen unter dem direkten Druck, Sozialleistungen unter dem indirekten Druck des internationalen Wettbewerbs. Deshalb erscheint eine Betrachtung der Effekte des internationalen Wettbewerbs auf die Einnahmenseite des Sozialstaats sinnvoller als die Betrachtung der Effekte auf die Ausgabenseite. Viele Studien konzentrieren sich daher bei der Untersuchung des internationalen Systemwettbewerbs auf den Steuerwettbewerb[47]. Geht es um die Erfassung der staatlich durchgeführten und sozialpolitisch motivierten Umverteilung, dann ergeben sich jedoch einige Einwände.

Steuern und Sozialbeiträge sind die Finanzierungsgrundlage der Sozialleistungen. Die Sozialbeiträge werden für sozialpolitische Zwecke und damit wesentlich zur Umverteilung verwendet. Demgegenüber dienen die Steuern sowohl der Finanzierung von Sozialleistungen als auch der Bereitstellung öffentlicher Güter. Insoweit sie letztere Funktion erfüllen, dienen sie nicht notwendigerweise der Umverteilung. So kann ein Staat höhere Steuern erheben, die damit verbundenen Einnahmen jedoch nicht für Umverteilungszwecke, sondern zur Bereitstellung einer größeren öffentlichen Infrastruktur verwenden. Dieser Staat würde möglicherweise an internationaler Wettbewerbsfähigkeit gewinnen, da den höheren Steuern eine Gegenleistung gegenübersteht[48]. In der Praxis kann nicht zwischen Steuern zur Umverteilung und Steuern zur Finanzierung anderer öffentlicher Güter unterschieden werden.

Doch auch die Bereitstellung öffentlicher Güter ist oft mit einer Umverteilung verbunden. Bei öffentlich finanzierten oder subventionierten Schulen und Universitäten, Naherholungs- und Sporteinrichtungen, Nahverkehrsmitteln und Kultureinrichtungen (wie Opernhäusern oder Theatern) sind die Nutzer nicht notwendigerweise identisch mit den Zahlern und ist die Nutzung nicht proportional zum geleisteten Finanzierungsbeitrag. Es scheint kaum öffentliche Güter zu geben, mit deren Bereitstellung keine Umverteilung verknüpft ist. Eine Messung des umverteilenden Effekts der öffentlichen Güter erscheint jedoch praktisch unmöglich zu sein. Aus diesen Gründen ist die Höhe der Steuern und Sozialbeiträge kein geeignetes Maß für den Umfang der staatlich organisierten Umverteilung.

---

[47] Vgl. zum Beispiel: H.W. Sinn (1997b), Fuest/Huber (1999), Wilson (1999).

[48] Doch auch sozialpolitische Umverteilung könnte beispielsweise den sozialen Frieden in einer Gesellschaft festigen und somit ebenfalls als öffentliches Gut aufgefasst werden. Dazu mehr im Kapitel 4.1.1.

Eine rein umverteilende Wirkung lässt sich am ehesten den Sozialbeiträgen zuschreiben. Eine Betrachtung der Sozialbeiträge allein erfasst jedoch nur einen Teil des Sozialstaats. Selbst in Ländern mit Dominanz der Sozialbeiträge bei der Finanzierung des Sozialstaats wie Deutschland wird ein knappes Drittel der Sozialleistungen durch Steuern finanziert. Außerdem sind die internationalen Unterschiede der Sozialbeiträge außerordentlich groß. Während im Vereinigten Königreich nur 40 Prozent der Sozialleistungen durch Beiträge finanziert werden, liegt der Anteil zum Beispiel in Frankreich bei 73 und in Deutschland bei 68 Prozent[49]. Die Betrachtung der Sozialbeiträge allein gibt deshalb kein aussagefähiges oder international vergleichbares Bild des Umfangs der Sozialstaatsfinanzen.

Zur Messung der Umverteilung wird deshalb hier die Ausgabenseite des Sozialstaats verwendet. Die Summe aller staatlich gewährten Sozialleistungen gibt grundsätzlich ein besseres Bild sozialpolitisch motivierter Umverteilung. So ist es üblich geworden, die Sozialleistungsquote, also den prozentualen Anteil aller vom Staat (einschließlich der Sozialversicherungsträger) finanzierten Sozialleistungen am Bruttoinlandsprodukt, als Maß des Sozialstaats zu verwenden. Die Höhe von international vergleichbaren Sozialleistungsquoten wird in Statistiken der OECD, des International Labour Office (ILO) und des Statistischen Amtes der Europäischen Union (EUROSTAT) erfasst.

In den OECD Historical Statistics werden Sozialtransferquoten für die OECD-Länder seit den 60-er Jahren veröffentlicht[50]. Vorteil dieser Datenbank ist der lange Zeitraum, für den intertemporal vergleichbare Daten verfügbar sind. Nachteilhaft ist dabei, dass die Sozialtransferquote im Unterschied zur Sozial*leistungs*quote sich auf monetäre Sozialleistungen beschränkt und den wichtigen Bereich sozialer Dienstleistungen (der auch die quantitativ bedeutsamen Dienstleistungen im Gesundheitswesen enthält) nicht erfasst.

Eine neuere umfassendere Datenbank stellt die OECD für die Zeit seit 1980 mit ihrer Social Expenditure Database (SOCX) zur Verfügung[51]. Die Sozialleistungsquote nach SOCX enthält auch soziale Dienstleistungen und gibt damit einen umfassenderen Überblick über die Entwicklung der Sozialpolitik. Der Nachteil hierbei ist die Begrenzung dieser Daten auf die Zeit seit 1980.

---

[49] Vgl. EUROSTAT (2000b), S. 153, Tab. 6.4.7.
[50] Vgl. OECD (2001a).
[51] Vgl. OECD (2001b).

Das Internationale Arbeitsamt ILO präsentiert seit Jahrzehnten in unregelmäßig erscheinenden Veröffentlichungen Daten zu den „Cost of Social Security“ [52].

Die Sozialleistungsquoten, die von EUROSTAT veröffentlicht werden[53], enthalten auch Leistungen privater Organisationen und Verwaltungskosten. Ein Nachteil dieser Zahlen besteht darin, dass sie sich nur auf Mitgliedsländer der EG bzw. EU beziehen. Länder, die später der EG beitraten, werden erst später in diesen Zeitreihen erfasst. Dadurch ist die Zahl der erfassten Länder (und damit der verwendbaren Beobachtungen) kleiner als zum Beispiel in den Statistiken der OECD.

Problematisch ist die Verwendung der Sozialleistungsquoten als Indikatoren für Umverteilung vor allem deshalb, weil nur ein Teil der staatlichen Umverteilung durch soziale Leistungen stattfindet. Die Steuerpolitik ist ein weiteres wichtiges Instrument, um verteilungspolitische Ziele zu erreichen. So spielen vor allem progressiv gestaltete Steuersätze sowie eine Vielzahl unterschiedlicher Formen der Steuervergünstigungen und Steuerfreibeträge eine wichtige Rolle bei der Beeinflussung der Einkommensverteilung durch den Staat[54].

Wird ein sozialer Zweck durch eine Steuervergünstigung vom Staat gefördert, dann taucht dies nicht in der Sozialleistungsquote auf. Wird derselbe Zweck dagegen durch direkte Sozialtransfers unterstützt, wird dies in der Quote erfasst. Beispielsweise erscheinen die deutschen Kinderfreibeträge als Steuervergünstigung nicht in der Sozialleistungsquote, während das Kindergeld als Sozialtransfer erfasst wird. Die Nicht-Berücksichtigung der sozialpolitisch motivierten Steuervergünstigungen in der Sozialleistungsquote macht diese als Maß der sozialpolitischen Umverteilung unvollständig. Da die Steuervergünstigungen international unterschiedlich sind, wird dadurch die internationale Vergleichbarkeit der Sozialleistungsquoten beeinträchtigt[55].

Progressive Steuertarife sollen dafür sorgen, dass reichere Personen stärker zur Finanzierung öffentlicher Güter herangezogen werden als ärmere. Werden öffentliche Güter von allen Bevölkerungsgruppen gleichermaßen genutzt, aber auf Grund progressiver Besteuerung unterschiedlich stark finanziert, dann liegt eine

[52] Vgl. International Labour Office (1996).
[53] Vgl. EUROSTAT (2000c). Sozialleistungsquoten nach EUROSTAT finden sich ebenfalls in verschiedenen Veröffentlichungen der Europäischen Kommission und in: Bundesministerium für Gesundheit und Soziale Sicherung (2004), Tabelle 9.18.
[54] Vgl. auch Europäische Kommission (1998), S. 63 f.
[55] Vgl. Meinhardt (2001), S. 294.

staatliche Einkommensumverteilung vor, die ebenfalls in der Sozialleistungsquote nicht berücksichtigt ist. Komplizierter ist der Fall, wenn öffentliche Güter von verschiedenen Bevölkerungsgruppen unterschiedlich genutzt werden. Dann muss die Ermittlung der umverteilenden Wirkung sowohl die Einnahmenseite als auch die Nutzung einbeziehen. Zu denken wäre etwa an staatlich finanzierte oder subventionierte Sportstätten, Kultureinrichtungen, öffentliche Parks usw.

Bei der Berechnung der Sozialleistungsquoten werden auf Grund von Ermittlungsproblemen ggf. auf Transfereinkommen zu zahlende Steuern und Sozialbeiträge nicht abgezogen. Da die Höhe der auf Transfereinkommen zu zahlenden Steuern und Beiträge in den Ländern sehr unterschiedlich ist, wird dadurch die Vergleichbarkeit der Daten zwischen den Ländern stark beeinträchtigt[56]. So werden gerade in Ländern mit hohen Sozialleistungen wie den skandinavischen Ländern auf diese Sozialeinkommen relativ hohe Steuern erhoben. Andererseits besteuern Länder mit traditionell gering ausgebauten Sozialsystemen wie die USA die Transfereinkommen weniger oder gar nicht[57].

Die Sozialleistungsquote berücksichtigt ebenfalls nicht die Verteilungswirkungen indirekter Steuern[58]. Allgemeine Verbrauchssteuern treffen Bezieher niedriger Einkommen mit hoher marginaler Konsumneigung viel stärker als Wohlhabende, die größere Anteile ihres Einkommens sparen. Werden durch Verbrauchssteuern öffentliche Güter finanziert, die von allen Gesellschaftsmitgliedern gleichermaßen genutzt werden, dann ergibt sich ein Umverteilungseffekt von unten nach oben, eine Dämpfung der sozialpolitisch erwünschten Umverteilung, die ebenfalls nicht in der Sozialleistungsquote zum Ausdruck kommt.

Schließlich erfassen die Sozialleistungsquoten meistens nicht die Umverteilung, die ohne Zwischenschaltung einer staatlichen Sozialkasse zwischen privaten Wirtschaftssubjekten stattfindet, weil dies vom Staat gesetzlich vorgeschrieben ist. Ein bekanntes Beispiel ist die in Deutschland bestehende Lohnfortzahlung im Krankheitsfall, die auf Grund gesetzlicher Bestimmungen vom Arbeitgeber zu leisten ist[59]. Ferner gehören gesetzlich vorgeschriebene Unterhaltszahlungen zwischen Familienmitgliedern ebenfalls zu diesen Formen der Umverteilung.

Adema versucht, viele dieser Umverteilungseffekte zu berücksichtigen und berechnet Quoten (Anteile am Bruttoinlandsprodukt) für sogenannte „Netto-

---

[56] Vgl. Europäische Kommission (1998), S. 63.
[57] Vgl. Adema (2001), S. 16; Adema (2002); Meinhardt (2001), S. 293.
[58] Vgl. Adema (2001), S. 19, 21.
[59] Vgl. Adema (2001), S. 9, 11.

sozialleistungen"[60]. Die öffentliche Nettosozialleistungsquote („Net current public social expenditure") enthält dabei die Höhe der Sozialleistungen abzüglich der auf Transfereinkommen zu entrichtenden direkten Steuern und Beiträge, abzüglich indirekter Steuern[61] und zuzüglich sozialpolitisch motivierter Steuervergünstigungen – in Prozent des Bruttoinlandsprodukts. Die Hinzurechnung der obligatorischen privaten Sozialleistungen (abzüglich der auf diese zu zahlenden Steuern und Beiträge) führt zur Quote der staatlich bestimmten Sozialleistungen („Net publicly mandated social expenditure"). Durch die zusätzliche Einbeziehung freiwilliger privater Transfers ermittelt Adema seine Gesamt-Nettosozialleistungsquote („Net total social expenditure"). Da freiwillige Zahlungen nicht als marktinkonforme Vorgänge zu betrachten sind, sondern vermutlich eher auf altruistische Bedürfnisse (mit externen Nutzen) der privaten Wirtschaftssubjekte zurückzuführen sind, wäre für die Fragestellung dieser Arbeit insbesondere die Quote staatlich bestimmter Sozialleistungen von Bedeutung.

Adema entwickelt Indikatoren, die grundsätzlich besser geeignet sind, das Ausmaß staatlich organisierter Umverteilung zu messen, als die herkömmlichen Sozialleistungsquoten. Vor allem für internationale Vergleiche sozialpolitischer Aktivität sind Nettosozialleistungsquoten besser geeignet als herkömmliche Sozialleistungsquoten, weil sie den unterschiedlichen Strukturen sozialer Sicherungssysteme in verschiedenen Ländern besser Rechnung tragen. Lediglich die Verteilungswirkungen progressiver Besteuerung und unterschiedlicher Nutzung öffentlicher Güter werden auch bei Adema nicht erfasst.

Bislang liegen von Adema Berechnungen der Höhe der Nettosozialleistungsquoten für einige OECD-Länder für die Jahre 1993, 1995 und 1997 vor[62]. Damit sind diese Indikatoren nur für drei einzelne Jahre verfügbar. Für eine Verwendung zur Untersuchung der Auswirkungen der Internationalisierung auf den Sozialstaat sind sie deshalb ungeeignet.

Die Internationalisierung der Wirtschaft ist ein sich im Zeitablauf vollziehender Prozess. Daher muss die Untersuchung ihrer Folgen für den Sozialstaat im Kern eine Zeitreihenanalyse sein. Das heißt, es soll nicht die Frage beantwortet werden, ob Länder, die stärker im internationalen Wettbewerb stehen, weniger Einkommen umverteilen als Länder, die dem internationalen Wettbewerb weniger ausgesetzt sind. Stattdessen geht es um die Frage, ob in Ländern, in denen der

[60] Vgl. Adema (2001), S. 24-30; Kemmerling (2001), S. 3-9.

[61] Dabei wird vereinfachend davon ausgegangen, dass sämtliche Sozialeinkommen konsumiert werden.

[62] Vgl. Adema (2001), S. 27 f., 38-41. Lediglich für Belgien liegt eine Zeitreihe seit 1982 vor.

internationalen Wettbewerb zunimmt, die umverteilende Aktivität des Staates abnimmt. Für eine solche Untersuchung von Veränderungen in der Zeit sind jedoch drei Zeit-Beobachtungspunkte zu wenig, insbesondere, wenn diese lediglich für wenige Länder vorliegen. Steht bei der Untersuchung der Beeinflussung des Sozialstaats nicht der Vergleich zwischen Ländern im Mittelpunkt, sondern der Vergleich zwischen verschiedenen Zeiten in ein und denselben Ländern, dann ist die internationale Vergleichbarkeit, die Adema mit seinen Nettosozialleistungsquoten vor allem herstellt, nicht entscheidend. Stattdessen ist vor allem die Vergleichbarkeit *im Zeitverlauf* bedeutsam. Diese kann jedoch auch bei den herkömmlichen Sozialleistungsquoten vorliegen. Dies ist der Fall bei Geltung der vereinfachenden, aber plausiblen Annahme, dass sich die normale Sozialleistungsquote eines Landes im Zeitverlauf ähnlich entwickelt, wie die Nettosozialleistungsquoten. Anders gesagt: Es wird angenommen, dass die Relation zwischen den Sozialleistungen einerseits und der Höhe von sozialpolitisch motivierten Steuervergünstigungen, Steuern und obligatorischen Beiträgen auf Transfereinkommen, obligatorischen privaten Transfers usw. zwar zwischen den Ländern variiert, innerhalb eines Landes jedoch im Zeitablauf konstant bleibt. Dies ist zwar vermutlich nicht völlig zutreffend. Realistisch ist jedoch, dass die Struktur der Sozialsysteme zwischen Ländern wesentlich mehr variiert als zu unterschiedlichen Zeiten innerhalb eines Landes.

Solange für Ademas Nettosozialleistungsquoten keine längeren Zeitreihen verfügbar sind, ist daher die Verwendung herkömmlicher Sozialleistungsquoten als Maß sozialpolitischer Umverteilung sinnvoll. Was für die Verwendung der Sozialleistungsquote spricht, ist also im Wesentlichen die Verfügbarkeit von vor allem intertemporal vergleichbaren Daten. Allerdings sind dabei die Probleme der internationalen Vergleichbarkeit im Auge zu behalten und bei Regressionsanalysen durch geeignete ökonometrische Verfahren (z.B. die Einfügung von Länder-Dummy-Variablen) einzubeziehen.

Zusätzlich kann bei der Untersuchung von Änderungen des Sozialstaats im Zeitverlauf das Problem der internationalen Vergleichbarkeit von Sozialleistungsquoten abgemildert werden indem nicht die *Niveaus* der Sozialleistungsquoten untersucht werden, sondern ihre *Änderungen.* Auch dabei wird vereinfachend unterstellt, dass die Struktur der sozialpolitischen Instrumente, d.h. die Relation von unkorrigierten Sozialleistungsquoten und Nettosozialleistungsquoten innerhalb eines Landes konstant bleibt.

2.2.2. Die Entwicklung des Sozialstaats in Zeiten wachsender Internationalisierung: allgemeines Bild

Abbildung 2.2 A: Sozialleistungsquote und Sozialtransferquote
Ungewichtete Durchschnitte für 16 bzw. 14 OECD-Länder
Quellen: OECD (2001a) und OECD (2001b)

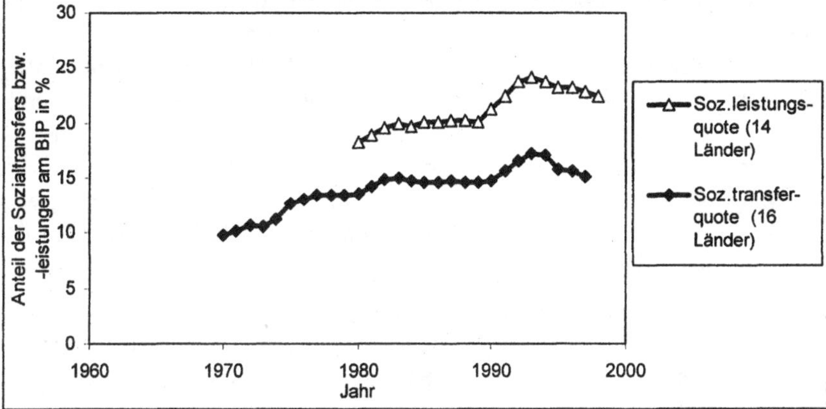

Abbildung 2.2 B: Sozialleistungsquote in der EG/EU nach EUROSTAT
Ungewichtete Durchschnitte für die 6, 9 bzw. 12 EG-Mitglieder
Quelle: Bundesministerium für Gesundheit und Soz. Sicherung (2004)

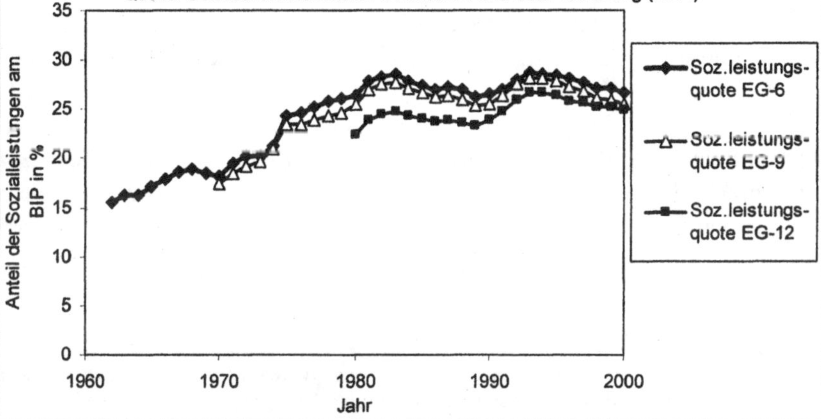

Die Abbildungen 2.2 A und B geben die Entwicklungen der Sozialtransferquote und der Sozialleistungsquoten nach Angaben der OECD bzw. von EUROSTAT wieder. Je nach Verfügbarkeit der Daten und in Anlehnung an die Regressionsanalysen im vierten Teil beziehen sich die Kurven auf verschiedene Ländergruppen[63]. Beide Abbildungen enthalten ungewichtete Durchschnitte, das heißt, die Sozialleistungsquote jedes Landes geht gleichermaßen in die Ermittlung des Durchschnitts ein, größere Länder beeinflussen den Verlauf der Kurven nicht stärker als kleinere Länder. Dies ist angesichts der hier relevanten Fragestellung sachgerecht. Denn die Frage dieser Arbeit ist nicht, wie sozial in der Summe die Industrieländer waren und sind. Die Frage besteht vielmehr darin, wie sich der internationale Wettbewerb auf die Sozialpolitik einzelner Länder auswirkt. Dabei ist jedes Land – unabhängig von seiner Größe – eine Beobachtungseinheit. Es hier ist nicht entscheidend, ob ein Land groß oder klein ist, sondern ob es mehr oder weniger im internationalen Wettbewerb steht. Dass dies mittelbar durch die Größe der Länder beeinflusst wird, ist dabei unbestritten. Allerdings wäre der Verlauf der hier abgebildeten Kurven kaum anders, würde man die Sozialleistungsquoten nach der Größe der Länder (z.B. nach der Höhe des Bruttoinlandsprodukts) gewichten.

Insgesamt stimmen die zwei Grafiken (und damit die zu Grunde liegenden Statistiken) in wesentlichen Punkten miteinander überein. Die nach EUROSTAT ermittelten durchschnittlichen Sozialleistungsquoten unterscheiden sich in der Höhe zwischen den drei europäischen Ländergruppen etwas, in der zeitlichen Entwicklung bewegen sie sich im Wesentlichen parallel (vgl. Abb. 2.2 B).

Auffallend ist, dass sich die Sozialleistungsquoten diskontinuierlich entwickelt haben, Schwankungen ihrer Zunahme sind in beiden Abbildungen deutlich zu erkennen. Bereits in den Abbildungen 2.2 A und B fällt auf, dass die Zunahme der Sozialleistungsquoten besonders groß ist in Zeiten konjunktureller Schwäche, nämlich in der Mitte der 70-er Jahre, Anfang der 80-er Jahre und Anfang der 90-er Jahre. Geringer oder negativ fallen die Zuwächse der Sozialquoten in wirtschaftlichen Aufschwungphasen, wie gegen Ende der 70-er Jahre, in der zweiten Hälfte der 80-er Jahre oder der zweiten Hälfte der 90-er Jahre, aus. So wohl bei der Sozialtransferquote nach OECD-Angaben als auch bei der Sozialleistungsquote nach EUROSTAT gab es den mit Abstand stärksten Zuwachs im

[63] Im Einzelnen: In Abb. 2.2 A werden bei den Sozialleistungsquoten nach OECD/SOCX Australien, Kanada, Dänemark, Finnland, Frankreich, Italien, Japan, die Niederlande, Neuseeland, Portugal, Spanien, Schweden, das Vereinigte Königreich und die USA erfasst. Die Kurve der Sozialtransferquoten bezieht sich auf Australien, Österreich, Kanada, Dänemark, Finnland, Frankreich, Deutschland, Italien, Japan, die Niederlande, Norwegen, Portugal, Spanien, Schweden, das Vereinigte Königreich und USA. In Abb. 2.2 B enthält die Ländergruppe „EG 6“ Belgien, Frankreich, Italien, die BR Deutschland, die Niederlande und Luxemburg, bei „EG 9“ kommen Dänemark, Irland und das Vereinigte Königreich hinzu, bei „EG 12“ zusätzlich Griechenland, Portugal und Spanien.

Abbildung 2.3 A: Änderungen der Sozialtransferquote und des BIP pro Kopf (von 16 OECD-Ländern)

Quellen: Sozialtransferquote: OECD (2001a), BIP: World Bank (2003).

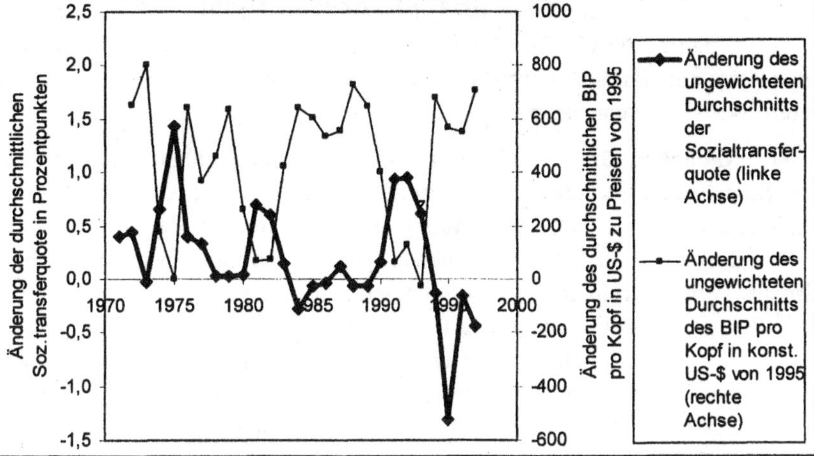

Abb. 2.3 B: Änderungen der Sozialleistungsquote und des BIP pro Kopf (von 9 EG-Ländern)

Quellen: Sozialleistungsquote: B.min. f. Gesundheit u. Soz. Sicherung (2004); BIP: World Bank (2003).

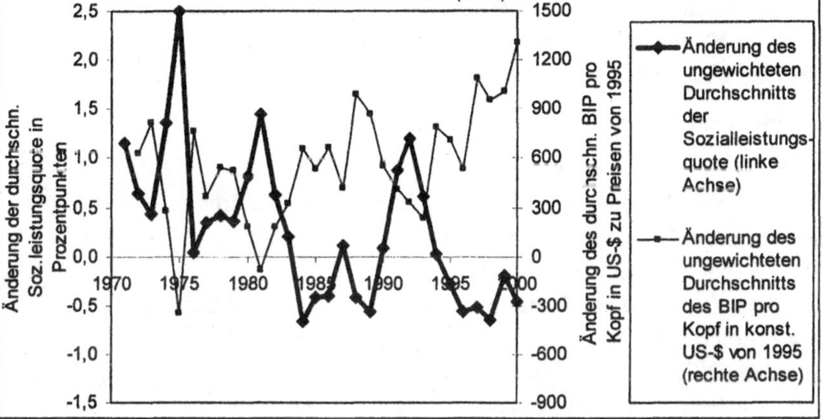

Krisenjahr 1975. Einen besonders auffallenden Anstieg gab es außerdem bei der Sozialtransferquote nach OECD-Angaben in der wirtschaftlichen Schwächephase Anfang der 90-er Jahre, dem jedoch ein ebenso auffallender Rückgang im anschließenden wirtschaftlichen Aufschwung folgte. Diese Entwicklung findet sich in den beiden anderen Statistiken in schwächerer Form wieder. Der negative Zusammenhang zwischen Konjunkturentwicklung und Sozialtransferquote wird in den Abbildungen 2.3 A und B noch deutlicher. An der Kurve der Änderung des Bruttoinlandsprodukts pro Kopf sind die internationalen konjunkturellen Schwächezeiten der Jahre 1975, 1981/1982 und 1991/1993 klar erkennbar. In diesen Jahren ist die Zunahme der Sozialtransferquote bzw. der Sozialleistungsquote am stärksten. Schwächer entwickelte sie sich in den Zeiten mit größerem Wirtschaftswachstum.

Zwei Erklärungen für den kurzfristig negativen Zusammenhang von Konjunktur und Sozialleistungsquote sind naheliegend: Die Sozialleistungsquote setzt die Sozialleistungen zur Höhe des Bruttoinlandsproduktes ins Verhältnis. Sinkt das Bruttoinlandsprodukt, dann muss ceteris paribus die Quote steigen. Es besteht also insofern ein rein formaler Zusammenhang. Dies gilt, falls die Höhe aller Sozialleistungen selbst unverändert bleibt. Zusätzlich ist jedoch (als zweite Erklärung) in Wirtschaftskrisen mit einer Zunahme des sozialpolitischen Bedarfs zu rechnen. Die Zunahme der unfreiwilligen Arbeitslosigkeit im Konjunkturabschwung führt zur zunehmenden Inanspruchnahme sozialer Leistungen, sodass auch dadurch die Sozialleistungsquote steigt. Zwar machen die Leistungen der Arbeitslosenunterstützung nur einen vergleichsweise geringen Anteil der Sozialausgaben aus. Allerdings verstecken sich teilweise auch in anderen Sozialleistungen Zahlungen an unfreiwillig Arbeitslose, so beispielsweise in Rentenzahlungen für Vorruheständler. Trotzdem ist wahrscheinlich, dass die negative Konjunkturabhängigkeit der Sozialleistungsquote in erster Linie auf den mathematischen Effekt zurückzuführen ist.

Unbeschadet der konjunkturbedingten Schwankungen folgen die Sozialleistungsquoten auch längerfristigen, das heißt konjunkturübergreifenden Trends.

Deutlich wird in den Abbildungen 2.2 A und B der trendmäßige Anstieg der Sozialtransfer- bzw. Sozialleistungsquoten in den 60-er und 70-er Jahren. Dieser Anstieg hat sich in den 80-er und 90-er Jahren erheblich verlangsamt. Eine deutliche Zunahme der Sozialleistungsquoten ist seither nicht mehr zu erkennen. Der Anteil des Bruttoinlandsprodukts, der zu sozialen Zwecken umverteilt wird, ist trendmäßig eher auf hohem Niveau konstant geblieben. Floras These eines „Growth to Limits“[64] der Sozialleistungen scheint sich darin zu bestätigen. Ein allgemeiner Abbau des Sozialstaates ist anhand dieser Kurven allerdings ebenfalls nicht zu erkennen. Auf den ersten Blick lässt sich die These vom Sozialabbau durch Zunahme des internationalen Wettbewerbs nicht bestätigen.

---

[64] Flora (1986).

Abb. 2.4 A: Sozialtransferquoten: Einzelne Länder
Quelle: OECD (2001a).

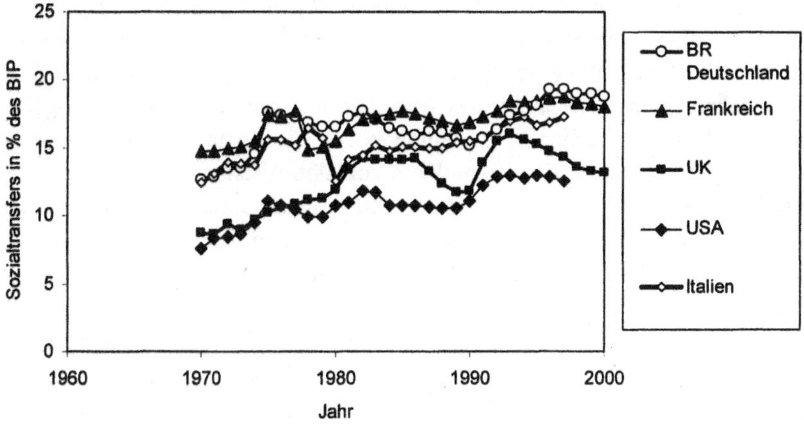

Abbildung 2.4 B: Sozialleistungsquoten nach EUROSTAT: Einzelne Länder
Quelle: Bundesministerium für Gesundheit und Soziale Sicherung (2004).

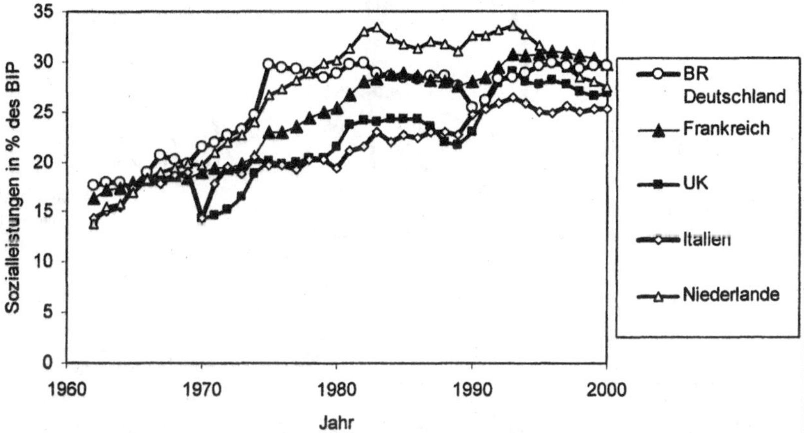

Hinter diesen Kurven verbergen sich zum Teil deutlich von einander abweichende nationale Entwicklungen, wie in den Abbildungen 2.4 A und B anhand einiger Länder beispielhaft gezeigt wird. Allerdings ist die negative Konjunkturabhängigkeit in den meisten Fällen auch hier wiederzufinden: In den Krisenjahren 1975, 1981/82 und 1991/92/93 weisen die Kurven sowohl der Sozialtransfer- als auch der Sozialleistungsquoten nach oben.

Die Unterschiede zwischen den Ländern beziehen sich vor allem auf die konjunkturübergreifenden Trends. So weisen die Niederlande für die Sozialleistungsquote bis Mitte der 80-er Jahre einen überdurchschnittlichen Anstieg auf, der sich seither in einen schwach negativen Trend umgewandelt hat. In der Bundesrepublik Deutschland dagegen erreichten die Sozialquoten bereits Mitte der 70-er Jahre einen Höhepunkt, seit dem sind sie trendmäßig konstant geblieben sind. Nach der deutschen Vereinigung waren die Sozialleistungsquoten höher. Allerdings sind wegen des besonderen sozialpolitischen Bedarfs in den neuen Bundesländern, z.B. den relativ hohen Rentenansprüchen ostdeutscher Rentner bei gleichzeitig niedrigerer Produktion, diese Zahlen nicht mit den Daten für die alte Bundesrepublik ohne weiteres vergleichbar.

Abbildung 2.5: Verwendungszwecke der Sozialausgaben in 17 OECD-Ländern 1998 (Quelle: OECD (2001b))

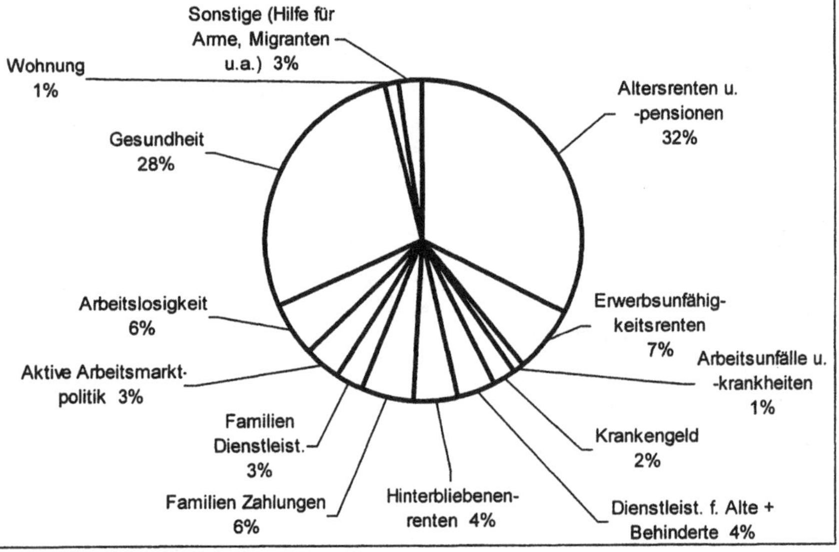

Eine Untersuchung der Ursachen der Entwicklung der Sozialausgaben muss stets auch die Zusammensetzung der Sozialleistungen im Auge behalten. Abbildung 2.5 gibt einen Überblick über die prozentuale Zusammensetzung der Sozialleistungsquote im Jahre 1998, wie sie von der OECD ermittelt wird und entsprechend der Klassifikation in der OECD Social Expenditure Database. Dabei wird deutlich, dass die Sozialpolitik quantitativ von zwei Funktionsbereichen dominiert wird, den Bereichen Alterssicherung und Gesundheitsversorgung. In den 17 hier berücksichtigten Ländern[65] entfielen 1998 im Durchschnitt fast ein Drittel aller Sozialausgaben auf Altersrenten und Pensionen. Rechnet man Hinterbliebenen- und Erwerbsunfähigkeitsrenten hinzu, ergibt sich ein Anteil von über 40 Prozent. Die Gesundheitsversorgung, einschließlich des Krankengeldes und der Versorgung bei Arbeitsunfällen, macht annähernd ein Drittel der Sozialausgaben aus (vgl. Abb. 2.5). Jeweils weniger als 10 Prozent der Sozialausgaben entfallen auf die Arbeitslosenunterstützung und auf Leistungen für Familien (wie Kindergeld, Kinderbetreuungseinrichtungen u.a.). Verschwindend gering ist der Anteil der Sozialhilfe bzw. Armenfürsorge. Da nicht nur die Renten, sondern auch Leistungen der Gesundheitsversorgung zum größten Teil von alten Menschen in Anspruch genommen werden, muss eine Untersuchung der Ursachen der Sozialausgaben den Bevölkerungsanteil alter Menschen besonders beachten.

Eine zweite Bevölkerungsgruppe, die in besonderem Maße Sozialleistungen in Anspruch nimmt, sind die Arbeitslosen. Zwar gehen nach Abbildung 2.5 weniger als 10 Prozent der Sozialleistungen in die Funktionsbereiche „Arbeitslosigkeit“ und „aktive Arbeitsmarktpolitik“. Allerdings verstecken sich auch in anderen Sozialleistungen Hilfen, die überproportional von Arbeitslosen in Anspruch genommen werden. Zum Beispiel sind viele Arbeitslose Empfänger von Sozialhilfe. Werden Leistungen für Familien oder Wohngeld in Abhängigkeit vom Einkommen vergeben, dann zählen ebenfalls Arbeitslose überproportional zu den Empfängern. Hinzu kommt, dass in Zeiten wachsender Arbeitslosigkeit manche Regierungen versuchen, die ausgewiesene Arbeitslosenzahl zu senken, indem Arbeitslose in den Bereich anderer Sozialeinkommen verschoben werden. Beispielsweise wächst in Zeiten der Arbeitslosigkeit die Bereitschaft von Regierungen Arbeitskräfte als Frührentner oder als Erwerbsunfähige anzuerkennen, sodass in Zeiten hoher Arbeitslosigkeit vermutlich auch Rentenkassen verstärkt belastet werden.

Andererseits führt steigende Arbeitslosigkeit typischerweise zu einem Rückgang des Krankenstandes in Betrieben, weil die Arbeitnehmer angesichts wachsender Angst vor Entlassung auch bei kleineren Krankheiten zur Arbeit kommen bzw. sich seltener Krankschreibungen erschwindeln[66]. Dieser Effekt kann die Sozial-

---

[65] Es sind Australien, Österreich, Kanada, Dänemark, Finnland, Frankreich, Deutschland, Italien, Japan, die Niederlande, Neuseeland, Norwegen, Portugal, Spanien, Schweden, das Vereinigte Königreich und USA.

[66] Vgl. Thalmaier (1999), S. 13-15, 22-24, 38, 45, die den negativen Zusammenhang zwischen Arbeitslosigkeit und Krankenstand mit Hilfe der Effizienzlohntheorie begründet und in einer empirischen Studie bestätigt findet.

leistungsquote eher senken. Zum einen sinken damit bei steigender Arbeitslosigkeit die Kosten des Gesundheitswesens. Zum anderen könnte dadurch angebotsseitig das Bruttoinlandsprodukt, also der Nenner der Sozialleistungsquote, steigen. Es ist jedoch zu vermuten, dass beide Effekte eher unbedeutend sind. Die quantitative Bedeutung von kurzfristigen Arbeitnehmer-Krankschreibungen für die Kosten des Gesundheitswesens dürfte eher niedrig sein. Zeiten zunehmender Arbeitslosigkeit sind typischerweise Konjunkturkrisen mit nachfragebedingt sinkender Produktion. Die Wirkung eines rückläufigen Krankenstandes auf die Produktion dürfte von dem Primäreffekt der Konjunkturschwäche normalerweise überkompensiert werden.

Die Sozialleistungs- bzw. Sozialtransferquoten sind Maße für die Belastung der Volkswirtschaft mit den Kosten der sozialen Sicherung. Sie geben näherungsweise an, welcher Anteil des Bruttoinlandsprodukts zu sozialen Zwecken vom Staat umverteilt wird. Sie geben jedoch keine Auskunft darüber, wie großzügig ein Sozialstaat den Empfängern der Sozialleistungen gegenüber ist. Denn zur Beurteilung dieser Frage ist zusätzlich entscheidend, auf wie viele Empfänger sich die Sozialleistungen aufteilen. So ist zur Beurteilung der Sozialpolitik wesentlich, den Bedarf an Sozialleistungen zu berücksichtigen. Da die größte Empfängergruppe sozialer Leistungen die alten Menschen sind, ist der Bevölkerungsanteil der Menschen über 65 Jahren ein Indikator des sozialpolitischen Bedarfs. Zusätzlich kann die Zahl der Arbeitslosen als weitere Größe zur Messung des sozialpolitischen Bedarfs einbezogen werden. In den Abbildungen 2.6 A und B ist wiedergegeben, wie sich der Anteil der Menschen über 65 Jahren und der Arbeitslosen an der Gesamtbevölkerung seit 1970 in 17 OECD-Ländern entwickelt hat. Es handelt sich um die Summe der Zahlen der Personen über 65 Jahren und der Arbeitslosen in Prozent der Gesamtbevölkerung. Dieser Anteil ist in diesem Zeitraum um mehr als die Hälfte angestiegen: von unter 12 auf über 18 Prozent. Besonders der Prozess der Alterung der Bevölkerung sorgt in den meisten entwickelten Industrieländern für eine kontinuierliche Zunahme des Bevölkerungsanteils der Menschen, die auf Transfereinkommen angewiesen sind und das Gesundheitssystem besonders stark in Anspruch nehmen. Zusätzlich hat die Zunahme der unfreiwilligen Arbeitslosigkeit in vielen Industrieländern seit Mitte der 70-er Jahre den Bedarf an sozialen Leistungen erhöht. Auch in den einzelnen Ländern ist diese Entwicklung deutlich zu erkennen (vgl. Abbildung 2.6 B). Der Anteil der Alten und Arbeitslosen an der Bevölkerung steigt trendmäßig an. Abweichungen sind in Ländern zu erkennen, die besondere Erfolge bei der Reduzierung der Arbeitslosigkeit hatten, so in den 90-er Jahren in den Niederlanden, im Vereinigten Königreich und in den USA.

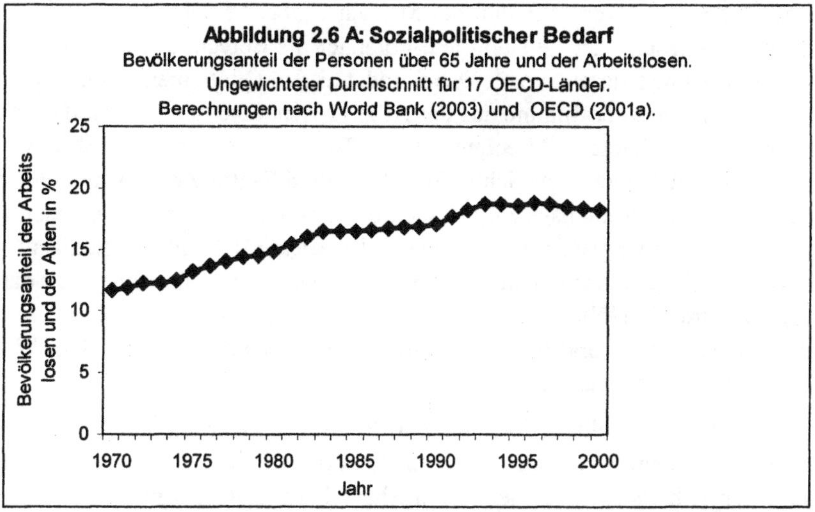

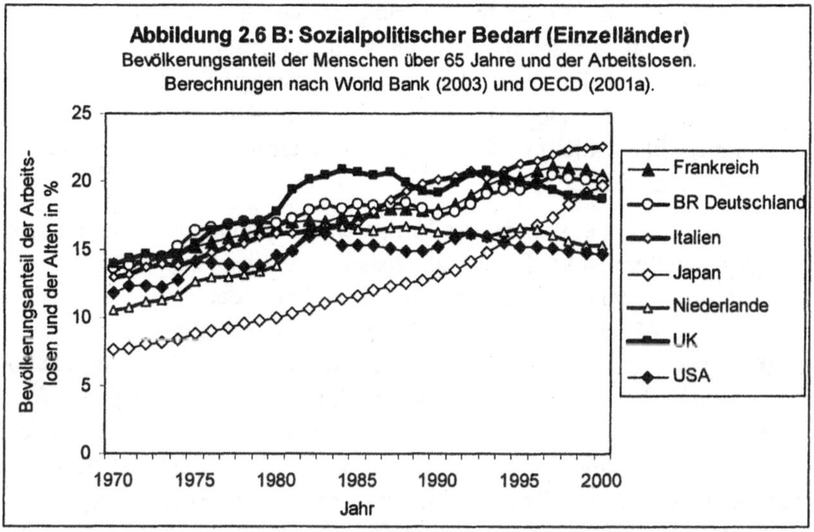

So steht also der im Ganzen zu beobachtenden Zunahme bzw. Konstanthaltung der Sozialleistungsquote ein tendenziell wachsender Bedarf an Sozialleistungen gegenüber. Es entsteht der Verdacht, dass auf den einzelnen Empfänger immer geringere Anteile des Bruttoinlandsprodukts als Sozialleistung entfallen.

Huber und Stephens bilden für die Alterssicherung ein Maß der Leistung pro Empfänger, indem sie die Rentenausgaben in Prozent des Bruttoinlandsproduktes durch den Bevölkerungsanteil der Menschen über 65 Jahren teilen[67]. Siegel schlägt zur Messung der Leistung je Empfänger die Berechnung „standardisierter Sozialleistungsquoten" vor[68]. Dabei bildet er den Quotienten aus der Sozialleistungsquote und der Summe aus der Arbeitslosenquote und der mit dem Faktor Zwei multiplizierten Altenquote (dem Bevölkerungsanteil der Menschen über 65). Die Altenquote gewichtet Siegel mit dem Faktor Zwei, weil alte Menschen sowohl das Rentensystem als auch die Gesundheitsversorgung besonders in Anspruch nehmen, während ein solcher doppelter Effekt auf die Sozialausgaben von den Arbeitslosen nicht ausgeht. Mit dieser Standardisierung der Sozialausgaben wird die Höhe der Sozialleistungen mit dem sozialpolitischen Bedarf in Beziehung gesetzt und ein sehr grobes, aber dafür umfassendes Maß für die Sozialleistungen je Empfänger gebildet.

In einigen Punkten sollte jedoch das Standardisierungsverfahren korrigiert werden. So ist zu beachten, dass die Arbeitslosenquote, die Siegel verwendet, den Anteil der Arbeitslosen an der Erwerbsbevölkerung wiedergibt, während die Altenquote sich auf die Gesamtbevölkerung bezieht. Eine Addition dieser beiden Quoten ist daher nicht ohne weiteres zulässig. Schon allein aus diesem Grund musste Siegel die Altenquote stärker gewichten. Die Summe „Arbeitslosenquote + 2 x Altenquote" ist auch nicht sinnvoll interpretierbar, sie stellt irgendein nicht klar erklärtes Maß für die Zahl alter und arbeitsloser Menschen in der Gesellschaft dar.

Hier wird deshalb ein etwas anderes Verfahren zur Standardisierung der Sozialleistungsquoten verwendet: Die standardisierte Sozialleistungsquote ist hier der Quotient aus der Sozialleistungsquote und dem Anteil der Arbeitslosen und der Menschen über 65 Jahren an der Bevölkerung. Die geringere Gewichtung der Arbeitslosen erfolgt hier indem ihre Zahl auf die Gesamtbevölkerung und nicht nur auf die Erwerbsbevölkerung bezogen wird. Dies entspricht dem Maß für den sozialpolitischen Bedarf wie es in den Abbildungen 2.6 A und B verwendet wird. Indem sowohl die Zahl der Alten als auch die Zahl der Arbeitslosen als Anteile an der Gesamtbevölkerung ermittelt werden, wird es möglich, die beiden Quoten sinnvoll miteinander zu addieren (so wie dies für die Abbildungen 2.6 A und B geschehen ist).

Die hier verwendete *standardisierte Sozialleistungsquote* berechnet sich folglich nach der Formel:

---

[67] Vgl. Huber/Stephens (2001), S. 76.

[68] Vgl. Siegel (2002), S. 116 f.

Sozialleistungsquote / Bevölkerungsanteil der Alten und Arbeitslosen.

Entsprechend wird die *standardisierte Sozialtransferquote* definiert als:

Sozialtransferquote / Bevölkerungsanteil der Alten und Arbeitslosen.

Das heißt diese bezieht sich nur auf die finanziellen Transfers und enthält nicht die sozialen Dienstleistungen.

Eine Intuition bei diesen Größen besteht darin, dass sie den Anteil am Bruttoinlandsprodukt, der an den durchschnittlichen Bezieher sozialer Leistungen fließt, mit dem Anteil, den ein durchschnittlicher Einwohner erhält, vergleichbar machen. Für die Gesamtbevölkerung gilt, dass auf 100 Prozent der Menschen 100 Prozent des Einkommens entfällt, sodass die entsprechende standardisierte Größe den Wert Eins annimmt. Entsprechend müsste die standardisierte Sozialleistungsquote kleiner als Eins sein, wenn die Sozialleistungsbezieher weniger als das Durchschnittseinkommen erhalten, genau Eins sein, wenn sie genau durchschnittlich am Einkommen beteiligt werden und größer als Eins sein, wenn sie einen überdurchschnittlichen Anteil erhalten.

Diese Intuition ist jedoch irreführend, da sie nicht berücksichtigt, dass Arbeitslose und Senioren nicht die einzigen Bezieher sozialer Leistungen sind. So gibt es eine beträchtliche Zahl von Rentnern, die jünger als 65 Jahre sind, aber nicht nach der Definition der OECD als arbeitslos gelten und als Frührentner oder Erwerbsunfähige Sozialleistungen erhalten. Auch geht ein Teil der Leistungen des Gesundheitswesens sowie der Großteil der staatlichen Hilfen für Familien (die 9 Prozent der Sozialleistungen ausmachen) ebenfalls an Personengruppen, die weder arbeitslos noch älter als 65 Jahre sind. Andererseits haben viele Transfereinkommensbezieher noch andere Einkommensquellen. So haben viele Rentner zusätzliche Kapitaleinkünfte und viele Familien, die staatliche Hilfen bekommen, verfügen über Arbeits- und Kapitaleinkommen. Deshalb ist eine klare Unterscheidung zwischen Personen mit Markteinkommen und Personen, die Sozialeinkommen erhalten, wie sie bei der oben beschriebenen Intuition unterstellt wird, nicht möglich. Die standardisierten Sozialquoten sind also nur sehr grobe und ungenaue Maße für die Beteiligung der Bezieher von Sozialleistungen am gesellschaftlichen Wohlstand. Dies erklärt auch, weshalb (bei Verwendung der EUROSTAT-Daten) die standardisierten Sozialleistungsquoten Werte über Eins annehmen, obwohl normalerweise die Einkünfte der Sozialleistungsempfänger im Vergleich zur Gesamtbevölkerung unterdurchschnittlich sein dürften. Da insbesondere im Gesundheitswesen und bei der Unterstützung von Familien Sozialleistungen in größerem Umfang auch an

Personen fließen, die weder älter als 65 Jahre noch arbeitslos sind, werden mit der Bildung der standardisierten Quoten im Zähler Leistungen mitgezählt, die nicht an die im Nenner berücksichtigten Personengruppen gehen.

Die standardisierten Sozialquoten sind also nur Annäherungen an die Sozialleistungen pro Empfänger. Jedoch dürften die genannten Ungenauigkeiten im Zeitverlauf keinen sehr starken Schwankungen unterliegen. Deshalb sind die standardisierten Sozialquoten zwar ein ungenaues Maß für das *Niveau* der Sozialleistungen pro Person, ihre *Änderung* im Zeitverlauf kann jedoch als gute Annäherung an die *Änderung* der Sozialleistungen pro Person im Zeitverlauf angesehen werden.

Zu beachten ist außerdem, dass die standardisierten Sozialquoten ausschließlich relative Größen enthalten, sodass in Zeiten mit Wirtschaftswachstum aus einem Rückgang der standardisierten Sozialleistungsquote nicht gefolgert werden kann, dass die Sozialleistungen sinken, sondern lediglich, dass die Sozialleistungsbezieher unterdurchschnittlich am Wachstum des Volkseinkommens beteiligt werden.

Auch die standardisierten Sozialquoten weisen einen negativen Zusammenhang mit der Konjunkturentwicklung auf (vgl. Abbildungen 2.7 A und B und Abbildungen 2.8 A und B). Dieser Zusammenhang wird dadurch verständlich, dass in Zeiten wirtschaftlicher Schwäche die Sätze der Sozialeinkommen entweder gar nicht oder weniger schnell nach unten angepasst werden als die Höhe anderer Einkommensarten. Umgekehrt werden im Wirtschaftsaufschwung die Sätze der Sozialleistungen normalerweise nur verzögert den wachsenden Einkommen der übrigen Bevölkerung folgen.

Betrachtet man den konjunkturübergreifenden Trend, dann ist auch hier für die 70-er Jahre ein Anstieg der Sozialleistungen beobachtbar. In der Mitte der 70-er bzw. Anfang der 80-er Jahre folgte indes eine Trendwende (vgl. Abbildungen 2.7A und B). Seither haben sich die standardisierten Sozialquoten im Durchschnitt vieler Länder nach unten entwickelt. Dieser negative Trend vollzieht sich jedoch sehr langsam. Die durchschnittlichen standardisierten Sozialtransferquoten von 16 OECD-Ländern lagen Ende der 70-er Jahre bei etwa 0,9, in der zweiten Hälfte der 90-er Jahre bei etwa 0,8. Die durchschnittlichen standardisierten Sozialleistungsquoten der sechs Gründungsmitglieder der EG lagen in der zweiten Hälfte der 70-er Jahre bei Werten um 1,7, in der zweiten Hälfte der 90-er Jahre bei etwa 1,4. Die Bezieher sozialer Leistungen werden mittlerweile

Abbildung 2.7 A: Standardisierte Sozialtransferquote
Ungewichteter Durchschnitt für 16 OECD-Länder
Eigene Berechnungen, Daten aus: OECD (2001a), World Bank (2003).

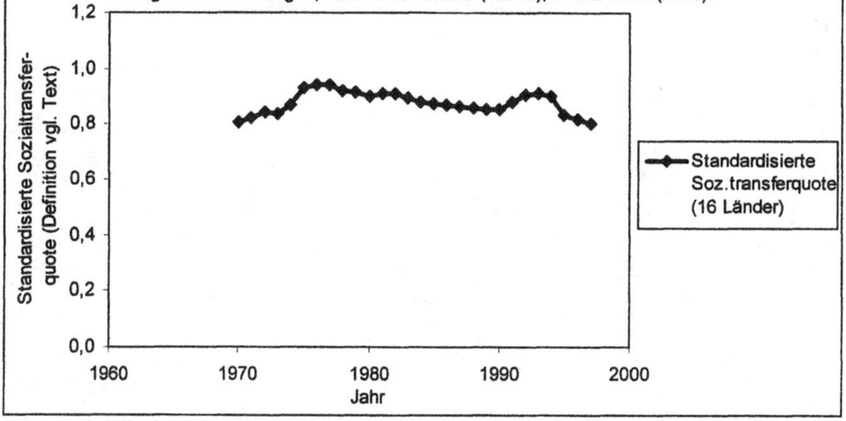

Abbildung 2.7 B: Standardisierte Sozialleistungsquoten in der EG/EU nach EUROSTAT
Ungewichtete Durchschnitte für 6, 9 bzw. 12 EG-Länder. Eigene Berechnungen, Daten aus: B.min. für Gesundh. u. Soz. Sicherung (2004), OECD (2001a), World Bank (2003).

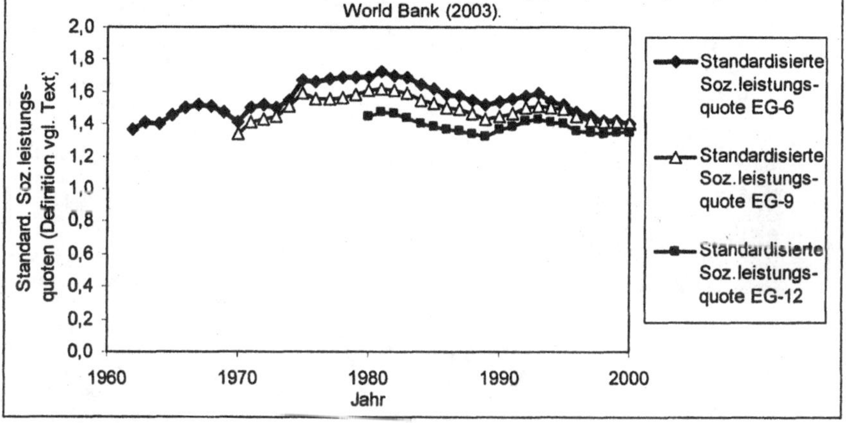

an den Erträgen des Wirtschaftswachstums nur noch unterdurchschnittlich beteiligt. Ein umfassender Sozialabbau oder ein „Race to the Bottom“ sind anhand dieser Zahlen jedoch nicht belegbar. Dies schließt natürlich nicht aus, dass unter den Transfereinkommensbeziehern bestimmte einzelne Gruppen auch wesentlich gravierendere Einschnitte erleben mussten, die in den hier verwendeten gesamtwirtschaftlichen Durchschnitten untergehen.

Abb. 2.8 A: Änderungen der standardisierten Sozialtransferquoten und des BIP pro Kopf (von 16 OECD-Ländern)

Quellen: OECD (2001a), World Bank (2003).

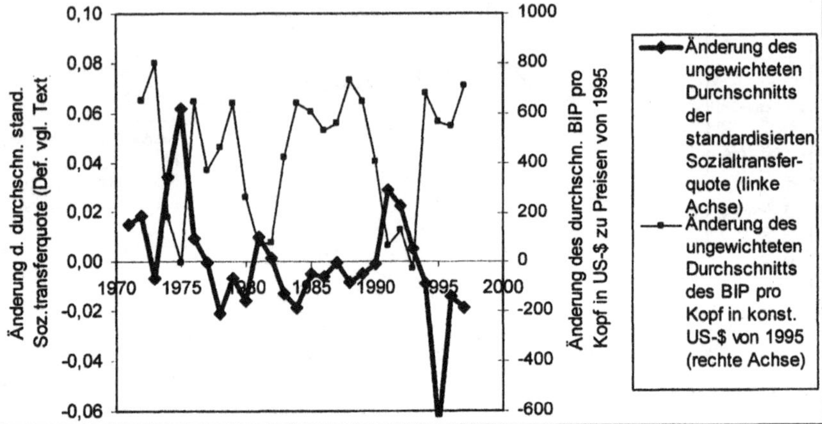

Abb. 2.8 B: Änderungen der standardisierten Sozialleistungsquoten und des BIP pro Kopf (von 9 EG-Ländern)

Quellen: B.min. f. Gesundheit u. Soz. Sicherung (2004), OECD (2001a), World Bank (2003).

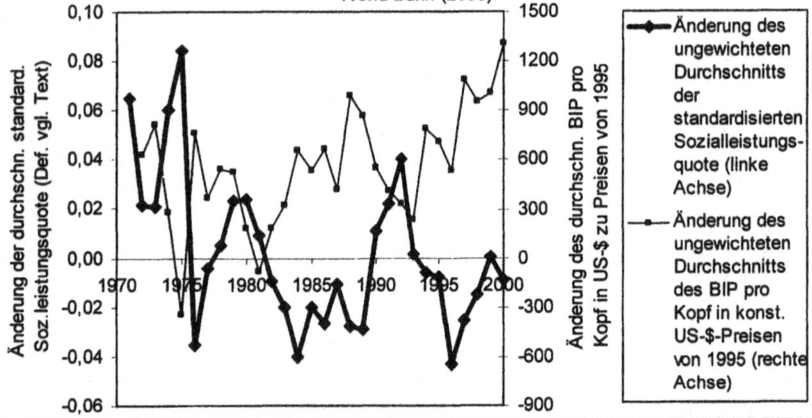

In den Abbildungen 2.9 A und B wird sichtbar, dass auch hier hinter den Durchschnittszahlen für mehrere Länder unterschiedliche nationale Entwicklungen stehen. So ist hier erkennbar, dass der Trend zur Reduzierung sozialer Leistungen eher in den erfassten kontinentaleuropäischen Ländern zu erkennen ist,

Abb. 2.9 A: Standardisierte Sozialtransferquoten: Einzelne Länder

Eigene Berechnungen, Daten aus: OECD (2001a), World Bank (2003).

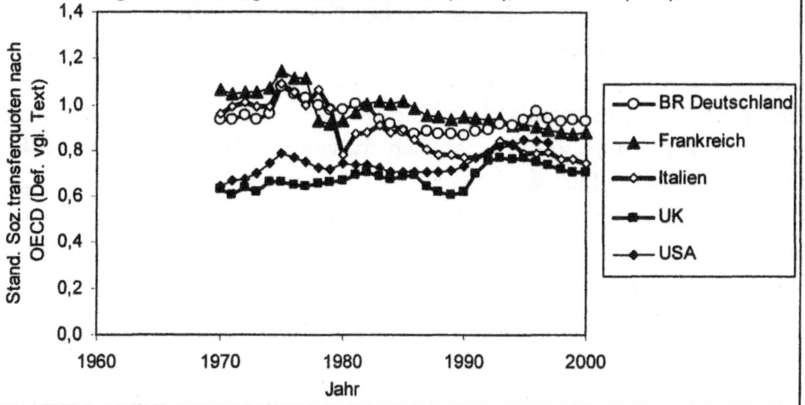

Abb. 2.9 B: Standardisierte Sozialleistungsquoten nach EUROSTAT: Einzelne Länder

Eigene Berechnungen. Daten aus: Bundesministerium für Gesundheit und Soziale Sicherung (2004), OECD (2001a), World Bank (2003).

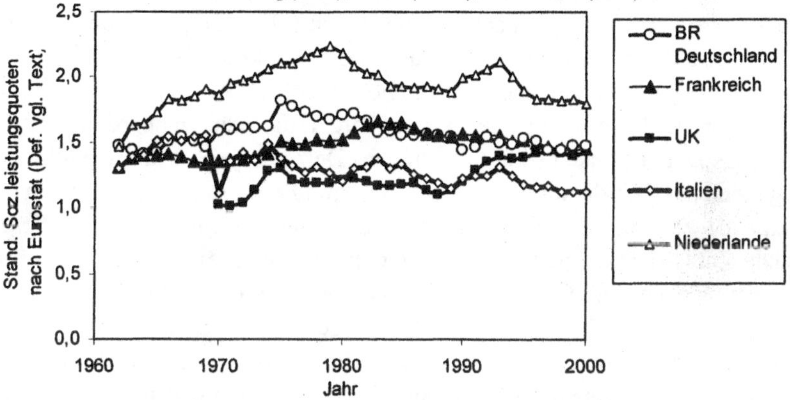

während im Vereinigten Königreich und in den USA die standardisierten Sozialquoten konstant geblieben oder sogar eher gestiegen sind.

Bei der Betrachtung der Beziehung der normalen und der standardisierten Sozialquoten ist zu beachten, dass üblicherweise eher letztere unmittelbar Gegenstand politischer Entscheidungsprozesse sind. Denn die Höhe der Sozialleistungen wird festgelegt durch Gesetze, die die Höhe der Leistungen je Person bestimmen. In vielen gesetzlichen Regelungen wird zusätzlich die Höhe der Sozialleistungen bewusst an die Entwicklung des allgemeinen Einkommens (und damit indirekt des Bruttoinlandsproduktes) gekoppelt. So werden in vielen Ländern die Renten regelmäßig entsprechend der allgemeinen Lohnentwicklung angepasst und berechnet sich das Arbeitslosengeld oft als fester Prozentsatz des vorangegangenen Arbeitseinkommens. Würde diese Ankopplung der Sozialleistungen an das Bruttoinlandsprodukt perfekt gelingen, so wären die standardisierten Sozialleistungsquoten politisch festgelegte Konstanten. Die nicht-standardisierten Sozialleistungsquoten, die den Anteil der Sozialleistungen am Bruttoinlandsprodukt erfassen, sind dagegen eher abgeleitete Größen, die sich durch Einbeziehung der Zahl der Leistungsempfänger (bzw. deren Bevölkerungsanteil) ergeben.

Betrachtet man hingegen den Sozialstaat von seiner Finanzierungsseite her, dann ist die nicht-standardisierte Sozialleistungsquote eine Größe, die ein aussagefähiges Maß der finanziellen Belastung der Produktionsfaktoren mit den Kosten der sozialen Sicherung darstellt. Die Sozialleistungsquote gibt tendenziell an, welcher Anteil der Produktion an Gütern und Dienstleistungen weder als Einkommen direkt an die Produktionsfaktoren ausgeschüttet wird noch indirekt durch (steuerfinanzierte) öffentliche Güter ihnen zugute kommt, sondern zur Finanzierung verteilungspolitischer Maßnahmen (ohne Gegenleistung) abgezogen wird. Dass diese finanzielle Belastung der Produktionsfaktoren seit den 80-er Jahren im Trend konstant ist, ist offenbar nicht auf eine Konstanz der Sozialleistungen zurückzuführen. Denn dann hätten auch die standardisierten Sozialleistungsquoten konstant bleiben müssen. Da diese jedoch trendmäßig zurückgegangen sind, ist die anhaltend hohe Belastung der Produktionsfaktoren auf die steigende Zahl der Empfänger sozialer Leistungen zurückzuführen. Diese steigende Zahl ist in einigen Ländern mittelfristig auch ein Ergebnis wachsender Arbeitslosigkeit, langfristig ist sie jedoch vor allem durch die Zunahme des Bevölkerungsanteils alter Menschen zu erklären. Somit erscheint der Anteil des Bruttoinlandsproduktes, der für Umverteilungszwecke verwendet wird, mittelfristig konstant zu sein, während allerdings von diesem Anteil immer größere Bevölkerungsgruppen leben müssen. Dies bedeutet nicht notwendigerweise eine Verschlechterung der Lebenslage der Bezieher von Sozialleistungen, aber eine Reduzierung ihrer Beteiligung an den Früchten des Wirtschaftswachstums.

Vor dem Hintergrund dieser allgemeinen großteils beschreibenden Analysen des Sozialstaates werden im Kapitel 2.4 die Einflussfaktoren für die Sozialpolitik theoretisch untersucht. Im vierten Teil der Arbeit wird empirisch die Frage untersucht, welche Faktoren die Sozialleistungsquoten bestimmen und ob und inwieweit die Internationalisierung der Wirtschaft den Sozialstaat unter Druck setzt.

2.3. Die Substitutionswirkung staatlicher Sozialleistungen

Sozialpolitik dient der Erzielung einer als gerecht empfundenen Einkommensverteilung, der Verhinderung von Armut und der Versicherung gegen bestimmte Lebensrisiken, wie Alter, Krankheit und Arbeitslosigkeit. Die Rechtfertigung staatlicher Sozialpolitik erfolgt, indem dafür argumentiert wird, dass diese als wünschenswert eingestuften Ziele durch Privatinitiative nicht oder nur schlechter erreichbar sind. Letzteres wird von Sozialstaatskritikern oft bestritten. Viele dieser Ziele seien auch privat erreichbar, so durch private Vorsorge, Hilfe innerhalb der Familie oder wohltätige Organisationen. Die Sozialpolitik stehe in einem Substitutionsverhältnis zu solchen privaten Aktivitäten.

Grundsätzlich kann der Sozialstaat zwei Arten privater Aktivität substituieren. Zum einen ersetzt er private Initiativen, die (wie er selbst) nicht marktförmig sind und eine starke Umverteilungswirkung haben. Wo soziale Sicherungssysteme fehlen, helfen in Notzeiten oft Familienangehörige, Nachbarn, kirchliche oder andere soziale Organisationen. Der Sozialstaat löst soziale Probleme, die andernfalls eventuell von ihnen gelöst worden wären. Dabei ersetzt der Staat nicht den Markt, sondern eine andere nicht-marktmäßige Problemlösung. Mit dem Ziel, diese Problemlösung zu stärken, flankiert der Staat zum Beispiel in Deutschland seit einigen Jahren seine Bemühungen zur Begrenzung der Sozialausgaben mit Kampagnen zur Förderung ehrenamtlicher sozialer Arbeit[69].

Zum zweiten kann der Sozialstaat private Vorsorge in Form von Ersparnisbildung und Versicherungen, also marktförmige Vorsorgeanstrengungen für spätere einkommenslose Zeiten oder Krankheit, ersetzen. Dabei werden marktförmige Beziehungen zwischen Wirtschaftssubjekten durch die nicht-marktförmigen staatlichen Sozialsysteme ersetzt. Der Staat verdrängt den Markt. In Fällen, in denen der Staat sozialpolitisch inaktiv ist, werden die Vorsorgebedürfnisse durch private Anbieter am Markt befriedigt. So sind in Ländern wie den USA, in denen es für einen Großteil der Bevölkerung keine staatlich verpflichtende Krankenversicherung gibt, die meisten Menschen Mitglied in privaten

[69] Vgl. Deutscher Bundestag (2002), z.B. S. 242 ff.

Krankenversicherungen. In Ländern, in denen staatlich gezahlte Altersrenten niedrig sind, besteht die Notwendigkeit zur privaten Vorsorge in Form zusätzlicher Ersparnisbildung oder betrieblicher Rentensysteme. Würde eine solche Substitutionsbeziehung in großem Umfang vorliegen, dann wäre dies ein Hinweis darauf, dass das im Kapitel 2.1 besprochene Marktversagen auf Versicherungs- und Vorsorgemärkten nur ein geringes Ausmaß hat.

Eine Reduzierung staatlicher Sozialsysteme könnte also statt einer Einschränkung auch eine Privatisierung der Umverteilung und der Vorsorge bedeuten. Aus diesem Grund äußert Zöllner sogar den Verdacht, dass der Sozialstaat überhaupt keine Änderung des Umfangs der Umverteilung bewirkt[70]. Möglicherweise substituiert der Sozialstaat nur private Sicherungsaktivitäten und ändert somit allein die Formen, nicht aber den Umfang der Umverteilung und Vorsorge. In diesem Fall wären Einflüsse zur Reduzierung sozialstaatlicher Leistungen nicht automatisch als Einflüsse zur Abkehr von sozialen Zielen anzusehen. Es wäre nicht zulässig, Akteuren, die den Abbau staatlicher sozialer Leistungen fordern, zu unterstellen, dass sie die schlechtere Erreichung sozialer Ziele anstreben oder in Kauf nehmen würden. Denn Faktoren, die zur Reduzierung staatlicher Sozialpolitik führen, würden weniger oder keine negativen sozialen Folgen haben, weil der Abbau staatlicher Sozialpolitik durch zusätzliche private Umverteilung und Vorsorge ausgeglichen würde. Die Sozialleistungsquote wäre als Indikator der stattfindenden Umverteilung ungeeignet, da sie nur die staatliche Beteiligung, nicht aber den Gesamtumfang der Umverteilung erfasst. Für die Erreichung sozialer Ziele ist die Gesamtheit sozialer Aktivitäten in einer Gesellschaft entscheidend.

Auf der anderen Seite unterscheiden sich die privaten Sicherungsaktivitäten von den staatlich organisierten dadurch, dass sie entweder selbst marktmäßig (wie private Krankenversicherungen) oder zumindest marktkonform sind (wie private Zuwendungen an Familienangehörige). Für die Frage, inwieweit internationale Wirtschaftsbeziehungen zur Beschränkung der Möglichkeit nicht-marktkonformer Staatseingriffe werden, ist allein die staatliche Sozialleistungsquote und sind nicht die privaten Ersatzaktivitäten relevant.

Besteht eine starke Substitutionsbeziehung von staatlichen Sozialleistungen und privaten Umverteilungs- und Vorsorgeaktivitäten, dann kann die Internationalisierung der Wirtschaft ggf. zwar zur Reduzierung der staatlichen sozialen Sicherungssysteme führen. Diese Reduzierung wäre aber nicht notwendigerweise eine Verschlechterung der sozialen Lage, weil sie durch private Maßnahmen kom-

[70] Vgl. Zöllner (1997), S. 309-311; Zöllner (1963), S. 60.

pensiert würde. Besteht hingegen nur eine geringe Substitutionswirkung, dann würde ein globalisierungsbedingter Sozialabbau zur Verschlechterung der sozialen Situation bzw. zur Vergrößerung bestehender Einkommensungleichheiten beitragen. Daher ist die Frage des Ausmaßes der Substitutionsbeziehung staatlicher und privater sozialer Aktivitäten relevant für die Folgen, die ggf. ein Abbau von staatlichen Sozialleistungen hat.

Darüber hinaus wäre zu bedenken, inwieweit die Internationalisierung der Wirtschaft auch Auswirkungen auf die privaten Ersatzaktivitäten hat, indem sie beispielsweise die Familienstrukturen beeinflusst. Diese weitergehende Frage wird hier nicht behandelt[71].

In diesem Kapitel soll versucht werden, die Substitutionswirkung staatlicher Sozialpolitik zu überprüfen. Diese Überprüfung ist jedoch außerordentlich schwierig, da grundsätzlich nicht beobachtbar ist, wie hoch die Aufwendungen für private Absicherungs- und Umverteilungsaktivitäten wären, falls es den Sozialstaat nicht gäbe. Einerseits bestehen die Argumente für Sozialpolitik oft in dem theoretischen Nachweis, dass private Aktivitäten für die Erreichung bestimmter sozialer Ziele ungeeignet sind (vgl. Kapitel 2.1). Andererseits sind viele Beispiele bekannt, in denen das Fehlen staatlicher Sozialpolitik privates soziales Engagement erforderlich macht und auslöst. Für den empirischen Test wäre es sinnvoll, für einzelne Länder zu untersuchen, inwieweit beispielweise eine Ausweitung staatlicher Sozialleistungen mit einem Rückgang privater Ersatzaktivitäten im Zeitverlauf einherging. Für einen solchen Test fehlt es jedoch meistens an Daten für die privaten Ersatzaktivitäten. Deshalb werden meistens anstelle solcher Zeitreihenanalysen Querschnittsuntersuchungen durchgeführt, in denen überprüft wird, ob Länder mit großem Umfang staatlicher Sozialleistungen weniger private Ersatzaktivitäten aufweisen als Länder mit kleinerem Umfang staatlicher Sozialleistungen. Obwohl dies nur die zweitbeste Möglichkeit einer empirischen Überprüfung der Substitutionswirkung des Sozialstaats ist und obwohl die Zahl der Beobachtungen oft mangels Daten recht klein ist, lassen sich so zumindest einige empirische Anhaltspunkte für die Beantwortung der Frage finden.

a) Zur Verdrängung privater Umverteilung

Ademas Nettosozialleistungsquoten können zur Überprüfung der Substitutionsfunktion staatlicher Sozialleistungen herangezogen werden. Im Unterschied zur unkorrigierten Sozialleistungsquote enthält Ademas „staatlich bestimmte

[71] Auf diesen wichtigen Punkt hat mich Robert Ulmer aufmerksam gemacht.

Sozialleistungsquote" auch sozialpolitische Aspekte des Steuersystems und die vom Staat gesetzlich erzwungenen privaten Sozialleistungen. Die Nettosozialleistungsquote enthält zusätzlich zu den staatlich bestimmten Sozialleistungen (einschließlich der Effekte von Steuern) auch freiwillige private Sozialleistungen. Die Nettosozialleistungsquote ist im Unterschied zur unkorrigierten Sozialleistungsquote ein Maß sowohl staatlicher als auch privater Umverteilung.

Allerdings wird nur ein Teil der privaten Aktivitäten, die durch die Sozialpolitik verdrängt werden könnten, berücksichtigt. Als „private Sozialleistungen" werden nur solche Zahlungen einbezogen, die einen deutlichen Umverteilungsaspekt aufweisen. Dazu gehören zum Beispiel viele Betriebsrenten oder private Krankenversicherungen, sofern diese ihre Beiträge nicht allein nach individuellem Krankheitsrisiko, sondern auch nach sozialen Kriterien gestalten. Leistungen normaler Lebensversicherungen zählen beispielsweise hier nicht zu den „privaten Sozialleistungen", obwohl sie zu den privaten Vorsorgemaßnahmen gehören, die potenziell durch den Sozialstaat ersetzt werden[72]. Damit sind in der Nettosozialleistungsquote vor allem solche private Aktivitäten enthalten, die als private Umverteilung (nicht nur als private Vorsorge) anzusehen sind.

Sollte Zöllners Verdacht (dass der Staat nur private Umverteilung verdrängt) zutreffen, dann müssten die privaten Sozialleistungen umso größer sein, je geringer die staatlichen Sozialleistungen sind. Im internationalen Vergleich müssten die Unterschiede bei den unkorrigierten Sozialleistungsquoten durch entsprechende Unterschiede der privaten Sozialleistungen ausgeglichen werden. Die internationalen Unterscheide bei den unkorrigierten Sozialleistungsquoten müssten also deutlich größer sein als bei den Nettosozialleistungsquoten. Die Nettosozialleistungsquote müsste dann im internationalen Vergleich eine geringere Varianz bzw. Standardabweichung aufweisen als die unkorrigierte Sozialleistungsquote.

Tatsächlich zeigt Adema, dass sich bei der Nettosozialleistungsquote im Vergleich zur unkorrigierten Sozialleistungsquote die Unterschiede zwischen den Ländern verringern. Gerade in traditionell stark ausgebauten Sozialstaaten wie den skandinavischen Ländern sind die Nettosozialleistungsquoten niedriger als die unkorrigierten Sozialleistungsquoten, während dies in den traditionell als weniger sozialstaatlich ausgerichtet geltenden USA umgekehrt ist.

Eine genauere Untersuchung zeigt indes, dass dies weniger an verdrängten privaten Sozialleistungen als vielmehr an den Wirkungen des Steuersystems liegt.

[72] Vgl. Adema (2001), S. 9-12, 33-36.

Die Standardabweichung der unkorrigierten Sozialleistungsquote von 16 OECD-Ländern im Jahr 1997 liegt bei 6,7 Prozentpunkten. Bei der staatlich bestimmten Sozialleistungsquote, die zusätzlich zu den Sozialleistungen die Steuerpolitik und die vom Staat gesetzlich erzwungenen privaten Sozialleistungen einbezieht, liegt die Standardabweichung bei nur 4,4 Prozentpunkten. Bei der Nettosozialleistungsquote ist sie mit 4,0 Prozentpunkten kaum niedriger. Gewichtet man die Sozialleistungsquoten mit dem jeweiligen sozialpolitischen Bedarf, dann liegt die Standardabweichung der unkorrigierten standardisierten Sozialleistungsquote bei 0,28, die Standardabweichung der staatlich bestimmten standardisierten Sozialleistungsquote bei 0,15, während durch die Einbeziehung der freiwilligen privaten Sozialleistungen die Standardabweichung sogar auf 0,17 steigt[73]. Die Berücksichtigung der freiwilligen privaten Sozialleistungen trägt gar nicht oder nur geringfügig zur Verringerung der Unterschiede zwischen den Ländern bei. Hauptursache der verringerten Standardabweichung ist die Steuerpolitik des Staates. So werden beispielsweise in den USA Sozialleistungen im Allgemeinen nicht versteuert, während in den skandinavischen Ländern Sozialleistungen oft mit Steuern belegt werden.

So verweisen Ademas Zahlen vor allem auf die Bedeutung von steuerpolitischen Regelungen. Private Sozialleistungen, soweit sie von Adema erfasst werden, sind dagegen nicht niedriger in Ländern, in denen der Staat mehr soziales Engagement hat, als in Ländern mit weniger staatlicher Sozialpolitik. Ademas Zahlen stützen also nicht die Vermutung einer umfangreichen Substitution privater durch staatliche Sozialleistungen. Sie verweisen jedoch darauf, dass ein umfassendes Bild staatlicher Umverteilungspolitik nur bei Einbeziehung der Steuerpolitik möglich ist.

Viele private Umverteilungsmechanismen entziehen sich auf Grund fehlender Daten der empirischen Untersuchung. So ist innerfamiliäre Hilfe vermutlich die wichtigste soziale Absicherung bei Einkommensausfall. Innerfamiliäre Hilfe ist dabei meistens eine Umverteilung innerhalb derselben sozialen Schicht, während staatliche Sozialleistungen mindestens potenziell eine Umverteilung unter Beteiligung aller Bevölkerungsgruppen herstellen kann. Aber über den Umfang innerfamiliärer Hilfe fehlen verwendbare international vergleichbare Daten.

Über die Tätigkeit gemeinnütziger Organisationen gibt es seit einiger Zeit Erhebungen des Johns Hopkins Comparative Nonprofit Sector Project, das internationale Zahlen über Umfang und Tätigkeit des sogenannten Dritten oder Non-

---

[73] Eigene Berechnungen mit Zahlen aus Adema (2001), S. 28, Tab. 7, 38-41, Tab. A2.1 bis A2.4.

Profit-Sektors erfasst[74]. Die Größe des Non-Profit-Sektors könnte ein Anhaltspunkt für den Umfang nicht-staatlicher sozialer Aktivitäten sein, die potenziell eine Alternative zum Sozialstaat darstellen. So wäre es naheliegend, die Hypothese zu testen, dass der Non-Profit-Sektor umso größer ist je geringer die staatlichen Aufwendungen für soziale Leistungen sind.

Die vom Johns Hopkins Comparative Nonprofit Sector Project erfassten Organisationen enthalten jedoch nicht nur soziale Verbände, sondern auch in sehr großem Umfang Organisationen der Bildungsarbeit und des Sports, deren Tätigkeiten nicht als Substitute für Sozialpolitik angesehen werden können. Nicht einbezogen werden andererseits die Aktivitäten religiöser Organisationen, die jedoch gerade im sozialen Bereich eine sehr wichtige Rolle spielen. Damit erweist sich das vorliegende Zahlenmaterial als nicht hinreichend für einen aussagefähigen empirischen Test.

Hinzu kommt, dass der Non-Profit-Sektor nur bedingt als Alternative zum Sozialstaat angesehen werden kann, weil er selbst zu einem Anteil von über 40 Prozent aus staatlichen Zuwendungen finanziert wird. Diese staatlichen Zuwendungen stellen keine private Alternative zu staatlicher Sozialpolitik dar. Fast die Hälfte der Einnahmen des Non-Profit-Sektors stammt aus Gebühren, während nur ein Zehntel aus freiwilligen Spenden stammt[75]. Die große Bedeutung der Gebühren lässt außerdem den Eindruck entstehen, dass auch der Non-Profit-Sektor in hohem Maße am Markt operiert. So können gemeinnützige Organisationen Einnahmen am Markt erzielen, um damit soziale Zwecke zu finanzieren. Solche Aktivitäten wären nur zur Hälfte nicht-marktmäßig, während die staatliche Sozialpolitik sowohl auf der Einnahmen- als auch auf der Ausgabenseite einen marktwidrigen Eingriff darstellt. Alle diese Aspekte machen die hier gesammelten Daten für die Messung einer Substitutionswirkung staatlicher Sozialpolitik gegenüber privaten Aktivitäten ungeeignet.

Insgesamt sind die Möglichkeiten, die Substitutionsbeziehung von staatlicher Sozialpolitik und privatem sozialem Engagement in Familien und sozialen Organisationen zu messen, äußerst begrenzt. Der Mangel an geeigneten Daten macht eine umfassende empirische Überprüfung praktisch unmöglich.

---

[74] Vgl. z.B. Salamon/Anheier (1999).

[75] Vgl. Salamon/Anheier (1999), S. 24, Schaubilder 8 und 9.

b) Zur Verdrängung privater Vorsorge

Staatliche Sozialpolitik kann aber nicht nur privates soziales Engagement, sondern auch marktmäßige private Vorsorge, z.B. in Form von Ersparnisbildung oder dem Abschluss privater Versicherungen, verdrängen.

In einer älteren Studie überprüft Pryor für 16 westeuropäische und nordamerikanische Länder im Jahr 1960, wie der Anteil privater Lebensversicherungen am Bruttonationaleinkommen 1. vom Anteil der staatlichen Sozialleistungen für Alterssicherung, Invalidität und Tod am Bruttonationaleinkommen und 2. vom Pro-Kopf-Einkommen statistisch abhängig ist. Je höher das Nationaleinkommen pro Kopf ist und je niedriger die staatlichen Sozialleistungen sind, desto größer ist der Anteil privater Lebensversicherungen am Bruttonationaleinkommen[76]. Eine Substitutionsbeziehung von privaten Lebensversicherungen und Sozialpolitik wird durch diese Querschnittsstudie bestätigt.

Hans-Werner Sinn überprüft in einer Querschnittsregression für 18 OECD-Länder im Jahr 1988, ob der Staat private Versicherungen verdrängt. Dabei kommt er zu dem Ergebnis, dass es zwischen Staatsquote und dem Anteil der privaten Versicherungsprämien am Bruttonationaleinkommen einen signifikant negativen Zusammenhang (t-Statistik -1,94) gibt. Je höher die Staatsquote ist, desto geringere Teile des Volkseinkommens werden für Versicherungen ausgegeben. So entsteht der Eindruck, dass der Staat Vorsorgeaktivitäten in Form privater Versicherungen verdrängt. Allerdings ist der Koeffizient mit -0,15 ziemlich klein, das heißt, bei einer Erhöhung der Staatsquote um einen Prozentpunkt nimmt der Anteil der privaten Versicherungsprämien im statistischen Durchschnitt um 0,15 Prozentpunkte ab[77].

Es kann kritisiert werden, dass die Staatsquote keine gute Annäherung an den Sozialstaat ist, da die Staatsausgaben nicht nur aus Sozialleistungen, sondern auch aus der Bereitstellung öffentlicher Güter bestehen. Die Sozialleistungsquote wäre ein besserer Indikator staatlicher Umverteilung. Andererseits kann gegen Sinn wie auch gegen Pryor eingewendet werden, dass die Höhe der Versicherungsprämien kein vollständiges Maß für private Vorsorgeanstrengungen ist, weil damit verschiedene andere Sparformen, die ebenfalls der privaten Vorsorge (zum Beispiel für das Alter) dienen können, ausgeklammert bleiben. Sparquoten scheinen daher für die Messung privater Vorsorge besser geeignet zu sein.

---

[76] Vgl. Pryor (1968), S. 142 ff.
[77] Vgl. H.W. Sinn (1997a), S. 32 f.

Für die Frage der Substitutionsbeziehung von Sozialleistungen und privater Ersparnisbildung ist insbesondere der Vergleich von umlagefinanzierter und kapitalgedeckter Alterssicherung relevant. Die Alterssicherung ist mit einem Anteil von oftmals über 40 Prozent an den staatlichen Sozialleistungen deren wichtigster Zweig. Umlagefinanzierung bedeutet im Falle des Rentensystems, dass die Renten der alten Menschen von der aktuell im Erwerbsleben stehenden Generation direkt durch Beitragszahlungen oder Steuern finanziert werden. Demgegenüber baut beim Kapitaldeckungsverfahren jeder Einwohner im Laufe seines Lebens einen Kapitalstock auf, den er dann im Alter zum Zwecke der Konsumfinanzierung auflösen kann.

Das Umlageverfahren ist – mit der wichtigen Ausnahme innerfamiliärer Hilfe und der weniger wichtigen Ausnahme privater Spenden – weitgehend nur staatlich organisierbar. Das Kapitaldeckungsverfahren kann dagegen grundsätzlich sowohl staatlich als auch privat organisiert werden[78]. In der Praxis spricht hier viel für eine private Lösung, weil die privaten Kapitalmärkte die Infrastruktur für das Kapitaldeckungsverfahren bereits besitzen. Außerdem sind durch die private Organisation und den verfassungsmäßigen Schutz des Privateigentums die für die Alterssicherung bestimmten Kapitalbestände kurzfristig vor dem Zugriff durch den Fiskus geschützt[79]. In Deutschland ist beispielsweise die Hinwendung zu einer verstärkten Rolle der Kapitaldeckung (etwa mit der Riester-Rente) zugleich eine Hinwendung zur vermehrt privaten Vorsorge. In vielen Ländern spielen Betriebsrenten als Formen kapitalgedeckter nicht-staatlicher Altersvorsorge eine wichtige Rolle.

Zwischen den beiden Finanzierungsverfahren kann eine Substitutionsbeziehung bestehen. So lässt sich theoretisch zeigen, dass die Wahl zwischen den beiden Finanzierungsverfahren nicht grundsätzlich relevant für die Einkommensverteilung zwischen Jungen und Alten ist[80]. Denn in beiden Fällen entstammt das Einkommen der Ruheständler dem laufenden Volkseinkommen, schmälert also die Konsummöglichkeiten der Jungen. Im Falle der Umlagefinanzierung zahlen die Jungen Teile ihres Einkommens durch staatliche Zwangsabgaben an die Alten. In Höhe der Zwangsabgaben beziehen die Alten ihre Rente und verringert sich das verfügbare Einkommen der Jungen. Im Falle der Kapitaldeckung kaufen die Jungen den Alten Kapitalbestände (z.B. in Gestalt von Wertpapieren) ab, um so für den eigenen Ruhestand vorzusorgen. Außerdem gehen Zinszahlungen aus

[78] Vgl. Homburg (2000), S. 380 f.

[79] Vgl. Wissenschaftlicher Beirat beim Bundesministerium für Wirtschaft (1998), S. 13.

[80] Vgl. Mackenroth (1952), S. 41 f., oder die Lehrbuch-Darstellung bei Barr (1998), S. 214 ff.

der laufenden Produktion an die Ruheständler. Beides, der Kaufpreis für die Kapitalbestände wie auch die Zinsen, sind zum einen die Rente der Alten und zum anderen eine Reduzierung der aktuellen Konsummöglichkeiten der Jungen. Der Preis für die Kapitalbestände und die Zinsen erfüllen also dieselbe Funktion wie die Zwangsabgaben im Umlageverfahren: die Umverteilung von Einkommen von den erwerbstätigen Jungen zu den sich im Ruhestand befindlichen Alten. Die Einkommensverteilung zwischen den Generationen muss also durch die Wahl des Finanzierungsverfahrens an sich nicht beeinflusst werden, höchstens durch die jeweilige Ausgestaltung der Verfahren.

Die über das Umlagesystem ausgezahlten Renten sind als staatlich organisierte Leistungen Teil der Sozialleistungsquote, während Alterseinkünfte aus dem Kapitaldeckungsverfahren meistens den Charakter privater Kapitaleinkommen (oder auch von Betriebsrenten) haben, damit Markteinkommen darstellen und folglich nicht in der Sozialleistungsquote berücksichtigt werden. Zu prüfen wäre also, ob sich die theoretisch mögliche Substitution umlagefinanzierter (staatlicher) Alterssicherung durch kapitalgedeckte (private) Vorsorge auch empirisch zeigen lässt. Allgemeiner geht es also darum, ob und in welchem Ausmaß eine hohe Sozialleistungsquote, die auf hohe umlagefinanzierte Sozialleistungen hinweist, mit einer Verringerung von privaten Ersatzaktivitäten einhergeht.

Ein Ansatz zur Messung der Substitution von umlagefinanzierter staatlicher und kapitalgedeckter privater Rente könnte an der Ersparnisbildung ansetzen. So könnte vermutet werden, dass Länder mit einem niedrigen Anteil der staatlichen umlagefinanzierten Alterssicherung stattdessen eine hohe private Vorsorge in Form von Ersparnisbildung benötigen. Oft wird mit einer möglichen Einführung des Kapitaldeckungsverfahrens die Hoffnung auf eine Erhöhung der gesamtwirtschaftlichen Sparquote verbunden[81].

Diese stellt sich jedoch nicht notwendigerweise ein. Beim Kapitaldeckungsverfahren spart die erwerbstätige junge Generation zwar zusätzlich. Zugleich löst die im Ruhestand stehende ältere Generation jedoch Ersparnisse auf, sodass gesamtwirtschaftlich eine höhere Sparquote nicht notwendigerweise zu Stande kommt. Modellhaft ließe sich vermuten, dass die Jungen für sich vorsorgen, indem sie den im Ruhestand stehenden Alten ihre Wertpapierbestände abkaufen und dass deshalb die Jungen im selben Umfang sparen wie die Alten entsparen. Allenfalls kann die Ersparnisbildung bei einer Umstellung vom Umlage- auf das Kapitaldeckungsverfahrens einmalig wachsen, wenn der erste Kapitalstock für

[81] Vgl. Wissenschaftlicher Beirat beim Bundesministerium für Wirtschaft (1998), S. 11-12; Börsch-Supan (1998), S. 403; Neumann (1998), S. 262.

das Alterssicherungssystem aufgebaut wird. In dieser Phase entsteht jedoch eine finanzielle Doppelbelastung der aktiven Generation, die nicht nur den Kapitalstock für den eigenen Ruhestand aufbauen muss, sondern zugleich noch die bestehenden Rentenansprüche der aktuellen alten Generation (die noch keinen eigenen Kapitalstock hat) befriedigen muss. Diese Doppelbelastung schränkt gerade in der Übergangsphase das verfügbare Einkommen der aktiven Generation ein und kann dadurch die einmalige Erhöhung der gesamtwirtschaftlichen Ersparnisbildung abschwächen[82].

Ergebnis dieser theoretischen Argumente ist, dass es zwar eine Substitutionsbeziehung zwischen staatlichem Umlageverfahren und privatem Kapitaldeckungsverfahren gibt, diese sich jedoch nicht in einer im Kapitaldeckungsverfahren größeren Sparquote wiederspiegeln muss.

Dies zeigt sich auch bei empirischen Untersuchungen zur Auswirkung des Finanzierungsverfahrens der Alterssicherung auf die gesamtwirtschaftliche Ersparnisbildung. Diese kommen zu widersprüchlichen Ergebnissen. Feldstein ermittelt für die USA, dass größere Ansprüche auf umlagefinanzierte staatliche Renten negativ auf die Ersparnisbildung wirken[83]. Kim bestätigt zwar in einer eigenen Studie dieses Ergebnis für Deutschland, verweist aber zugleich darauf, dass die meisten Studien, die ein ähnliches Verfahren anwenden, für die USA, Deutschland und mehrere andere Länder nur zu insignifikanten oder uneindeutigen Ergebnissen kommen[84]. Schmähl zeigt, dass in Großbritannien und den Niederlanden der Anteil kapitalfundierter Renten deutlich höher ist als in Deutschland und seit 1970 weiter zunahm, aber dennoch die Sparquoten in diesen Ländern weder höher sind als in Deutschland noch im Zeitverlauf wuchsen[85].

Insignifikant ist ebenfalls der Zusammenhang zwischen der Sozialleistungsquote insgesamt und der Ersparnisbildung. Da Ersparnisbildung als Substitut für fast jede Sozialleistung angesehen werden kann (also auch z.B. als Vorsorge für

[82] Vgl. Schmähl (1998), S. 265.

[83] Er überprüft den Zusammenhang zwischen dem Gegenwartswert der erwarteten späteren umlagefinanzierten Rentenansprüche auf den aktuellen Konsum in den USA und findet einen signifikanten positiven Zusammenhang: Je größer der Gegenwartswert der erwarteten staatlichen Renten ist, desto größer ist die Konsumneigung und entsprechend kleiner die Ersparnisbildung. Vgl. Feldstein (1974) und (1996).

[84] Kim (1992), insbesondere S. 557 f.

[85] Vgl. Schmähl (2000), S. 65 f.

Abbildung 2.10: Sozialleistungsquote und Ersparnisbildung 1998 in 21 OECD-Ländern

Quellen: OECD (2001b), World Bank (2003)

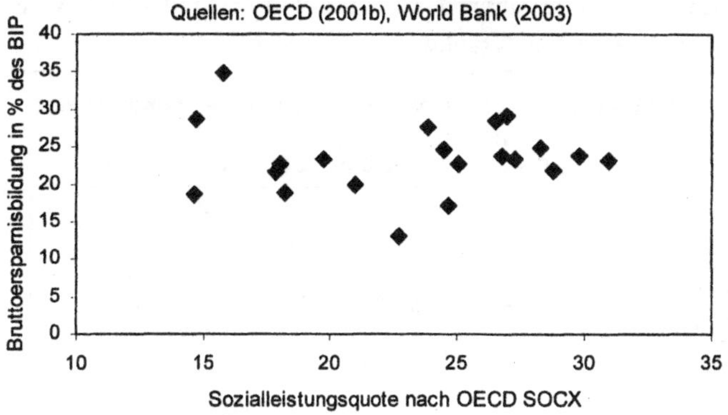

Sparquote = 23,89*** - 0,01 x Soz. R^2 = 0,001 N = 21
(t=4,74) (t=-0,10) *** = signifikant auf dem 1 %-Niveau

Arbeitslosigkeit, Berufsunfähigkeit oder Krankheit), wird hier der Zusammenhang zwischen der Sozialleistungsquote nach OECD-Angaben und der privaten Ersparnisbildung in Prozent des verfügbaren Einkommens der privaten Haushalte empirisch geschätzt. Das Ergebnis ist in der Abbildung 2.10 zu sehen. Ein negativer Zusammenhang zwischen Sozialstaat und Ersparnisbildung ist anhand der Punktwolke nicht erkennbar. Auch in der Regressionsgleichung ist der Zusammenhang insignifikant und ist das Bestimmtheitsmaß sehr klein[86]. Das gleiche Ergebnis erhält man, wenn statt der unkorrigierten die staatlich bestimmte Sozialleistungsquote nach Adema, die etwas enger definierte Sozialtransferquote oder standardisierte Sozialleistungsquoten verwendet werden. Auch bei Verwendung der umfassenderen gesamtwirtschaftlichen Bruttoersparnisbildung als abhängiger Variable ergibt sich das gleiche Bild[87]. Zwischen Sozialstaat und privater Ersparnisbildung ist kein signifikanter Zusammenhang erkennbar. Dies

[86] Allein für die Hypothese, dass die Konstante größer als Null ist, ist das Ergebnis signifikant, nicht aber für den Regressionskoeffizienten der Ersparnisbildung.

[87] Dies alles wurde mit Zahlen für 16 bzw. 20 OECD-Länder für die Jahre 1997 bzw. 1998 überprüft. Eine Ausnahme ist der Zusammenhang zwischen der standardisierten Sozialleistungsquote (nach Angaben der OECD-SOCX) und der Ersparnisbildung, für die ein schwach negativ signifikanter (auf dem 10 Prozent-Niveau) Zusammenhang ermittelt wird. Dieser ist jedoch nicht robust, da er beispielsweise bei Verwendung der standardisierten Sozialtransferquoten oder der standardisierten staatlich bestimmten Sozialleistungsquote nach Adema verschwindet. Diese Regressionen sind hier nicht genauer wiedergegeben.

bestätigt das theoretische Argument, wonach bei geringerer sozialpolitischer Aktivität des Staates die Bildung laufender Ersparnisse nicht größer werden muss, weil dem Vorsorgesparen der Jungen und Gesunden die Auflösung von Ersparnissen durch Alte und Kranke gegenübersteht.

Abbildung 2.11: Sozialleistungsquote und Kapitalkoeffizient 1998 in 19 OECD-Ländern

Quellen: OECD (2001b), OECD (2001c)

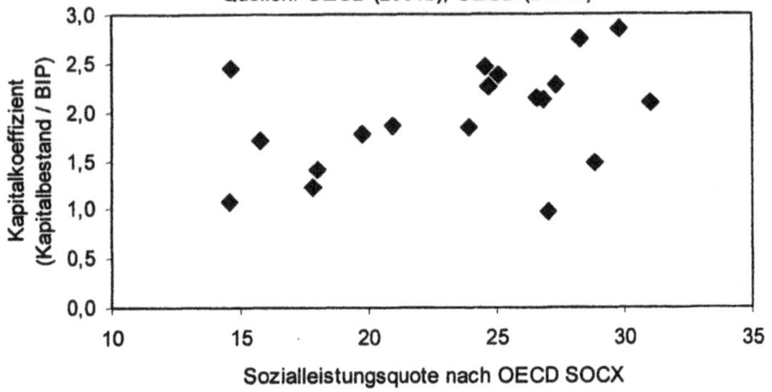

Kapitalkoeffizient = 0,93 + 0,04* x Soz (t=1,71) (t=1,93) R^2 = 0,18 N = 19

* = signifikant auf dem 10 %-Niveau

Ein weiterer empirischer Test setzt deshalb statt bei der aktuellen Ersparnisbildung bei den Kapitalbeständen an. Falls die Substitutionsbeziehung zwischen Sozialstaat und privater Vorsorge bedeutsam wäre, müssten Länder mit geringen Sozialleistungsquoten über größere Kapitalbestände verfügen, aus deren Erträgen die Absicherung bei sozialen Notlagen finanziert würde. Als Maß für die Größe der Kapitalbestände wird dabei der Kapitalkoeffizient, also die Relation des Werts des Kapitalstocks zur Höhe des Bruttoinlandsprodukts, verwendet. Abbildung 2.11 gibt für 19 OECD-Länder Sozialleistungsquote und Kapitalkoeffizient der Volkswirtschaft im Jahr 1998 wieder[88]. Ein (auf ein starkes Substitutionsverhältnis hinweisender) negativer Zusammenhang ist nicht erkennbar. Stattdessen ist in der Regressionsgleichung sogar ein schwach signifikant positiver Zusammenhang herleitbar, der sich jedoch bei leicht veränderten Modellspezifikationen als nicht robust erweist[89].

[88] Quellen der Zahlen: Kapitalkoeffizient nach OECD (2001c), Sozialleistungsquote aus OECD (2001b).

[89] So verschwindet der positive Signifikanz wenn die standardisierte Sozialleistungsquote oder die staatlich bestimmte Sozialleistungsquote nach Adema als unabhängige Variablen verwendet werden.

Anhand all dieser Querschnittsanalysen lässt sich also keine signifikante Substitution der Sozialpolitik durch private Ersparnisbildung nachweisen.

Folgender weiterer empirischer Test der Substitutionswirkung staatlicher Sozialleistungen erscheint sinnvoll. Wenn der Sozialstaat private Vorsorge substituiert, dann müssten die Sozialeinkommen lediglich ein Ersatz für andernfalls bestehende private Einkommensquellen sein. Beispielsweise würde ohne Sozialstaat private Vorsorge dazu führen, dass alte Menschen aus Kapitalverkäufen, Betriebsrenten und mit den Zinseinnahmen aus ihren Ersparnissen einen ähnlichen Lebensstandard erzielen könnten, wie sie im Sozialstaat aus der Rentenkasse oder dem Staatshaushalt erhielten. Die These der Substitution unterstellt implizit immer auch, dass durch private Vorsorge sich dieselbe Einkommensverteilung einstellen würde wie durch sozialstaatliche Leistungen. Wenn dies so wäre, dann müsste die Wirkung sozialpolitischer Anstrengungen auf die Verteilung der verfügbaren Einkommen gering sein. In der Abbildung 2.12 wird deshalb der statistische Zusammenhang zwischen der Sozialleistungsquote und dem Gini-Koeffizienten für die Verteilung der verfügbaren Einkommen in 18 OECD-Ländern dargestellt[90]. Dabei zeigt sich, dass die Höhe der Sozialleistungen signifikant mit der Einkommensverteilung korreliert ist. Je höher die Sozialleistungsquote ist, desto gleichmäßiger ist die Verteilung der verfügbaren Einkommen. In der Regressionsgleichung ist der Regressionskoeffizient auf dem höchsten Niveau signifikant, die t-Statistik hat den betragsmäßig hohen Wert von -3,42 und das Bestimmtheitsmaß liegt bei 42 Prozent. Wird statt der unkorrigierten Sozialleistungsquote Ademas Quote der staatlich bestimmten Sozialleistungen als unabhängige Variable gewählt (die zusätzlich Effekte der Steuerpolitik und staatlich vorgeschriebener privater Transferzahlungen enthält), ergibt sich ein ähnliches Ergebnis (vgl. Abbildung 2.13). Dies deutet darauf hin, dass der Sozialstaat zur Nivellierung der Einkommensverteilung beiträgt, also nicht einfach private Vorsorge substituiert.

Es bestehen bei diesen Regressionen jedoch einige Probleme. So gibt es nur sehr wenige international vergleichbare Daten zur Einkommensverteilung. Die hier verwendeten Daten messen die Einkommensverteilung in der ersten Hälfte der 90-er Jahre, allerdings zu verschiedenen Jahren (in drei Fällen in den 80-er Jah-

[90] Die hier verwendeten Daten für die Gini-Koeffizienten beruhen auf Zahlen der Luxembourg Income Study und wurden Smeeding/Grodner (2000), Fig. 1, entnommen. Die Zahl für die USA stammt aus Gottschalk/Smeeding (1999), Fig. 2.

Abbildung 2.12: Sozialleistungsquote und Gini-Koeffizient
Quellen: Smeeding/Grodner (2000),
Gottschalk/Smeeding (1999), OECD (2001b)

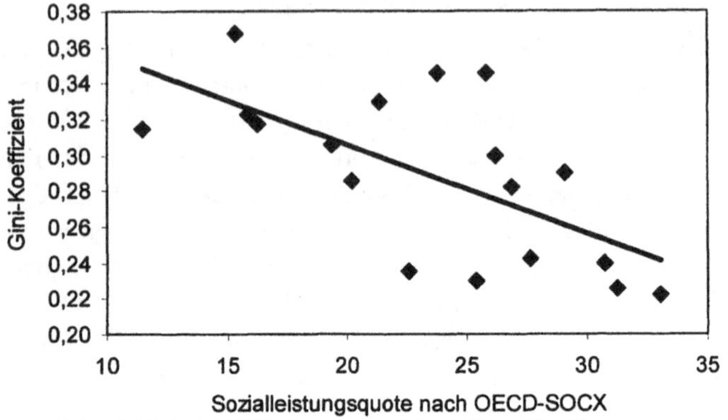

GINI = 0,41*** - 0,005***x Soz (t=11,56) (t=-3,42) R^2 = 0,42 N = 18
*** = signifikant auf dem 1 %-Niveau

Abbildung 2.13: Staatlich bestimmte Sozialleistungsquote nach Adema und Gini-Koeffizient
Quellen: Smeeding/Grodner (2000),
Gottschalk/Smeeding (1999), Adema (2001)

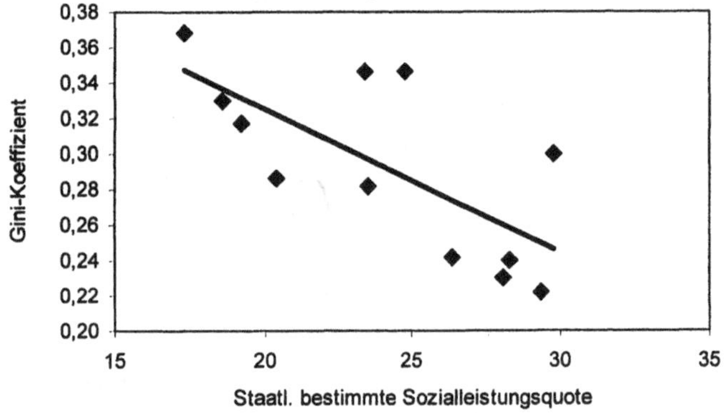

GINI = 0,49*** - 0,008**x Soz (t=7,80) (t=-3,15) R^2 = 0,50 N = 12
*** / ** = signifikant auf dem 1 % / 5 %-

ren). Bei Abbildung 2.13 kommt dazu, dass auch für Ademas staatlich bestimmte Sozialleistungsquote nur wenige Daten vorhanden sind, die nicht in allen Fällen dieselben Jahre betreffen, für die Smeeding und seine Kollegen Gini-

Koeffizienten berechnet haben. Diese Mängel werden dadurch abgemildert, dass sowohl die Gini-Koeffizienten als auch die Sozialleistungsquoten sich nur sehr langsam verändern und zwischen den Ländern erheblich stärker variieren als zwischen verschiedenen Jahren innerhalb desselben Landes. Die Ergebnisse wären daher vermutlich ähnlich ausgefallen, wenn es möglich gewesen wäre, Daten für alle Länder aus demselben Jahr zu verwenden. Dass trotz der geringen Beobachtungszahl signifikante Ergebnisse zu Stande kommen, kann als weitere Stärkung der Ergebnisse gewertet werden.

Der wichtigste Einwand bezieht sich aber wieder auf die Frage der Kapitaldeckung in der Alterssicherung. Die Höhe der Gini-Koeffizienten hängt davon ab, welche Einkommensarten einbezogen werden. Zwar werden Lohneinkommen, Gewinne, Mieteinnahmen, Zinseinkünfte, Transfereinkommen und Betriebsrenten einbezogen. Spekulationsgewinne werden hingegen nicht einbezogen. Ebenfalls zählen Einkünfte aus dem Verkauf von Kapitalbeständen nicht als Einkommen, da diese nicht den Charakter zusätzlichen Einkommens, sondern eher einer Vermögensumschichtung haben. Von den Alterseinkünften im Kapitaldeckungsverfahren werden somit Betriebsrenten und Zinseinkommen einbezogen, nicht jedoch die Erlöse aus Wertpapierverkäufen. Auch eingesparte Mieten im Falle von selbstgenutztem Wohneigentum sind als Einkommensquelle nicht enthalten. Damit wird ein Teil der Einkünfte ausgeschlossen, die einen wichtigen Teil der Alterssicherung beim Kapitaldeckungsverfahren darstellen. Es könnte sein, dass gerade in Ländern mit niedrigen Sozialleistungsquoten alte Menschen höhere Einkünfte aus solchen Wertpapier-Verkaufserlösen und aus Einsparungen durch selbst genutzten Wohnraum haben, sodass dort die Einkommensverteilung gleichmäßiger ist (also die Gini-Koeffizienten kleiner sind) als in den Statistiken der Luxembourg Income Study ausgewiesen wird.

Es wäre deshalb wünschenswert, diese Regressionsanalysen zu wiederholen, sobald mehr Daten zur Verfügung stehen. Zusätzlich wäre es sinnvoll, diese Tests auch mit Zeitreihen für einzelne Länder bzw. mit gepoolten Zeitreihen für mehrere Länder durchzuführen, um zu überprüfen, ob eine Substitutionswirkung möglicherweise innerhalb von Ländern im Zeitverlauf nachweisbar ist. Eine solche Überprüfung ist derzeit aus Mangel an Daten leider unmöglich.

Trotz aller methodischen Probleme deuten die empirischen Befunde insgesamt eher darauf hin, dass die staatliche Sozialpolitik für die Einkommensverteilung bedeutsam ist und nicht ausschließlich private Absicherungsaktivitäten substituiert. Der Sozialstaat scheint tatsächlich in Bereichen tätig zu sein, in denen eine private Lösung keine Alternative darstellt. Die Sozialleistungsquote erweist sich als relevant für die Verteilung der verfügbaren Einkommen. Ein Abbau staatlicher Sozialleistungen (beispielsweise durch internationalen Wettbewerb) würde also vermutlich nicht nur eine Privatisierung, sondern auch eine Reduzierung von Vorsorge und Umverteilung bedeuten.

2.4. Ursachen für den Umfang staatlicher Sozialpolitik

Grund und Ursache sind bekanntlich zwei verschiedene Dinge. Während es im Kapitel 2.1 darum ging, die Notwendigkeit von Sozialpolitik zu begründen, soll nun untersucht werden, welche Umstände und Kräfte die tatsächlich betriebene Sozialpolitik ursächlich bestimmt haben. Im Kapitel 2.1 wurde erläutert, welche Argumente für staatliche Sozialpolitik sprechen. Es handelte sich damit im Wesentlichen um normative Überlegungen ausgehend von bestimmten Werturteilen. Ein grundsätzlich anderes Projekt ist die deskriptive Untersuchung, welche Faktoren die tatsächliche Entwicklung des Sozialstaats bestimmen. In diesem Kapitel werden somit Ansätze dargestellt, die unabhängig von seiner Zweckmäßigkeit die Entstehung und Entwicklung des Sozialstaats kausal zu erklären versuchen. Zwar kann zu den kausalen Erklärungen aktiver Sozialpolitik gehören, dass viele Menschen sich von den Argumenten im Kapitel 2.1 überzeugen lassen. In diesem Fall liegt die kausale Erklärung für den Aufbau des Sozialstaats in der Tatsache, dass Menschen diese Argumente überzeugend finden, und nicht in den Argumenten selbst.

Viele Theorien zur Erklärung des Sozialstaats wurden in Zeiten wachsender Sozialleistungen entwickelt und versuchen daher zumeist die Expansion des Sozialstaats zu erklären. Daher lassen sie sich zur Erklärung stagnierender oder gar sinkender Sozialleistungen nicht in jedem Fall unmittelbar anwenden. Siegel versucht, die Anwendbarkeit der herkömmlichen Theorien auch für Zeiten stagnierender oder sinkender Sozialleistungen zu überprüfen[91].

---

[91] Vgl. Siegel (2002), Kapitel 2.

2.4.1. Wirtschaftlicher Entwicklungsstand und sozialpolitischer Bedarf

Die Entwicklung des Sozialstaats wird vielfach im Zusammenhang mit der allgemeinen wirtschaftlichen Entwicklung gesehen. Nach dem „Wagnerschen Gesetz" wächst in modernen Gesellschaften im Zeitverlauf mit der wirtschaftlichen Entwicklung die Staatstätigkeit absolut und relativ zur Gesamtwirtschaft, weil vom Staat zu befriedigende gesellschaftliche Bedürfnisse immer wichtiger werden[92]. Die zunehmende Komplexität wirtschaftlicher Verflechtungen und die Entstehung dicht besiedelter industrieller Ballungszentren mache eine zunehmende Tätigkeit des Staates zur Erhaltung der Rechtssicherheit nötig. Wagner bezieht dieses „Gesetz" ausdrücklich auch auf den sozialpolitischen Bereich, in dem ebenfalls eine Zunahme der Staatstätigkeit zu erkennen sei. Er liefert für das Gesetz aber nur ungenaue theoretische Erklärungen und verweist vor allem auf seine empirische Gültigkeit.

Bei dem Versuch, die Zunahme sozialpolitischer Aktivität des Staates mit dem Verlauf der wirtschaftlichen Entwicklung zu erklären, lassen sich zwei Theorierichtungen unterscheiden. Auf der einen Seite stehen Ansätze, die die Ursachen der Entstehung und Ausweitung des Sozialstaats in einer mit zunehmendem Einkommen wachsenden Nachfrage nach sozialpolitischer Absicherung und steigenden Zahlungsbereitschaft für soziale Zwecke sehen. Auf der anderen Seite stehen Ansätze, die im Gegenteil einen mit der wirtschaftlichen Entwicklung wachsenden neuen sozialen Problemdruck identifizieren, der durch den Sozialstaat gelöst werden muss. Man könnte vereinfacht sagen, nach den ersten Ansätzen ist der Sozialstaat das Produkt eines „neuen Wohlstandes", nach den zweiten dagegen das Produkt einer „neuen Armut".

Besonders augenfällig ist die Tatsache, dass gerade in der lang anhaltenden wirtschaftlichen Prosperität nach dem Zweiten Weltkrieg in den meisten westlichen Industrieländern auch der Sozialstaat ausgebaut wurde. Der Sozialstaat wuchs gerade in den Zeiten, in denen durch hohes Wirtschaftswachstum der sozialpolitische Bedarf abzunehmen schien. Man könnte die soziale Absicherung als einkommenselastisches Gut charakterisieren, bei dem die Nachfrage mit wachsendem Einkommen überproportional zunimmt. Berthold beschreibt die vom Sozialstaat bereitgestellten Güter „Sicherheit" und „Gerechtigkeit" als Luxus-

---

[92] Vgl. Wagner (1893), S. 892-908; Wagner (1911).

güter, bei denen sich die Nachfrage mit zunehmendem Wohlstand überproportional erhöht[93].

Gelegentlich wird Umverteilung mit dem Altruismus wohlhabender Bevölkerungsgruppen erklärt[94]. Auch die altruistischen Bedürfnisse (wie Mitleid) könnten mit dem Einkommen an relativer Bedeutung gewinnen. Erfahrungen, dass soziale Rechte oft mit aktiver Unterstützung von Vertretern wohlhabender sozialer Schichten (z.B. Studentenbewegungen) durchgesetzt wurden, bestätigen anekdotisch diese Sichtweise. Auch die Existenz sozialer Stiftungen und Spenden von Wohlhabenden für mildtätige Zwecke könnten als Beispiele dienen.

Aber nicht nur das Bedürfnis, anderen zu helfen, sondern auch das Bedürfnis nach Vorsorge für mögliche eigene Notzeiten nimmt mit dem Wohlstand zu. So wächst nach Galbraith das Sicherheitsbedürfnis mit der Erkenntnis, dass man etwas zu verlieren hat[95]. Der Gefahr des Einkommensausfalls bei Krankheit, Arbeitslosigkeit und Alter beugt nur derjenige vor, der auch ein Einkommen hat. Die staatliche Sozialpolitik kann einen Teil des mit wachsendem Einkommen zunehmenden Bedürfnisses nach den Versicherungsdienstleistungen befriedigen. Die im Kapitel 2.1 genannten Argumente zur Begründung der Sozialpolitik durch Hinweis auf das Marktversagen auf Versicherungsmärkten gewinnen bei wachsender Nachfrage nach Versicherungsleistungen an politischer Relevanz.

Nach der zweiten Gruppe von Erklärungsansätzen sind der Aufbau und Ausbau des Sozialstaats staatliche Antworten auf neue soziale Notlagen, welche mit dem Fortgang der wirtschaftlichen Entwicklung oder allgemeiner, mit dem Prozess der Modernisierung der Gesellschaft einhergehen.

Mit der Aufhebung der feudalen Grundherrschaft im 19. Jahrhundert und der gleichzeitigen Entwicklung der marktwirtschaftlich agierenden Industrie entstanden erhebliche soziale Probleme, da die industriellen Arbeitgeber im Unterschied zu den alten Grundherren keine Unterhaltskosten für beschäftigungslose Zeiten wie Krankheit, Alter oder Arbeitslosigkeit übernahmen. Diese beschäftigungs- und einkommenslosen Zeiten mussten deshalb existenzbedrohend wirken. Die Zunahme der räumlichen Mobilität der Menschen (insbesondere die Abwanderung ländlicher Arbeitskräfte in die Städte) verringerte außerdem die Fähigkeit der Institution Familie zur Lösung solcher sozialer Probleme. Auf

---

[93] Vgl. Berthold (1997), S. 29; Berthold/Hilpert (1998), S. 23.
[94] Vgl. Tullock (1983), S. 3 f.
[95] Vgl. Galbraith (1976), S. 88 ff.

Grund der z.T. erzwungenen räumlichen Mobilität der Menschen, insbesondere der Abwanderung ländlicher Arbeitskräfte in die Städte, verringerten sich die Möglichkeiten der Selbstversorgung und der familiären Unterstützung.

Andererseits wurden durch die Zusammenfassung großer Gruppen von Arbeitern in Fabriken, durch die Urbanisierung und durch die Verbesserung der Kommunikationsmöglichkeiten die Bedingungen für die Bildung politischer Interessenorganisationen der Arbeiter günstiger. Mit der Arbeiterbewegung entstand eine politische Kraft, die auf die Lösung der sozialen Probleme drängte. Aus diesen Gründen war und ist teilweise bis heute die Sozialpolitik als soziale Absicherung der Arbeitnehmer konzipiert. Im Zuge der Entwicklung der modernen Industriegesellschaft war also eine soziale Problemlage entstanden, die mit sozialpolitischen Maßnahmen behoben werden sollte[96].

Zöllner sieht daher den Sozialstaat als Ergebnis der Entstehung einer großen Zahl unselbstständig Beschäftigter in der Industrie im Zuge der Entwicklung der Marktwirtschaft. Er betrachtet den Bevölkerungsanteil der nicht-landwirtschaftlichen Arbeitnehmer (einschließlich der Arbeitslosen) als die entscheidende Bestimmungsgröße für die Entwicklung des Sozialstaats. In einer Regressionsanalyse untersucht er für 33 Länder im Jahre 1957 den Zusammenhang zwischen dieser Arbeitnehmerquote und der Sozialleistungsquote. Sein Ergebnis ist ein hochsignifikanter positiver Zusammenhang: Unabhängig von dem politischen und wirtschaftlichen System (also auch in sozialistischen Ländern) hängt die Sozialleistungsquote positiv vom Bevölkerungsanteil der nicht-landwirtschaftlichen Arbeitnehmer ab. Das Bestimmtheitsmaß der Regression liegt bei 64,5 Prozent[97]. In einer neueren Untersuchung wurde dieses Ergebnis auch für 90 Länder im Jahre 1989 bestätigt[98].

Der Bevölkerungsanteil der Arbeitnehmer wirkt auf mehreren Wegen auf die Höhe der Sozialleistungsquote. So steigt mit der Arbeitnehmerquote besonders in Ländern mit arbeitnehmerzentrierten Sozialsystemen der Bevölkerungsanteil potenzieller Leistungsbezieher, sodass die Sozialleistungsquote durch die zunehmende Zahl an Leistungsberechtigten ansteigt. Aber auch das Niveau der Sozialleistungen je Berechtigten wird mit zunehmender Zahl an Arbeitnehmern angehoben, weil deren politisches Gewicht zunimmt.

---

[96] Vgl. K. Kumpmann (1919), etwa S. 7 ff.; Flora/Alber (1981), S. 41-43, 48; Zöllner (1963), S. 31 ff.

[97] Vgl. Zöllner (1963), S. 31-38.

[98] Vgl. M. Schmidt (1997), S. 164-167.

Siegel zeigt, dass Zöllners empirische Studie ein bedeutendes Problem der Heteroskedastizität aufweist: Mit zunehmender Arbeitnehmerquote weichen die tatsächlichen Werte der Sozialleistungsquoten immer mehr von den geschätzten Werten ab. Die Streuung der Sozialleistungsquoten wird immer größer[99]. Dies bedeutet, dass Zöllners Erklärungsansatz nur bei der Erklärung der Unterschiede bei weniger entwickelten Ländern erfolgreich ist, jedoch unterschiedliche Entwicklungswege von Ländern mit hoher Arbeitnehmerquote (also tendenziell den reichen Industrieländern) nicht erklären kann. Unterschiede der Sozialleistungsquoten zwischen entwickelten Volkswirtschaften mit hohen Arbeitnehmerquoten lassen sich mit Hilfe der Arbeitnehmerquoten nicht mehr erklären.

Zöllner gelingt es, die Sozialpolitik von ihrer Entstehungsgeschichte her einzuordnen. Seine Erklärung deckt sich mit der Tatsache, dass die Sozialpolitik ursprünglich geschaffen wurde, um die soziale Absicherung der Arbeiterschaft zu gewährleisten. Damit kann er die Sozialpolitik in der Entstehungsphase des Sozialstaats erklären. Der Ansatz ist deshalb anwendbar auf die Industrieländer in der Zeit am Ende des 19. und am Anfang des 20. Jahrhunderts oder auch auf Schwellenländer, die heute möglicherweise am Beginn einer ähnlichen Entwicklung stehen. Die neueren Entwicklungen in den westlichen Industrieländern lassen sich damit jedoch weniger erklären.

Ergänzt werden kann jedoch, dass sich auch in neuerer Zeit durch die Tendenz zur Kleinfamilie, die Zunahme der Zahl der Ehescheidungen und der Zahl der alleinerziehenden Eltern die Fähigkeit der Familien zur Lösung sozialer Probleme weiter abschwächt. Der Bedarf an sozialer Absicherung durch den Staat hat also bis heute zugenommen.

Wilensky führt die Expansion des Sozialstaats in entwickelten Industriegesellschaften auf einen anderen im Zuge der Wirtschaftsentwicklung zunehmenden Problemdruck zurück, den wachsenden Bevölkerungsanteil alter Menschen. Alte Menschen sind die Hauptempfängergruppe sozialer Leistungen, da sie nicht nur die quantitativ bedeutsamen Alters- und Hinterbliebenenrenten beziehen, sondern zusätzlich auch die Leistungen des Gesundheitswesens überproportional in Anspruch nehmen. Ausgangspunkt dieser Überlegung ist die Theorie des „demographischen Übergangs“[100]. Demnach beschleunigt sich im Zuge der industriellen Entwicklung zunächst das Bevölkerungswachstum durch einen Rück-

[99] Vgl. Siegel (2002), S. 19. Optisch ist das Heteroskedastizitätsproblem auch bei Zöllner (1963), Schaubild 2 (S. 44), deutlich zu erkennen.
[100] Vgl. Thompson (1929) oder die Lehrbuch-Darstellung bei Hemmer (1988), S. 276-278.

gang der Sterberaten bzw. eine Verlängerung der Lebenserwartung. In einer späteren Phase der wirtschaftlichen Entwicklung nimmt jedoch in den Industrieländern die Geburtenrate ab, sodass das Bevölkerungswachstum wieder nachlässt. Der Rückgang der Geburtenrate führt aber zum Anstieg des Bevölkerungsanteils der alten Menschen.

Der Anstieg des Bevölkerungsanteils der Alten führt auf zwei Wegen zur Steigerung der Sozialleistungsquote. Zum einen nimmt die Zahl der Leistungsfälle stärker zu als die Zahl der zur Finanzierung erforderlichen Arbeitsverhältnisse. Zum zweiten wächst das relative Gewicht der alten Generation bei Wahlen, sodass nun der politische Druck zur Anhebung des Leistungsniveaus (zur Erhöhung der Renten und zur Ausweitung der Leistungen des solidarischen Gesundheitssystems) zunimmt[101]. Wilensky ermittelt einen engen positiven Zusammenhang zwischen dem Bevölkerungsanteil alter Menschen und der Höhe der Sozialleistungsquote in einer Querschnittsstudie für 60 Länder im Jahre 1966. Eine Vielzahl von weiteren Regressionsanalysen verschiedener Autoren bestätigt das signifikante Ergebnis auch für neuere Zeiträume und andere Ländergruppen. Auch Studien, die sich auf Änderungen im Zeitverlauf beziehen, kommen zum gleichen Resultat: Je stärker in einem Land der Bevölkerungsanteil alter Menschen zunimmt, desto stärker wächst die Sozialleistungsquote[102].

Die wirtschaftliche Entwicklung führt hier also zum wachsenden Bevölkerungsanteil einer Bevölkerungsgruppe, die ohne eigenes Erwerbseinkommen auf Sozialleistungen angewiesen ist, und damit zum Anstieg der Sozialleistungsquote.

Wilenskys Argument kann in der Weise erweitert werden, dass die steigenden Kosten der öffentlich organisierten sozialen Absicherung im Alter sich selbst verstärkende Effekte auslösen. Je zuverlässiger die sozialstaatliche Versorgung alter Menschen erscheint, desto weniger sind die Menschen auf die Versorgung durch Angehörige angewiesen und desto weniger werden sie in jüngeren Jahren zu diesem Zweck für Nachwuchs sorgen. Dies führt aber dazu, dass der Bevölkerungsanteil alter Menschen und damit der Finanzbedarf für deren Versorgung noch mehr zunimmt.

Die beiden Ansätze, wonach der Sozialstaat durch wachsenden Wohlstand bzw. durch neue soziale Probleme zu erklären ist, müssen sich natürlich nicht gegenseitig ausschließen, sondern können auch ergänzend als verschiedene Seiten der

[101] Vgl. Wilensky (1975), S. 23-28.
[102] Vgl. Tabellen A1 und A2 im Anhang.

Industrialisierung der Wirtschaft und der Modernisierung der Gesellschaft verstanden werden. So könnte argumentiert werden, dass die Industrialisierung mit dem Verlust familiärer Sicherheitsnetze und neuen sozialen Problemen verbunden war und dass dieser Prozess durch den fortgesetzten Bedeutungsverlust traditioneller Familienstrukturen und den weiter wachsenden Bevölkerungsanteil alter Menschen bis heute weitergeht. Aber zugleich brachte die Industrialisierung die Ressourcen und den politischen Willen hervor, die nötig waren, um diese Probleme zu lösen[103].

Die Ansätze, in denen der Ausbau des Sozialstaats mit der wirtschaftlichen Vorwärtsentwicklung erklärt wird, stammen aus einer Zeit, in der der Sozialstaat sich in einer lange anhaltenden Expansionsphase befand. Es stellt sich die Frage, ob diese Ansätze auch in einer Zeit anwendbar sind, in der die Sozialleistungsquoten im Ganzen konstant geblieben sind und in der die Empfänger sozialer Leistungen nicht mehr so stark am wirtschaftlichen Wachstum partizipieren, wie dies die Empfänger anderer Einkommensarten tun. Dies gilt für die Zeit seit den 80-er Jahren des 20. Jahrhunderts. Seither sind in den meisten Industrieländern die Sozialleistungsquoten trendmäßig konstant geblieben, obwohl der Bevölkerungsanteil der alten Menschen zugenommen hat. Auch das weiterhin stattfindende Wachstum des Bruttoinlandsprodukts konnte in diesen Jahren keine deutliche Erhöhung der Sozialleistungsquoten mehr bewirken.

Gelegentlich wird in dem Zusammenhang von „Sättigungstendenzen“ des Sozialstaats gesprochen. Eine konstant bleibende Sozialleistungsquote bedeutet nicht, dass die Sozialleistungen gleich bleiben, sondern, dass sie nicht mehr schneller wachsen als die Gesamtwirtschaft. Es erscheint einleuchtend, dass eine immer weiter fortschreitende Erhöhung der Sozialleistungsquoten innerhalb der Marktwirtschaft nicht möglich ist, da der Sozialstaat entweder an die Grenzen stößt, die die Aufrechterhaltung der Funktionsfähigkeit der Marktwirtschaft ihm setzt oder die marktwirtschaftliche Ordnung selbst in Frage stellt. Dass eine Ausweitung staatlicher Umverteilung die Funktionstüchtigkeit der Faktormärkte beeinträchtigen kann, weil durch sie der Staat den Märkten Mittel entzieht, die andernfalls als Faktorpreise wichtige Steuerungsfunktionen erfüllen könnten, wurde im Kapitel 2.1 bereits erwähnt.

Außerdem untergräbt der Sozialstaat den für die Marktwirtschaft wesentlichen Leistungsgedanken. Der Anreiz zur Aufnahme einer gering entlohnten Arbeit

---

[103] Vgl. Pampel/Williamson (1989), S. 74.

sinkt mit zunehmenden vom Staat gezahlten Lohnersatzleistungen, sodass mit der Höhe der Arbeitslosenunterstützung auch die freiwillige Arbeitslosigkeit zunimmt. Obwohl die Kosten der Lohnersatzleistungen nur einen sehr geringen Anteil der Sozialausgaben insgesamt ausmachen, spielt die Frage der Leistungsanreize in der öffentlichen Diskussion des Sozialstaats eine wichtige Rolle[104]. Denn sie berührt neben der volkswirtschaftlichen Effizienz auch den Gedanken der Leistungsgerechtigkeit und damit einen moralischen Kernbestand der liberalen Gesellschaft. Eine Grenze des Sozialstaats liegt deshalb bei den in westlichen Gesellschaften dominierenden Wertvorstellungen, das heißt darin, dass die Gesellschaft nur in begrenztem Umfang bereit ist, bei der Einkommensverteilung eine Einschränkung des Leistungsprinzips zu akzeptieren.

Wachsende Kosten der sozialen Sicherheit stoßen auf Widerstand unter den belasteten Bevölkerungsgruppen. Protest gegen hohe Steuern oder die Abwanderung in die Schattenwirtschaft oder ins Ausland setzen einer weiteren Erhöhung sozialer Leistungen Grenzen[105]. Ob und in wie weit die Flucht ins Ausland für die Begrenzung sozialer Leistungen verantwortlich ist, soll im weiteren Verlauf dieser Arbeit genauer geprüft werden.

Hinzu kommt eine von der *Art* der Sozialstaatsfinanzierung abhängige Verzerrung einzelner Marktergebnisse. So werden beispielsweise in Deutschland die sozialen Sicherungssysteme überwiegend durch obligatorische Sozialversicherungsbeiträge der Arbeitnehmer und Arbeitgeber finanziert. Deshalb wird hier den Kosten des Sozialstaats eine bedeutende Mitverantwortung für die hohen Arbeitskosten und damit für die hohe unfreiwillige Arbeitslosigkeit zugeschrieben[106]. Trifft dies zu, dann liegt eine weitere Grenze sozialstaatlicher Expansion dort, wo die Bereitschaft der Gesellschaft, eine höhere Arbeitslosigkeit zu akzeptieren, endet.

Die Grenzen der Ausweitung sozialer Leistungen liegen also auf der Einnahmenseite des Sozialstaats, der begrenzten Möglichkeit, Einnahmen für die Finanzierung zu gewinnen. Dies ist deshalb problematisch, weil diese Grenzen unabhängig von dem sozialpolitischen Bedarf zu Stande kommen. Wenn beispielsweise die Funktionsfähigkeit der Märkte und die Zahlungsbereitschaft der Leistungsträger eine Sozialleistungsquote von 25 Prozent zulassen, dann gilt diese Grenze unabhängig davon, wie viele Bedürftige mit diesem Sozialbudget versorgt werden müssen. Wächst die Zahl der Arbeitslosen, Alten und Kranken

[104] Vgl. Sinn/Holzner/Meister/Ochel/Werding (2002).
[105] Vgl. Flora (1986), S. XXIV.
[106] Vgl. z.B. Siebert (1994), S. 79 f., 94 f., 239.

in einer Gesellschaft und bleiben die Schranken des Sozialstaats gleich, dann entfallen auf den einzelnen Leistungsbezieher immer geringere Anteile. Die Bezieher sozialer Leistungen werden dann an den gesamtwirtschaftlichen Einkommenszuwächsen nur noch unterproportional beteiligt. Was für den Sozialstaat als Ganzen als Erhaltung auf gleichbleibendem Niveau erscheint, ist für den einzelnen Leistungsbezieher eine Verringerung der Teilhabe am Wachstum, wenn nicht sogar die absolute Kürzung von Ansprüchen[107].

Politikwissenschaftler kritisieren an den genannten Ansätzen die Vernachlässigung politischer Aspekte[108]. So wirken strukturelle und wirtschaftliche Einflussfaktoren wie der Wohlstand, die Arbeitnehmer- oder die Altenquote auf die Sozialpolitik nicht direkt, sondern immer vermittelt über politische Interessengruppen, Parteien und durch die politischen Entscheidungsprozesse. Deshalb sei zur Erklärung sozialpolitisch motivierter Umverteilung vor allem eine Analyse der politischen Systeme und der Kräfteverhältnisse zwischen den gesellschaftlichen Gruppen und politischen Parteien erforderlich.

2.4.2. Institutionen und politische Entscheidungsmechanismen

Zwei Arten von politischen Einflussfaktoren für den Sozialstaat stehen zumeist im Mittelpunkt der Diskussion: Der Staatsaufbau und die Kräfteverhältnisse zwischen gesellschaftlichen Interessengruppen und Parteien. Beim Staatsaufbau geht es um das politische System mit seinen Strukturelementen wie Grad des Föderalismus, Zahl der an einer Entscheidungsfindung beteiligten staatlichen Organe, Wahlsystem, formelle und informelle Entscheidungsprozesse usw. Die Kräfteverhältnisse zwischen gesellschaftlichen Interessengruppen und Parteien werden bestimmt durch den zahlenmäßigen Umfang der bestehenden sozialen Schichten und Gruppen sowie deren Organisationen (wie Gewerkschaften, Unternehmerverbände usw.) und durch die Präsenz der politischen Parteien in Parlamenten und Regierungen.

---

[107] Vgl. Kapitel 2.2.2.

[108] Vgl. z.B. Siegel (2002), S. 26 f.

Der Staatsaufbau wirkt sich auf die Sozialpolitik aus, indem die Zahl der an einer politischen Entscheidung beteiligten Stellen die Flexibilität und Entscheidungsfähigkeit der Politik maßgeblich beeinflusst. Dazu wurde der Begriff des „Vetospielers" geprägt. Ein Vetospieler ist ein individueller oder kollektiver politischer Akteur, dessen Einverständnis für das Zustandekommen einer Entscheidung oder eines Gesetzes erforderlich ist. Die bürgerlichen Staaten weisen sehr große Unterschiede bei der Zahl der Vetospieler auf[109]. So kommt in Großbritannien ein Gesetz bereits dann zu Stande, wenn das Unterhaus zustimmt[110]. Größer ist die Zahl der Vetospieler in Staaten mit Präsidialsystemen, in denen unabhängig vom Parlament ein einflussreicher Präsident von der Bevölkerung gewählt wird (wie in den USA). In den USA müssen bei Gesetzen beide Parlamentskammern zustimmen, außerdem hat der Präsident ein Veto, das vom Parlament nur mit Zweidrittelmehrheit überstimmt werden kann. In der Schweiz stellt die Bevölkerung selbst durch die vielen Plebiszite einen zusätzlichen Vetospieler dar. Auch Verfassungsgerichte können in vielen politischen Systemen als Vetospieler betrachtet werden. In der Europäischen Union kommen für bestimmte Politikfelder gemeinsame europäische Institutionen als weitere Vetospieler hinzu. Innerhalb von Regierungskoalitionen kommen oft Entscheidungen nur zu Stande, wenn alle Regierungsparteien zustimmen, die somit ebenfalls die Rolle von Vetospielern erhalten.

Eine größere Zahl an Vetospielern erschwert politische Richtungswechsel. In Zeiten des Aufbaus des Sozialstaats wirkt die Zahl der Vetospieler als Bremse, sodass politische Systeme mit vielen Vetospielern niedrigere Sozialleistungen haben. Die skandinavischen Länder Schweden und Norwegen sind dagegen Beispiele für Länder, in denen besonders wenige Vetospieler vorhanden sind und daher die Expansion des Sozialstaats vergleichsweise ungebremst stattfinden konnte.

In quantitativen Studien (Regressionsanalysen) zur Beeinflussung des Niveaus der Sozialleistungsquoten wurden von verschiedenen Autoren Indizes zur Messung der Zahl der Vetospieler als unabhängige Variablen verwendet[111]. Diese Studien, die sich großteils auf die Phase der Expansion des Sozialstaats in den

---

[109] Vgl. Tsebelis (1995), S. 293, 301, 305-308.

[110] Einwände des Oberhauses haben lediglich aufschiebende Wirkung.

[111] Solche Indizes werden von Huber/Ragin/Stephens (1993), S. 727, und von M. Schmidt (1997), S. 170 Anm.18, entwickelt. Angewendet werden solche Indizes in den Studien von Huber/Ragin/Stephens (1993), Swank (1996), M. Schmidt (1997), Hicks (1999), Kittel/Obinger/Wagschal (2000), Wagschal (2000), Kittel/ Obinger (2002), Siegel (2002). Vgl. Tabellen A1 und A2 im Anhang.

60-er bis 80-er Jahren beziehen, kommen fast alle zu dem signifikanten Ergebnis, dass die Sozialleistungen in Ländern niedriger sind, wo durch mehr Vetospieler die institutionelle Bremsen für eine sozialstaatliche Expansion stärker sind. Da es sich um multivariate Analysen handelt, kann auch ein wichtiger Ausnahmefall mit gleichzeitig wirkenden anderen Faktoren erklärt werden: Im Vereinigten Königreich sind die Sozialleistungen schon lange eher unterdurchschnittlich, obwohl es nur wenige Vetospieler aufweist.

Wenn eine hohe Zahl an Vetospielern jeden Politikwechsel erschwert, dann bremst dies aber ggf. auch den *Abbau* sozialer Leistungen. Folglich kann in Zeiten, in denen aus anderen Gründen der Sozialstaat unter Druck gerät, die Zahl der Vetospieler diesen Druck abschwächen und den Abbau der Sozialleistungen aufhalten. Neuseeland wird manchmal als Beispiel-Land genannt, in dem wegen der kleinen Zahl an Vetospielern ein rascher Wechsel zu einer Politik des Abbaus sozialer Leistungen möglich war[112].

Es ist zu erkennen, dass die Zahl der Vetospieler im Staatsaufbau keine eigenständige Ursache für die Höhe der Sozialleistungen darstellt, sondern eher als mehr oder weniger durchlässiger Filter wirkt, durch den die politischen Kräfte und Bestimmungsfaktoren hindurch schwächer oder stärker wirken. Die Richtung der Sozialpolitik kann damit nicht erklärt werden. Erklärbar wird jedoch die Geschwindigkeit und Durchsetzungsfähigkeit sozialpolitischer Richtungswechsel.

Der Föderalismus kann ebenfalls eine Rolle für die Höhe der Sozialausgaben spielen. Zum einen steigt mit der Existenz regionaler Gebietskörperschaften oft die Zahl der Vetospieler. Typischerweise sind in Bundesstaaten regionale Gebietskörperschaften über zweite Parlamentskammern auch an der Gesetzgebung der zentralstaatlichen Ebene beteiligt, so in Deutschland über den Bundesrat oder in der Schweiz über den Ständerat. Deshalb sind in den erwähnten Indizes zur Messung der Zahl der Vetospieler stets Teil-Indizes zur Messung des Föderalismus enthalten.

Sind sozialpolitische Zuständigkeiten auf dezentraler Ebene angesiedelt, wie dies teilweise in den USA und der Schweiz der Fall ist, kann die Sozialpolitik durch einen Wettbewerb dieser dezentralen Ebenen unter Druck geraten. Führt ein niedriges Niveau sozialer Leistungen zur Abwanderung von Leistungsbeziehern und ein niedriges Niveau von regional erhobenen Steuern zur Zuwanderung

[112] Vgl. Huber/Stephens (2001), S. 317 f.

von wohlhabenden Steuerzahlern, dann können die regionalen Gebietskörperschaften dazu neigen, die Sozialleistungen abzubauen, um arme Transfereinkommensbezieher zur Abwanderung und um Steuerzahler zur Zuwanderung zu veranlassen. Im Wettbewerb um die Anwerbung von Steuerzahlern und um die Abschreckung kostenverursachender Transferempfänger kann der dezentral organisierte Sozialstaat unter allgemeinen Druck geraten. Gelegentlich werden die unterdurchschnittlichen Sozialleistungsquoten in der Schweiz und in den USA auf einen solchen Wettbewerb der Gebietskörperschaften zurückgeführt.

Verschiedene empirische Studien zur Beeinflussung des Niveaus der Sozialleistungsquoten bestätigen den negativen Einfluss des Föderalismus auf die Höhe der Sozialleistungsquoten[113]. Der Wettbewerb der innerstaatlichen Gebietskörperschaften in föderal organisierten Staaten ist mit dem internationalen Wettbewerb der Staaten strukturgleich. Deshalb wird er noch einmal im Rahmen der Diskussion des internationalen Wettbewerbs behandelt.

Regierende Politiker, die damit rechnen müssen, schnell ihr Amt wieder zu verlieren, können dazu neigen, populäre Sozialprogramme aufzulegen, um die Abwahl herauszuzögern. So kommt Lindert zu der Hypothese, dass die Sozialleistungsquoten in Ländern umso höher ausfallen, je größer die Häufigkeit ist, mit der der Regierungschef eines Landes ausgewechselt wird[114].

Auf Lijphart geht die Unterscheidung von Ländern mit „Mehrheitsdemokratie" und Ländern mit „Konsensdemokratie" zurück[115].

Mehrheitsdemokratien sind Länder, in denen das politische System so organisiert ist, dass sich in der Regel Mehrheiten durchsetzen. Typisch für diese Länder ist die Konzentration der politischen Macht in der Hand einer von der stärksten Partei gestellten Regierung, eine starke Stellung der Exekutive gegenüber der Legislative, oftmals Zwei-Parteien-Systeme und bei den Parlamentswahlen Wahlsysteme, die große Parteien begünstigen, sodass meistens stabile Mehrheiten einzelner Parteien zu Stande kommen. Außerdem sind diese Sys-

---

[113] Vgl. Pampel/Williamson (1988) und (1989), Hicks/Swank (1992), Hicks/Misra (1993), M. Schmidt (1997), Vaubel (2000), Swank (2002b). Bei Vaubel ist das Ergebnis oft insignifikant, aber auch negativ. Vgl. Tabellen A1 und A2 im Anhang.

[114] Vgl. Lindert (1996), S. 7. Er findet in seiner Regressionsanalyse auch empirische Bestätigung für diese Hypothese.

[115] Vgl. Lijphart (1999), S. 1-47.

teme oft durch die Konzentration der politischen Entscheidungsbefugnisse in den Händen weniger politischer Institutionen geprägt, das heißt diese Staaten sind tendenziell zentralistischer und weisen weniger Vetospieler auf. Mehrheitsdemokratien sind also durch die zwei Merkmale „Mehrheitsorientierung" und „Konzentration der Macht bei wenigen Institutionen" geprägt. Eindeutigstes Beispiel für eine Mehrheitsdemokratie ist für Lijphart das Vereinigte Königreich.

In Konsensdemokratien dagegen ist das politische Leitbild die Entscheidungsfindung durch einen möglichst breiten Konsens vieler gesellschaftlicher Kräfte. Hier wird die Regierung oft von breiten Parteien-Koalitionen gestellt, das Machtverhältnis von Legislative und Exekutive ist eher ausgeglichen, oft sind viele Parteien im Parlament vertreten, da das Wahlsystem auch kleinen Parteien gute Chancen bietet, Parlamentssitze zu erhalten. Ferner verteilen diese Länder die politischen Entscheidungskompetenzen oft auf mehrere Ebenen und viele Staatsorgane, sie sind also oft föderalistischer und haben mehr institutionelle Vetospieler. Konsensdemokratien sind also durch die zwei Merkmale „Konsensorientierung" und „Verteilung der Macht auf viele Institutionen" geprägt. Bestes Beispiel für eine Konsensdemokratie ist für Lijphart die Schweiz.

Ebenso wie Lijphart weisen auch Obinger und Wagschal auf die Bedeutung insbesondere des Wahlsystems bei Parlamentswahlen für die Sozialpolitik hin[116]. In angelsächsischen Ländern wie den USA oder dem Vereinigten Königreich gelten meistens Mehrheitswahlsysteme, das heißt, dass die Parlamentsabgeordneten in Einzelwahlkreisen gewählt werden und für die Wahl das Erreichen einer Mehrheit im Wahlkreis erforderlich ist. Demgegenüber dominieren in kontinentaleuropäischen Ländern[117] Verhältniswahlsysteme, bei denen die Parlamentssitze auf die Parteien proportional zu ihrem Stimmenanteil aufgeteilt werden.

In den Ländern mit Mehrheitswahlsystem ist es für den politischen Erfolg entscheidend, Mehrheiten in der Wählerschaft des jeweiligen Wahlkreises zu gewinnen. Interessenvertreter von Minderheiten haben kaum Chancen, in das Parlament zu kommen. Große Parteien werden durch das System bevorzugt und es entstehen meistens stabile Parlamentsmehrheiten der siegreichen Parteien. In solchen Systemen ist es schwierig, soziale Reformen, die Minderheiten zugute kommen, durchzusetzen.

---

[116] Vgl. Obinger/Wagschal (2000), S. 382 f.

[117] Wichtige Ausnahme ist Frankreich.

In den Ländern mit Verhältniswahlsystem haben dagegen auch Parteien, die Minderheiten vertreten, Chancen, in das Parlament zu kommen. Parlamentsmehrheiten einzelner Parteien sind selten. Typisch sind die Anwesenheit vieler Parteien im Parlament und die Bildung von Koalitionsregierungen. So können Vertreter von Minderheiten-Parteien als Mehrheitsbeschaffer an der Regierung beteiligt werden und für ihre Klientel Vergünstigungen durchsetzen. Die Politik zielt gezwungenermaßen wesentlich stärker auf einen breiteren gesellschaftlichen Konsens ab, der aber oft nur erreicht werden kann, wenn die Verlierer politisch beschlossener Veränderungen durch soziale Leistungen kompensiert werden.

So kann das im Vergleich zu den kontinentaleuropäischen Sozialstaaten niedrige Niveau sozialer Absicherung in den angelsächsischen Ländern auch auf die unterschiedlichen Wahlsysteme zurückgeführt werden[118]. Ausnahme ist dabei die Schweiz, die ein stark konsensorientiertes System hat, aber sozialpolitisch oft zu den Nachzüglerstaaten gezählt wird.

Lijphart verallgemeinert dies durch die These, dass Konsensdemokratien generell eine umfangreichere Sozialpolitik betreiben. Er bildet zur Messung seiner zwei Demokratie-Typen zwei Indizes, in die verschiedene Merkmale des politischen Systems eingehen[119]. Der erste Index – „Executives-Parties Dimension" genannt – misst die Mehrheits- und Konsensorientierung in den zentralen politischen Institutionen. Der zweite Index – „Federal-Unitary Dimension" genannt – misst die Verteilung politischer Macht auf verschiedene Ebenen und Institutionen und enthält beispielsweise den Föderalismus oder die Existenz von zweiten Parlamentskammern (damit auch der Zahl der Vetospieler). Kleine Werte der zwei Indizes bedeuten eine starke Mehrheitsorientierung bzw. einen hohen Grad an Zentralismus, deuten also auf Mehrheitsdemokratie hin. Große Werte bedeuten Konsensorientierung und eher dezentrale Machtverteilung, deuten also auf Konsensdemokratie hin.

Lijphart belegt seine These von der umfangreicheren Sozialpolitik in Konsensdemokratien empirisch indem er zeigt, dass die „Executives-Parties Dimension" signifikant positiv sowohl mit der Sozialleistungsquote als auch mit einem Maß der Unabhängigkeit von (Sozial-)Einkommen und Erwerbstätigkeit korreliert

[118] Dies gilt insbesondere für Kanada, Neuseeland, das Vereinigte Königreich und die USA.
[119] Vgl. Lijphart (1999), S. 243-250.

ist[120]. Länder, deren Institutionen zur Konsensorientierung bei politischen Entscheidungsprozessen führen, haben höhere Sozialleistungsquoten und garantieren tendenziell eher ein Einkommen ohne Arbeit.

Für den zweiten Index, die „Federal-Unitary Dimension“ legt er keine entsprechende Untersuchung vor. Da dieser Index die Zahl der Vetospieler und den Föderalismus misst, wäre hierbei eventuell ein gegenteiliges Ergebnis herausgekommen: Der von einigen anderen Autoren bemerkte negative Effekt von vielen Vetospielern und des Föderalismus auf die Sozialleistungsquoten. Es könnte also sein, dass nicht die „Konsensdemokratie“ allgemein (die bei Lijphart auch starken Föderalismus und viele Vetospieler enthält), sondern speziell die Konsensorientierung innerhalb der Institutionen zu tendenziell höheren Sozialausgaben des Staates führt.

Auch andere politische Institutionen, die dazu führen, dass für die Entscheidungsfindung ein breiter Konsens erforderlich ist, bewirken in der Tendenz höhere Sozialausgaben des Staates. Dies gilt insbesondere für den sogenannten Korporatismus. Werden Löhne und wirtschaftspolitische Entscheidungen weniger durch Märkte und Mehrheiten und dafür mehr durch konsensorientierte Verhandlungsrunden von Tarifparteien, Verbänden und Regierungen festgelegt, dann begünstigt dies den Abschluss von Kompromissen, in deren Rahmen potenzielle Verlierer politischer Richtungswechsel eine Kompensation ihrer Verluste durchsetzen können. So werden die hohen Sozialleistungen in den Niederlanden, Dänemark oder Schweden auf die dort bestehenden korporatistischen Strukturen zurückgeführt[121]. Hicks und Kenworthy legen einen sehr umfassenden Index zur Messung des Grades des Korporatismus in einem Land vor[122]. Darin sind beispielsweise Indizes für die Existenz zentraler Unternehmerverbände, den Grad des Zentralismus bei der Lohnfindung in Tarifverhandlungen, die Zusammenarbeit der Regierung mit Interessenverbänden oder die Stärke der Gewerkschaften enthalten. Im empirischen Test erweist sich der Index als hochsignifikant für verschiedene Maße staatlicher Verteilungspolitik. Je stärker der Korporatismus ausgeprägt ist, desto höher sind die Sozialtransfers in Prozent des Bruttoinlandsprodukts, desto weniger stark ist die Kopplung von Erwerbsarbeit

---

[120] Vgl. Lijphart (1999), S. 294-296. Das Maß zur Kopplung von Einkommen und Erwerbstätigkeit ist Esping-Andersens Dekommodifizierungsindex, vgl. Esping-Andersen (1990), S. 48-54.

[121] Vgl. auch Katzenstein (1985).

[122] Vgl. Hicks/Kenworthy (1998), S. 1640 ff. und Table A1.

und Einkommen[123] und desto höher sind die Ausgaben für aktive Arbeitsmarktpolitik[124].

2.4.3. Gesellschaftliche Gruppen, Interessenorganisationen und politische Parteien

Mancur Olsons Theorie der Gruppen bietet Ansatzpunkte zur Erklärung von Merkmalen der Sozialpolitik durch die Einflussnahme von Lobbys. Er untersucht verschiedene Faktoren, die auf die Bildung und den Erfolg von Interessenorganisationen allgemein Einfluss nehmen[125]. Jede Bildung von Interessenorganisationen wird durch Trittbrettfahrerverhalten behindert. Gelingt einer Interessenorganisation die Durchsetzung einer Vergünstigung für die eigene Klientel, dann kann kein Gruppenmitglied von dieser Vergünstigung ausgeschlossen werden. Folglich besteht keine oder nur eine geringe Bereitschaft der Gruppenmitglieder, für die Kosten der Lobbyarbeit zu zahlen, sodass ähnlich wie beim Marktversagen bei öffentlichen Gütern die Lobbyarbeit zur Erreichung der Vergünstigung gar nicht zu Stande kommt. Beispielsweise ist es für einen Arbeitnehmer, der sein Einkommen maximieren möchte, irrational, in eine Gewerkschaft einzutreten. Denn der Mitgliedsbeitrag senkt seine privaten Konsummöglichkeiten signifikant, erhöht aber die Erfolgschancen der Gewerkschaftsarbeit nur marginal. Außerdem kommt er in den Genuss der von der Gewerkschaft erkämpften Lohnerhöhung auch dann, wenn er kein Gewerkschaftsmitglied ist. Denken alle Arbeitnehmer in dieser Weise rational, kommt es gar nicht zur Bildung der Gewerkschaft.

Die Bereitschaft, sich an den Kosten der Interessenorganisation zu beteiligen, ist größer in kleinen Gruppen, in denen durch den individuellen Beitrag die Erfolgswahrscheinlichkeit signifikant wächst und wenn der individuelle Nutzen aus der erreichten Vergünstigung groß ist. Auch finden sich in kleinen Gruppen eventuell große Einzelmitglieder, die bereit sind, die Kosten der Lobbyarbeit allein zu zahlen, weil sie aus deren Früchten einen individuellen Nutzen ziehen,

---

[123] Gemessen mit dem Dekommodifizierungsindex nach Esping-Andersen.
[124] Vgl. Hicks/Kenworthy (1998), S. 1653 ff., insbes. Table 7. Hicks (1999), S. 169 f, 172 ff., bestätigt für einen anderen, etwas einfacheren Korporatismus-Index den steigernden Effekt auf die Sozialleistungsquote. Vgl. Tabellen A1 und A2 im Anhang.
[125] Vgl. Olson (1965), Kap. I.

der größer ist als die Gesamtkosten und weil ohne ihren Einsatz kein Erfolg möglich ist. So sind kleine Gruppen grundsätzlich leichter organisierbar als große Gruppen.

Große Gruppen können sich in Interessenorganisationen zusammenfinden, wenn Zwang ausgeübt wird. Zu denken wäre etwa an die Handwerkskammern in Deutschland mit verpflichtender Mitgliedschaft. Olson selbst erwähnt Zwang und Druck zum Beitritt, die bei der Bildung der amerikanischen Gewerkschaften teilweise auf Arbeiter ausgeübt wurden. Andere Anreize zum Beitritt in einer großen Interessenorganisation sind zusätzliche private Güter, die diese ihren Mitgliedern bietet. So sind beispielsweise Mietervereine politische Interessenorganisationen der Mieter, die aber vor allem deshalb Mitglieder haben, weil sie zugleich eine Rechtsschutzversicherung bieten. Der ADAC gewinnt viele Mitglieder nicht, weil er eine Autofahrer-Lobby ist, sondern weil er zusätzlich eine Pannenhilfe anbietet.

Aus der Tatsache, dass die Bildung erfolgreicher Interessenorganisationen schwierig ist, folgert Olson, dass sie auch viel Zeit benötigt. So verweist er darauf, dass erst lange Zeit nach Entstehung der Industriearbeiterschaft Gewerkschaften als einflussreiche Kraft etabliert waren. Auf der anderen Seite entwickeln Organisationen jedoch ein Eigenleben, das dazu führt, dass sie vielfach auch dann erhalten bleiben, wenn ihre ursprünglichen Ziele erreicht oder obsolet geworden sind. Die Funktionäre der Organisation haben demnach ausreichend Einfluss, den Fortbestand durchzusetzen. Da sich langsam immer neue Interessenorganisationen bilden, aber kaum alte aufgelöst werden, nimmt deshalb in Zeiten ohne gravierende gesellschaftliche Umbrüche die Zahl der Interessenorganisationen langfristig immer weiter zu[126].

Interessenorganisationen versuchen, den Nutzen oder das Einkommen der eigenen Mitglieder zu erhöhen. Bei sehr großen Organisationen, die einen beträchtlichen Anteil der Gesamtbevölkerung vertreten, kann dies geschehen, indem versucht wird, zum wirtschaftlichen Erfolg der Gesamtwirtschaft beizutragen. Kleinere Interessenorganisationen (und damit die meisten Beispiele) versuchen dagegen in erster Linie lediglich, eine Umverteilung zu ihren Gunsten zu erwirken. Lobbyarbeit bei der staatlichen Gesetzgebung und die Bildung von Kartellen sind die Mittel dieser Verteilungskoalitionen bei ihren Bemühungen um eine Veränderung der Einkommensverteilung zu den eigenen Gunsten. Dadurch aber verringern sie die Effizienz der Märkte und im Ergebnis das Volkseinkommen. So führt Olson den im Zeitverlauf sinkenden wirtschaftlichen Erfolg mancher

[126] Vgl. Olson (1982), S. 38-41.

Länder (sein Hauptbeispiel ist das Vereinigte Königreich nach dem Zweiten Weltkrieg) auf die wachsende Bedeutung von Interessengruppen zurück, wobei es insbesondere eine große Zahl von kleinen Verteilungskoalitionen ist, die sich negativ auswirkt[127].

Obwohl er keine Theorie des Sozialstaats aufstellt, lassen sich Olsons Überlegungen auch auf dieses Gebiet anwenden[128]. Staatliche Umverteilungsmaßnahmen werden vor allem dann durchsetzbar sein, wenn die Gruppe der Begünstigten klein ist, sodass ihr Nutzenzuwachs konzentriert und spürbar ist, während die Kosten unter den Steuerzahlern weit verstreut anfallen. So verweist Olson darauf, dass mit der Zunahme der Zahl der Interessengruppen die Menge an Sonderregelungen des Staates zu Umverteilungszwecken wächst. Auch der Sozialstaat könnte wenigstens teilweise Ergebnis eines entsprechenden Kräftespiels von Interessenorganisationen sein.

Die Tatsache, dass die Sozialleistungsquoten trotz beträchtlichem Druck seit den 80-er Jahren nicht gesenkt worden, sondern allenfalls stabil geblieben sind, erklärt Pierson mit ähnlichen Argumenten wie Olson[129]. Ein Abbau sozialer Leistungen würde bei den betroffenen Empfängern zu sehr spürbarem Nutzenverlust führen, bei den dabei gewinnenden Steuerzahlern jedoch nur einen weit verstreuten und pro Person geringen Nutzenzuwachs bewirken. Da die Menschen zudem auf einen Verlust an Wohlfahrt empfindlicher reagieren als auf das Ausbleiben einer Verbesserung, kann der Widerstand gegen einen Abbau sozialer Leistungen ein starkes Maß annehmen. Außerdem schafft sich der Sozialstaat seine eigene Lobby, die nicht nur aus den Beziehern sozialer Leistungen, sondern auch den im sozialen Sektor der Volkswirtschaft beschäftigten Sozialarbeitern, Erziehern und Beamten besteht.

Olsons Theorie der Interessengruppen kann die Entwicklung von Organisationen teilweise verständlich machen und erklären. Allerdings wird die Frage, warum der Sozialstaat zu bestimmten Zeiten entstand, wuchs bzw. stagnierte, hier nicht direkt behandelt. Die Theorie der Gruppen leistet eher einen Beitrag zum Verständnis von gesellschaftlichen Organisationen allgemein und damit auch solcher Organisationen, die sich für den Sozialstaat eingesetzt haben.

---

[127] Vgl. Olson (1982), Ch. 3 und 4.
[128] Vgl. Blankart (1983).
[129] Vgl. Pierson (1996); Klein/O'Higgins (1988), S. 205.

Korpi entwickelt eine Theorie vom „demokratischen Klassenkampf" zwischen Arbeitnehmern und Kapitaleigentümern[130]. In der reinen Marktwirtschaft seien die Kapitaleigentümer den Arbeitnehmern strukturell überlegen. Ursache sei die Tatsache, dass die Arbeitnehmer mit dem Verkauf ihrer Arbeitsleistung an die Unternehmen stets ihre Lebenszeit in das Unternehmen einbringen und sich der Weisungsmacht der Unternehmer bzw. Vorgesetzten unterstellten. Allerdings könnten die Arbeitnehmer ihre Verhandlungsposition in hohem Maße verbessern, indem sie sich zu Organisationen wie Gewerkschaften und sozialdemokratischen Parteien zusammenschließen. Gewerkschaften und Linksparteien sind die zentrale Machtressource der unselbstständig Beschäftigten und die Instrumente mit denen ihnen eine verstärkte Durchsetzung ihrer Interessen gelingen kann. Zugleich macht der unterschiedliche Organisationsgrad der Arbeitnehmer in verschiedenen Ländern und zu verschiedenen Zeiten Unterschiede im Erfolg der Durchsetzung ihrer Interessen erklärbar.

Die Kräfteverhältnisse zwischen unterschiedlichen Interessengruppen und ihren Organisationen erklären bei Korpi Änderungen sowohl der Einkommensverteilung als auch gesellschaftlicher und staatlicher Institutionen. So sind die Verfassung des Staates und seine Gesetze Ergebnisse gesellschaftlicher Machtverteilung, wirken jedoch zugleich auf diese zurück. Gesetzliche Regelungen zur Lohnsetzung (Mindestlöhne, Tarifrecht) kommen unter dem Einfluss von Gewerkschaften und Arbeitgeberverbänden zu Stande, spiegeln somit deren Kräfteverhältnis und die Zusammensetzung von Parlament und Regierung wieder. Zugleich beeinflussen diese Gesetze spätere Verteilungskämpfe und die langfristige Machtverteilung der gesellschaftlichen Gruppen.

Seit der Zeit zwischen den beiden Weltkriegen hat sich nach Korpi die Position der Arbeitnehmer in den meisten westlichen Industrieländern verstärkt. Gewerkschaften und sozialdemokratische Parteien gewannen immer mehr Mitglieder und wurden deshalb einflussreicher. Die bedeutsame Stellung der Beschäftigung in Großbetrieben begünstigte die gewerkschaftliche Organisation der Arbeitnehmer. Sozialdemokratische Parteien kamen in verschiedenen westlichen Ländern an die Regierung. Gough verweist in dem Zusammenhang zusätzlich darauf, dass der Arbeitskräftemangel in einigen westlichen Staaten die Verhandlungsposition der Arbeitnehmer und ihrer Gewerkschaften verstärkte[131].

So deutet Korpi die korporatistischen Tendenzen in den 70-er Jahren des zwanzigsten Jahrhunderts (mit der Zunahme tripartistischer Verhandlungsrunden von

---

[130] Vgl. Korpi (1983), S. 14-25.
[131] Vgl. Gough (1979), S. 71 f.

Gewerkschaften, Unternehmerverbänden und Regierung) in vielen Ländern als Ergebnis gewachsener Verhandlungsmacht der Gewerkschaften, die zunehmend durchsetzen konnten, als gleichberechtigte Verhandlungspartner akzeptiert zu werden. Somit könnte auch der empirisch signifikante positive Zusammenhang von Korporatismus und Sozialleistungen im Kern auf die in korporatistischen Staaten relativ starke Machtstellung von Gewerkschaften und Linksparteien zurückgeführt werden.

Korpis Analyse der Politik im Allgemeinen ist von der marxistischen Tradition geprägt, indem der Klassenantagonismus von Kapital und Arbeit im Mittelpunkt der Betrachtung bleibt. Er wendet sich jedoch von der typisch marxistischen Analyse ab, indem er nicht mehr die Existenz einer eindeutig herrschenden Klasse unterstellt, sondern eine in unterschiedlichem Maße stattfindende Beeinflussung der Verteilungspolitik durch die Arbeitnehmer und ihre Vertreter annimmt und untersucht.

Vor dem Hintergrund dieser Theorie erklärt Korpi die Sozialpolitik als ein Ergebnis des Verteilungskampfes zwischen den relevanten gesellschaftlichen Kräften[132]. Dabei betrachtet er den Wohlfahrtsstaat nicht nur als die Gewährung staatlicher Sozialleistungen, sondern umfassender anhand der Zielsetzung, Armut zu verhindern und die Einkommensverteilung gleichmäßiger zu gestalten. Der Sozialstaat ist hier eingebettet in die Gesamtstruktur staatlicher und anderer gesellschaftlicher Kräfte, die die Einkommensverteilung beeinflussen. So wirkt der Staat nicht nur durch Sozialleistungen auf die Verteilung ein, sondern zusätzlich durch Gesetze, die den Rahmen der Tarifpolitik abstecken, durch die Arbeitsmarktpolitik oder auch die Industriepolitik. Die so umfassend definierte Verteilungspolitik wird im Wesentlichen durch die Kräfteverhältnisse zwischen Kapitaleigentümern und Arbeitnehmern sowie deren Parteien und Gewerkschaften bestimmt.

Korpi belegt diese These empirisch, indem er für 17 OECD-Länder für die 60-er und 70-er Jahre Korrelationen zwischen Indikatoren für die Macht der Arbeiterbewegung und für die Einkommensverteilung ermittelt[133]. Die Arbeitermacht misst er mit dem Anteil der Gewerkschaftsmitglieder an der Zahl der nichtlandwirtschaftlichen Erwerbstätigen und mit dem Anteil linker Parteien an der Regierung. Die Verteilungseffekte misst er mit dem Einkommensanteil der reichsten 10 Prozent der Bevölkerung, mit dem Gini-Koeffizienten, mit der Änderung des Gini-Koeffizienten durch die Steuerpolitik, dem Bevölkerungsanteil

[132] Vgl. Korpi (1983), S. 184-207.
[133] Vgl. Korpi (1983), S. 198, Tabelle 9.3.

der relativ Armen u.a. Dabei ergeben sich deutliche Zusammenhänge: Je stärker die Gewerkschaften und die Linksparteien sind, desto gleichmäßiger ist die Einkommensverteilung und desto stärker sind die umverteilenden Effekte staatlicher Politik. Auch einige empirische Studien, die den Sozialstaat anhand der Sozialleistungsquote messen, bestätigen Korpis Ergebnisse: Starke Linksparteien sowie hohe Werte für verschiedene Indizes zur Messung der Stärke der Gewerkschaften sind nach einigen Studien signifikant positiv mit der Sozialleistungsquote korreliert[134].

Korpis Ansatz wurde für die Zeit wohlfahrtsstaatlicher Expansion entwickelt, lässt sich jedoch auch auf Zeiten stagnierender oder sinkender Sozialleistungen anwenden. So schwächt zunehmende unfreiwillige Arbeitslosigkeit die Verhandlungsmacht der unselbstständig Beschäftigten. Mit dem Rückgang der Beschäftigung in der Großindustrie und der wachsenden Bedeutung des Dienstleistungssektors verlieren die traditionellen Zentren der Gewerkschaften an Bedeutung. Im Dienstleistungssektor entstehen zunehmend Arbeitsplätze in kleinen Betrieben, was die Bildung von Interessenorganisationen der Arbeitnehmer erschwert. Die sinkende Zahl an Gewerkschaftsmitgliedern reduziert den gewerkschaftlichen Einfluss[135].

Korpi bleibt in seiner Theorie stark dem Klassendualismus von Kapitaleigentümern und Arbeitnehmern verhaftet. Damit erscheint seine theoretische Analyse für das Verständnis von Gesellschaften mit verschwimmenden Klassen und massiv zugenommener Bedeutung der Mittelschichten nicht hinreichend. Dennoch bleibt die empirisch abgesicherte Erkenntnis, dass der Sozialstaat besonders durch den Einfluss von Gewerkschaften und sozialdemokratischen Parteien als tendenziell arbeitnehmerfreundlichen Organisationen ausgeweitet wurde.

Korpis Ansatz wird erweitert, indem weitere gesellschaftliche Gruppen und deren Einfluss als wichtig für die Sozialpolitik identifiziert werden. So spielen auch ethnische oder religiöse Gruppen und deren Interessenorganisationen oft eine wichtige Rolle bei sozialpolitischen Weichenstellungen[136]. Die Bedeutung einer vom Christentum inspirierten Politik wird insbesondere bei der Erforschung der Rolle politischer Parteien für die Sozialpolitik deutlich.

---

[134] Vgl. Hicks/Swank (1992), Hicks/Misra (1993), Swank (1996) und Swank (2002b), S. 87. Einige andere Studien kommen dagegen nur zu insignifikanten Ergebnissen. Vgl. Tabellen A1 und A2 im Anhang und die weitere Diskussion im Kapitel 4.2.2. c.

[135] Vgl. Piven (1991), S. 6-9.

[136] Vgl. Huber/Stephens (2001), S. 18 f.

Eine Reihe von Studien konzentriert sich auf die Rolle politischer Parteien bei der Gestaltung der Sozialpolitik. Ein besonderes Augenmerk fällt dabei neben den sozialdemokratischen Parteien auf die christlich-demokratischen Parteien, die zum Beispiel in Deutschland, Italien und den Niederlanden eine große Bedeutung hatten und haben. Eine Vielzahl von Studien belegt, dass die Regierungsbeteiligung sowohl sozialdemokratischer als auch christlich-demokratischer Parteien expansiv auf die Sozialausgaben eines Staates wirkt[137]. Gegen den Sozialstaat wirkt dagegen die Regierungsbeteiligung von liberalen und säkular-konservativen Parteien. Zu letzteren zählen beispielsweise die britischen Konservativen, die französischen Gaullisten oder die US-amerikanischen Republikaner.

Hicks und Swank ermitteln neben der direkten Beeinflussung der Sozialpolitik durch die Parteien auch indirekte Wirkungen[138]. So wird eine rechte und damit sozialpolitisch eher zurückhaltende Regierung höhere Sozialausgaben beschließen, wenn ihr eine starke linke Opposition gegenübersteht. Umgekehrt wird eine Linksregierung weniger Sozialausgaben tätigen, wenn sie im Parlament mit einer starken rechten Opposition konfrontiert ist. Diese „linken“ und „rechten“ „Ansteckungseffekte“ bedeuten, dass der Wahlerfolg einer Oppositionspartei auch dann politische Folgen hat, wenn er nicht ausreichend hoch ausfällt, um einen Regierungswechsel herbeizuführen. Die Beurteilung der Parteipolitik sollte sich deshalb nicht allein auf die Regierungsparteien, sondern die gesamte parteipolitische Konstellation beziehen.

Die politischen Partei-Effekte sind jedoch nach einer Untersuchung von Huber und Stephens seit den 80er Jahren schwächer geworden[139]. Dies deckt sich mit dem allgemeinen Eindruck, dass inzwischen beispielsweise auch die britische „New Labour“-Partei, die niederländische Partei der Arbeit oder die deutsche SPD eine Politik der Konsolidierung der Sozialstaatsfinanzen betreiben. Zugleich verweist es auf die zunehmende Bedeutung von anderen Faktoren, denen alle Parteien ausgesetzt sind.

Im Gegensatz zu vielen anderen Autoren unterscheidet Esping-Andersen verschiedene Länder nicht nach dem Umfang ihrer Sozialleistungen, sondern betont

---

[137] Vgl. Huber/Ragin/Stephens (1993), M. Schmidt (1997), Huber/Stephens (2001), Kittel/Obinger (2002) und Siegel (2002). Auch hier stimmen nicht die Ergebnisse aller Studien überein. Vgl. Tabellen A1 und A2 im Anhang und die weitere Diskussion im Kapitel 4.2.2. c.
[138] Hicks/Swank (1992), S. 659, 665.
[139] Huber/Stephens (2001), S. 32, 220.

die qualitativen Unterschiede bei der Ausgestaltung der sozialen Sicherungssysteme und sucht nach Ursachen ihrer Entstehung. Er unterscheidet dabei drei Typen von Wohlfahrtsstaaten[140].

Der liberale Wohlfahrtsstaat verfolgt das Ziel, Verzerrungen auf Märkten zu verhindern und den Leistungsgedanken möglichst wenig abzuschwächen. Deshalb stellt er lediglich ein geringes Niveau von Sozialleistungen zur Verfügung, dessen Gewährung oft von vorhergehenden Bedürftigkeitsprüfungen abhängig gemacht wird. Daneben gibt es ebenfalls eher gering bemessene steuerfinanzierte Leistungen und Versicherungssysteme. Beispiele für dieses System finden sich in den USA, Kanada und Australien. Typisch für dieses System ist zugleich eine steuerliche Förderung privater Vorsorge.

Der konservative oder korporatistische Wohlfahrtsstaat strebt nach umfassenderer sozialer Absicherung bei gleichzeitigem Erhalt der bestehenden sozialen Unterschiede. Der soziale Status soll durch das Sozialsystem nicht verändert werden. Entsprechend dominieren Sozialversicherungen, in denen die Sozialleistungen nur bei vorangegangenen Beitragseinzahlungen gewährt werden und sich in der Höhe nach den Einzahlungen oder dem früheren Einkommen richten. Außerdem bestehen oft verschiedene separate Absicherungssysteme für einzelne Berufsgruppen (z.B. Beamte). Zusätzlich wird der sozialen Absicherung durch familiäre Hilfe ein großer Stellenwert beigemessen. Klassische Beispiele sind die Sozialsysteme des „Bismarck-Typs" in Deutschland, Italien, Österreich und Frankreich.

Leitbild des sozialdemokratischen Wohlfahrtsstaats ist eine umfassende soziale Absicherung durch universalistische oft steuerfinanzierte Systeme, in die die ganze Bevölkerung einbezogen wird und die ein relativ hohes Maß an Unabhängigkeit der Existenzsicherung von Markteinkommen (Dekommodifizierung) herstellt. Als wichtige Beispiel-Länder dafür gelten Norwegen und Schweden.

Die drei Typen von Wohlfahrtsstaaten unterscheiden sich nicht zwangsläufig durch die Höhe ihrer Sozialausgaben, sondern vor allem durch die qualitative Ausgestaltung der Sicherungssysteme, also die Ziele und Leitbilder der Sozialpolitik und daraus abgeleitet z.B. die Organisation der Sozialsysteme (universell für alle oder gruppenspezifische Teil-Versicherungen) oder die Zugangsbedingungen zu den Leistungen (Bedürftigkeitsprüfung, durch Beiträge erworbene Rechte oder Staatsbürgerversorgung). So können etwa der konservative und der sozialdemokratische Wohlfahrtsstaat ähnlich hohe Sozialausgaben aufweisen,

---

[140] Vgl. Esping-Andersen (1990), insbesondere S. 26-29.

aber dennoch gesellschaftlich völlig anders wirken. Während ersterer die bestehenden sozialen Schichten erhalten will, ist letzterer auf eine Angleichung der sozialen Lage der verschiedenen Bevölkerungsgruppen ausgerichtet.

Andere Autoren identifizierten im Anschluss an Esping-Andersens Ansatz weitere Wohlfahrtsstaat-Typen, so einen "Wage-Earner"-Wohlfahrtsstaat in Australien und Neuseeland, in dem ein relativ niedriges Niveau sozialer Leistungen mit einer Abschottung gegen ausländische Billiglohnkonkurrenz, Lohnbildung in Verhandlungen und aktiver Industriepolitik kombiniert wird[141], oder einen „südeuropäischen" Typ in Portugal, Spanien, Italien und Griechenland, der sich durch gruppenspezifische Rentensysteme, aber eine staatliche universalistische Gesundheitsversorgung und ein spezielles Zusammenspiel staatlicher und privater Akteure auszeichnet[142].

Nach Esping-Andersen sind die Kräfteverhältnisse zwischen gesellschaftlichen Gruppen und ihren Organisationen und Parteien und die historischen politischen Traditionen entscheidend für die Ausgestaltung sozialer Sicherungssysteme[143]. So neigen die sozialistischen Arbeiterbewegungen zur Errichtung von Wohlfahrtsstaaten sozialdemokratischen Typs, die sie in den skandinavischen Ländern vor allem im Bündnis mit der ländlichen Bevölkerung durchsetzen konnten. Länder mit hohem katholischem Bevölkerungsanteil und mit autoritärer Staatstradition haben eher konservative Sozialsysteme. Nach dem Zweiten Weltkrieg kam den neuen Mittelschichten der Angestellten („white collar workers") wesentlicher politischer Einfluss zu, die besonders in Europa statussichernde Sozialsysteme des konservativen oder auch sozialdemokratischen Typs unterstützten.

Während Esping-Andersen den konservativen Wohlfahrtsstaat als katholisch geprägt ansieht, weist Van Kersbergen auf die Bedeutung christlich-demokratischer Parteien allgemein für diesen Typ Wohlfahrtsstaat hin, also auch zum Beispiel der überkonfessionellen deutschen Christ-Demokraten. Somit könnte man auch von einem „christlich-demokratischen Wohlfahrtsstaat" sprechen[144].

---

[141] Vgl. Huber/Stephens (2001), S. 112. Eine andere vorgeschlagene Gruppe ist der „radikale" Wohlfahrtsstaat in Großbritannien, Australien und Neuseeland, der ein relativ niedriges Niveau der Sozialausgaben mit relativ hoher Gleichheit der Verteilung kombiniert (vgl. Castles /Mitchell (1993)).

[142] Vgl. Ferrera (1996).

[143] Vgl. Esping-Andersen (1990), S. 29-32, 105-138.

[144] Vgl. Van Kersbergen (1995), z.B. S. 3, Huber/Ragin/Stephens (1993), S. 717 f.

Die gesellschaftlichen Gruppen und ihre Parteien streben nach Esping-Andersen nicht eine Erhöhung sozialer Leistungen per se an, sondern folgen immer bestimmten gesellschaftlichen Leitbildern, die sich vor allem in den unterschiedlichen Strukturen sozialer Sicherungssysteme niederschlagen. Die Höhe der Sozialausgaben eines Staates insgesamt ist in der Konsequenz dieser Betrachtung eine abgeleitete Größe, die nur indirekt durch die zu Grunde liegenden politischen Kräfte erklärbar ist. Die einzige Größe, die sich nach einer empirischen Analyse Esping-Andersens direkt auf die Höhe der Sozialleistungen insgesamt auswirkt, ist – wie bei Wilensky – der Bevölkerungsanteil alter Menschen.

Bei Esping-Andersen ist die Höhe der Sozialausgaben insgesamt kein zentraler Forschungsgegenstand, da sie sich aus den internen Kräfteverhältnissen der sozialen Gruppen und den dadurch bestimmten Wohlfahrtsstaat-Typen ergeben. Übt jedoch die Internationalisierung der Wirtschaft einen Druck auf den Sozialstaat aus, dann betrifft dies in erster Linie diese Größe. Denn falls der internationale Wettbewerb die Möglichkeiten, Steuern und Sozialbeiträge zu erheben, begrenzt, dann geschieht dies unabhängig davon, ob diese Steuern und Sozialbeiträge anschließend in ein nach konservativen Grundsätzen segmentiertes Versicherungssystem oder in eine sozialdemokratische Staatsbürgerversorgung fließen. Wenn die Internationalisierung der Wirtschaft den Sozialstaat unter Druck setzt, dann gilt dies ohne Unterschied für alle Typen von Sozialstaat.

In der marxistischen Tradition gibt es zwei unterschiedliche Richtungen der Deutung des Sozialstaats. Die eine Richtung interpretiert den Sozialstaat als Errungenschaft der unselbstständigen Arbeitnehmer im Klassenkampf. Ursache der Errichtung des Sozialstaats ist demnach der politische Druck von unteren Gesellschaftsgruppen, zum Beispiel durch starke Arbeiterbewegungen[145]. Die Erklärung deckt sich im Wesentlichen mit Korpis Theorie der Machtressourcen verschiedener gesellschaftlicher Gruppen.

Nach der zweiten Richtung marxistischer Erklärung wird der Sozialstaat als Instrument der Klasse der Kapitaleigentümer zur Erreichung bestimmter Ziele gedeutet. Er dient demnach der Sicherung und Festigung der Klassenverhältnisse in der bürgerlichen Gesellschaft.

Der Wandel der Wirtschaftsordnung vom Feudalismus hin zur Marktwirtschaft sowie später die für die Marktwirtschaft charakteristischen Erscheinungen eines ständigen Strukturwandels und periodischer Krisen führten und führen immer

---

[145] Vgl. Gough (1979), S. 58-62.

wieder zu unfreiwilliger Arbeitslosigkeit und zur Verschlechterung der Lebenssituation einzelner Bevölkerungsgruppen. Ausgangspunkt der marxistischen Analyse ist diese (mit der Marktwirtschaft als notwendigerweise verbunden angesehene) Krisenhaftigkeit und die aus ihr entspringenden Einkommensungleichheiten, sozialen Probleme und Verarmungstendenzen. Diese bedeuten immer die Gefahr sozialer Unruhen, welche die Funktionsfähigkeit des marktwirtschaftlichen Systems gefährden.

Auf die drohenden oder bereits eingetretenen sozialen Unruhen antwortet der Staat demnach mit einer Mischung aus sozialer Hilfe und politischer Repression[146]. Nach Piven/Cloward werden die Unruhen dadurch eingedämmt, dass die Ärmsten der Gesellschaft einerseits Hilfe erhalten, andererseits unter Kontrolle gestellt werden. So wird die Gewährung der sozialen Hilfen oftmals mit der Verpflichtung zur Arbeit verbunden. Ein Beispiel ist die Erweiterung der Armenfürsorge bei gleichzeitiger Einrichtung von Arbeitshäusern in Großbritannien im 18. und 19. Jahrhundert[147]. In Krisenzeiten mit hoher Arbeitslosigkeit dient die Sozialpolitik dazu, die Bezieher sozialer Leistungen vor allem in öffentlichen Betrieben aufzufangen. In Zeiten raschen Strukturwandels versucht der Staat, die Sozialhilfeempfänger den privaten Unternehmen in Wachstumsbranchen zuzuführen[148]. Auch die Weiterentwicklung des Sozialstaats nach dem „Welfare-to-Work"-Prinzip in den USA in den 90-er Jahren des letzten Jahrhunderts steht in der Tradition der Verknüpfung sozialer Leistungen mit einer Verpflichtung zur Arbeit. Ein Beispiel für die Verknüpfung sozialer Hilfe mit politischer Repression ist die Politik Bismarcks, der in den 80-er Jahren des 19. Jahrhunderts in Deutschland gleichzeitig die Sozialversicherung einführte und die sozialdemokratische Partei bekämpfte.

Wird der Sozialstaat als Mittel zur Befriedung der Gesellschaft angesichts bestehender sozialer Probleme und drohender Unruhen im Interesse der Kapitaleigentümer aufgefasst, dann stellt sich die Frage, warum es in der Zeit der 50-er bis 80-er Jahre des 20. Jahrhunderts in den westlichen Industrieländern zur starken Ausweitung der sozialstaatlichen Anstrengungen kam.

O'Connor führt dies darauf zurück, dass in dieser Zeit die Einkommensungleichheiten zugenommen hätten. Es habe sich eine besondere Struktur, der Monopolkapitalismus, entwickelt. Dieser zeichne sich durch das Nebeneinander einer zentralisierten und auf Märkten mit unvollständiger Konkurrenz agieren-

---

[146] Vgl. Piven/Cloward (1971); S. 3-8; O'Connor (1973), S. 6, 162 f.; Offe (1981), S. 147.
[147] Vgl. Piven/Cloward (1971), S. 17-27.
[148] Vgl. Piven/Cloward (1971), S. 23.

den Großindustrie einerseits und eines durch kleine und mittlere Betriebe gebildeten Wettbewerbssektors andererseits aus. Die Unternehmen der Großindustrie (der monopolistische Sektor) können auf den Absatzmärkten hohe Preise erzielen und die dort Beschäftigten können durch ihre starken Gewerkschaften eine Beteiligung an den entstehenden Monopol- und Oligopolrenten durchsetzen. Demgegenüber sind demnach Preise und Einkommen in den Kleinunternehmen des Wettbewerbssektors niedriger. Mangels gewerkschaftlicher Organisation fallen auch die Löhne hier deutlich geringer aus.

Verschärft wird das Problem der Ungleichheit durch die Gefahr nachfragebedingter unfreiwilliger Arbeitslosigkeit. Fortschritte der Arbeitsproduktivität führen in den Großindustrien zur Ausweitung des Güterangebots. Wegen der Ungleichheit der Einkommensverteilung und der schwachen Kaufkraft der Arbeitnehmer im Wettbewerbssektor (einer Bevölkerungsgruppe mit hoher marginaler Konsumneigung) wächst die Konsumnachfrage weniger als die Arbeitsproduktivität in der Großindustrie. Wegen der Vermachtung der Märkte kommt es jedoch in der Großindustrie nicht zu Preissenkungen, sondern eher zu Entlassungen[149].

Da nach O'Connor der Dualismus von Monopolsektor und Wettbewerbssektor stark zugenommen hat, gab es eine Zunahme der Ungleichheit und tendenziell auch der Arbeitslosigkeit, auf die der Staat sozialpolitisch antwortete. Die Zunahme der Sozialleistungen nach dem Zweiten Weltkrieg ist demnach mit der Zunahme des so analysierten Monopolkapitalismus zu erklären. Die Sozialleistungen erfüllen dabei zwei Funktionen. Sie sollen zum einen den sozialen Frieden erhalten, der durch die wachsende Ungleichheit bedroht wird. Zum anderen sollen sie die sozial Schwachen, also Personen mit hoher marginaler Konsumneigung, mit Kaufkraft ausstatten, um die Nachfrage anzuregen und somit Wirtschaftskrisen zu verhindern[150].

O'Connor hat noch eine weitere – angebotsorientierte – Erklärung für den Sozialstaat. In der Marktwirtschaft erfülle der Staat eine Funktion als Dienstleister für die großen Unternehmen. Mit zunehmender Arbeitsteilung und zentraler Organisation der Arbeitsprozesse in Großunternehmen („Monopolen") wachse der Bedarf an öffentlich bereitgestellten Gütern, die zur Steigerung der Produktivität beitragen. Dazu gehören auch Leistungen von Versicherungen gegen Krankheit, Alter und wirtschaftliches Risiko, die einen wichtigen Beitrag zur Erhaltung der menschlichen Arbeitskraft leisten. Der Sozialstaat ist daher teilweise zu inter-

[149] Vgl. O'Connor (1973), S. 13-16, 18-23, 24 f., 159 f.
[150] Vgl. O'Connor (1973), S. 6, 150 f.

pretieren als staatliche Hilfe bei der privaten Gewinnerzielung und der Akkumulation von Kapital[151].

Diese marxistischen Erklärungen des Sozialstaats stehen nicht alle im Widerspruch zu Ansätzen bürgerlicher Autoren. Der Unterschied scheint eher in der Gesamt-Einordnung und der Bewertung zu bestehen. So wird die wichtige Funktion des Sozialstaats bei der Erhaltung des sozialen Friedens auch von bürgerlichen Autoren betont[152]. Der Unterschied besteht weniger in der Erkenntnis dieser Intention und dieses Effekts als eher in der Bewertung der somit stabilisierten marktwirtschaftlichen Ordnung, die von bürgerlichen Autoren grundsätzlich unterstützt, von marxistischen Autoren dagegen grundsätzlich kritisiert wird.

Die marxistischen Ansätze tragen dazu bei zu erklären, warum es überhaupt in der Marktwirtschaft Sozialpolitik gibt. Sie haben aber nur begrenzten Wert bei der Erklärung räumlicher und zeitlicher Unterschiede des Umfangs sozialer Leistungen. O'Connor führt die sozialstaatliche Expansion nach dem Zweiten Weltkrieg auf die in dieser Zeit wachsende Ungleichheit infolge eines Dualismus von durchorganisierter Großindustrie und dem Wettbewerb stärker ausgesetzten Kleinunternehmen zurück. Unabhängig von der Überzeugungskraft dieser Argumentation erscheint es zweifelhaft, dass gerade in dieser Zeit die Primäreinkommen ungleicher geworden sind. Es erscheint ebenfalls schwierig, die seit zwanzig Jahren zu beobachtende Stagnation der Sozialleistungsquoten mit diesen Ansätzen zu erklären. Überzeugender erscheint der Versuch, sie auf im Zeitverlauf sich ändernden Kräfteverhältnisse gesellschaftlicher Gruppen zurückzuführen.

Der marxistische Ansatz bewertet den Staat tendenziell als Agenten einer bestimmten ökonomischen und gesellschaftlichen Klasse, den Kapitaleigentümern. Im Rahmen dieser Staatstätigkeit müsse auch der Sozialstaat eingeordnet werden. Demgegenüber bewerten bürgerliche Autoren den Staat entweder als unparteiischen Wohltäter oder als Spielball ganz unterschiedlicher Interessengruppen, einschließlich staatlicher Akteure selbst (wie Politiker und Beamte). Ist der Staat Wohltäter, dann erscheint der Sozialstaat als Institution, die mit der guten Absicht geschaffen wurde, Marktunvollkommenheiten und Verteilungsungerechtigkeiten zu beheben. Ist der Staat aber Spannungsfeld von Interessengruppen, dann kann der Sozialstaat als Ergebnis eines komplexen Machtgefüges angesehen werden, in dessen Rahmen sowohl Kapitaleigentümer als auch Ar-

---

[151] Vgl. O'Connor (1973), S. 24, 138; ferner Gough (1979), S. 44-54.
[152] Vgl. z.B. Berthold/Thode (1998), S. 340 f.; Hüther (1999), S.102 f.

beitnehmer und Gewerkschaften, aber auch diverse Interessengruppen aus den gesellschaftlichen Mittelschichten, Einfluss nehmen können. Auch die Strukturen von Entscheidungsmechanismen, etwa die Notwendigkeit der Kompromissbildung in korporatistischen Systemen, scheinen für den Sozialstaat wichtig zu sein, können aber nicht erfasst werden, wenn der Staat ausschließlich als Agent einer gesellschaftlichen Gruppe angesehen wird.

Nicht überzeugend ist der Ansatz, den Sozialstaat als einseitig geschaffenes Projekt der herrschenden Klasse der Kapitaleigentümer zu interpretieren. Dies übersieht die Tatsache, dass die Sozialleistungen gerade von sozialdemokratischen Parteien ausgeweitet wurden und dass heute die Gewerkschaften den stärksten Widerstand gegen eine Senkung sozialer Transfers leisten. Hinzu kommt, dass in den westlichen Gesellschaften von einem einfachen Klassendualismus aus Kapitaleigentümern und Arbeitern nicht mehr ausgegangen werden kann. Diese Betrachtung übersieht die komplexen gesellschaftlichen Strukturen, insbesondere die Rolle der Mittelschichten, die für diese Gesellschaften bedeutend ist.

2.4.4. Der keynesianische Wohlfahrtsstaat und der Kalte Krieg

Oft wird in der Literatur der Sozialstaat in den Zusammenhang der allgemeinen Wirtschaftspolitik gestellt. Nach dem Zweiten Weltkrieg wuchs in den meisten westlichen Industrieländern die Neigung der Wirtschaftspolitik zum Interventionismus. Unter dem Eindruck der Weltwirtschaftskrise der 30-er Jahre des 20. Jahrhunderts und ihrer katastrophalen Folgen war das Vertrauen in die Fähigkeit der Marktkräfte, für eine stabile Wirtschaftsentwicklung und allgemeinen Wohlstand zu sorgen, schwer erschüttert. Die hohe Zahl an Konkursen und die Massenarbeitslosigkeit der 30-er Jahre steigerten bei Unternehmern wie Arbeitnehmern gleichermaßen die Skepsis gegenüber der unregulierten Marktwirtschaft. Mit dem Keynesianismus gab es zugleich eine Theorie zur Erklärung der Krise durch Nachfragemangel und einen Ansatz zur Vermeidung weiterer Krisen durch staatlichen Eingriff. Unter dem Einfluss der keynesianischen Wirtschaftstheorie wurde dem Staat nach dem Zweiten Weltkrieg in vielen Ländern zunehmend eine Zuständigkeit zur Stabilisierung der gesamtwirtschaftlichen Nachfrage zugewiesen. Der Staat übernahm immer mehr Aufgaben im Wirtschaftsleben, die Staatsquote stieg in den westlichen Ländern deutlich an. So entwickelte sich eine „gemischte Wirtschaftsordnung", die die Marktwirtschaft mit umfangreichen staatlichen Eingriffen kombinierte, in der Bundesrepublik Deutschland die Soziale Marktwirtschaft[153].

Mit der wachsenden Neigung, dem Staat Zuständigkeiten im Wirtschaftsleben zuzusprechen, wuchs auch seine Rolle bei der Gestaltung der Einkommensverteilung. Neben der Steuer- und Subventionspolitik ist dabei die Sozialpolitik sein wichtigstes Instrument. Nach Meinung einiger Autoren sollte die Sozialpolitik dabei nicht nur verteilungspolitischen Zwecken dienen, sondern zugleich durch die Umverteilung zugunsten von Bevölkerungsgruppen mit überdurchschnittlicher marginaler Konsumneigung auch die gesamtwirtschaftliche Nachfrage stabilisieren und so einen Beitrag zur Erhöhung der Beschäftigung leisten[154]. Die Arbeitslosenunterstützung wirkt zudem als automatischer Stabilisator der Volkswirtschaft, weil sie gerade in Zeiten der Krise mit zunehmender Zahl an Arbeitslosen deren Kaufkraft stabilisiert und den negativen Multiplikatoreffekt dämpft. Damit erscheint der Ausbau des Sozialstaates als Teil keynesianisch inspirierter staatlicher Wirtschaftsbeeinflussung, die in den Jahrzehnten nach dem Zweiten Weltkrieg praktiziert wurde. Der gelegentlich verwendete Begriff „keynesianischer Wohlfahrtsstaat" bringt diesen Zusammenhang zum Ausdruck[155].

Umgekehrt erscheint das Ende der sozialstaatlichen Expansion seit den 80-er Jahren als Ergebnis der Wende zu einer wieder stärker marktorientierten Politik der Deregulierung und Liberalisierung. Die in den 70-er Jahren verstärkt auftretenden Probleme von Inflation und Arbeitslosigkeit und das Problem der Staatsverschuldung führten in der Folge wieder zu einer theoretischen und politischen Hinwendung zur Marktsteuerung, einer Zurückdrängung staatlicher Aktivität durch Privatisierungen und einer Politik der Haushaltssanierung. Die Unfähigkeit des Staates, mit einfachen keynesianischen Instrumenten die Krisen zu meistern, führte zu wachsender Kritik am staatlichen Interventionismus. In der Europäischen Union wurde in den 90-er Jahren mit der Einführung der Konvergenzkriterien als Voraussetzung für die Teilnahme an der Währungsunion durch den Maastrichter Vertrag zusätzlicher Druck zur Sanierung der Staatsfinanzen geschaffen. In der sozialpolitischen Diskussion werden seit den 80-er Jahren vor allem die verzerrenden Folgen sozialer Sicherungssysteme für die Funktionsfähigkeit der Märkte thematisiert.

[153] Vgl. Van der Wee (1984), S. 317-327; Zürn (1998), S. 51 f.
[154] Vgl. Lerner (1947), S. 319 f.
[155] Vgl. Offe (1981), S. 148; Gough (1979), S. 53; Zürn (1998), S. 52.

Somit erscheint die Sozialpolitik als Teilgebiet der Wirtschaftspolitik insgesamt, das nicht isoliert geändert werden kann und auch nur im Rahmen allgemeiner wirtschaftspolitischer Entwicklungen zu verstehen ist.

Gelegentlich wird argumentiert, der Sozialstaat sei in der Zeit nach dem Zweiten Weltkrieg in den westlichen Ländern ausgebaut worden, um auf die Herausforderung der sozialistischen Länder zu reagieren[156]. Das sozialistische Wirtschafts- und Gesellschaftsmodell der Sowjetunion und ihrer Verbündeten war eine Alternative zur Marktwirtschaft und zur westlichen Gesellschaft, die mit dem Anspruch auftrat, ein höheres Maß an sozialer Gerechtigkeit und Gleichheit herzustellen. Um zu verhindern, dass diese Alternative für die Benachteiligten der Marktwirtschaft und für sozial engagierte Bevölkerungsgruppen attraktiv wird, wurden auch im Westen die Sozialleistungen ausgeweitet.

In der Konsequenz dieses Arguments wird manchmal die Begrenzung und Senkung sozialer Leistungen in den 90-er Jahren mit dem Verschwinden der sozialistischen Alternative durch den Zusammenbruch des Ostblocks erklärt. Diesem Argument kann jedoch nur eine ergänzende Überzeugungskraft zugesprochen werden, da der Sozialstaat in westlichen Ländern noch in den 70-er Jahren ausgebaut wurde, als die Anziehungskraft des Sozialismus sowjetischer Prägung bereits lange erloschen war. Umgekehrt setzte die Konsolidierung der Sozialstaatsfinanzen bereits Anfang der 80-er Jahre ein, einer Zeit also, in der das Ende des Ostblocks noch nicht vorauszusehen war.

2.4.5. Die Pfadabhängigkeit der Sozialpolitik

Die Sozialpolitik ist ein langfristig angelegtes Politikfeld, das meist durch Gesetze auf Dauer geregelt ist. Kurzfristige Politikänderungen sind kaum möglich. Dies liegt in der Natur der Sache. Vor allem im Bereich der Altersvorsorge werden jahrzehntelang (etwa durch Beitragszahlungen) Ansprüche erworben, die erst viel später eingelöst werden. Da diese Ansprüche die langfristige Lebensplanung von vielen Menschen beeinflussen und oft unter den (in Deutschland verfassungsmäßigen) Eigentumsschutz fallen, binden sie die Sozialpolitik auf Jahrzehnte.

---

[156] Vgl. Gough (1979), S. 70.

Hinzu kommt, dass jede institutionelle Barriere, die dazu führt, dass Entscheidungen erschwert werden, dazu beiträgt, den Status quo zu erhalten. Kommt auf Grund des Einspruchs von Vetospielern eine politische Entscheidung nicht zu Stande, dann bleibt der bisherige rechtliche Zustand erhalten.

Die Systeme der sozialen Sicherung sind nicht nur umfangreiche Gesetzeswerke, auf deren Verlässlichkeit große Teile der Bevölkerung angewiesen sind. Sie werden auch von großen Organisationen, so den zuständigen Behörden und Sozialversicherungsträgern verwaltet. Diese sind einerseits an der Erhaltung der bestehenden Strukturen interessiert und stellen eine wichtige Interessengruppe für den Status quo dar[157]. Andererseits ist jeder grundlegende Umbau sozialer Sicherungssysteme mit hohen Kosten verbunden, da er eine Restrukturierung der Verwaltung erforderlich macht.

Alle diese Faktoren führen dazu, dass die Sozialpolitik in hohem Maße träge und pfadabhängig ist. Eine Regierung kann oft nur innerhalb vorgefundener Strukturen kleinere Änderungen in die eine oder andere Richtung beschließen[158]. Dies gilt für den Umfang sozialer Leistungen ebenso wie für die Strukturen der Sozialsysteme. So ist das System der sozialen Sicherung in Deutschland bis heute von der Richtungsentscheidung für die Sozialversicherung in den 80-er Jahren des 19. Jahrhunderts geprägt, die später – etwa mit der Einführung der Arbeitslosenversicherung 1927 oder der Rentenreform von 1957 – eher ergänzt und weiterentwickelt, aber nie ganz grundsätzlich verändert wurde.

Rose zeigt für das Vereinigte Königreich, dass in den Jahren 1946 bis 1985 nur durchschnittlich zwei Prozent der jährlichen Staatsausgaben auf Programme entfielen, die von der jeweils amtierenden Regierung eingeführt wurden[159]. Alle übrigen Staatsausgaben entfielen auf Programme, die von der Vorgängerregierung geerbt worden waren.

Diese „Theorie des Politik-Erbes" knüpft in hohem Maße an andere Erklärungen an, insbesondere institutionelle Faktoren wie den bremsenden Effekt vieler Vetospieler oder das Beharrungsvermögen einmal geschaffener Institutionen und Interessenorganisationen[160]. Allerdings ist dieser Ansatz, der die Trägheit und Pfadabhängigkeit der Sozialpolitik betont, keine eigenständige Erklärung der sozialpolitischen Entwicklung, da er keine Voraussagen über die Entwicklung

[157] Vgl. Pierson (1996).
[158] Vgl. Rose/Davies (1994), z.B. S. 1 ff., 13 ff.
[159] Vgl. Rose (1990), S. 227.
[160] Vgl. Siegel (2002), S. 56-59.

der Sozialpolitik macht, sondern lediglich das langsame Tempo von Veränderungen erklärt.

2.4.6. Zusammenfassendes Ergebnis

Die verschiedenen Ansätze zur Erklärung der Sozialpolitik stehen zum größten Teil nicht im direkten Widerspruch zueinander, sondern scheinen sich oftmals zu ergänzen. So ist die entscheidende Bedeutung von gesellschaftlichen Gruppen und ihren Organisationen, vor allem der Gewerkschaften und linken Parteien sowie der christlich-demokratischen Parteien, bei der Schaffung und Ausweitung sozialstaatlicher Systeme theoretisch begründet und auch empirisch bestätigt. Historische Studien erklären die Entstehung insbesondere der Organisationen der Arbeiterbewegung mit dem Industrialisierungsprozess und seinen Folgen. Olson untersucht ihre Erfolgsbedingungen. Weitere Autoren ergänzen, dass ihr Einfluss stets durch den Filter von politischen Institutionen hindurch auf die Entwicklung des Sozialstaats wirkt. In den staatlichen Institutionen kann der Einfluss der Gewerkschaften und Linksparteien umso stärker wirken, je mehr sie an der Regierung beteiligt sind, je mehr sie im Rahmen korporatistischer oder anderer konsensorientierter Entscheidungsstrukturen als gleichberechtigte Verhandlungspartner mitwirken können, und je weniger Staatsorgane die Entwicklung des Sozialstaats bremsen. Andererseits besteht auch indirekter Einfluss in der Weise, dass starke Gewerkschaften und Linksparteien auch aus der Oppositionsrolle heraus bürgerliche Regierungen dazu veranlassen können, die Sozialleistungen auszuweiten. Hicks und Swank nennen dies die „linken Ansteckungseffekte“, marxistische Autoren deuten dies als Maßnahmen der herrschenden Klasse der Kapitaleigentümer zur Verteidigung der marktwirtschaftlichen Ordnung.

Der Sozialstaat erlebte seinen Aufstieg in der Zeit nach dem Zweiten Weltkrieg, in der die Gewerkschaften immer mehr Mitglieder gewannen, die Neigung zu staatlichem Interventionismus zunahm und in einigen bürgerlichen Staaten die Arbeiterbewegung mithilfe korporatistischer Strukturen in den bürgerlichen Staat integriert wurde. Hintergrund dafür waren u.a. der Eindruck der Großen Depression und die bestehende Rivalität mit den sozialistischen Staaten des Ostblocks.

Die Ausweitung sozialer Leistungen stieß an ihre Grenze als das Modell einer keynesianisch beeinflussten Wirtschaftspolitik sich als krisenanfällig erwies, durch unfreiwillige Arbeitslosigkeit die Verhandlungsposition der Arbeitnehmer schwächer wurde und (auch durch den Strukturwandel hin zum Dienstleistungssektor) die Gewerkschaften immer mehr Mitglieder verloren. Dass die Sozialleistungsquoten dennoch in den meisten Fällen konstant blieben und nicht sanken, kann mit dem fortbestehenden Einfluss von Interessenorganisationen oder der Trägheit und Pfadabhängigkeit der Sozialpolitik allgemein erklärt werden. Hinzu kommt, dass die Sozialleistungen je Leistungsempfänger zwar in vielen Fällen deutlich eingeschränkt wurden, dies jedoch in Bezug auf die Gesamtkosten des Sozialstaats durch die zunehmende Zahl an Leistungsempfängern (zumeist alte Menschen) wieder kompensiert wurde.

Diese Ansätze erklären den Sozialstaat weitgehend von der Nachfrageseite her, dem wachsenden oder nachlassenden Druck zur Erhöhung sozialer Leistungen. Nur wenig wird die Angebotsseite einbezogen, die Bereitschaft zahlungsfähiger Wirtschaftssubjekte, sich an den Kosten zu beteiligen. Dass diese mit zunehmendem Wohlstand steigen könnte, kann als weitere Ergänzung der genannten Erklärungen angesehen werden. Der Druck auf den Sozialstaat seit den 80-er Jahren ist jedoch nicht allein durch eine Schwächung der Nachfrage nach Sozialpolitik, sondern auch durch die Stärkung der potenziellen Zahler zu erklären. Die Tatsache, dass es in den westlichen Staaten nie ein Land gab, das über längere Zeit eine Sozialleistungsquote von über 30 Prozent aufrecht erhielt, deutet darauf hin, dass es in der Marktwirtschaft eine von den Marktkräften und der Begrenztheit der Zahlungsbereitschaft der Steuer- und Abgabenzahler gesetzte Obergrenze sozialstaatlicher Aktivität gibt.

Die Beeinflussung der Sozialpolitik durch die internationalen Wirtschaftsbeziehungen wurde in all diesen Überlegungen nicht einbezogen, weil diese als Haupt-Thema dieser Arbeit im vierten Teil ausführlich diskutiert wird.

Dritter Teil: Systemwettbewerb

3.1. Der Begriff Wettbewerb und seine Anwendung auf Staaten

Wettbewerb (synonym: Konkurrenz) gilt als ein schwer zu definierender Begriff[161]. Hier geht es deshalb nicht darum, eine allgemeingültige Definition dieses Begriffs vorzulegen. Stattdessen wird beabsichtigt, im Einklang mit der herrschenden Auffassung jenen Wettbewerbsbegriff zu erfassen, der implizit den Debatten zur Wettbewerbsfähigkeit und zum Systemwettbewerb von Staaten zu Grunde liegt. Dabei wird von der in der wettbewerbstheoretischen Literatur geführten Diskussion des Wettbewerbsbegriffs ausgegangen.

Wettbewerb gilt meistens als Prozess, für den die Beziehung zwischen mehreren Wirtschaftssubjekten derselben Marktseite zueinander konstitutiv ist[162]. Dies impliziert, dass in dem Fall, in dem es nur ein einziges Wirtschaftssubjekt auf einer Marktseite gibt (Monopol, Monopson) und nicht mit dem Auftreten eines Konkurrenten zu rechnen ist, kein Wettbewerb auf dieser Marktseite herrscht. Eine Festlegung auf eine bestimmte Marktseite enthält der Wettbewerbsbegriff nicht. Wettbewerb kann also sowohl zwischen Anbietern als auch zwischen Nachfragern stattfinden. Wettbewerber können sowohl um Absatzmärkte als auch um den Zugang zu knappen Ressourcen oder Gütern konkurrieren. Außerdem geht es im Wettbewerb entscheidend um eine *Beziehung* zwischen Wirtschaftssubjekten. Diese geht über einen bloßen Vergleich zwischen ihnen hinaus. Wettbewerb bedeutet, dass der wirtschaftliche Erfolg des einen Wirtschaftssubjekts nicht unabhängig von dem des anderen ist[163].

Wettbewerb ist die Rivalität der Wirtschaftssubjekte einer Marktseite um Geschäftsverbindungen mit Wirtschaftssubjekten der anderen Marktseite[164]. In dieser Rivalität setzen sie Wettbewerbsinstrumente ein: Sie machen preisliche Zugeständnisse, verbessern als Anbieter die Qualität der Waren bzw. senken als Nachfrager ihre Qualitätsansprüche usw. Voraussetzung für Wettbewerb ist daher die Möglichkeit der konkurrierenden Wirtschaftssubjekte, Preise und

---

161 Vgl. Herdzina (1999), S. 8-11.

162 Vgl. Cox/Hübener (1981), S. 5. Zur Definition des Wettbewerbs als Beziehung zwischen Wirtschaftssubjekten vgl. Ott (1959), S. 44; Triffin (1962), S. 99, 137.

163 Vgl. Borchardt/Fikentscher (1957), S. 15.

164 Vgl. Cox/Hübener (1981), S. 4; Borchardt/Fikentscher (1957), S. 15; Berg (1999), S. 304; Hoppmann (1968), S. 15.

Qualitäten zu variieren. Er erfordert zugleich die Freiheit der Wirtschaftssubjekte auf der anderen Marktseite, auszuwählen und von einem Konkurrenten zum anderen zu wechseln[165]. Für Wettbewerb ist also wesentlich, dass die konkurrierenden Wirtschaftssubjekte auf der einen Marktseite Möglichkeiten der Gestaltung und des Einsatzes von Wettbewerbsinstrumenten haben und dass die Wirtschaftssubjekte auf der anderen Marktseite die Möglichkeit der Auswahl und der Abwanderung (des „Exit“ nach Hirschman[166]) besitzen.

Im Wettbewerb versuchen Wirtschaftssubjekte, durch Preispolitik oder Qualitätsgestaltung sich gegenseitig zu übertreffen[167]. Nach Ingo Schmidt (Hohenheim) besteht der Wettbewerb in dem Bemühen, durch Variation der Wettbewerbsinstrumente kurzfristig Vorteile zu Lasten der Konkurrenten zu erzielen, z.B. einen größeren Marktanteil zu gewinnen. Der höhere Zielerreichungsgrad eines Wirtschaftssubjekts bedingt einen geringeren Zielerreichungsgrad seines Konkurrenten. In der kurzfristigen oder statischen Betrachtung ist der Wettbewerb demnach ein Nullsummenspiel, in dem ein Wettbewerber nur etwas gewinnen kann, wenn ein anderer etwas verliert. In der längerfristigen oder dynamischen Betrachtung dagegen kann der Wettbewerb gesamtwirtschaftliches Wachstum auslösen und dadurch zum Positivsummenspiel werden[168].

Dieses Positivsummenspiel ergibt sich dadurch, dass der Wettbewerb die Wirtschaftssubjekte zur Steigerung ihrer Leistung und zur Suche nach besseren Problemlösungen und technischen Innovationen motiviert. Er ist vielleicht der wichtigste Motor des technischen Fortschritts. Er wirkt als Verfahren zur Aufdeckung der Präferenzen der Wirtschaftssubjekte und lenkt durch den Preismechanismus knappe Ressourcen zu ihrer produktivsten und den Nutzen der kaufkräftigen Wirtschaftssubjekte maximierenden Verwendung. Er bewirkt eine hohe Flexibilität der Volkswirtschaft bei der Anpassung an Änderungen außerwirtschaftlicher Faktoren[169]. Der Wettbewerb steigert die gesellschaftliche Wohlfahrt vor allem, indem Leistungssteigerungen als Wettbewerbsinstrumente eingesetzt werden. Von einem solchen Leistungswettbewerb ist zu unterscheiden der Behinderungswettbewerb, bei dem nicht durch Steigerung der eigenen Leistung, sondern durch Behinderung der Konkurrenten Wettbewerbsvorteile

---

[165] Vgl. Berg (1999), S. 303; Hoppmann (1968), S. 15.
[166] Vgl. Hirschman (1970/1974).
[167] Vgl. Ott (1959), S. 44; I. Schmidt (Hohenheim) (1999), S. 2.
[168] Vgl. I. Schmidt (Hohenheim) (1999), S. 1, Anm. 2 und S. 2.
[169] Zu den positiven Funktionen des Wettbewerbs vgl. Cox/Hübener (1981), S. 4 f.; Herdzina (1999), S. 16-33; Kantzenbach (1967), S. 15-18; Von Hayek (1968), S. 3 f., 13; Hoppmann (1968), S. 17 ff.

erzielt werden sollen[170]. Um seine positiven Wirkungen entfalten zu können, muss der Wettbewerb durch wettbewerbspolitische Maßnahmen gegen den Behinderungswettbewerb und gegen Wettbewerbsbeschränkungen geschützt werden.

Im Konzept des funktionsfähigen Wettbewerbs wird argumentiert, dass der Wettbewerb umso intensiver ist, je weniger Wettbewerber vorhanden sind. Scheidet auf einem Markt mit wenigen Wettbewerbern einer von ihnen aus, so bedeutet dies für die verbleibenden einen beträchtlichen Zuwachs an Marktanteilen. Kommt es dagegen auf einem polypolistischen Markt zum Ausscheiden eines Wettbewerbers, so bringt dies den Mitbewerbern nur wenig zusätzlichen Vorteil. Konkurrenten vom Markt zu verdrängen, ist im Oligopol viel lohnender als im Polypol. Daher ist die Verdrängungskonkurrenz auf oligopolistischen Märkten intensiver als auf polypolistischen Märkten. Gelingt es einem Marktteilnehmer, durch eine Innovation einen Wettbewerbsvorteil zu erzielen, so führt dies im Oligopol bei den Konkurrenten zu größeren Einbußen als im Polypol (zugleich wachsen aber mit der sinkenden Zahl von Konkurrenten auch die Neigung und Erfolgschancen, den Wettbewerb durch Absprachen auszuschalten)[171].

Dies lässt sich verallgemeinern zu der Erkenntnis, dass der Wettbewerb umso intensiver ist, je mehr der Erfolg eines Wettbewerbers vom Verhalten der Mitbewerber beeinflusst wird[172]. Triffin sieht daher für die Angebotsseite auf einem Gütermarkt in der Kreuzpreiselastizität der Nachfrage ein sinnvolles Maß der Wettbewerbsintensität: Je stärker der Absatz eines Anbieters auf eine Preisänderung des Konkurrenten reagiert, desto höher ist der Grad des Wettbewerbs[173]. Doch neben Preisvariationen sollten auch Änderungen der Qualität als Wettbewerbsinstrumente mit einbezogen werden. Dann ist der Wettbewerb umso intensiver, je stärker der wirtschaftliche Erfolg eines Wirtschaftssubjektes von Preis- oder Qualitätsveränderungen seines Konkurrenten beeinflusst wird. Krelle spricht in seiner Definition der Elastizität der Nachfrage daher nicht von Preisänderungen, sondern allgemeiner von Änderungen der „marktstrategischen Variablen"[174].

---

170 Vgl. Eucken (1952/1990), S. 42 f., 296.

171 Vgl. Ott (1959), S. 45 f.; Kantzenbach (1967), S. 44 f.

172 Vgl. Kantzenbach (1967), S. 38 ff.; Borchardt/Fikentscher (1957), S. 12 f.

173 Vgl. Triffin (1962), S. 100 ff.

174 Vgl. Krelle (1961), S. 4 f.

Ist der Erfolg eines Marktteilnehmers stark abhängig vom Verhalten der anderen Marktteilnehmer, dann übt der Wettbewerbsvorsprung eines innovativen Unternehmens einen erheblichen Druck auf dessen Konkurrenten aus, diesen Vorsprung durch eigene Anstrengungen wieder aufzuholen. Je schneller ihnen dies gelingt, desto schneller verschwinden die außerordentlichen Gewinne des Vorreiters wieder und desto intensiver ist für den Vorreiter der Wettbewerb spürbar. Kantzenbach schlägt daher vor, die Geschwindigkeit, mit der Konkurrenten den Wettbewerbsvorsprung eines innovativen Unternehmens wieder einholen, als Maß für die Wettbewerbsintensität zu verwenden[175].

Die Abhängigkeit des eigenen Erfolges vom Verhalten der übrigen Wettbewerber wird für Anbieter auf einem Gütermarkt beeinflusst von der Substituierbarkeit der hergestellten Produkte, von der Markttransparenz und von den Kosten, die beim Wechsel von einem Konkurrenten zum anderen entstehen.

Der Wettbewerb ist umso intensiver, je eher die hergestellten Produkte Substitute sind. Daher ist tendenziell die Wettbewerbsintensität umso höher, je ähnlicher die Produkte sind[176]. Andererseits sind gerade Veränderungen der Produkteigenschaften Wettbewerbsinstrumente, die auf vielen Märkten eine große Rolle spielen. Daher ist sogar häufig der Aufbau von Monopolstellungen durch Qualitätsdifferenzierung ein Merkmal des Wettbewerbs. Wettbewerb wird deshalb sehr oft eher mit der Marktform der monopolistischen Konkurrenz als mit der Marktform der vollkommenen Konkurrenz in Verbindung gebracht[177]. So kommt es im Wettbewerbsprozess immer wieder durch Leistungsvorsprünge einzelner Wirtschaftssubjekte zu Monopolstellungen, die aber im weiteren Verlauf des Wettbewerbsprozesses durch Anpassungsmaßnahmen der Konkurrenten wieder abgebaut werden[178].

Die Wettbewerbsintensität hängt ebenfalls ab von dem Grad der Markttransparenz. Je schneller, unkomplizierter und kostengünstiger sich die Wirtschafts-

---

[175] Vgl. Kantzenbach (1967), S. 38 f.

[176] Vgl. Ott (1959), S. 47; Kantzenbach (1967), S. 46.

[177] Vgl. Borchardt/Fikentscher (1957), S. 4 f., 8, 10. Die Marktform der vollkommenen Konkurrenz gilt als wettbewerbsarme Marktform („Schlafmützenkonkurrenz"). Dazu ist zu sagen, dass zwar in der vollkommenen Konkurrenz in der Situation des Gleichgewichts der Wettbewerb theoretisch aufhört. Gemäß der Walrasschen Argumentation sind es aber stets Prozesse des preislichen Unter- bzw. Überbietens, also des Wettbewerbs, die die Märkte zum Gleichgewicht konvergieren lassen. Qualitätswettbewerb ist jedoch in der vollständigen Konkurrenz durch die Annahme homogener Güter ausgeschlossen.

[178] Vgl. Kantzenbach (1967), S. 35, 39 f.

subjekte der anderen Marktseite über die Angebote verschiedener Konkurrenten informieren können, desto leichter wird der Wechsel stattfinden[179].

Ein weiterer wichtiger Faktor, der die Wettbewerbsintensität beeinflusst, ist die Höhe der Abwanderungskosten für die Wirtschaftssubjekte der anderen Marktseite. Die Kreuzelastizitäten sind dann groß, wenn die Abwanderung von einem Wettbewerber zum anderen einfach und ohne größere Kosten möglich ist. Abwanderungskosten entstehen zum Beispiel, wenn die Vorteile der Beziehung zu einem langjährigen Geschäftspartner verloren gehen oder der Wechsel gelieferter Vorleistungen z.B. in einem Betrieb technische Umbauten erforderlich macht.

Zusammenfassend kann Wettbewerb charakterisiert werden als Prozess, in dem die Wirtschaftssubjekte einer Marktseite versuchen, durch Einsatz der Wettbewerbsinstrumente sich gegenseitig zu übertreffen, weil kurzfristig ihr wirtschaftlicher Zielerreichungsgrad invers voneinander abhängig ist.

Dieser Wettbewerbsbegriff wurde für den Wettbewerb zwischen Unternehmen oder zwischen Haushalten auf einzelnen Märkten für Güter, Dienstleistungen oder Produktionsfaktoren entwickelt. Lässt er sich auf das Verhältnis zwischen Staaten anwenden?

Orlowski definiert die Wettbewerbsfähigkeit einer Volkswirtschaft als aggregierte Wettbewerbsfähigkeit ihrer Unternehmen[180]. Darunter versteht er allerdings ausschließlich ihren Verkaufserfolg als Anbieter auf Gütermärkten. Verallgemeinert man diesen Ansatz unter Einbeziehung anderer Märkte, dann besteht der Wettbewerbserfolg eines Staates in dem aggregierten Wettbewerbserfolg der inländischen Wirtschaftssubjekte als Anbieter oder Nachfrager auf internationalen Absatz- oder Beschaffungsmärkten. Das heißt der Wettbewerb zwischen Staaten besteht darin, dass die inländischen Wirtschaftssubjekte als Anbieter oder Nachfrager auf internationalen Märkten mit Wirtschaftssubjekten aus anderen Ländern im Wettbewerb stehen.

In einer einfachen Einteilung können vier Fälle unterschieden werden: Der Wettbewerbserfolg eines Staates besteht in dem Wettbewerbserfolg inländischer Wirtschaftssubjekte 1. als Nachfrager oder 2. als Anbieter auf internationalen Güter- und Dienstleistungsmärkten oder 3. als Nachfrager oder 4. als Anbieter auf internationalen Faktormärkten. Diese vier Fälle werden nun kurz vorgestellt.

---

[179] Vgl. Kantzenbach (1967), S. 46.
[180] Vgl. Orlowski (1982), S. 11.

Erfolg auf der Nachfrageseite der Güter- und Dienstleistungsmärkte bedeutet für einen Staat, dass seine Mitglieder im internationalen Vergleich eine hohe Kaufkraft besitzen, sodass sie in der Lage sind, sich einen großen Anteil des Welt-Sozialproduktes anzueignen. Eine hoch bewertete Währung erhöht die Fähigkeit einer Volkswirtschaft zum Import von Waren und könnte ein Indikator von Wettbewerbsfähigkeit in diesem Sinne sein.

Auf der Angebotsseite der Märkte für Güter und Dienstleistungen ist Wettbewerbserfolg eines Staates gleichbedeutend mit dem Verkaufs- und Exporterfolg seiner Mitglieder. Verkaufserfolg – die „ability to sell" (Balassa)[181] – gilt oft als Inbegriff internationaler Wettbewerbsfähigkeit von Staaten. Gemessen wird er zum Beispiel am Handelsbilanzsaldo oder am Außenbeitrag einer Volkswirtschaft[182]. Dabei gelten ein Handelsbilanzüberschuss bzw. ein positiver Außenbeitrag als Zeichen für Wettbewerbserfolg. Als weitere Indikatoren für Verkaufserfolg werden oft die Entwicklungen von Marktanteilen auf internationalen Märkten verwendet[183].

Wettbewerbserfolg auf der Nachfrageseite der Faktormärkte besteht für Staaten darin, dass es ihnen gelingt, knappe und mobile Produktionsfaktoren für die Nutzung durch inländische Betriebe zu gewinnen. Dabei geht es besonders darum, die Faktoren Kapital und Know-how anzuwerben. Ein Kapitalbilanzüberschuss könnte dafür ein Indikator sein.

Der Wettbewerb zwischen Staaten auf der Angebotsseite von Faktormärkten könnte z.B. in der Konkurrenz zwischen ausländischen und inländischen Arbeitskräften um offene Stellen auf demselben Arbeitsmarkt bestehen. Die Angst mancher Arbeitskräfte vor dem Zuzug von Gastarbeitern, die „uns die Arbeitsplätze wegnehmen", könnte Ausdruck einer solchen Wettbewerbssituation sein. Auch eine Konkurrenz zwischen inländischen und ausländischen Anlegern um bestimmte Möglichkeiten der Kapitalanlage (z.B. um Aktien bestimmter Unternehmen) wäre ein Beispiel eines internationalen Wettbewerbs zwischen Faktoranbietern. Steigende Aktienkurse bzw. sinkende Marktzinsen könnten Folge der Verschärfung des Wettbewerbs zwischen Kapitalanlegern sein.

Zwischen diesen Wettbewerbsformen bestehen Interdependenzen in der Form, dass bestimmte Arten des Wettbewerbserfolges sich gegenseitig begünstigen, andere sich gegenseitig behindern. Besteht ein hoher Exportüberschuss, so muss dieser in der Zahlungsbilanz ausgeglichen werden durch Kapitalabflüsse im

---

181 Vgl. Balassa (1962), S. 30.

182 Vgl. Robinson (1937/1947), S. 156 f.

183 Vgl. Balassa (1962), S. 31 ff.; Kucera (1996), S. 31 f.

weiteren Sinne. Zwischen Exporterfolgen und Nettoabflüssen von Kapital besteht ein komplementärer Zusammenhang. Umgekehrt ist ein Land, das für den Produktionsfaktor Kapital als Anlage- oder Investitionsstandort attraktiv ist, durch die damit zusammenhängenden Devisenzuflüsse ein kaufkräftiger Nachfrager auf internationalen Gütermärkten. Zahlungsbilanztechnisch besteht also ein komplementärer Zusammenhang von Exportüberschüssen und Erfolg als Faktor-Anbieter sowie zwischen Standortattraktivität und Erfolg als Güter-Nachfrager. Dies ergibt sich, wenn der Exporterfolg am Außenbeitrag der Volkswirtschaft gemessen wird. Wird er dagegen an Marktanteilen auf internationalen Absatzmärkten festgemacht, sind diese Zusammenhänge weniger klar.

In der Regel werden die Arten des Wettbewerbserfolges nicht alle gleichermaßen wichtig für ein Land sein. Staaten werden bestimmte Arten des Wettbewerbserfolges anderen gegenüber vorziehen. Eine solche Zielhierarchie ist abhängig von den wirtschaftspolitischen Zielen überhaupt und von der gesamtwirtschaftlichen Lage des jeweiligen Staates. Dies wird im Kapitel 3.2 genauer gezeigt.

Wenn eine Regierung die im Inland ansässigen Wirtschaftssubjekte im internationalen Wettbewerb unterstützt, ergibt sich eine Beteiligung der Regierungen am Wettbewerb. Indem ein Wirtschaftssubjekt in Geschäftsverbindung mit Wirtschaftssubjekten aus einem bestimmten Land tritt, lässt es sich auch auf die institutionellen Rahmenbedingungen ein, die in diesem Lande herrschen. Es ist daher möglich, dass die Ausgestaltung dieser institutionellen Rahmenbedingungen von der Regierung gezielt für die Unterstützung der inländischen Wirtschaftssubjekte im internationalen Wettbewerb eingesetzt wird. Die wirtschaftspolitisch gesetzten Rahmenbedingungen werden zum Wettbewerbsinstrument im Staatenwettbewerb. Setzen die Regierungen Elemente des Wirtschaftssystems (im weiteren Sinn des Wortes) zur Unterstützung der inländischen Wirtschaftssubjekte ein, so kann vom institutionellen Wettbewerb oder vom Systemwettbewerb der Staaten gesprochen werden.

Wer als Nachfrager auf den Gütermärkten Produkte aus einem bestimmten Staat kauft, trifft zugleich eine Entscheidung für das institutionelle Umfeld, in dem diese Produkte hergestellt wurden. Denn dieses politisch gestaltete Umfeld wirkt sich auf die Produktqualität, Produkteigenschaften, Lieferbedingungen, Preise usw. der angebotenen Produkte aus. Entsprechend ist die Gestaltung der politisch gesetzten Rahmenbedingungen für den Erfolg inländischer Anbieter auf

Güter- und Dienstleistungsmärkten im Wettbewerb mit Anbietern aus anderen Ländern wichtig.

Wer als Anbieter auf Faktormärkten in einem Staat investiert, Kapital anlegt oder arbeitet, entscheidet sich damit zugleich für die politische Ordnung dieses Staates. Die politisch gesetzten Rahmenbedingungen in einem Land spielen daher eine Rolle, wenn es darum geht, in Konkurrenz mit dem Ausland knappe Produktionsfaktoren anzuwerben. Deshalb sind die politisch gesetzten Rahmenbedingungen für den Erfolg inländischer Nachfrager auf Faktormärkten im Wettbewerb mit Faktor-Nachfragern aus anderen Ländern wichtig.

Die Lieferung von Produkten in ein Land ist dagegen in viel geringerem Maße eine Entscheidung für das politische Umfeld in diesem Land. Änderungen der politischen Rahmenbedingungen im Inland erhöhen kaum die Chancen inländischer Wirtschaftssubjekte, im Wettbewerb mit Wirtschaftssubjekten aus anderen Ländern Zugang zu knappen Gütern zu erhalten. Ihr Wettbewerbserfolg auf der Nachfrageseite der Güter- und Dienstleistungsmärkte wird vom politischen Umfeld wenig beeinflusst.

Auch beim Bezug von Produktionsfaktoren aus einem Land spielt das politische Umfeld im Herkunftsland nur eine geringe Rolle.

Aus diesen Gründen spielt der Systemwettbewerb zwischen Staaten für den Wettbewerb auf der Nachfrageseite der Güter- und Dienstleistungsmärkte und auf der Angebotsseite der Faktormärkte eine untergeordnete Rolle.

In der Debatte über den Systemwettbewerb wird manchmal die Formulierung verwendet, Regierungen seien Anbieter von institutionellen Arrangements und öffentlichen Gütern, deren Nutzung sie gegen Steuern (als Preise) an international mobile Personen und Institutionen verkaufen[184]. Dieser Verkauf erfolgt, indem Wirtschaftssubjekte mit Inländern in Geschäftsverbindung treten und dadurch von den Leistungen und Steuern der inländischen Regierung betroffen sind. Somit kann auch vom Wettbewerb der Regierungen gesprochen werden[185].

Analog zum Wettbewerb zwischen Unternehmen setzt der Wettbewerb der Regierungen voraus, dass einerseits die Regierungen politische Maßnahmen als Wettbewerbsinstrumente einsetzen können und dass andererseits die privaten Wirtschaftssubjekte die Möglichkeit der Auswahl zwischen mehreren Regierungen haben.

---

[184] Vgl. zum Beispiel: Streit (1996c), S. 12 f.; Körner (1999), S. 599.

[185] Dazu und zu den Problemen dieser Analogie vgl. Kiwit/Voigt (1998), S. 320, 323 ff.

Letzteres ist die Möglichkeit, zwischen den Zuständigkeitsbereichen verschiedener Regierungen auszuwählen, das heißt abzuwandern. Die Abwanderung besteht darin, Geschäftsverbindungen mit inländischen Wirtschaftssubjekten aufzugeben und stattdessen mit Wirtschaftssubjekten aus anderen Staaten aufzunehmen. Sie besteht in der Abwanderung von Produktionsfaktoren oder in der Kaufentscheidung für Produkte aus anderen Staaten. Faktorwanderungen und die Wahl zwischen Produkten aus verschiedenen Staaten sind zentrale Auslöser des Wettbewerbs der Regierungen[186].

Regierungen im Wettbewerb müssen die Möglichkeit besitzen, politische Rahmenbedingungen als Wettbewerbsinstrumente einzusetzen. Dies erfordert die Möglichkeit und Bereitschaft, diese Rahmenbedingungen bei Bedarf zu ändern. Die Möglichkeit zu politischen Richtungsänderungen kann darin liegen, dass die Politiker bereit und in der Lage sind, Änderungen zu beschließen und durchzuführen. Gelegentlich finden politische Kurswechsel statt, indem die Bevölkerung durch Proteste und Wahlen Einfluss nimmt und Politiker ausgewechselt werden. Oft findet eine Richtungsänderung statt, weil Politiker den Protest einflussreicher Bevölkerungsgruppen fürchten oder einer Wahlniederlage zuvor kommen wollen. Der Wettbewerb setzt zwar nicht zwangsläufig politische Partizipation der Bürgerinnen und Bürger und einen Wettbewerb politischer Parteien voraus. Widerspruchsmöglichkeiten der Bürger und Parteienwettbewerb sind jedoch in hohem Maße förderlich für die Korrigierbarkeit von politischen Entwicklungen, die für viele Bürger nachteilhaft sind[187].

In Anlehnung an Hirschman ist daher das Zusammenspiel von Abwanderung (ökonomischem Wettbewerb) und Widerspruch (politischer Partizipation und politischem Wettbewerb) wesentlich für den Wettbewerb zwischen den Staaten[188]. Dieses Zusammenspiel funktioniert idealtypisch in der Art, dass politische Entwicklungen, die für mobile Wirtschaftssubjekte nachteilig sind, zu deren Abwanderung führen. Dadurch eintretende negative Folgen für die immobilen Wirtschaftssubjekte veranlassen diese zum Widerspruch auch bei Wahlen.

---

[186] Vgl. Streit (1996b), S. 224 f.

[187] Das Beispiel der DDR und anderer sozialistischer Länder zeigt, wie der Mangel an politischer Partizipation und an politischem Wettbewerb die Korrektur wirtschaftspolitischer Fehlentwicklungen verhinderte. Diese Verhältnisse ließen sich nur aufrecht erhalten, indem der Staatenwettbewerb durch Unterdrückung der Abwanderung (durch Monopolisierung des Außenhandels in der Hand des Staates und durch Verbot der Abwanderung von Produktionsfaktoren) ausgeschaltet wurde. Als die Möglichkeiten zu Abwanderung und Widerspruch durchgesetzt wurden, brachte dies sofort den politischen Richtungswechsel.

[188] Vgl. Hirschman (1970/74); Monopolkommission (1998), S. 16 f.; Streit (1996b), S. 224.

Zugleich sehen sich die Politiker selbst durch rückläufige Steuereinnahmen negativ betroffen. Der Widerspruch bewirkt schließlich (z.B. durch Austausch regierender Politiker) eine Korrektur der Politik[189]. Alternativ könnte die Drohung mit Abwanderung Teil des Widerspruchs sein, sodass bereits ohne tatsächliche Abwanderung der Politikwechsel erfolgt.

Denkbar wäre auch ein Systemwettbewerb zwischen diktatorischen Regierungen ohne Widerspruchsmöglichkeit. Dabei ist jedoch notwendig, dass die politischen Entscheidungsträger ein Motiv haben, auf die Abwanderung zu reagieren. Dieses Motiv könnte zum Beispiel darin bestehen, dass sie auftretende Steuerausfälle vermeiden wollen, einen Prestigeverlust fürchten oder aus Idealismus negative Folgen für die eigene Bevölkerung abwenden wollen. Entscheidend ist, dass die politischen Akteure ein Interesse daran haben, die Abwanderung knapper Produktionsfaktoren zu stoppen bzw. deren Zuwanderung zu fördern, sowie den Exporterfolg inländischer Produzenten zu unterstützen und dafür bereit sind, politische Änderungen zu beschließen.

Auf der Basis von Werturteilen wird der Systemwettbewerb oft positiv beurteilt. Aus evolutionsökonomischer Sicht wird ihm – ähnlich dem Wettbewerb allgemein – vor allem eine Funktion als Mittel zur Behebung des konstitutionellen Wissensmangels zugeschrieben. Der Vorteil des Wettbewerbs besteht darin, dass er als Entdeckungsverfahren (nach Von Hayek) ständig völlig neues Wissen generiert[190]. Indem der Systemwettbewerb die Regelungskompetenz mehrerer Staaten voraussetzt, ermöglicht er den Vergleich der Problemlösungsqualität unterschiedlicher politischer Regelungen[191]. Auch ohne die Möglichkeit der Abwanderung erhalten Wirtschaftssubjekte dadurch Anschauungsunterricht, den sie bei der Beteiligung an politischen Entscheidungen nutzen können. Die politischen Entscheidungsträger können aus den Erfahrungen anderer Staaten lernen. Politische Fehlentwicklungen bleiben zugleich auf einzelne Länder begrenzt. Die Einführung politischer Rahmenbedingungen in einem Staat wird so zum „Experiment“ oder zur falsifizierbaren „Hypothese“ über das geeignete System[192]. Der Misserfolg einer politischen Struktur kann durch Abwanderung und Widerspruch korrigiert werden. Dabei bleiben die Signale der Kritik wie

---

[189] Vgl. Mussler/Wohlgemuth (1995), S. 16; A. Schmidt (1998), S. 72, 131 f.

[190] Vgl. Von Hayek (1968), S. 3; Streit (1994), S. 116 f.; Mussler/Wohlgemuth (1995), S. 12, 14; Sakowsky/Ahrens (1998), S. 59 f.

[191] Vgl. z.B. Streit (1996a), S. 226 f.; Vaubel (1998), S. 99; Monopolkommission (1998), S. 17.

[192] Vgl. Schwarz (1996), S. 222 f.; Mussler/Wohlgemuth (1995), S. 17; Wohlgemuth (1999), S. 63 f.

etwa Abwanderungsentscheidungen interpretationsbedürftig. Welcher Aspekt des politischen Umfelds oder ob überhaupt das politische Umfeld zur Abwanderung geführt hat, ist nicht ohne weiteres zu erkennen. Ob und inwiefern politischer Korrekturbedarf besteht, ist selbst ein gravierendes Wissensproblem[193]. Deshalb wird auch die Korrektur des Systems zum „Experiment", dessen Erfolg oder Misserfolg nicht im Voraus und nur im Wettbewerb zu erkennen ist. Der Systemwettbewerb ist ein offener „Trial-and-Error"-Prozess, in dem neues Wissen entdeckt wird.

In der evolutionsökonomischen Auffassung konvergiert der Systemwettbewerb nicht zu einer einzigen gleichgewichtigen Lösung hin („ex post-Harmonisierung"). Denn auf Grund der Unterschiede in Traditionen und Präferenzen ergeben sich notwendigerweise Unterschiede der politischen Strukturen verschiedener Länder. Ständig sich änderndes Wissen und ständig sich ändernde Präferenzen der Menschen führen ebenfalls zu immer neuen und anderen politischen Lösungen[194]. Der Wettbewerb zwingt die Entscheidungsträger dazu, die politischen Rahmenbedingungen den sich ständig ändernden Umständen anzupassen. Ohne jemals Gewissheit über eine optimale Lösung zu besitzen, führt der Systemwettbewerb demnach zu einer ständigen Überprüfung der Problemlösungsqualität vorhandener institutioneller Arrangements. In einem Prozess aus Variation und Selektion von Regeln deckt er Präferenzen auf und bringt geeignete Lösungen hervor[195]. Dabei ist jedoch zu beachten, dass die Selektion der politischen Regeln durch die Instrumente Abwanderung und Widerspruch erfolgt und dass daher die Selektion stets von den Bevölkerungsgruppen durchgeführt wird, die von diesen Instrumenten Gebrauch machen können.

Der Systemwettbewerb wird außerdem oft als positiv bewertet, weil er die Korrektur struktureller Mängel politischer Entscheidungsprozesse und die Beschränkung politischer Macht ermöglicht. Ausgangspunkt ist bei diesen Argumenten die Identifizierung von Staatsversagen, wie sie in der Tradition der Neuen Politischen Ökonomie oft geschieht. Demnach scheitert eine langfristige Konzeption der Politik oft daran, dass sich Politiker meist an der nächsten Wahl orientieren. Da bei den Wahlen die einzelne Stimme nur ein verschwindend geringes Gewicht hat, lohnt sich aus der Perspektive des einzelnen Wählers die Beschaffung von Informationen zu politischen Themen nicht. Dadurch verlieren viele weniger spektakuläre Themen bei Wahlen ihre Bedeutung. Bei diesen

---

[193] Vgl. Streit (1995), S. 123.
[194] Vgl. Mussler/Wohlgemuth (1995), S. 18 ff.; Streit (1996a), 227 f.
[195] Vgl. A. Schmidt (1998), S. 141-146.

Themen neigen Politiker dazu, sich nach den Wünschen von Interessengruppen zu richten, deren Unterstützung zum Beispiel bei der Kandidatenaufstellung innerhalb der Parteien wichtig ist. So wächst der relative Einfluss, den organisierte Interessengruppen haben[196]. Dabei sind verschiedene Bevölkerungsgruppen unterschiedlich leicht organisierbar. Beispielsweise lassen sich Produzentengruppen tendenziell besser in Interessenverbänden organisieren als Verbrauchergruppen. Doch Politiker verfolgen auch direkt Eigeninteressen. Dazu zählen zum Beispiel die Ziele, die eigene Macht zu vergrößern, immer mehr Zuständigkeiten zu schaffen und an sich zu ziehen und die Steuereinnahmen zu erhöhen. Es entsteht demnach die Gefahr, dass der Staat sich zu stark von gut organisierten Partikularinteressen instrumentalisieren lässt und ganz allgemein zu viele Aufgaben an sich zieht.

Demgegenüber besteht eine wirksame Begrenzung staatlicher Macht darin, dass der Staat nicht mehr die Rolle eines Monopolisten bei der Bereitstellung öffentlicher Güter und institutioneller Arrangements spielt, sondern im Wettbewerb mit anderen Staaten diese Leistungen erbringt. Die Abwanderungsmöglichkeit schafft diesen Wettbewerb der politischen Entscheidungsträger. Je leichter Wirtschaftssubjekte aus dem Einflussbereich eines Staates abwandern können, desto weniger sind sie der Macht dieses Staates ausgeliefert[197]. Die Freiheit der Abwanderung ist ein wirkungsvoller Mechanismus zur Erhöhung der Freiheit, indem die Menschen sich individuell das gesellschaftliche und politische Umfeld, in dem sie leben, aussuchen können. Als Freiheit, die jeder Einzelne besitzt, schafft sie damit auch einen Schutz von Minderheiten und gilt nach Auffassung einiger Autoren als eine notwendige Ergänzung des Mehrheitsprinzips[198]. Durch die Drohung der Abwanderung können sich potenzielle Steuerzahler gegen eine übermäßige Besteuerung wirksam schützen, der Systemwettbewerb reduziert die Macht des Staates zur Ausbeutung seiner Bewohner[199]. Somit kann analog zum Wettbewerb auf privatwirtschaftlichen Märkten der Staatenwettbewerb die Macht des einzelnen „Anbieters" institutioneller Arrangements begrenzen und im rein theoretischen Extremfall beseitigen. Diese vergrößerte Freiheit gegenüber staatlicher Machtentfaltung haben allerdings nur solche Bevölkerungsgruppen, die tatsächlich über die Möglichkeit der Abwanderung verfügen.

---

196 Vgl. Monopolkommission (1998), S. 12 f.
197 Vgl. Streit (1996a), S. 241, vgl. auch Vaubel (1999), S. 191.
198 Vgl. Schwarz (1996), S. 213, 225.
199 Vgl. S. Sinn (1992a), S. 180-187.

Zusammenfassend kann gesagt werden, dass der Begriff Wettbewerb auf Staaten in der Weise anwendbar ist, dass damit die Konkurrenz von Wirtschaftssubjekten aus verschiedenen Staaten auf internationalen Märkten gemeint ist. Ihre Unterstützung durch die jeweiligen Regierungen führt zum Wettbewerb der Regierungen. Werden dabei Elemente des Wirtschaftssystems zu Wettbewerbsinstrumenten, so ist vom Systemwettbewerb der Staaten die Rede. Bei der Bewertung werden dem Systemwettbewerb der Staaten als positive Wirkungen die Erschließung neuen Wissens und die Begrenzung politischer Macht zugeschrieben.

Zu untersuchen ist nun, ob die Intensität des Staatenwettbewerbs von ähnlichen Faktoren beeinflusst wird wie die Wettbewerbsintensität allgemein.

Der Wettbewerb zwischen Staaten ist umso intensiver, je stärker die Änderung marktstrategischer Variablen in einem Staat zur Veränderung des wirtschaftlichen Erfolges der Wettbewerber in einem anderen Staat führt. Bezogen auf den Systemwettbewerb heißt dies, dass die Wettbewerbsintensität hoch ist, wenn Änderungen der wirtschaftspolitischen Rahmenbedingungen in einem Lande sich stark auf den Erfolg von Wirtschaftssubjekten in anderen Ländern auswirken.

Beim Wettbewerb allgemein wurden als Faktoren, die die Wettbewerbsintensität beeinflussen, die Substituierbarkeit der Produkte, die Markttransparenz und die Höhe der Kosten bei Abwanderung genannt. Diese Faktoren gelten im Staatenwettbewerb analog.

Die Substituierbarkeit der Geschäftsverbindungen mit Wirtschaftseinheiten aus unterschiedlichen Staaten ist Voraussetzung dafür, dass zwischen diesen Staaten Wettbewerb herrscht. Notwendig für Wettbewerb ist, dass Geschäftsverbindungen in verschiedene Länder gegeneinander abzuwägende Alternativen darstellen. Es muss also auf den Faktormärkten zum Beispiel für Kapitalanleger die Möglichkeit bestehen, zwischen Anlagemöglichkeiten in unterschiedlichen Ländern zu wählen. Auf den Gütermärkten besteht dann Wettbewerb zwischen Staaten, wenn potenzielle Käufer die Wahl zwischen Produkten aus verschiedenen Staaten haben.

Das Ausmaß der Abwanderungsmöglichkeit zwischen Geschäftspartnern unterschiedlicher Länder spielt dafür eine große Rolle. Oft unterliegt die Abwanderungsmöglichkeit im internationalen Rahmen besonders starken Beschränkungen. Dies liegt an der international geringeren Transparenz der Märkte und höheren Abwanderungskosten. Dazu gehören Transport-, Kommunikations- und Informationskosten, die international meistens höher sind als innerhalb eines Staates. Außerdem spielen Kosten für die Überwindung von Staats- und Währungsgrenzen wie Zölle, Kosten des Währungsumtauschs, Kosten der Absicherung von Währungsrisiken oder der Information über fremde Rechtssysteme usw. eine Rolle.

Wenn seit einigen Jahren oft von Globalisierung die Rede ist, dann ist ein Prozess gemeint, in dem der Rückgang dieser Kosten eine Zunahme des internationalen Handels und der internationalen Faktorwanderungen bewirkt, sodass sich der internationale Wettbewerb intensiviert. Daraus lässt sich auch auf eine Verschärfung des internationalen Systemwettbewerbs schließen. Im Kapitel 3.4 wird die Intensivierung des internationalen Wettbewerbs empirisch untersucht.

3.2. Wettbewerbsfähigkeit in einem angebots- und einem nachfrageorientierten Zusammenhang

Die Debatte über den Begriff „Wettbewerbsfähigkeit einer Volkswirtschaft“ hat eine Vielzahl von Definitionsvorschlägen hervorgebracht, die verschiedene Aspekte wirtschaftlichen Erfolges erfassen und teilweise nicht miteinander kohärent sind[200]. In einer Grob-Einteilung sind zwei Gruppen von Definitionsvorschlägen zu unterscheiden. Die erste Gruppe identifiziert Wettbewerbsfähigkeit mit dem Grad der Erreichung wirtschaftspolitischer Ziele, ohne die Beziehung zu anderen Staaten zum Kern der Definition zu machen. Die zweite Gruppe definiert Wettbewerbsfähigkeit ausgehend von dem Wettbewerbsbegriff allgemein und stellt damit die Wettbewerbsbeziehung zu anderen Volkswirtschaften in den Mittelpunkt. Damit knüpft sie an den im Kapitel 3.1 entwickelten Begriff eines „Wettbewerbs der Staaten“ an.

Zur ersten Gruppe gehören beispielsweise die Definitionen in Veröffentlichungen der OECD und im „Global Competitiveness Report“ des „World Economic Forum“. In der OECD wird Wettbewerbsfähigkeit definiert als Fähigkeit im internationalen Wettbewerb stehender Wirtschaftseinheiten, nachhaltig hohe Faktoreinkommen und einen hohen Beschäftigungsgrad zu erreichen[201]. Damit wird

[200] Vgl. Trabold (1995), Ohr (1999).
[201] Vgl. Hatzichronoglou (1996), S. 20.

Wettbewerbsfähigkeit von Staaten mit dem Grad der Erreichung bestimmter wirtschaftspolitischer Ziele identifiziert. Das „World Economic Forum" ermittelt in seinem „Global Competitiveness Report" jährlich die Werte für zwei Indizes der Wettbewerbsfähigkeit: einen Index zur Messung der Faktoren, die ein künftiges Wachstum des Pro-Kopf-Einkommens begünstigen („Growth Competitiveness Index") und einen Index zur Messung der Faktoren, die der aktuellen Leistungsfähigkeit der Unternehmen zu Grunde liegen („Business Competitiveness Index")[202]. Damit werden Höhe und Wachstum von Produktivität und Einkommen in den Mittelpunkt gestellt. Zur Ermittlung der Indizes wird eine Vielzahl unterschiedlicher relevanter Faktoren herangezogen, so die verfügbaren Technologien, Ausbildungsstand der Arbeitskräfte, Kapitalausstattung der Unternehmen, vorhandene Institutionen, Effizienz des Finanzsystems, Grad der Beteiligung an der internationalen Arbeitsteilung u.a. Auf Grundlage der beiden Indizes werden zwei Rankings erstellt, in denen 102 bzw. 95 Staaten der Welt nach der Höhe ihrer Wettbewerbsfähigkeiten sortiert werden[203].

Bei der OECD wie beim World Economic Forum stehen somit allgemein Faktoren im Mittelpunkt, die die Erreichung wirtschaftspolitischer Ziele wie hohes Einkommen, Wachstum und Beschäftigung begünstigen. Der Wettbewerb als ein Vorgang, in dem es kurzfristig einen Zielkonflikt zwischen den Wettbewerbern gibt, spielt in diesen Definitionen der Wettbewerbsfähigkeit keine Rolle. Zwar vermittelt das plakative Ranking im „Global Competitiveness Report" den Eindruck eines Wettstreits zwischen Staaten. Im Kern handelt es sich hier jedoch um einen Vergleich zwischen Staaten in Bezug auf ihren wirtschaftspolitischen Erfolg. Dies hat den Vorteil, dass eine direkte Verbindung zu den üblichen wirtschaftspolitischen Zielen hergestellt ist. Das für Wettbewerbsprozesse konstitutive Streben, den anderen zu übertreffen, steht jedoch in diesen Definitionen der Wettbewerbsfähigkeit nicht im Mittelpunkt.

Demgegenüber stehen einige Definitionen der Wettbewerbsfähigkeit von Volkswirtschaften, die auf dem Wettbewerbsbegriff, wie er im Kapitel 3.1 entwickelt wurde, aufbauen. Dabei ist Wettbewerbsfähigkeit eines Staates der aggregierte Erfolg der inländischen Wirtschaftssubjekte als Anbieter oder Nachfrager auf internationalen Güter- und Faktormärkten im Wettbewerb mit ausländischen Konkurrenten. Dieser Erfolg ist anzusehen als *ein* Faktor unter anderen, der zur Erreichung wirtschaftspolitischer Ziele wie Wachstum und Beschäftigung bei-

---

[202] Vgl. World Economic Forum (2003), S. xii ff., xviii ff.

[203] Vgl. World Economic Forum (2003). Ähnlich sieht Porter (1990a), S. 84, in der Höhe der Arbeitsproduktivität das entscheidende Maß der Wettbewerbsfähigkeit, weil diese die wichtigste Einflussgröße für den Lebensstandard eines Landes ist.

trägt. Die Bedeutung von Wettbewerbsfähigkeit ist damit stark relativiert. Der Begriff ist nur noch insoweit anwendbar, wie wirtschaftspolitische Ziele in kurzfristiger Rivalität mit anderen Staaten zu erreichen sind. Insoweit wirtschaftspolitische Ziele ohne kurzfristige Rivalität mit anderen Volkswirtschaften erreichbar sind, wird der Begriff der Wettbewerbsfähigkeit nicht angewendet. Die Steigerung der inländischen Wettbewerbsfähigkeit ist zugleich nur einer von vielen möglichen Wegen, um wirtschaftspolitische Ziele zu erreichen.

Wie im ersten Kapitel bereits beschrieben, können vier Fälle unterschieden werden. Wettbewerbsfähigkeit kann den aggregierten Wettbewerbserfolg inländischer Wirtschaftssubjekte 1. als Nachfrager oder 2. als Anbieter auf internationalen Güter- und Dienstleistungsmärkten oder 3. als Nachfrager oder 4. als Anbieter auf internationalen Faktormärkten bedeuten. Tatsächlich ist in der Debatte des Begriffs Wettbewerbsfähigkeit umstritten, welche der vier Fälle Wettbewerbsfähigkeit definieren. Besonders der Erfolg als Güteranbieter (d.h. im Wettbewerb um enge Absatzmärkte) und der Erfolg als Faktor-Nachfrager (d.h. im Wettbewerb um mobile Produktionsfaktoren) werden als konkurrierende Definitionen der Wettbewerbsfähigkeit diskutiert. Hinter diesen Meinungsunterschieden stehen Differenzen in der Frage, welche dieser vier Arten von Wettbewerbserfolg für die Erreichung wirtschaftspolitischer Ziele nützlich ist. Die Beantwortung dieser Frage ist davon abhängig, welche Ziele verfolgt werden und wo die Engpässe der wirtschaftlichen Entwicklung liegen.

In Anlehnung an die Wertung der OECD soll davon ausgegangen werden, dass wesentliche wirtschaftspolitische Ziele die Schaffung von hohem Einkommen und hoher Beschäftigung sind. Kontrovers ist die Frage, wo die Engpässe zur Erreichung dieser Ziele liegen. Stark vereinfacht ließe sich sagen, dass sie auf der Angebotsseite oder auf der Nachfrageseite liegen können. Entsprechend lassen sich idealtypisch angebotsorientierte und nachfrageorientierte Betrachtungsweisen unterscheiden. Im Folgenden wird gezeigt, wie diese Betrachtungsweisen entscheidend sind für die Beantwortung der Frage, auf welchen Märkten sich internationaler Wettbewerb vorwiegend abspielt und welche Arten des Wettbewerbserfolges die Wettbewerbsfähigkeit eines Staates ausmachen.

Im angebotsorientierten Paradigma sind Wachstum und Wohlstand in einem Land von der Angebotsseite her begrenzt. Das heißt, das Haupthindernis für größeren Wohlstand ist die Begrenztheit der Ressourcen, die in der Produktion verwendet werden können. Diese Begrenztheit kann naturgegeben sein wie bei Boden oder Rohstoffen. Sie kann aber auch politisch bedingt sein wie im Falle gesetzlich oder tariflich festgelegter und den Knappheitsverhältnissen widersprechender Faktorpreise. So wird vom angebotsorientierten Standpunkt aus hohe unfreiwillige Arbeitslosigkeit mit politischen Eingriffen in die Marktprozesse, in deren Folge es zu überhöhten Lohnkosten kommt, begründet. Die Forderung, Lohnkosten zu senken, zielt hier darauf ab, diese künstliche Verknappung des Faktors Arbeit in der Binnenwirtschaft zu beheben. Sie hat mit einem Wettbewerb mit anderen Ländern nicht notwendigerweise zu tun[204].

Rein angebotsorientierte Modelle enthalten Annahmen, die zu dem Schluss führen, dass der Absatz makroökonomisch kein Problem darstellen kann. Da der Engpass bei den verfügbaren Ressourcen liegt, wird alles, was auf Grund nutzbarer Ressourcen produzierbar ist, auch verkauft. Absatzprobleme einzelner Branchen können durch Marktmechanismen behoben werden. Zwei mögliche Varianten solcher rein angebotsorientierter Modelle, in denen die Unmöglichkeit gesamtwirtschaftlicher Absatzprobleme theoretisch begründet wird, sind das neoklassische Modell und die neoklassische Synthese.

Wichtiges Element des neoklassischen Modells ist das Saysche Theorem, mit dem ein gesamtwirtschaftlicher Nachfragemangel ausgeschlossen wird. Jeder Ausfall an Konsumgüternachfrage vergrößert die Ersparnis und erhöht dadurch das Kapitalangebot auf den Kapitalmärkten. Infolgedessen sinken die Zinsen und steigt die Investitionstätigkeit. Ein Rückgang an Konsumgüternachfrage wird so stets durch ein Wachstum der Investitionsgüternachfrage ausgeglichen.

Der entsprechende und im Ergebnis gleiche Wirkungsmechanismus ist im Modell der neoklassischen Synthese der sogenannte Keynes-Effekt: Nachfragemangel führt hier zu Preissenkungen und dadurch zu einer Zunahme der realen Geldmenge. Die Wirtschaftssubjekte fragen mit der vergrößerten realen Geldmenge vermehrt Wertpapiere nach, wodurch es zu Kurssteigerungen und Zinssenkungen kommt. Letztere bewirken eine Zunahme der Investitionen, durch die die Nachfrageschwäche wieder behoben wird[205].

Sowohl im Sayschen Theorem als auch beim Keynes-Effekt bewirkt also jeder Mangel an Konsumgüternachfrage auf Umwegen einen Rückgang der Zinsen und dadurch eine Steigerung der Investitionsgüternachfrage. Ein andauerndes

---

[204] Vgl. Van Suntum (1986), S. 497 f.

[205] Vgl. die Darstellungen des Sayschen Theorems und des Keynes-Effektes zum Beispiel bei Felderer/Homburg (1991), S. 84-86, 134-140.

gesamtwirtschaftliches Absatzproblem ist dadurch hier unmöglich[206]. Daher wird in diesen Modellen das Wirtschaftswachstum durch die Knappheit der Ressourcen begrenzt.

Zur Behebung der Knappheit sollen die im Inland verfügbaren Produktionsfaktoren vermehrt werden. Neben binnenwirtschaftlichen Maßnahmen kann dies dadurch geschehen, dass knappe Faktoren auf internationalen Märkten beschafft werden. In der angebotsorientierten Perspektive steht daher der Wettbewerb zwischen Wirtschaftssubjekten aus verschiedenen Ländern auf der Nachfrageseite internationaler Faktormärkte im Mittelpunkt. Wettbewerbsfähigkeit ist hier also die Attraktivität eines Landes als Standort für knappe und international mobile Produktionsfaktoren („ability to attract")[207].

Insoweit Produktionsfaktoren nicht vermehrbar sind, kann ein Land seine Wohlfahrt auch durch Außenhandel erhöhen. Dies ist der Gegenstand der klassischen Außenhandelstheorie. Sie geht von einem fixen Bestand vollbeschäftigter Produktionsfaktoren im Inland aus. Die inländischen Produktionsmöglichkeiten sind begrenzt und werden voll ausgeschöpft. Davon ausgehend kann gezeigt werden, wie durch internationalen Handel in allen beteiligten Ländern ein Zuwachs an Wohlfahrt ermöglicht wird, der ohne Außenhandel nicht erzielbar ist. Dabei spezialisieren sich die Länder auf die Erzeugung der Güter, bei denen sie komparative Kostenvorteile haben. Inländische Güter werden zu dem Zweck exportiert, mit den Erlösen die Einfuhr ausländischer Produkte zu finanzieren[208]. Krugman betont, der Import und nicht der Export von Produkten sei nach klassischer Theorie Zweck des Außenhandels[209]. Ziel ist hier also, den inländischen Nutzen mithilfe des Außenhandels durch kostengünstigen Zugriff auf möglichst viele international angebotene Güter und Dienstleistungen zu steigern. In der angebotsorientierten Sichtweise könnte also auch der Wettbewerb zwischen Wirtschaftssubjekten auf der Nachfrageseite internationaler Güter- und Dienstleistungsmärkte bedeutsam sein.

Sind Güter und Dienstleistungen knapp, weil die zu ihrer Erzeugung notwendigen Produktionsfaktoren knapp sind (wie dies in der angebotsorientierten Sichtweise der Fall ist), dann verschärft sich der Wettbewerb um die Produktions-

---

[206] Wenn diese Annahmen aufgegeben werden, kann gesamtwirtschaftlich ein Absatzproblem entstehen, sodass die nachfrageorientierte Sichtweise relevant wird, vgl. I. Schmidt (Göttingen) (1995), S. 278.

[207] Vgl. Giersch (1989); S. 2; Sachverständigenrat (1995), Ziffer 254. Zum Begriff „ability to attract" vgl. Trabold (1995), S. 169.

[208] Vgl. Rose/Sauernheimer (1999), S. 375-384, 523-527.

[209] Vgl. Krugman (1996), S. 19.

faktoren (also der Wettbewerb auf der Nachfrageseite der Faktormärkte) und der Wettbewerb um die Güter und Dienstleistungen (also der Wettbewerb auf der Nachfrageseite der Güter- und Dienstleistungsmärkte).

Ein allgemeiner Wettbewerb zwischen Staaten auf der Angebotsseite der Gütermärkte, also ein Wettbewerb der Staaten um Absatzmärkte und ein Streben nach Exportüberschüssen (d.h. einem positiven Außenbeitrag) spielen im angebotsorientierten Zusammenhang keine zentrale Rolle. Mit Hinweis auf die klassische Außenhandelstheorie weisen manche Autoren einen Wettbewerb zwischen Staaten um internationale Absatzmärkte als nicht existierend zurück[210]. Da jedes Land irgendwelche komparative Kostenvorteile hat, wird immer der Austausch von Waren für alle Beteiligten lohnend sein. Gemäß der klassischen Theorie müssten Exporte und Importe immer ausgeglichen sein. Dafür ist jedoch das Funktionieren bestimmter Anpassungsmechanismen – vor allem flexible und allein durch den Handel bestimmte Preise oder Wechselkurse – erforderlich. Ungleichgewichte von Im- und Exporten können dagegen auftreten, wenn die Preise unflexibel sind oder wenn der Wechselkurs fest oder durch den Kapitalverkehr oder politische Eingriffe beeinflusst ist. Die Annahme eines ständigen Ausgleichs von Im- und Exporten steht zugleich im Widerspruch zu der Erfahrung oft chronischer Ungleichgewichte in Handels- und Leistungsbilanzen vieler Staaten.

In einer rein angebotsorientierten Perspektive sind jedoch Überschüsse in der Handels- und Dienstleistungsbilanz (ein positiver Außenbeitrag) aus nationalem Interesse nicht wünschenswert, da sie bedeuten, dass die Volkswirtschaft unter Aufwendung von knappen Produktionsfaktoren mehr produziert als sie selbst verbraucht. Ein positiver Außenbeitrag bedeutet einen Verbrauch knapper inländischer Ressourcen für den Konsum des Auslandes. Deshalb lässt sich aus dem angebotsorientierten Standpunkt kein genereller Wettbewerb der Staaten um Absatzmärkte herleiten.

In der nachfrageorientierten Sichtweise ist es der Mangel an Absatzmöglichkeiten, der das Wirtschaftswachstum begrenzt. Kapazitäten sind genügend vorhanden. Aber für einen Teil der Waren, die produziert werden können, fehlt die

---

210 Vgl. Gerken (1999), S. 13-16; Berthold (1994/95), S. 78 f.; Krugman (1994) und (1996). Krugman bezieht zusätzlich die Theorien strategischer Handelspolitik mit ein, hält aber wegen deren mangelnder Anwendbarkeit im Prinzip an den Kernaussagen der klassischen Außenhandelstheorie und deren Ablehnung des Begriffs der Wettbewerbsfähigkeit fest.

Nachfrage. Deshalb liegen Kapazitäten brach, und es kann unfreiwillige Arbeitslosigkeit bestehen.

Sind die Kapazitäten nicht ausgelastet, das heißt existieren unbeschäftigte Produktionsfaktoren, dann verschärft sich der Wettbewerb zwischen ihren Anbietern um die vorhandenen Einsatzmöglichkeiten. Auch international gewinnt dann der Wettbewerb auf der Angebotsseite der Märkte für Produktionsfaktoren an Bedeutung.

Herrscht Nachfragemangel, dann kann die Vergrößerung der Absatzmöglichkeiten für inländische Betriebe wichtiges Ziel der Wirtschaftspolitik sein. So betont die nachfrageorientierte Sichtweise vor allem die Bedeutung des Wettbewerbs zwischen inländischen und ausländischen Unternehmen auf der Angebotsseite internationaler Güter- und Dienstleistungsmärkte. Wettbewerbsfähigkeit wird hier daher vor allem mit Exporterfolg bzw. einem positiven Außenbeitrag identifiziert („ability to sell")[211].

Sind Produktionsfaktoren unterbeschäftigt, weil für einen Teil der produzierbaren Güter und Dienstleistungen die Absatzmärkte fehlen (wie dies in der nachfrageorientierten Sichtweise der Fall ist), dann verschärft sich der Wettbewerb zwischen den Anbietern von Produktionsfaktoren um deren knappen Einsatzmöglichkeiten (also der Wettbewerb auf der Angebotsseite der Faktormärkte) und der Wettbewerb der Unternehmen um die engen Absatzmärkte für Güter und Dienstleistungen (also der Wettbewerb auf der Angebotsseite der Güter- und Dienstleistungsmärkte).

Ein Wettbewerb um Produktionsfaktoren, z.B. als Wettbewerb um Direktinvestitionen, tritt hier dagegen in den Hintergrund. Da der Hauptengpass wirtschaftlichen Wachstums nicht im Mangel an Produktionsfaktoren gesehen wird, wird ihr Abfluss zum Beispiel durch Direktinvestitionen im Ausland auch als weniger problematisch eingeschätzt. Im Gegenteil: Direktinvestitionen im Ausland können eine exportfördernde Rolle spielen, wenn sie zur weiteren Erschließung von Absatzmärkten wichtig sind. Vielfach wird daher betont, dass inländische Direktinvestitionen im Ausland den Export des Inlandes zusätzlich stärken und deshalb aus nationaler Perspektive sogar sehr positiv zu bewerten seien[212]. Dahinter steht die Annahme, dass das Wachstum der Volkswirtschaft eher durch eine Steigerung der Exportnachfrage als durch Verfügbarkeit zusätzlicher Produktionsfaktoren im Inland erhöht werden kann.

---

[211] Vgl. zum Beispiel Robinson (1937/1947); Balassa (1962), Kromphardt/Bathe (1997), S. 371 f.

[212] Vgl. zum Beispiel: Deutsches Institut für Wirtschaftsforschung (1992), S. 172.

Zusammengefasst: Aus angebotsorientierter Perspektive ist mit einem schärferen Wettbewerb auf der Nachfrageseite der Faktormärkte und auf der Nachfrageseite der Güter- und Dienstleistungsmärkte zu rechnen. Aus nachfrageorientierter Perspektive ist mit einem schärferen Wettbewerb auf der Angebotsseite der Faktormärkte und auf der Angebotsseite der Güter- und Dienstleistungsmärkte zu rechnen. So ist auch für den Charakter des internationalen Staatenwettbewerbs entscheidend, welches wirtschaftstheoretische Paradigma vorherrschend ist bzw. welchem wirtschaftstheoretischen Paradigma die tatsächliche wirtschaftliche Lage eher entspricht.

Diese stilisierte idealtypische Unterscheidung von Angebotsorientierung und Nachfrageorientierung darf nicht darüber hinweg täuschen, dass in der Realität Elemente beider Sichtweisen gültig sind, wenn auch in verschiedenen Ländern in unterschiedlichem Ausmaß. Die übliche Makroökonomik der neoklassischen Synthese stellt eine theoretische Verbindung von Elementen beider Sichtweisen dar. Darin kann die Produktion durch Nachfrageausweitung nur vergrößert werden, wenn dadurch die Preise steigen, sodass die Reallöhne sinken und eine bestehende Hochlohn-Arbeitslosigkeit reduziert wird[213].

Außerdem kann es in der realitätsnäheren Untersuchung auch dazu kommen, dass sich aus den beiden Perspektiven identische Politikempfehlungen ergeben. So vermehrt die Zufuhr ausländischen Kapitals nicht nur die vorhandenen knappen Produktionsfaktoren, sondern wirkt oft auch nachfragesteigernd im Inland. Im nächsten Kapitel soll die Untersuchung daher weiter differenziert werden.

3.3. Formen des Staatenwettbewerbs

3.3.1. Standortwettbewerb um mobile Produktionsfaktoren

Wettbewerbsfähigkeit wird oft verstanden als die Fähigkeit eines Landes, mobile Produktionsfaktoren anzuziehen und dadurch die inländische Produktion zu erhöhen. Der Grundgedanke ist dabei, dass durch den Zufluss mobiler Faktoren die Produktivität der immobilen Faktoren gesteigert wird[214]. In der neoklassi-

[213] Vgl. Felderer/Homburg (1991), S. 134-140.
[214] Vgl. zum Beispiel Kantzenbach (1993), S. 629.

schen Argumentation erhöht die Kapitalzufuhr von außen die Grenzproduktivität des Faktors Arbeit. Im Falle der Vollbeschäftigung steigen das Lohnniveau und (bei lohnelastischem Arbeitsangebot) zugleich der Arbeitseinsatz. Im Falle von Hochlohn-Arbeitslosigkeit wird diese reduziert. In beiden Fällen wachsen Produktion und Volkseinkommen.

Was hier für den Faktor Kapital gesagt ist, gilt ebenso für andere knappe und mobile Produktionsfaktoren, also auch die Faktoren Know-how oder „unternehmerische Initiative“[215]. Standortwettbewerb ist auch Wettbewerb um die Anwerbung dieser anderen Produktionsfaktoren. Versuche von Staaten, qualifiziertem Personal Anreize zur Zuwanderung zu setzen, sind Beispiele für den Versuch, den knappen Faktor „Know-how“ anzuwerben.

Von sehr großer Bedeutung ist dabei die Anwerbung solcher Faktoren, deren Einsatz viele positive externe Effekte für andere inländische Firmen verursacht[216]. Im angebotsorientierten Zusammenhang ist vor allem an solche externen Effekte zu denken, die die Produktionsmöglichkeiten im Inland von der Inputseite her erhöhen. Dazu zählen zum Beispiel ein zusätzliches Angebot preisgünstiger Vorleistungen oder die Weiterverbreitung von Know-how durch Anschauungsunterricht oder Arbeitskräftefluktuation.

Eine Direktinvestition ist die Zufuhr eines koordinierten Bündels an Produktionsfaktoren. Durch Direktinvestitionen erhält ein Land nicht nur zusätzliches Kapital, sondern auch unternehmerische Initiative und meistens auch zusätzliches Know-how. Die Attraktivität eines Landes als Standort für ausländische Direktinvestitionen gilt daher vielfach als besonders wichtig für die Wettbewerbsfähigkeit.

Allerdings müssen aus angebotsorientierter Perspektive Direktinvestitionen unterschiedlichen Typs verschieden beurteilt werden. In der angebotsorientierten Perspektive liegt der Engpass wirtschaftlichen Wachstums darin, dass verfügbare Produktionsfaktoren knapp sind, sodass keine überschüssigen unbeschäftigten Faktoren vorhanden sind. Deshalb konkurrieren Direktinvestitionen, die inländische Produktionsfaktoren nutzen (vor allem beschaffungs- oder kostenorientierte Direktinvestitionen[217]), mit inländischen Firmen um diese Faktoren. Sie erweitern die inländischen Produktionsmöglichkeiten nur in dem Maße, in dem sie diese knappen Ressourcen produktiver einsetzen als die inländischen Produzenten. Darüber hinaus tragen Direktinvestitionen zum Wachstum bei,

---

215 Vgl. Straubhaar (1994), S. 536, 539 f.

216 Vgl. Ohr (1999), S. 64.

217 Vgl. Welter (2000), S. 29 ff.

wenn durch sie die im Land nutzbaren Produktionsfaktoren vermehrt werden. Die Gewinnung von Sach- und Finanzkapital, Know-how und unternehmerischem Engagement für das Inland sind aus der angebotsorientierten Perspektive die wichtigsten positiven Effekte von Direktinvestitionen. Diese Ressourcenzufuhr von außen steigert die Produktivität der im Inland ansässigen immobilen Produktionsfaktoren (z.B. des Faktors Arbeit) und trägt dadurch zur Erhöhung des Einkommens der Inländer bei.

Mit einer solchen Vermehrung der Produktionsfaktoren ist dann zu rechnen, wenn nicht die Nutzung inländischer Ressourcen Hauptmotiv für Direktinvestitionen ist. Dies ist zum Beispiel der Fall, wenn stattdessen die Belieferung der inländischen Absatzmärkte das entscheidende Investitionsmotiv ist (absatzorientierte Direktinvestitionen[218]). Absatzorientierte Direktinvestitionen sind aus der angebotsorientierten Perspektive positiv zu beurteilen. Sie bringen einerseits zusätzliche Produktionsfaktoren ins Land. Da die Nachfrage in der angebotsorientierten Betrachtung keinen Engpass wirtschaftlicher Entwicklung darstellt, entziehen absatzorientierte Direktinvestitionen andererseits inländischen Anbietern aufs Ganze gesehen keine Marktanteile. Ein Produktionsrückgang durch Verdrängung inländischer Produzenten von Absatzmärkten ist hier gesamtwirtschaftlich betrachtet unwahrscheinlich.

Neben Direktinvestitionen kann auch reines Finanzkapital die Knappheit an Produktionsfaktoren im Inland verringern. Auch Finanzkapital wird auf dem Umweg über die Finanzmärkte oft für Investitionen verwendet. So kann der Zufluss von Finanzkapital das Zinsniveau senken und dadurch die inländische Investitionstätigkeit anregen[219].

Auch aus nachfrageorientierter Sicht kann der Zufluss von Produktionsfaktoren für ein Land positiv sein. In nachfrageorientierter Sicht sind die Absatzmöglichkeiten und damit die Güternachfrage der Engpass des Wachstums, während Produktionsfaktoren im Überfluss vorhanden sind. Direktinvestitionen können die Nachfrage im Inland erhöhen, wenn sie zur Nachfrage nach Vorleistungen führen. Entsprechend sind solche Direktinvestitionen willkommen, die zum Einsatz wahrscheinlich sonst brachliegender Ressourcen führen, ohne mit inländischen Produzenten um dieselben Absatzmärkte zu konkurrieren, weil sie zum Beispiel für Märkte im Ausland produzieren (beschaffungs- und kostenorien-

[218] Ebd.
[219] Vgl. H.-W. Sinn (1997b), S. 676 f.

tierte Direktinvestitionen). Direktinvestitionen, die zur Belieferung des inländischen Marktes durchgeführt werden (absatzorientierte Direktinvestitionen), sind problematischer, da sie mit inländischen Unternehmen auf den engen Absatzmärkten im Wettbewerb stehen.

Zusätzlich im Inland verfügbares Know-how kann den Erfolg inländischer Unternehmen auf internationalen Absatzmärkten erhöhen. So kann die Anwerbung mobiler Produktionsfaktoren auch indirekt eine Rolle für den Exporterfolg von Volkswirtschaften spielen. Auch der Zufluss von rein spekulativem Kapital kann nachfragesteigernd wirken, wenn es durch die vergrößerte Nachfrage nach Wertpapieren bzw. dem vergrößerten Kapitalangebot zu Kurssteigerungen und Zinssenkungen kommt und dadurch vermehrt Investitionen durchgeführt werden, sodass die Nachfrage nach Investitionsgütern steigt.

In der nachfrageorientierten Sichtweise besteht daher ein Wettbewerb um international mobile Produktionsfaktoren, soweit sich durch sie nachfrageinduzierende Aktivitäten ins Inland verlagern.

In beiden Standpunkten ist die Attraktivität eines Landes als Standort für mobile knappe Produktionsfaktoren (v.a. Kapital, unternehmerische Initiative und Know-how) ein wichtiges Ziel. In der angebotsorientierten Sichtweise geht es dabei darum, inländische Knappheiten zu beheben und die Einkommen der immobilen Produktionsfaktoren zu erhöhen. In der nachfrageorientierten Sichtweise erhofft man sich vor allem größeren Exporterfolg und Nachfrageeffekte zum Beispiel bei Vorleistungen oder durch Zinssenkungen.

Dabei liegt es in der Konsequenz der zwei Sichtweisen, den Zufluss von Direktinvestitionen je nach ihren Motiven gerade gegensätzlich zu bewerten. Im angebotsorientierten Kontext gilt der Zufluss von beschaffungs- und kostenorientierten Direktinvestitionen, die mit inländischen Produzenten vor allem auf den Märkten für Produktionsfaktoren konkurrieren, als weniger positiv, während absatzorientierte Direktinvestitionen (zur Belieferung inländischer Absatzmärkte) willkommen sind. Dagegen folgt aus der nachfrageorientierten Sichtweise tendenziell das Gegenteil: Beschaffungs- und kostenorientierte Direktinvestitionen erhöhen die Nachfrage nach Vorleistungen im Inland, führen zum Einsatz sonst brachliegender Produktionsfaktoren und sind daher positiv zu beurteilen. Absatzorientierte Direktinvestitionen dagegen treten vor allem mit inländischen Unternehmen auf den engen Absatzmärkten in Konkurrenz und bewirken deshalb nicht notwendigerweise einen Zuwachs an Produktion und Beschäftigung.

Die angebotsorientierte Sichtweise interessiert sich für solche positiven externen Effekte von Investitionen, durch die Ressourcenengpässe verringert werden (Forward Linkages). Die nachfrageorientierte Sichtweise führt dagegen dazu, dass ein in Gang gesetzter Nachfrage-Multiplikator der wichtigste positive externe Effekt einer Investition ist (Backward Linkages)[220].

Der Saldo der Direktinvestitionsbilanz als direktes Maß für Investitionszu- und -abflüsse wird gelegentlich als Indikator für die Standortqualität genannt[221]. Demnach wäre ein Überschuss der Direktinvestitionszuflüsse über die -abflüsse für ein Land positiv. Diese Sichtweise ist jedoch besonders in der nachfrageorientierten Sichtweise problematisch, wenn gerade der Abfluss von Direktinvestitionen zum Ausbau und zur Sicherung von Absatzmärkten im Ausland dient oder wenn die Direktinvestitionen vor allem Ausdruck einer hohen inländischen Ersparnisbildung auf Grund eines hohen Volkseinkommens sind. Einen negativen Saldo der Direktinvestitionsbilanz kann man daher nicht ohne genauere Untersuchung als Standortschwäche interpretieren[222].

Andere Indikatoren sind Aspekte, die die Attraktivität eines Landes für Direktinvestitionen beeinflussen, zum Beispiel die Höhe der Lohnstückkosten, der Ausbildungsstand der Arbeitskräfte, die Höhe der Unternehmenssteuern, der Zustand der Infrastruktur, das Vorhandensein bürokratischer Hindernisse, politische Stabilität usw. Dabei sind insbesondere die Höhe der Lohnstückkosten und der Steuern relevant für kostenorientierte Direktinvestitionen. Auch die Anwesenheit von Lieferanten kostengünstiger und qualitativ hochwertiger Vorleistungen spielt eine Rolle. Für beschaffungsorientierte Direktinvestitionen ist das Vorhandensein begehrter Ressourcen entscheidend. Neben dem Zugang zu Rohstoffen gehört dazu auch die Anwesenheit qualifizierten Personals. Das Bildungsniveau der Bevölkerung ist deshalb ein wichtiger Standortfaktor. Für absatzorientierte Direktinvestitionen ist die Größe der inländischen Märkte und die Existenz von Vertriebskanälen (Handelsunternehmen, Transportinfrastruktur) wichtig. Viele Standortfaktoren sind relevant für fast alle Arten Direktinvestitionen. So erfordert ein Engagement in einem Land in jedem Fall ein hinreichendes Maß an politischer Stabilität, Rechtssicherheit und sozialem Frieden sowie an gut ausgebauter Infrastruktur.

---

[220] Zu den Begriffen Backward und Forward Linkages vgl. Hirschman (1958), S. 98 ff.
[221] Vgl. zum Beispiel Heinemann (1999), S. 180 f.
[222] Vgl. Deutsches Institut für Wirtschaftsforschung (1992).

Strebt eine Regierung nach Steigerung der inländischen Standortqualität, dann ergibt sich als politische Konsequenz die Forderung, das eigene Land für Investitionen attraktiver zu machen, z.B. Kosten und Steuern für Unternehmen zu senken, kostenverursachende Regulierungen abzubauen und die Infrastruktur zu verbessern. Der Wettbewerb zwischen Staaten um Investitionen wird dadurch zum Systemwettbewerb der Regierungen.

3.3.2. Wettbewerb um Absatzmärkte

Vor allem in der nachfrageorientierten Sichtweise ist die Erschließung von Absatzmärkten für die inländischen Anbieter das Hauptfeld, in dem Staaten miteinander konkurrieren. Die „Ability to sell" gilt für viele als die Definition der Wettbewerbsfähigkeit.

Gemessen wird der Verkaufserfolg zum Beispiel mit den Salden der Handels- oder der Leistungsbilanz, dem zusammengefassten Saldo von Handels- und Dienstleistungsbilanz (dem Außenbeitrag) oder auch mit Marktanteilen auf Exportmärkten[223]. Manchmal werden auch Faktoren, die den Exporterfolg beeinflussen können, wie Preise oder Lohnstückkosten, als Indikatoren verwendet.

Der Außenbeitrag eines Landes ist in der Regel dann hoch bzw. positiv, wenn das Land niedrige Preise oder eine relativ schwach bewertete Währung hat, wenn also der reale Außenwert niedrig ist. Insgesamt trägt also eine reale Abwertung der Währung zur Erhöhung der Verkaufserfolges bei. Sie begünstigt den Export und erhöht bei Geltung der Marshall-Lerner-Bedingung den Außenbeitrag. Oft wird deshalb die Entwicklung des realen Außenwerts (bzw. der realen Wechselkurse) als wichtiger Indikator der Veränderung der Wettbewerbsfähigkeit angesehen[224].

Neben den preislichen spielen jedoch auch qualitative Vorsprünge für den Exporterfolg eine entscheidende Rolle. Dies verweist auf die wichtige Rolle von technischem Fortschritt und Innovationen[225]. Innovationen können auch dazu führen, dass (zumindest zeitweilige) Monopole entstehen. Sie erhöhen den

[223] Vgl. Robinson (1937/1947), S. 156 f.; Balassa (1962).
[224] Vgl. zum Beispiel Filc (1978).
[225] Vgl. Kaldor (1978), S. 102 ff., 106; Fagerberg (1988).

Exporterfolg primär dadurch, dass bestimmte Produkte nur im Inland erhältlich sind, sodass größere Mengen exportiert werden können.

Direktinvestitionen im Ausland können für das Geberland ergänzend eine exportfördernde Rolle spielen, wenn sie zur weiteren Erschließung von Absatzmärkten wichtig sind. Tatsächlich ergaben mehrere Untersuchungen, dass deutsche Direktinvestitionen hauptsächlich zur Sicherung von Exporten und zur Erschließung weiterer Absatzmärkte durchgeführt werden[226]. Mit diesem Argument forderte zum Beispiel das DIW, dass zur Stärkung der deutschen Exporte deutsche Unternehmen mehr im Ausland investieren sollten[227]. Darin besteht ein den Überlegungen aus Kapitel 3.3.1 entgegengesetztes Argument, da hier Direktinvestitionen auch dem Geberland Wettbewerbsvorteile einbringen, sodass nicht nur der Zufluss, sondern auch der Abfluss von Produktionsfaktoren einem Land nutzen kann.

Erfolg auf Absatzmärkten lässt sich in einem keynesianischen Modellrahmen mit Unterbeschäftigung (wie zum Beispiel dem Mundell-Fleming-Modell) theoretisch erfassen. Bei Preisstarrheiten bewirkt zusätzliche Nachfrage aus dem Ausland hier eine Erhöhung der Produktion und des Volkseinkommens.

Auch der Staat kann versuchen, gezielt den Verkaufserfolg inländischer Anbieter zu fördern. Maßnahmen zur Kostensenkung oder eine nominale Abwertung der Währung sind politische Aktivitäten, die den Export durch eine reale Abwertung der Währung fördern sollen[228]. Insbesondere die Höhe der Kosten ist ein Faktor, der durch das politische Umfeld wesentlich beeinflusst wird. So fließen die Höhe der Steuern, der Sozialbeiträge, aber auch die Kosten zur Erfüllung von Umweltauflagen und anderen staatlichen Regulierungen in die Kalkulation der Unternehmen ein. Andererseits kann sich der Ausbau der Infrastruktur kostensenkend auswirken.

Um den Verkaufserfolg inländischer Betriebe auf den inländischen Märkten zu erhöhen, also um durch Verdrängung von Importen vom Inlandsmarkt den Außenbeitrag zu erhöhen, können Importzölle und andere protektionistische Maßnahmen eingeführt werden[229]. Auch dadurch kann der Staat den Verkaufserfolg inländischer Unternehmen fördern. Erfolgreich wird die Regierung dabei allerdings nur sein, wenn die Regierungen der negativ betroffenen anderen Länder

[226] Vgl. Hummel (1996), S. 1, 14; Deutsche Bundesbank (1996), S. 28; Kromphardt/Bathe (1997), S. 367-370. Vgl. Kapitel 4.2.1.a.
[227] Vgl. Deutsches Institut für Wirtschaftsforschung (1992), S. 172.
[228] Zum Erfolg von Abwertungsstrategien vgl. Dornbusch (1996).
[229] Vgl. Robinson (1937/1947), S. 157.

nicht ihrerseits mit Handelshemmnissen reagieren, sodass die Exportmöglichkeiten eingeschränkt werden.

Wenn das politische Umfeld bewusst zur Förderung des Verkaufserfolges inländischer Unternehmen gestaltet wird, führt auch der Wettbewerb um Absatzmärkte zum Systemwettbewerb der Regierungen.

3.3.3. Wettbewerb um Wissen

Überragende Bedeutung für den wirtschaftlichen Erfolg eines Landes haben zweifellos der Bildungsstand der Arbeitskräfte und die Verfügbarkeit von technologischem Know-how.

Know-how vergrößert grundsätzlich die Arbeitsproduktivität und schafft dadurch im Inland größere Verteilungsspielräume. Technischer Fortschritt ist der entscheidende Faktor wirtschaftlichen Wachstums. Damit sind technischer Fortschritt und Bildung von herausragender Bedeutung als Faktoren zur Erreichung wirtschaftspolitischer Ziele und somit zur Erhöhung der Wettbewerbsfähigkeit gemäß den Definitionen der OECD und des World Economic Forum.

Im angebotsorientierten Konzept der Wettbewerbsfähigkeit kommt dem Faktor Know-how eine wichtige Rolle zu. Zur Knappheit an Produktionsfaktoren gehört immer auch die Knappheit an Wissen, die auch durch Wissenstranfer aus dem Ausland abgemildert werden kann. Dieser bringt nicht unbedingt einen Zielkonflikt mit anderen Staaten hervor, da Wissen grundsätzlich unendlich teilbar ist. Internationale Unternehmenskooperationen können zum Wissenstransfer beitragen und zum Vorteil aller Beteiligten sein. Auch ist die Schaffung von Wissen oft mit grenzüberschreitenden positiven externen Effekten verbunden. Die Ergebnisse von Forschungsaktivitäten lassen sich nur begrenzt geheim halten oder durch Patente schützen. Grenzüberschreitende Spill-over-Effekte tragen dazu bei, dass von der Forschung eines Landes auch andere Länder profitieren. Gelingt es einem Staat, durch technischen Fortschritt die Produktivität zu steigern, so können die Bewohner anderer Staaten in diesem Staat Produkte preisgünstiger und gegebenenfalls mit besserer Qualität oder ganz neue Produkte erwerben. Im Rahmen internationaler Arbeitsteilung nutzt der Produktivitätsfortschritt immer auch den Menschen in anderen Ländern.

Ein Wettbewerb um Wissen ist dagegen spürbar beim Wettbewerb um qualifizierte Arbeitskräfte. Dieser ist ein Spezialfall des Wettbewerbs um mobile Produktionsfaktoren. Bemühungen, im Inland für qualifiziertes Personal ein gutes Umfeld zu schaffen und gezielt Fachkräfte anzuwerben, spielen im Staatenwettbewerb eine große Rolle. Auch treten die genannten positiven Spill-over-Effekte überwiegend innerhalb einer Region oder eines Landes auf, z.B. durch Arbeitskräfte, die den Arbeitsplatz wechseln oder durch Anschauungsunterricht. Solche positiven externen Effekte der technologischen Leistungsfähigkeit geben dem Faktor Know-how eine zusätzliche Bedeutung für den wirtschaftlichen Erfolg eines Landes[230].

Umgekehrt kann auch das Vorhandensein von qualifiziertem Personal ein positiver Standortfaktor für die Anwerbung anderer Produktionsfaktoren sein. Insbesondere für die Standortentscheidungen von Unternehmen ist die Qualifikation der Arbeitskräfte ein bedeutsamer Aspekt.

Know-how ist ebenfalls wichtig, um Absatzmärkte zu gewinnen oder zu verteidigen. Eine Produktinnovation kann eine zeitweilige Monopolstellung eines inländischen Anbieters auf internationalen Märkten schaffen und dadurch vorübergehend Monopolrenten ins Inland ziehen. Qualitative Vorsprünge und Kostenvorteile durch Know-how sind für den Exporterfolg von großer Wichtigkeit und tragen ebenfalls zum Erfolg auf Absatzmärkten bei. Solche Wettbewerbsvorsprünge verschwinden jedoch, wenn sich das zu Grunde liegende Wissen international verbreitet.

3.4. Ausmaß der internationalen Faktorwanderungen und des internationalen Handels

Im Kapitel 3.1 wurde gesagt, dass der Wettbewerb zwischen Staaten umso intensiver ist, je leichter Wirtschaftssubjekte abwandern können. Dabei ist mit Abwanderung sowohl die Verlagerung eines angebotenen Produktionsfaktors in ein anderes Land als auch der Kauf von Waren aus einem anderen Land gemeint. Die Abwanderungsoption hängt stark von Transaktionskosten, wie Transport- und Kommunikationskosten, ab. Tatsächlich kam es während des gesamten 20. Jahrhunderts vor allem durch technischen Fortschritt zu beträchtli-

[230] Vgl. Ohr (1999), S. 63 f.

chen Kostensenkungen in den Bereichen internationalen Transports und internationaler Kommunikation. Beispielsweise sanken von 1930 bis 1990 die Kosten für See-Fracht auf die Hälfte, für Flugreisen auf weniger als ein Sechstel und für transatlantische Telefongespräche auf ein Siebzigstel[231]. Hinzu traten mit Telefax und Internet neue Kommunikationsmedien, die die internationalen Wirtschaftsbeziehungen weiter vereinfachten.

Die Intensivierung des internationalen Wettbewerbs wurde in der zweiten Hälfte des 20. Jahrhunderts vor allem begünstigt durch die Aufhebung politisch gesetzter Barrieren, insbesondere Zölle und Kapitalverkehrsbeschränkungen.

Im Rahmen des GATT bzw. der Welthandelsorganisation wurden bestehende Zölle weitgehend abgebaut. Der durchschnittliche Zollsatz auf Industriegüter wurde durch die Beschlüsse der Kennedy-Runde (1964-1967) und der Tokio-Runde (1973-1979) von 15 auf 6,5 Prozent und durch die Beschlüsse der Uruguay-Runde (1986-1993) weiter auf 3,5 Prozent gesenkt[232]. Die Uruguay-Runde weitete den Bereich der Handelsliberalisierung auch auf Dienstleistungen aus, führte Beschränkungen der seit den 60-er Jahren bedeutsamen nichttarifären Handelshemmnisse ein und brachte auch einige Liberalisierungsschritte in den sonst sehr protektionistisch behandelten Bereichen des Agrar- und Textilhandels[233].

In den Europäischen Gemeinschaften bzw. der Europäischen Union wurden in den letzten Jahrzehnten in sehr großem Umfang Hindernisse für internationale Wirtschaftsbeziehungen beseitigt. 1961 wurden die letzten Mengenbeschränkungen, 1968 die letzten Zölle im Handel innerhalb der damals sechs Mitglieder zählenden Europäischen Gemeinschaft abgeschafft[234].

Das Cassis-de-Dijon-Urteil des Europäischen Gerichtshofs von 1979 legte für den Güterhandel das Ursprungslandprinzip fest. Demnach darf jedes Produkt, das in einem Land der EG legal in den Handel gebracht wird, in der gesamten Gemeinschaft ohne weiteres frei gehandelt werden[235]. Das Prinzip der gegenseitigen Anerkennung nationaler Produktregulierungen wurde auch im Binnenmarkt-Programm der EG übernommen. Die Möglichkeit, dass Regierungen der EG-Mitgliedsländer mit Produktregulierungen die Einfuhr von Gütern aus anderen EG-Ländern verbieten und so den innereuropäischen Handel behindern,

---

[231] Vgl. Hufbauer (1991), S. 26.
[232] Vgl. Dieckheuer (1995), S. 497.
[233] Vgl. Senti (1994), S. 307-309, 312.
[234] Vgl. Smeets (1996), S. 63.
[235] Vgl. Smeets (1996), S. 65 f.

wurde dadurch eingedämmt. Zugleich setzt dies den innereuropäischen Systemwettbewerb im Bereich der Produktregulierungen in Gang.

Die zum 1. Januar 1999 in Kraft getretene Währungsunion von bisher 12 EU-Ländern soll – wie zuvor bereits das Europäische Währungssystem – den Außenhandel weiter vereinfachen[236].

Zunehmend wurden auch die Beschränkungen der Mobilität der Produktionsfaktoren innerhalb der EG bzw. der EU aufgehoben. 1968 wurde das generelle Recht auf Freizügigkeit für alle Arbeitnehmer innerhalb der EG eingeführt. Die Freizügigkeit wurde mehrfach (so auch im Rahmen des Binnenmarkt-Programms) durch Vorschriften zur Anerkennung von Anwartschaften auf soziale Leistungen und zur Anerkennung von Berufsabschlüssen abgesichert. Seit 1990 besteht das Recht auf freie Wahl des Aufenthaltsortes auch für nicht erwerbstätige EG- bzw. EU-Bürger[237]. Dennoch ist die Freizügigkeit bis heute in erster Linie auf die Mobilität des Produktionsfaktors Arbeit ausgerichtet. So ist die Freizügigkeit von Arbeitslosen vor allem als rechtliche Absicherung der Arbeitssuche in einem anderen EU-Land gedacht. Das Recht auf Bezug von Arbeitslosenunterstützung besteht im Allgemeinen nur in dem Land, in dem zuvor Ansprüche (z.B. durch Einzahlung von Sozialversicherungsbeiträgen) erworben wurden[238].

Der Abbau von Kapitalverkehrsbeschränkungen in den Europäischen Gemeinschaften begann Anfang der 1960-er Jahre mit der Liberalisierung der Direktinvestitionen und anderer Kapitalbewegungen, wobei nationale Beschränkungen bei vom Handel unabhängigen und kurzfristigen Kapitalbewegungen möglich blieben. In den 70-er Jahren führten die meisten EG-Länder wieder vermehrt Kapitalverkehrsbeschränkungen ein. Der Abbau erfolgte in den 80-er Jahren und Anfang der 90-er Jahre vor allem im Rahmen des Binnenmarkt-Programms der EG. Die letzten Möglichkeiten zu Kapitalverkehrsbeschränkungen wurden durch den Maastrichter Vertrag zum 1. Januar 1994 abgeschafft[239].

Diese Liberalisierungen wurden mit den Erweiterungsrunden der EG bzw. der EU in den Jahren 1973 (Dänemark, Großbritannien, Irland), 1981 (Griechenland), 1986 (Portugal, Spanien), 1990 (Ostdeutschland), 1995 (Finnland, Öster-

[236] Zum Prozess der monetären Integration in Europa vgl. Ohr/A. Schmidt (2001), S. 419-432.

[237] Die diesbezüglichen Regelungen finden sich in den Artikeln 18, 39 und 42 EG-Vertrag. Vgl. Nienhaus (1998), S. 105 ff.

[238] Vgl. Straubhaar (2001), S. 275. Zur Rechtslage in der EU vgl. Wissenschaftlicher Beirat beim Bundesministerium der Finanzen (2000), Kap. II.

[239] Vgl. Nienhaus (1998), S. 112 f.

reich, Schweden) und 2004 (Estland, Lettland, Litauen, Polen, Tschechien, Slowakei, Ungarn, Slowenien, Zypern, Malta) – oft mit längeren Übergangsphasen – auf weitere Länder ausgedehnt.

Auch in anderen Teilen der Welt wurden die Wirtschaftsbeziehungen zusätzlich zu den Liberalisierungen des GATT regional liberalisiert. So wurden 1989 zwischen den USA und Kanada und 1994 mit der NAFTA zwischen den USA, Kanada und Mexiko Hemmnisse für Handelsströme und Direktinvestitionen abgebaut[240]. Ein wesentlicher Teil internationaler Wirtschaftsbeziehungen vollzieht sich innerhalb regionaler Integrationsräume, z.B. innerhalb der EU[241].

Sinkende Transport- und Kommunikationskosten und der Abbau von gesetzlichen Mobilitätshemmnissen durch die Staaten sind Faktoren, die eine Zunahme internationaler Wirtschaftsbeziehungen begünstigen. Sie sind aber nicht die einzigen Faktoren, die dafür eine Rolle spielen. Andere Faktoren, die Einfluss auf die Mobilität nehmen, sind die in den verschiedenen Ländern unterschiedlichen Sprachen, Rechtssysteme, Kulturen u.a. Ein Gesamtmaß für die Mobilität müsste alle diese Faktoren mit berücksichtigen. Naheliegend ist es, die Entwicklung der internationalen Mobilität anhand der tatsächlich stattfindenden internationalen Faktorbewegungen und Handelsströme zu messen.

Das Ausmaß des Wettbewerbs der Staaten hängt aber nicht notwendigerweise von den *tatsächlich stattfindenden* internationalen Transaktionen ab, sondern von den *möglichen*. Zum Beispiel verweist Apolte darauf, dass das Volumen tatsächlicher Kapitalbewegungen unter Umständen nichts über die Kapitalmobilität aussagt. Für den Standortwettbewerb ist nicht entscheidend, wie viel Kapital tatsächlich wandert, sondern wie viel Kapital wandern *könnte*. Falls im theoretischen Extremfall sich alle Länder gleichermaßen um die Anwerbung von Kapital bemühen, könnte es sogar – bei zugleich intensivem Standortwettbewerb – dazu kommen, dass gar keine Nettokapitalbewegungen stattfinden[242]. Andererseits erscheint es plausibel, dass die für den Standortwettbewerb wichtige Drohung mit Abwanderung nur dann glaubwürdig ist oder zumindest erheblich an Glaubwürdigkeit gewinnt, wenn sich tatsächlich Abwanderungen ereignen. Deshalb erscheint das Ausmaß tatsächlicher Wanderungen trotzdem das beste verfügbare Maß für die internationale Mobilität und damit für die Intensität des Staatenwettbewerbs zu sein.

---

[240] Vgl. Scharrer/Shams (1999/2000), S. 104 ff.; Preuße (2000).
[241] Vgl. Straubhaar (1998), S. 249.
[242] Vgl. Apolte (1999), S. 26.

In diesem Kapitel soll deshalb ein empirischer Überblick über die Entwicklung des internationalen Handels und der grenzüberschreitenden Wanderungen der Produktionsfaktoren gegeben werden, um so die Entwicklung des Ausmaßes des Staatenwettbewerbs zu messen.

3.4.1. Kapital und unternehmerische Tätigkeit

a) Direktinvestitionen und Wertpapiertransaktionen

Kapital gilt meistens als der mobile Produktionsfaktor schlechthin. Tatsächlich haben sich in den letzten Jahrzehnten die internationalen Kapitalbewegungen vervielfacht. Dies wird zuerst anhand der Ströme der Direktinvestitionen, dann anhand der Portfolioinvestitionen gezeigt.

Die Erfassung international vergleichbarer Daten zu den Direktinvestitionen ist mit einer Reihe von Schwierigkeiten behaftet, da die Erfassungsmethoden in verschiedenen Ländern voneinander abweichen. Allerdings werden – auch unter dem Einfluss der Empfehlungen des Internationalen Währungsfonds – Definition und Erhebungsmethoden von Direktinvestitionen in den verschiedenen Ländern zunehmend harmonisiert[243]. Üblicherweise werden Direktinvestitionen aufgefasst als Beteiligung an einem ausländischen Unternehmen mit der Absicht, sich langfristig zu engagieren und Einfluss auf die Geschäftspolitik zu nehmen. Inzwischen gilt meistens eine Beteiligung am Eigenkapital von mehr als 10 Prozent als Direktinvestition. Die UNCTAD, deren Daten hier verwendet werden, zählt – in Übereinstimmung mit den IWF-Empfehlungen – neben dem Eigenkapitalfluss auch Kredite zwischen Mutter- und Tochterunternehmen zu den Direktinvestitionen. Ebenfalls zu den Direktinvestitionen werden reinvestierte Gewinne der Tochterunternehmen gezählt.

Ein Indikator zur Messung des Ausmaßes, in dem ein Land von internationalen Investitionsbewegungen betroffen ist, ist die Summe aus Direktinvestitionszuflüssen und -abflüssen in Prozent des Bruttoinlandsprodukts. Der Durchschnitt dieser Größe für 17 Industrieländer wird in der Abbildung 3.1 wieder-

[243] Zu den Problemen bei der Vergleichbarkeit internationaler Daten über Direktinvestitionen vgl. Köddermann/Wilhelm (1996), S. 3-33; Deutsche Bundesbank (1997a); Jost (1997), S. 2-4; Falzoni (2000); Welter (2000), S. 91-143;

Abbildung 3.1: Direktinvestitionszu- und -abflüsse in % des Bruttoinlandsprodukts in 17 Industrieländern
Ungewichtete Durchschnitte;
Berechnungen mit Daten aus: UNCTAD/DITE (2004), World Bank (2003)

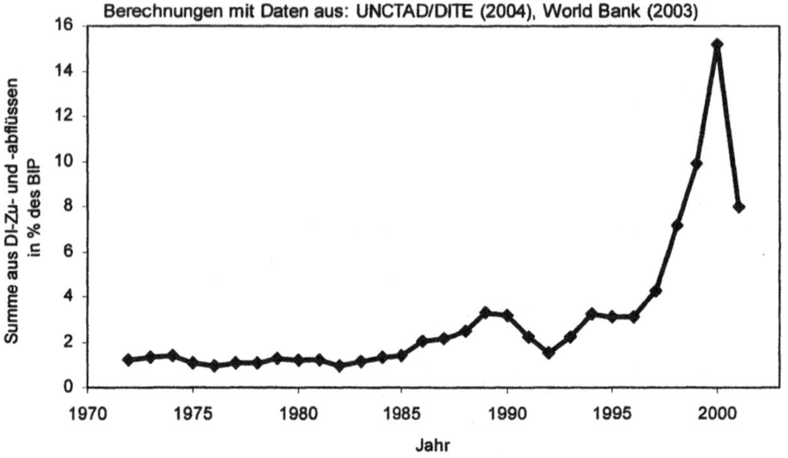

gegeben[244]. Der Umfang der Direktinvestitionszuflüsse und -abflüsse zusammen lag in den betrachteten Industrieländern in den 1970-er Jahren im Durchschnitt noch meistens zwischen einem und zwei Prozent des Bruttoinlandsproduktes, stieg dann auf ein Niveau von über 3 Prozent am Ende der 80-er Jahre. In den 90-er Jahren stieg dieser Anteil weiter an und erreichte im Jahr 2000 eine Höhe von über 15 Prozent. Rückläufig entwickelten sich die Direktinvestitionsquoten in Zeiten weltwirtschaftlicher Rezessionen Mitte der 70-er, Anfang der 80-er, Anfang der 90-er Jahre und im Jahr 2001. Der insgesamt nach oben gehende Trend dürfte sich dadurch jedoch nicht umkehren, zumal in jeder dieser Rezessionen die Direktinvestitionstätigkeit ein höheres Niveau hatte als in der vorangegangenen.

---

[244] Es handelt sich (wie bei den Abbildungen zur Sozialpolitik im Kapitel 2.2) um ungewichtete Durchschnitte. Die Entwicklung würde bei Verwendung von gewichteten Durchschnitten kaum anders aussehen. Die Auswahl der Länder erfolgte in Anlehnung an die Regressionsanalysen im Kapitel 4.2.3. Die einbezogenen Länder sind: Australien, Österreich, Kanada, Dänemark, Finnland, Frankreich, Deutschland, Italien, Japan, die Niederlande, Neuseeland, Norwegen, Portugal, Spanien, Schweden, das Vereinigte Königreich und die USA. Quellen: Für die Direktinvestitionszahlen United Nations Conference on Trade and Development (UNCTAD) / Division on Investment, Technology and Enterprise Development (DITE) (2004), für das Bruttoinlandsprodukt World Bank (2003).

Ursache der überproportionalen Konjunkturabhängigkeit der Direktinvestitionen dürfte die überproportionale Konjunkturabhängigkeit der Investitionen im Allgemeinen sein. Im Konjunkturverlauf sind die Schwankungen der Investitionen erfahrungsgemäß wesentlich stärker als die Schwankungen des Bruttoinlandsprodukts insgesamt. Eine mögliche (keynesianische) Erklärung wäre, dass in der Rezession die Verschlechterung der Ertragserwartungen zu einem massiven Rückgang der Investitionstätigkeit führt, während im Aufschwung umgekehrt die Verbesserung der Ertragserwartungen einen starken Investitionsboom auslösen kann[245]. Deshalb gehen Konjunkturschwankungen mit überproportional starken Schwankungen der Investitionstätigkeit einher. Naheliegend ist die Vermutung, dass dabei auch grenzüberschreitende Investitionen keine Ausnahme sind. So sind in Phasen wirtschaftlicher Schwäche die Direktinvestitionen in Relation zum Bruttoinlandsprodukt rückläufig, auch wenn der längerfristige Trend ihrer Entwicklung weiterhin nach oben geht.

Die Bestände an Direktinvestitionen stiegen weltweit in Relation zum Welt-Bruttoinlandsprodukt von 5,4 Prozent (1980) über 8,4 Prozent (1990) auf 19,6 Prozent (2000) an. In den Ländern der Europäischen Union war dieser Anstieg noch stärker: Hier stieg die Quote der ausländischen Direktinvestitionsbestände an dem Bruttoinlandsprodukt der EU-Mitgliedsländer von 6,1 (1980) über 10,6 (1990) auf 30,3 Prozent (1997)[246].

Der starke Anstieg internationaler Kapitalbewegungen wird auch bestätigt mit Zahlen der Weltbank zu den gesamten privaten Kapitalbewegungen in den 17 genannten Ländern[247]. Diese enthalten auch Portfolioinvestitionen und Kreditbeziehungen. Abbildung 3.2 zeigt, dass die Gesamtheit privater Kapitalzu- und -abflüsse im Durchschnitt dieser Länder Mitte der 1970-er Jahre dem Wert von etwa 6 Prozent des Bruttoinlandsproduktes entsprach und bis zum Jahr 2000 auf fast 50 Prozent des Bruttoinlandsprodukts anwuchs. Da die Direktinvestitionen Teil dieser Zahlen sind, ist deren negative Konjunkturabhängigkeit auch in diesen Zahlen leicht erkennbar durch den schwachen Rückgang in den Rezessionsjahren 1982 und 1991.

---

[245] Vgl. Tichy (1994), Kapitel 4.2, insbes. S. 81-85.
[246] Vgl. United Nations Conference on Trade and Development (UNCTAD) (2002), S. 328, Tab. B.6.
[247] Vgl. Anmerkung 244.

Abbildung 3.2: Private Bruttokapitalbewegungen in Prozent des Bruttoinlandsprodukts in 17 Industrieländern

Summe aus privaten Kapitalzu- und -abflüssen in % des BIP, ungewichtete Durchschnitte für 17 Länder; Quelle: World Bank (2003)

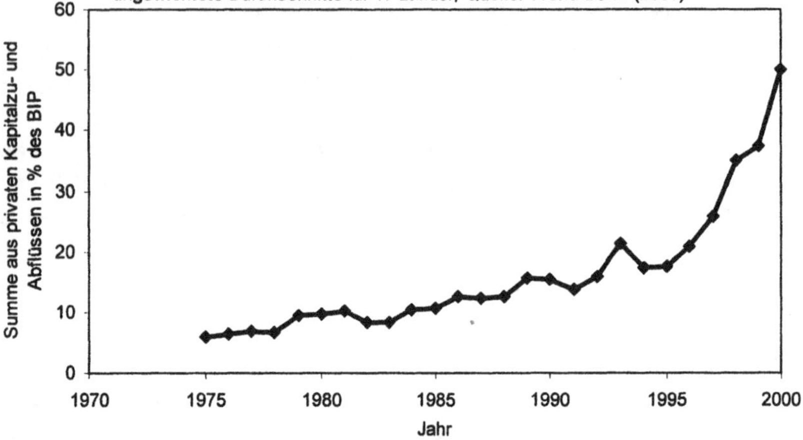

Ein Teil der Kapitalbewegungen geht in diese Zahlen der Weltbank als Saldo ein. Beispielsweise wird nicht jede Umschichtung, die Inländer innerhalb ihrer ausländischen Wertpapierbestände vornehmen, in solchen Zahlen mit erfasst. Bei der Ermittlung dieser Zahlen werden also beispielsweise die Nettoänderung des Wertpapierbesitzes von Inländern im Ausland und die Nettoänderung des Wertpapierbesitzes von Ausländern im Inland addiert. Bezieht man alle erfassten Wertpapierkäufe und -verkäufe mit ein, dann ergeben sich größere und deutlich stärker wachsende Zahlen: Der Umfang sämtlicher internationaler Wertpapiertransaktionen lag in sechs Industrieländern (den G-7-Staaten ohne Großbritannien) in den 1970-er Jahren in Relation zum Bruttoinlandsprodukt noch durchgängig unter 10 Prozent. Nach einem gewaltigen Anstieg lag er Ende der 1990-er Jahre in fünf der betrachteten Industrieländer bei einem Vielfachen des Bruttoinlandproduktes (etwa zwischen 200 und 650 Prozent), lediglich in Japan (das in den 80-er Jahren noch Vorreiter dieser Entwicklung war) gab es in den 1990-er Jahren eine Stagnation bei etwa 90 Prozent (vgl. Abbildung 3.3)[248]. An diesem großen Anstieg wird deutlich, dass der Wertpapierhandel zum allergrößten Teil aus dem Handel bereits im Umlauf befindlicher Papiere besteht, während die Neuemission zur Kapitalbeschaffung von investierenden Unter-

---

[248] Vgl. Bank für Internationalen Zahlungsausgleich (1997), S. 88, Tab. V.1, und (1999), S. 132, Tab. VI.5.

Abbildung 3.3: Internationale Anleihe- und Aktientransaktionen in 6 Industrieländern

Bruttowertpapierkäufe zwischen Gebietsansässigen und Gebietsfremden in % des BIP; Quelle: Bank für internat. Zahlungsausgleich (1997) und (1999)

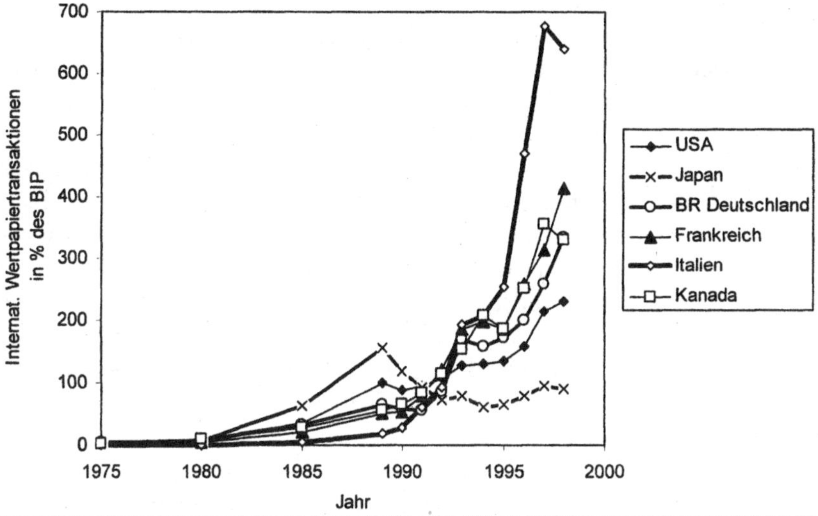

nehmen nur noch einen kleinen Bruchteil der Bewegungen von Finanzkapital ausmacht. Deutlich wird außerdem, dass der Wertpapierhandel sich in den letzten beiden Jahrzehnten viel mehr internationalisiert hat als die Investitionen.

Allerdings ist unternehmerisches Engagement im Ausland nicht exakt an den Zahlen der internationalen Kapitalbewegungen ablesbar. Nach einer Studie von Feldstein wurden 62 Prozent der US-amerikanischen Investitionen im Ausland durch Aufnahme von Kapital auf den ausländischen Kapitalmärkten finanziert. Lediglich 20 Prozent des von amerikanischen Tochtergesellschaften außerhalb der USA investierten Kapitals wurde aus den USA dorthin transferiert, weitere 18 Prozent durch einbehaltene Gewinne der ausländischen Tochtergesellschaften finanziert[249]. Ähnliche Ergebnisse liegen auch für Deutschland vor: Ende 1994 war das Kapital der deutschen Direktinvestitionen im Ausland zu 75 Prozent durch ausländische Kapitaleigner und Kreditaufnahme finanziert, nur 25 Prozent stammte vom deutschen Mutterunternehmen. Umgekehrt stammte das Kapital ausländischer Direktinvestitionen in Deutschland nur zu einem Drittel

[249] Vgl. Feldstein (1994a), S. 6-10, 12, 30. Alle Zahlen gelten für den Vermögensbestand Ende 1989.

aus der Kapitalzufuhr durch das ausländische Mutterunternehmen[250]. Die Zahlungsbilanz- bzw. Direktinvestitionsstatistiken der Länder können das Ausmaß unternehmerischen Engagements im Ausland nicht richtig abbilden, weil die Kapitalaufnahme am Investitionsstandort nicht erfasst wird[251].

Zugleich ist zu beachten, dass ein großer Anteil der Direktinvestitionen Fusionen und Übernahmen bestehender Unternehmen (Mergers and Acquisitions) sind. Vor allem in den 90-er Jahren waren die Wachstumsraten der Fusionen und Übernahmen höher als die Wachstumsraten der Direktinvestitionen insgesamt. Ihr Anteil an den weltweiten Direktinvestitionen stieg in den 90-er Jahren von ca. 40 auf ca. 80 Prozent[252]. In diesen Fällen ist mit den Direktinvestitionen zwar ein grenzüberschreitender Kapitalfluss verbunden. Aber mit ihnen muss nicht notwendigerweise ein Transfer von zusätzlichem unternehmerischem Engagement und Know-how oder die Ingangsetzung neuer Produktionen einhergehen. Ist zum Beispiel das Motiv einer internationalen Unternehmensübernahme lediglich die Beseitigung eines Konkurrenten, dann bedeutet dies für den Standort dieses Konkurrenten zwar einen Kapitalimport, aber keinen Gewinn von unternehmerischer Initiative. Das unternehmerische Engagement im Ausland kann daher teilweise geringer sein als es die Zahlen der Direktinvestitionsstatistiken erscheinen lassen. Die Statistiken über den Kapitalverkehr sind also nur sehr ungenaue Indikatoren zur Messung der Internationalisierung unternehmerischer Standortentscheidungen.

Die Zufuhr von Kapital ist zwar nicht gleichbedeutend mit Investitionen und einer Zunahme unternehmerischer Tätigkeit. Jedoch begünstigt jeder Kapitalimport indirekt Investitionen, da jede Form der Erhöhung des Kapitalangebots tendenziell zinssenkend wirkt und da der Kapitalimport eine Volkswirtschaft mit Devisen versorgt, die für den Import von Investitionsgütern und Vorleistungen benötigt werden. Umgekehrt bedeutet eine Kreditaufnahme am Investitionsstandort keine Vergrößerung des dortigen Kapitalangebots. Währungskrisen zeigen, wie eine massive Kapitalabwanderung die Investitionsbedingungen in einer Volkswirtschaft verschlechtern und eine Rezession auslösen kann.

---

[250] Vgl. Jost (1997), S. 4.
[251] Vgl. Köddermann/Wilhelm (1996), S. 5.
[252] Eigene Berechnung nach: United Nations Conference on Trade and Development (UNCTAD) / Division on Investment, Technology and Enterprise Development (DITE) (2003).

b) Das Feldstein-Horioka-Problem

In einer viel beachteten Studie haben 1980 Feldstein und Horioka die Kapitalmobilität für 16 OECD-Staaten in dem Zeitraum 1960 bis 1974 überprüft[253]. Ihr Ansatz besteht darin, die Sparquoten und Investitionsquoten[254] der untersuchten Länder zu ermitteln, für jedes Land den Durchschnitt der Spar- und Investitionsquoten für den Untersuchungszeitraum zu berechnen und dann in einer Querschnittsanalyse eine Korrelation zwischen den jeweils 16 Spar- und Investitionsquoten zu schätzen.

Im Falle vollkommener Kapitalmobilität müssten die Ersparnisse eines Landes Teil des weltweit verfügbaren Kapitalbestandes werden, der unabhängig von Ländergrenzen dort für Investitionen eingesetzt wird, wo dies am lohnendsten ist. Ebenso könnte bei völliger Kapitalmobilität ein Investor zur Finanzierung seines Projektes auf die Ersparnisse nicht nur seines eigenen Landes, sondern auch aller anderen Länder zurückgreifen. Entsprechend wäre bei vollkommener Kapitalmobilität damit zu rechnen, dass kein statistischer Zusammenhang zwischen inländischer Spar- und inländischer Investitionsquote besteht.

Doch in ihrer Regression ermitteln Feldstein und Horioka das Gegenteil, einen signifikanten Zusammenhang von inländischer Sparquote und inländischer Investitionsquote. Die ermittelte Regressionsgleichung lautet:

$$\text{Investitionsquote} = 0{,}035 + 0{,}887 \times \text{Sparquote}.$$

Die Investitionsquote ergibt sich also aus der Konstante von 0,035 und in Abhängigkeit von der Sparquote mit einem Regressionskoeffizienten (dem so genannten „Savings Retention"-Koeffizienten[255]) von fast 0,89. Das heißt, die Autoren kommen zu dem Ergebnis, dass jeder zusätzliche Euro, der im Inland gespart wird, im Inland zu zusätzlichen Investitionen von 89 Cent führt. Das Bestimmtheitsmaß der Regression liegt bei 91 Prozent. Die Untersuchung von drei jeweils fünfjährigen Teilperioden, sowie die Wiederholung des Tests für die Quoten der Nettoersparnis und Nettoinvestitionen ergeben ähnliche Resultate[256].

Diese Ergebnisse werden auch für spätere Zeiträume bestätigt. So ermitteln Feldstein und Bacchetta für 23 OECD-Länder für die 1960-er, 1970-er und 1980-er Jahre (bis 1986) Savings-Retention-Koeffizienten von 0,91, 0,81 und

[253] Vgl. Feldstein/Horioka (1980).
[254] Anteil der Ersparnisse und der Investitionen am Bruttoinlandsprodukt des jeweiligen Jahres. Verwendet werden Bruttowerte.
[255] Vgl. Feldstein/Bacchetta (1991), S. 206.
[256] Vgl. Feldstein/Horioka (1980), S. 321.

0,61[257]. Diese Koeffizienten sind zwar weiterhin hoch, haben aber eine sinkende Tendenz, was für eine Zunahme der Kapitalmobilität spricht. In einer Studie von Kleinewefers Lehner für 14 EU-Länder (ohne Luxemburg) im Zeitraum 1980 bis 1995 werden etwas kleinere, aber auch noch relativ hohe Koeffizienten (zwischen 0,58 und 0,77), nicht aber die sinkende Tendenz bestätigt[258]. Eine weitere, sehr langfristig angelegte Studie für zehn Industrieländer ergibt, dass lediglich vor dem Ersten Weltkrieg der Savings-Retention-Koeffizient mit 0,53 und das Bestimmtheitsmaß mit 22 Prozent deutlich niedriger lagen. Für alle Zeiträume nach 1919 werden die Feldstein-Horioka-Ergebnisse bestätigt[259]. Alle diese Untersuchungen verwenden für die Spar- und Investitionsquoten jeweils Durchschnittswerte für längere Zeiträume von meistens fünf oder zehn Jahren.

Aus dem engen Zusammenhang von inländischer Ersparnis und inländischen Investitionen wird auf ein eher geringes Maß an internationaler Kapitalmobilität geschlossen[260]. Dieses ist – nachdem institutionelle Barrieren für den internationalen Kapitalverkehr weitgehend weggefallen sind – mit freiwilligen Entscheidungen der Akteure zu erklären. Als Ursache der starken Neigung, im eigenen Land zu bleiben, wird die Risikoscheu von Kapitalanlegern genannt. So ist mit Kapitalexporten in fremde Währungsräume ein Wechselkursrisiko verbunden. Investoren vermeiden Risiken, die durch den Umgang mit fremden Rechtssystemen und Gebräuchen sowie der Gefahr von außen schwer kalkulierbarer politischer Richtungswechsel zusammenhängen[261]. Solche Risiken sind im Kern gleichbedeutend mit einem Informationsproblem. Gegenüber einheimischen Unternehmen sind ausländische Investoren meist unterlegen, weil für sie der Zugang zu Informationen über das fremde Land aufwändiger ist. So erklärt eine fundamentale Informationsasymmetrie zwischen inländischen und ausländischen Investoren bzw. in Bezug auf das eigene und das fremde Land den „Home Country Bias“ von Investoren[262]. Dies wird dadurch zusätzlich empirisch bestätigt, dass ausländische Investitionen in den USA – unabhängig von ihrem Herkunftsland – dort deutlich niedrigere Renditen erzielten als amerikanische Unternehmen[263].

---

[257] Vgl. Feldstein/Bacchetta (1991), S. 207.
[258] Vgl. Kleinewefers Lehner (1998), S. 51 f.
[259] Vgl. Hogendorn (1998), S. 145-154. Die Savings-Retention-Koeffizienten lagen zwischen 0,8 und 1,1, das Bestimmtheitsmaß zwischen 87 und 92 Prozent.
[260] Vgl. Feldstein/Horioka (1980), S. 328.
[261] Vgl. Feldstein (1994b), S. 683 f.
[262] Vgl. Gordon/Bovenberg (1996), S. 1059 ff.
[263] Vgl. Gordon/Bovenberg (1996), S. 1060.

Eine weitere Erklärung der von diesen Autoren vermuteten geringen Kapitalmobilität ist der hohe Anteil kleiner und mittelständischer Unternehmen, die keinen Zugang zu internationalen Finanzplätzen haben und ihre Investitionen regional und national ausrichten[264]. Für sie sind die Transaktionskosten eines internationalen Engagements immer noch zu hoch.

Feldstein selbst erklärt seine Ergebnisse zusätzlich, indem er darauf verweist, dass auch grenzüberschreitende Investitionen und Anlageentscheidungen nicht zu internationalen Nettokapitalflüssen führen, wenn sie mit Geschäften zur Absicherung von Wechselkursrisiken verbunden werden[265]. Um sich bei einer Kapitalanlage in einem fremden Land gegen das Wechselkursrisiko abzusichern, schließt ein Anleger ein Termingeschäft ab, in dem vereinbart wird, dass er zu einem späteren Zeitpunkt die fremde Währung zu einem heute vereinbarten Kurs in seine Heimatwährung zurücktauschen kann. Die Bank oder andere Firma, die diesen Vertrag mit dem Anleger abschließt, verpflichtet sich, später Inlandswährung gegen Auslandswährung zu einem heute vereinbarten Kurs zur Verfügung zu stellen. Um sich selbst gegen das damit verbundene Wechselkursrisiko zu sichern, kann sie sich sofort Inlandswährung beschaffen und damit Kapital ins Inland transferieren. Tut sie dies, dann entspricht dem Kapitalfluss ins Ausland ein gleichgroßer Kapitalfluss ins Inland, sodass netto ein Ausgleich stattfindet. Im Ergebnis bleibt in diesem Fall die Kapitalausstattung des Inlandes von der Kapitalabwanderung des Anlegers unbeeinflusst. Diese Erklärung verweist darauf, dass die Feldstein-Horioka-Ergebnisse nicht auf geringe Kapitalmobilität zurückzuführen sind, sondern auf kausale Zusammenhänge, die dafür sorgen, dass die *Netto*kapitalflüsse langfristig gering sind.

Es gibt eine Reihe weiterer Ansätze, die zu belegen versuchen, dass die Feldstein-Horioka-Ergebnisse nicht durch geringe Kapitalmobilität zu erklären sind.

Naheliegend ist der keynesianische Gedanke, wonach nicht die Höhe der Ersparnis den Umfang der Investitionen bestimmt, sondern dass umgekehrt die Investitionen – über die Beeinflussung der Produktion und des Volkseinkommens – die Höhe der Ersparnis bestimmen. Entsprechend ergebe sich die Korrelation von Sparen und Investieren in einem Land nicht dadurch, dass Ersparnisse im Inland bleiben, sondern dadurch, dass die im Lande getätigten Investitionen – egal ob sie aus dem Inland oder dem Ausland stammen – die inländische Ersparnisbildung auf das gleiche Niveau bringen. Kapitalmobilität wäre dann daran zu erkennen, dass die Investitionen hier als unabhängige Variable

264 Vgl. Dornbusch (1991), S. 222; Apolte (1999), S. 25.
265 Vgl. Feldstein (1994b), S. 684-687; Ohr (2001), S. 25 f.

auftreten und aus dem Inland oder aus dem Ausland kommen könnten. Erst im zweiten Schritt würde dann der Ausgleich der Investitionen durch eine gleich hohe inländische Ersparnisbildung erzwungen. Doch dabei wird übersehen, dass in der offenen Volkswirtschaft im Inland getätigte Investitionen nicht notwendigerweise durch inländische Ersparnisbildung auszugleichen sind, sondern ebenfalls durch ein Leistungsbilanzdefizit und damit verknüpfte Kapitalimporte ausgeglichen werden können. Findet jedoch der Ausgleich tatsächlich vor allem oder nur durch inländische Ersparnisbildung statt (wie dies die Feldstein-Horioka-Ergebnisse nahe legen), dann spricht dies dafür, dass Nettokapitalimporte wenig vorkommen, dass also Kapital tatsächlich relativ immobil ist. Die Feldstein-Horioka-Ergebnisse erweisen sich daher auch mit einer keynesianischen Sichtweise vereinbar und sind auch innerhalb dieser Sichtweise ein Argument für eine geringe Kapitalmobilität.

Der enge Zusammenhang zwischen inländischer Ersparnis und inländischen Investitionen wird in anderen Argumentationen damit erklärt, dass beide von gemeinsamen Ursachen beeinflusst werden[266].

Eine solche gemeinsame Ursache könnte ein Wachstum der jungen und arbeitsfähigen Bevölkerung sein. Dieses führt zum Anstieg der Ersparnisse, da jüngere Arbeitskräfte bei vergleichsweise hohem Einkommen viel für das Alter oder andere Lebensrisiken vorsorgen wollen. Zugleich wird viel investiert, um die große Zahl von Arbeitskräften mit dem zur Produktion notwendigen Sachkapitalstock auszustatten. Allerdings ließ sich empirisch weder ein Zusammenhang zwischen Bevölkerungsentwicklung und Investitionstätigkeit noch eine Lockerung der Beziehung zwischen inländischen Spar- und Investitionsquoten bei Einbeziehung des Bevölkerungswachstums bestätigen[267].

Auch das Wirtschaftswachstum könnte sich sowohl auf Investitionen wie auf Ersparnisse gleichgerichtet auswirken. Doch auch für diese Variable konnte empirisch kein nennenswerter Effekt bestätigt werden[268].

Eine andere gemeinsame Ursache für Ersparnis und Investition könnten Produktivitätsschübe durch technischen Fortschritt sein. Kommt es plötzlich zum Anstieg der Arbeitsproduktivität, so bewirkt dies steigende Einkommen und dadurch eine steigende Ersparnisbildung. Gleichzeitig werden durch technischen

[266] Vgl. Obstfeld (1986a).
[267] Vgl. Hogendorn (1998), S. 152 f.; Kleinewefers Lehner (1998), S. 52.
[268] Vgl. Feldstein/Bacchetta (1991), S. 210; Kleinewefers Lehner (1998), S. 52.

Fortschritt Investitionen lohnender, sodass auch die Investitionstätigkeit zunimmt[269].

Das Feldstein-Horioka-Ergebnis wird manchmal mit der Notwendigkeit oder dem Ziel eines langfristigen Leistungsbilanzausgleichs begründet. So ist eine ständig wachsende Auslandsverschuldung durch chronische Leistungsbilanzdefizite in einem Land normalerweise langfristig nicht durchzuhalten. Eine Ausnahme sind eventuell die USA, die als Land mit der international verwendeten Leitwährung hier eine Sonderrolle einnehmen können. In den meisten Ländern erzwingt langfristig die Budgetrestriktion der Volkswirtschaft eine Tendenz zum Leistungsbilanzausgleich und damit zum Ausgleich von Kapitalzu- und -abflüssen. Dies schlägt sich auf das Verhältnis von inländischen Spar- und Investitionsquoten vor allem in längerfristigen Durchschnittszahlen (wie sie von Feldstein/Horioka verwendet wurden) nieder. Mit der langfristigen Tendenz zum Leistungsbilanzausgleich besteht auch die Tendenz zum Ausgleich der Kapitalbilanz und damit zur Begrenzung von Nettokapitalflüssen.

Kurzfristig sind stärkere Schwankungen der Leistungs- und damit auch der Kapitalbilanz möglich. Stefan Sinn belegt dies empirisch, indem er den Zusammenhang von Ersparnisbildung und Investitionstätigkeit nicht (wie Feldstein/Horioka) mit mehrjährigen Durchschnitten, sondern mit Jahreswerten für die Zeit von 1960 bis 1988 untersucht. In diesem Fall weisen die Savings-Retention-Koeffizienten kleinere Werte und stärkere Schwankungen auf, das Bestimmtheitsmaß ist meistens niedriger. Die Regressionskoeffizienten schwanken zwischen 0,41 und 0,91, das Bestimmtsheitsmaß zwischen 14 und 90 Prozent[270]. Der Zusammenhang zwischen inländischem Sparen und inländischem Investieren lockert sich also erheblich bei kurzfristigerer Betrachtung. Stefan Sinn verweist auf diese kurzfristig stärkere Abweichung zwischen Spar- und Investitionsquoten und belegt so, dass Kapital mobiler ist als durch die langfristig angelegten Feldstein-Horioka-Koeffizienten angezeigt wird[271]. Längerfristig stellt jedoch die volkswirtschaftliche Budgetrestriktion eine Schranke für ausufernde Nettokapitalwanderungen dar.

Eine diese Sichtweise stützende Erklärung beruht auf der Vermutung, dass der Ausgleich der Leistungs- bzw. Kapitalbilanz politisch gewollt ist und die Regierung ihr Haushaltsdefizit an diesem Ziel orientiert[272]. In einem Land mit vielen

---

269 Vgl. Obstfeld (1986a).
270 Vgl. S. Sinn (1992b), S. 1166 f.
271 Vgl. S. Sinn (1992b), S. 1164-1166.
272 Vgl. Summers (1988), S. 369-373.

Investitionen, niedrigen Ersparnissen und deshalb Nettokapitalzuflüssen würde der Staat sich langfristig weniger verschulden, um die Kapitalzuflüsse abzubremsen und die Kapitalbilanz ins Gleichgewicht zu bringen. In einem Land dagegen mit wenigen Investitionen, hohen Ersparnissen und deshalb der Tendenz zum Kapitalabfluss würde sich der Staat langfristig stärker verschulden, um den Abfluss überschüssigen Kapitals zu verhindern. Daraus ergibt sich die Hypothese, dass das staatliche Haushaltsdefizit auf die Differenz zwischen privater Ersparnis und privaten Investitionen reagiert. Die Regierung würde bei einem Überschuss der privaten Ersparnis über die privaten Investitionen sich stärker verschulden und bei einem Überschuss der privaten Investitionen über die private Ersparnis das Haushaltsdefizit zurückfahren.

In einer Regressionsanalyse für 14 Staaten im Zeitraum 1973 bis 1980 schätzt Summers folgende Abhängigkeit des staatlichen Haushaltsdefizits von der inländischen privaten Ersparnisbildung und den inländischen privaten Investitionen[273]:

$$D = a + b\,(PS - I).$$

(Dabei sind: D staatliches Haushaltsdefizit, PS private Ersparnisbildung, I private Investitionen).

Er ermittelt einen Regressionskoeffizienten b von 0,72. Das heißt, dass eine Vergrößerung der Lücke zwischen der privaten Ersparnis und den privaten Investitionen um einen Euro durchschnittlich zum Anstieg des staatlichen Haushaltsdefizits um 72 Cent führt. Das Bestimmtheitsmaß liegt bei 77 Prozent[274]. Summers interpretiert dieses Ergebnis als Bestätigung der Hypothese, dass der Staat mit seiner Kreditaufnahme auf die private Ersparnis-Investitions-Lücke reagiert und dadurch auf den Kapitalmarkt bewusst so einwirkt, dass die Entstehung größerer Salden zwischen Kapitalzu- und -abflüssen verhindert wird.

Feldstein und Bacchetta setzen dem eine andere Interpretation entgegen[275]. Sie vermuten, dass der Staat keine an den Leistungsbilanz- und Kapitalbilanzsalden orientierte Verschuldungspolitik betreibt. Vielmehr seien die Ergebnisse von Summers' empirischer Untersuchung dadurch zu erklären, dass der Staat durch seine Verschuldung private Investitionen verdrängt. Indem der Staat sich verschulde, ziehe er knappe volkswirtschaftliche Ressourcen an sich, die damit

---

[273] Vgl. Summers (1988), S. 369 f.

[274] Vgl. Summers (1988), S. 370. Zu einem ähnlichen Ergebnis für eine andere Ländergruppe und einen neueren Zeitraum kommt auch Kleinewefers Lehner (1998), S. 52 f.

[275] Vgl. Feldstein/Bacchetta (1991), S. 211-214.

nicht mehr für private Investitionen zur Verfügung stehen. Entsprechend müsste die private Investitionstätigkeit durch die Höhe der Ersparnisbildung und der staatlichen Kreditaufnahme erklärt werden. Eine Erklärung des Staatsdefizits durch private Ersparnisbildung und Investitionen entspreche dagegen nicht den kausalen Verhältnissen.

Als Ergebnis der Feldstein-Horioka-Debatte lässt sich zusammenfassen, dass sich der enge statistische Zusammenhang zwischen Sparquote und Investitionsquote bei kurzfristigerer (d.h. jährlicher) Betrachtung erheblich lockert. Dass dieser Zusammenhang aber kurzfristig noch spürbar ist und längerfristig eine große Rolle spielt, ist im wesentlichen mit der Immobilität kleiner und mittelständischer Unternehmen, mit Absicherungsgeschäften bei Währungstransaktionen und mit der längerfristig wirkenden Tendenz zum Ausgleich von Leistungsbilanzdefiziten (die eventuell auch politisch unterstützt wird) zu erklären. Die zwei letztgenannten Faktoren sprechen jedoch nicht für geringe Kapitalmobilität, sondern für die Existenz kausaler Mechanismen, die dafür sorgen, dass auf lange Sicht die *Netto*kapitalströme gering sind.

c) Fazit zur Kapitalmobilität

Diese Ergebnisse erwecken den Eindruck, dass vor allem längerfristig internationale Kapitalbewegungen für die Investitionen in einem Land irrelevant sind. Trotzdem bleiben genügend Anhaltspunkte für einen intensiven Standortwettbewerb um Kapital und vor allem um unternehmerisches Engagement.

Geringe Kapitalmobilität gibt es bei den zahlenmäßig wichtigen kleinen und mittelständischen Unternehmen. Ein Standortwettbewerb kann dann aber trotzdem in Teilbereichen stattfinden, etwa bei bestimmten Großindustrien oder solchen mobilen Branchen, von deren Ansiedlung viele positive externe Effekte ausgehen[276].

Außerdem gibt es Gründe für die Vermutung eines Anstiegs der Kapitalmobilität. Eine der Tendenz nach zunehmende Kapitalmobilität war das Hauptergebnis der Betrachtung internationaler Direkt- und Portfolioinvestitionsbewegungen. Diese Tendenz wird auch von Feldstein/Bacchetta (mit ihren im Zeitverlauf sinkenden Savings-Retention-Koeffizienten) bestätigt. Kleineweferes Lehner kann zwar diese Tendenz innerhalb der Europäischen Union nicht bestätigen.

---

[276] Vgl. Apolte (1999), S. 26.

Allerdings kommt sie zu dem Ergebnis, dass innerhalb der EU die Kapitalmobilität schon immer größer war. Ihre Studie erfasst einen Zeitraum vor Inkrafttreten der Europäischen Währungsunion. Wegen des Wegfalls des Wechselkursrisikos ist zu vermuten, dass innerhalb der Europäischen Währungsunion die Kapitalmobilität zunehmen wird.

Einige Forscher führen Feldstein-Horioka-Tests nicht nur für Staaten, sondern auch für verschiedene Regionen innerhalb von Staaten durch, so für die Bundesstaaten der USA und für elf Regionen Großbritanniens. Diese Studien ergeben keinen statistischen Zusammenhang von regionalen Spar- und Investitionsquoten[277]. Dies spricht dafür, dass Kapital zwischen Teilregionen von Staaten – auch bei großen Staaten wie den USA – sehr viel und leicht hin- und herwandert, dass aber die Grenzen von Staaten nach wie vor Barrieren für Kapitalbewegungen darstellen. Feldstein selbst verweist auf das Wechselkursrisiko, das mit der Überschreitung der Grenze eines Währungsgebiets verbunden ist. Der Wegfall des Wechselkursrisikos innerhalb der Europäischen Währungsunion spricht daher für die Prognose, dass die Kapitalmobilität innerhalb Europas zunehmen wird.

Auch wenn der Standortwettbewerb um Kapital auf Dauer relativ schwach ausgeprägt wäre, könnte doch der Wettbewerb um unternehmerisches Engagement eine große Rolle spielen. Es wurde bereits gesagt, dass Unternehmen ihre ausländischen Tochtergesellschaften zum größten Teil durch ausländisches Kapital finanzieren[278]. Werden ausländische Investitionen vor allem durch am Investitionsstandort aufgenommenes Kapital finanziert, dann besteht der Haupteffekt von Direktinvestitionen nicht im Export von Kapital. Jedoch bedeuten Direktinvestitionen auch dann eine Internationalisierung von unternehmerischem Engagement, den Transfer von technischem und kaufmännischem Wissen, den Aufbau internationaler Beschaffungs- und Vertriebskanäle und die Ingangsetzung positiver externer Effekte am Ort der Ansiedlung. Die Feldstein-Horioka-Ergebnisse relativieren also die Bedeutung des Wettbewerbs um Kapital, nicht aber die Bedeutung des Wettbewerbs um die Ansiedlung von Unternehmen und Betriebsstätten.

Zusammengefasst kann also gesagt werden, dass aus verschiedenen Gründen die Kapitalmobilität größer sein könnte, als dies in den Feldstein-Horioka-Tests erscheint, dass insbesondere innerhalb der Europäischen Währungsunion mit

---

277 Für die USA vgl. S. Sinn (1992b), S. 1168 f.; für Großbritannien vgl. Bayoumi/Rose (1993).

278 Vgl. Feldstein (1994a), Jost (1997).

einem Anstieg der Kapitalmobilität in der Zukunft zu rechnen ist und dass bereits heute viel für die Existenz eines intensiven Wettbewerbs um die Ansiedlung von Unternehmen spricht.

3.4.2. Arbeitskräftemobilität

So wie Kapital normalerweise als mobil gilt, ist Arbeit oft der Inbegriff des international immobilen Produktionsfaktors. Es liegen nicht viele international vergleichbare Daten für Bevölkerungswanderungen vor. Deshalb können in den Abbildungen 3.4 und 3.5 nur für 10 bzw. 11 Länder und nur für die Zeit seit 1984 Daten einbezogen werden[279]. Diese deuten indes auf eine Zunahme der internationalen Mobilität der Menschen hin. Der ausländische Bevölkerungsanteil stieg im Durchschnitt der 11 Länder, für welche dazu Daten vorliegen, im Zeitraum 1984 bis 2000 von 2,7 auf 4,4 Prozent. Die einzige Größe der Bevölkerungs*wanderungen*, für die die Weltbank relativ viele Zahlen zur Verfügung stellt, ist die jährliche Brutto-Einwanderung von Menschen. Diese stieg in 10 erfassten Ländern im Zeitraum 1984 bis 2000 im Durchschnitt von 0,3 auf 0,7 Prozent der Bevölkerung. Somit ist eine Zunahme der Mobilität der Menschen klar erkennbar. Dabei ist zu beachten, dass ein hoher Anteil der Zuwanderer aus Entwicklungsländern oder ehemals sozialistischen Ländern stammt[280].

Die Wanderungszahlen innerhalb Europas sind recht klein: 1997 wanderten aus den elf Ländern des Europäischen Wirtschaftsraums (EWR), für die Zahlen darüber verfügbar sind, 0,2 Prozent der Bewohner in andere Länder des EWR aus, 0,4 Prozent wanderten in Nicht-EWR-Länder aus. Für die erfassten Länder der Europäischen Union sind diese Zahlen praktisch gleich. In die 15 Mitgliedsländer der EU wanderten 1997 1,7 Mio. Menschen ein. Das entspricht 0,5 Prozent der Wohnbevölkerung. Zieht man die Abwanderer aus Europa ab, ergibt sich für die EU insgesamt eine Netto-Zuwanderung in Höhe von 0,14 Prozent der Bevölkerung[281].

---

[279] Abbildung 3.4 enthält Zahlen für Österreich, Dänemark, Finnland, Deutschland, Italien, Japan, die Niederlande, Norwegen, Spanien, Schweden und das Vereinigte Königreich. Abbildung 3.5 berücksichtigt Australien, Kanada, Dänemark, Frankreich, Deutschland, Japan, die Niederlande, Norwegen, Schweden und die USA.

[280] Vgl. World Bank (1995), S. 65.

[281] Eigene Berechnungen nach: Eurostat (2000a), S. 16, 102, 103; Eurostat (2000b), S. 137.

Abbildung 3.4: Ausländische Bevölkerung in % der Gesamtbevölkerung in 11 Industrieländern
Ungewichteter Durchschnitt; Quelle: World Bank (2003)

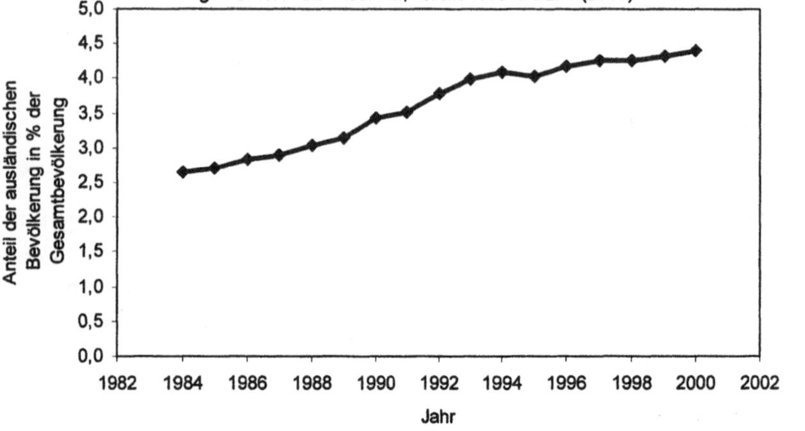

Abbildung 3.5: Brutto-Einwanderung in % der Gesamtbevölkerung in 10 Industrieländern
Ungewichteter Durchschnitt; Quelle: World Bank (2003)

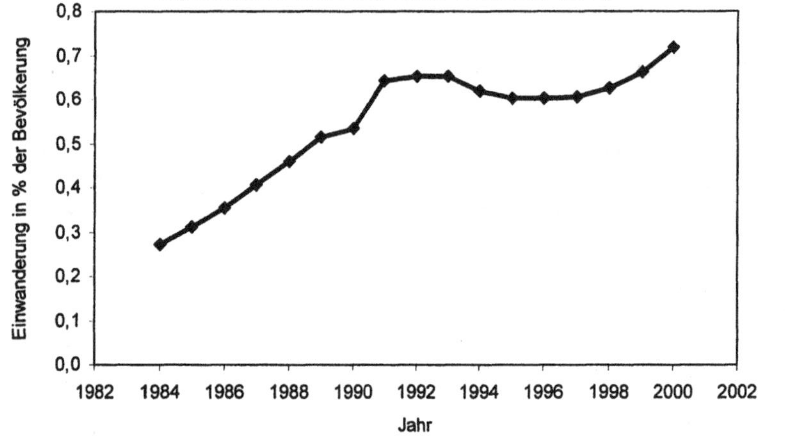

Während also innerhalb des europäischen Integrationsgebietes nur 0,2 Prozent der Menschen pro Jahr den Staat wechseln, findet im Verhältnis zum Rest der Welt eine Zuwanderung und eine Abwanderung in Höhe von jeweils etwa einem halben Prozent statt, wobei Europa einen leichten Einwanderungsüberschuss hat.

Diese Zahlen erwecken den Eindruck, dass innerhalb der Europäischen Union ein Systemwettbewerb durch Bevölkerungswanderungen eine geringe Rolle spielt. Dagegen wird argumentiert, dass für die Zukunft mit einer Zunahme der Bevölkerungsmobilität zu rechnen ist, insbesondere mit einer Zuwanderung aus den neuen mittel- und osteuropäischen Mitgliedsländern der EU. Die Schätzungen für die Zuwanderung nach Deutschland in den nächsten 15 Jahren schwanken dabei zwischen 2 und 6 Millionen[282]. Hans-Werner Sinn verweist außerdem darauf, dass bereits eine marginale Mobilität ausreicht, um den Systemwettbewerb auszulösen. Es genügt, wenn einige Menschen wandern, um Reaktionen der Politik auszulösen[283]. Wie hoch die kritische Schwelle liegt, ab der zum Beispiel eine unerwünschte Zuwanderung zu politischen Reaktionen führt, ist dabei aber schwer prognostizierbar.

Oft wird indes darauf verwiesen, dass die Süderweiterung der Europäischen Gemeinschaft in den 80-er Jahren trotz hoher Einkommensdifferenzen zwischen beitretenden und alten Mitgliedsstaaten keine starken Wanderungsbewegungen auslöste[284]. Die Bindungen der Menschen an ihr vertrautes kulturelles und soziales Umfeld sowie sprachliche Barrieren verhinderten die vielfach erwarteten Bevölkerungsbewegungen.

Insgesamt ist also eine Zunahme der Mobilität der Menschen festzustellen, wobei das Ausmaß der Wanderungen bisher noch moderat ausfällt. Sowohl weltweit als auch in Europa besteht ein großer Anteil der tatsächlichen und der für die Zukunft prognostizierten Migration aus der Zuwanderung aus Entwicklungs- und Transformationsländern in die wohlhabenden Länder des Westens. Bezogen auf den Systemwettbewerb würde dies bedeuten, dass Druck zur Reduzierung von Sozialleistungen am ehesten durch Zuwanderung potenzieller Leistungsempfänger aus Entwicklungs- und Transformationsländern entstehen kann. Bedenkt man jedoch, dass weniger als 3 Prozent aller Sozialleistungen an Hilfen für Migranten geht (vgl. Abbildung 2.5 auf S. 54), dann spricht dies dafür, dass der Druck auf die Sozialleistungen durch Zuwanderung eher gering ausfallen dürfte.

[282] Vgl. H.W. Sinn/Werding (2001), S. 18.
[283] Vgl. H.W. Sinn (1998), S. 4 f.
[284] Vgl. Straubhaar (2001), S. 273 ff.

3.4.3. Internationaler Handel

Soll das Ausmaß, in dem ein Land im internationalen Wettbewerb um Absatzmärkte steht, gemessen werden, dann ist naheliegend, den Umfang des Außenhandels dieses Landes als Indikator zu wählen. Der Offenheitsgrad einer Volkswirtschaft misst diesen, indem Exporte und Importe addiert werden und diese Summe als Anteil am Bruttoinlandsprodukt ausgedrückt wird. Die Entwicklung des Offenheitsgrades im Außenhandel im Durchschnitt von 17 Industrieländern ist in der Abbildung 3.6 anhand der fetten Linie wiedergegeben[285]. Es ist zu erkennen, dass der Offenheitsgrad in den letzten Jahrzehnten trendmäßig langsam zunahm. Betrug diese Zahl im Durchschnitt der einbezogenen Länder Anfang der 70-er Jahre noch 43 Prozent, so lag der Wert am Ende der 90-er Jahre bei über 60 Prozent. Der Außenhandel wuchs also mit höheren Zuwachsraten als die Produktion.

Abbildung 3.6: Außenhandel in 17 Industrieländern

Offenheitsgrad in 17 Industrieländern, ungewichteter Durchschnitt; internationaler Ölpreis; Quellen: World Bank (2003), OPEC (2002).

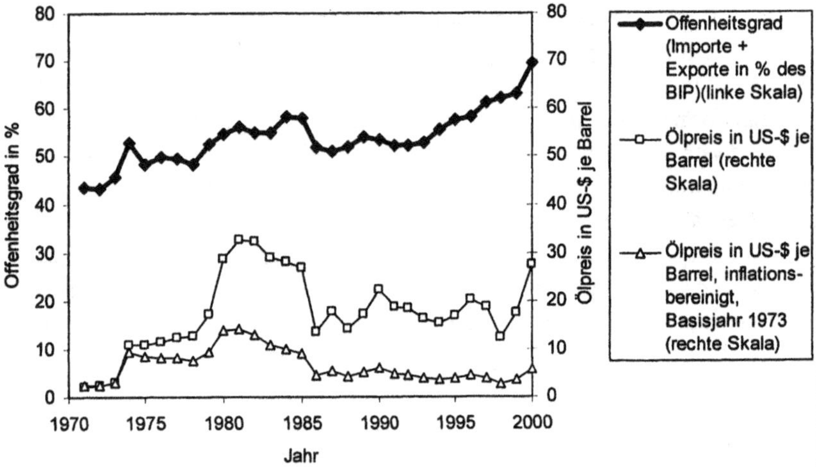

[285] Quelle: World Bank (2003). Es handelt sich um dieselben Länder wie bei den Direktinvestitionen, vgl. Anmerkung 244.

Dieser Aufwärtstrend erfolgte jedoch diskontinuierlich. Es gab Zeiten, in denen der Offenheitsgrad sehr stark zunahm und Phasen, in denen er sogar abnahm. Eine Erklärung für diese vorübergehenden Abweichungen vom längerfristigen Trend könnte in der Preisentwicklung von international gehandelten Gütern mit preisunelastischer Nachfrage liegen. Steigen die Preise international gehandelter Produkte stärker als die Preise von Produkten, die im Produktionsland verbleiben, und kommt es kurzfristig zu keiner oder nur einer schwachen Mengenreaktion, dann führt dieser Preisanstieg zu einem Anstieg des Offenheitsgrades, obwohl Im- und Exporte in Mengeneinheiten gleich bleiben. So spricht viel dafür, dass die beträchtlichen Schwankungen der Rohölpreise für die kurzfristigen Schwankungen des Offenheitsgrades verantwortlich sind. Um dies zu zeigen enthält die Abbildung 3.6 deshalb zusätzlich zwei Kurven, die die Entwicklung der Rohölpreise wiedergeben[286]. Die erste Kurve gibt die Entwicklung des Preises für ein Barrel Öl in US-Dollar wieder. In der zweiten Kurve wird diese Preisentwicklung „inflationsbereinigt", das heißt, ein Anstieg dieser Kurve bedeutet, dass der Ölpreis stärker zunahm als die Preise der übrigen Güter. Fällt die Kurve, dann bedeutet dies entsprechend eine unterdurchschnittliche Entwicklung des Preises für Rohöl.

Anhand der Abbildung ist deutlich zu erkennen, dass der Offenheitsgrad in den Jahren 1973, 1979 und 2000, in denen der Ölpreis stark anstieg, ebenfalls stark zunahm. In der ersten Hälfte der 80-er Jahre lag der Ölpreis auf einem hohen Niveau und der Offenheitsgrad lag bei Werten oberhalb seines längerfristigen Trends. Im Jahr 1986 bedeutete der starke Ölpreisrückgang zugleich einen Rückgang des Offenheitsgrades. Auch in einer einfachen Regression wird diese Erklärung bestätigt. Wird der Zusammenhang von relativer Änderung des „inflationsbereinigten" Ölpreises (rel.ΔÖlpreis) und relativer Änderung des Offenheitsgrades (rel.ΔOffenheit) geschätzt, ergibt sich folgende Gleichung[287]:

$$\text{rel.}\Delta\text{Offenheit} = 0{,}01 + 0{,}08^{***} \times \text{rel.}\Delta\text{Ölpreis}$$

Die drei Sternchen symbolisieren, dass der Regressionskoeffizient auf dem höchsten Niveau signifikant ist (t-Statistik = 4,96). Das Bestimmtheitsmaß beträgt 48 Prozent. Zu 48 Prozent lässt sich also die jährliche relative Änderung

[286] Quelle: OPEC (2002), S. 119.

[287] Abhängige Variable ist die relative jährliche Änderung des durchschnittlichen Offenheitsgrades in 17 Ländern. Unabhängige Variable ist die relative jährliche Änderung des inflationsbereinigten Ölpreises nach OPEC-Angaben. Die Regression bezieht sich auf die Jahre 1972 bis 2000, somit gehen 29 Beobachtungen ein.

des Offenheitsgrades der hier betrachteten Länder durch die relative Änderung des „inflationsbereinigten“ Ölpreises erklären.

Unbeschadet der durch den Ölpreis bedingten kurzfristigen Schwankungen besteht ein deutlicher Aufwärtstrend des internationalen Handels. Insbesondere in den 90-er Jahren gab es bei tendenziell konstanten Ölpreisen eine kräftige Zunahme des Offenheitsgrades. Zugleich ist deutlich, dass der Außenhandel weit weniger schnell wuchs als die internationalen Kapitalbewegungen. Diese langfristige Zunahme des Handels dürfte in erster Linie für den Staatenwettbewerb bzw. den Systemwettbewerb relevant sein.

3.4.4. Zusammenfassung

Es ergibt sich zusammengefasst folgendes Bild: Die internationalen Wirtschaftsbeziehungen und damit der internationale Wettbewerb haben in den letzten Jahrzehnten deutlich zugenommen. Dies betrifft in erster Linie die internationalen Kapitalbewegungen, in geringerem Maße den internationalen Handel und die Bevölkerungsbewegungen. Die Bevölkerungsbewegungen blieben im Ganzen auf geringem Niveau und bestanden vor allem aus der Zuwanderung aus Entwicklungs- und Transformationsländern. Es ist daher zu vermuten, dass vor allem der Wettbewerb um mobiles Kapital, etwas weniger der Wettbewerb um Absatzmärkte sowie ferner der Abschreckungswettbewerb gegen Zuwanderung von Sozialleistungsempfängern den Systemwettbewerb der Staaten verstärkt haben. Im vierten Teil der Arbeit wird theoretisch und empirisch untersucht, wie sich dieser Systemwettbewerb auf die Einkommensumverteilung durch den Staat auswirkt.

Vierter Teil: Folgen des Systemwettbewerbs für die Umverteilung

4.1. Systemwettbewerb und Umverteilung: die theoretische Diskussion

4.1.1. Faktorwanderungen und Umverteilung

Bereits Adam Smith macht auf das Problem der Steuererhebung bei internationaler Mobilität aufmerksam. Eine hohe Kapitalbesteuerung kann zur Abwanderung des Kapitals führen, sodass nicht nur der Versuch, Steuereinnahmen zu erzielen, misslingt, sondern sich zugleich die Faktorausstattung des steuererhebenden Landes verschlechtert mit negativen Folgen für die Höhe von Produktion und Wohlstand der zurückbleibenden immobilen Bevölkerungsgruppen[288].

Der bekannteste Ansatz zur Erklärung der Wirkungen internationalen Wettbewerbs auf das Ausmaß der Einkommensumverteilung stammt aus der Theorie des Fiskalföderalismus von Musgrave und Oates. Diese Theorie behandelt eine sinnvolle Zuordnung von Zuständigkeiten zu verschiedenen staatlichen Ebenen in einem Bundesstaat. Dabei lässt sich das entscheidende Argument zu den Beziehungen zwischen einzelnen Regionen innerhalb eines Bundesstaates in Bezug auf Umverteilungspolitik auch auf die Beziehungen zwischen Ländern übertragen. Sind sowohl potenzielle Nettozahler als auch potenzielle Nettoempfänger von Sozialleistungen international mobil und orientieren sie ihre Wohnort-Wahl an den Steuern bzw. Sozialleistungen, die sie zu zahlen bzw. zu erwarten haben, dann ist ein umverteilender Sozialstaat auf nationaler Ebene nicht aufrechtzuerhalten. Wird in einem Land eine Politik überdurchschnittlicher Umverteilung von den Reichen zu den Armen betrieben, dann muss dies dazu führen, dass Arme als potenzielle Leistungsempfänger zuwandern, während Reiche als potenzielle Zahler abwandern. In Ländern, in denen wenig oder gar kein Einkommen von oben nach unten umverteilt wird, tritt der gegenteilige Effekt ein: Wohlhabende wandern zu, Arme wandern ab. Infolgedessen ist in sozial gesinnten Staaten das großzügig ausgestaltete Umverteilungssystem immer weniger finanzierbar, während Länder mit geringer Einkommensumverteilung mit Haushaltsüberschüssen belohnt werden. Um diese Finanzprobleme des Sozialstaates zu lösen oder um sie von vornherein zu vermeiden, müssen die Regierungen der Länder die Umverteilung abbauen. Der Systemwettbewerb, dessen

[288] Vgl. Smith (1776), S. 520 f.

zentrales Element die internationale Mobilität ist, führt damit zur Reduzierung und im theoretischen reinen Fall zum Abbau des Sozialstaats[289].

In ausgefeilteren Modellen ist nur ein Teil der Bevölkerung mobil, der Rest jedoch immobil. Die Kosten der Umverteilung tragen dann allein die immobilen Gruppen[290]. Dies liegt daran, dass sich bei international mobilen Produktionsfaktoren die Faktorentlohnung auf den internationalen Märkten bildet und – zumindest für kleine Staaten – eine vorgegebene Größe darstellt. Zum Beispiel bildet sich bei international mobilem Kapital der Zinssatz auf dem internationalen Kapitalmarkt. Wird Kapitaleinkommen an der Quelle mit einer Steuer zum Zwecke der Umverteilung belastet, dann kommt es zur Abwanderung von Kapital. Da unproduktivere Projekte bei Steuererhebung nicht mehr die weltmarktübliche Rendite abwerfen, wird ihnen eine Kapitalanlage im Ausland vorgezogen. Verwirklicht werden nur noch solche Investitionen, die trotz der Kapitalbesteuerung eine (am Weltmarkt gemessen) durchschnittliche Verzinsung gewährleisten. Mit der Kapitalabwanderung sinken gesamtwirtschaftlich die Grenzproduktivität und das Einkommen der immobilen Produktionsfaktoren. Im Ergebnis bleibt die Verzinsung des Kapitals gleich, da sie allein vom Weltmarkt her determiniert ist, während die Entlohnung der immobilen Faktoren rückläufig ist. Weil das Land durch die Kapitalabwanderung nun eine schlechtere Faktorausstattung als zuvor hat, sinkt die inländische Produktion. Der Einkommensrückgang der immobilen Faktoren ist deshalb größer als die zusätzlichen staatlichen Steuereinnahmen. Die Umverteilung wird damit nicht nur vollständig von den immobilen Faktoren finanziert, sondern es tritt zusätzlich ein Wohlfahrtsverlust im Inland auf. Entsprechend entsteht umgekehrt ein Wohlfahrtsgewinn im Ausland, wo das geflüchtete Kapital zuwandert. Zur Vermeidung dieser Resultate werden die Regierungen von vornherein die Besteuerung von Kapitaleinkünften an der Quelle vermeiden. Der Systemwettbewerb bewirkt in allen beteiligten Ländern eine Senkung der an der Quelle erhobenen Steuern auf Kapitalerträge, die dadurch immer weniger zur Finanzierung sozialer Leistungen zur Verfügung stehen. Ergebnis dieses Modells ist, dass mobile Faktoren nicht zur Finanzierung der Umverteilung besteuert werden können. Je mehr die Mobilität von Gruppen und Produktionsfaktoren zunimmt, umso enger werden die Finanzierungsspielräume für die Umverteilung.

---

[289] Vgl. Musgrave (1971), S. 6 f.; Oates (1972), S. 6-8; H.W. Sinn (1997a), S. 37-40, ebenso in H.W. Sinn (2003), S. 74-78; H.W. Sinn (2004), S. 30 f.

[290] Vgl. Apolte (1999), S. 34 ff.

Sind die Empfänger von Sozialleistungen mobil, dann entsteht für Regierungen von Ländern der Anreiz, sie von der Zuwanderung abzuschrecken, um Kosten zu sparen und um für produktive Faktoren Steuern senken zu können. Auch die Mobilität potenzieller Leistungsempfänger erhöht für Regierungen die Anreize zum Abbau von Sozialleistungen.

Diese Argumente kommen zu dem Ergebnis, dass durch den Systemwettbewerb die Möglichkeiten zur Umverteilungspolitik reduziert bzw. ihre Kosten allein von immobilen Faktoren getragen werden. Dem stehen Argumente gegenüber, wonach solche Effekte des Systemwettbewerbs nicht zu erwarten sind, weil die Umverteilungssysteme positive Effekte auf die Einkommen oder den Nutzen ihrer mobilen Nettozahler haben. So sei der durch Umverteilung geschaffene soziale Friede ein positiver Standortfaktor, der die Zuwanderung zusätzlicher Unternehmen förderte. Staatliche Sicherungssysteme entlasten die Unternehmen von der Verantwortung für soziale Probleme. Eine staatliche Reduzierung des Einkommensgefälles kann für die Unternehmen Kosten, die durch Kriminalität und ein raues soziales Klima entstehen, senken. Der Kostenbelastung durch Sozialpolitik stehe somit ein größerer Nutzen gegenüber. Staaten mit ausgebautem Sozialstaat sind auf Grund dieses Nutzens gute Standorte für Investitionen[291].

Alesina/Perotti bestätigen diese Sichtweise empirisch in einer Querschnittsstudie für 71 Länder in der Zeit 1960 bis 1985. In einem ersten Schritt zeigen sie, dass eine gleichmäßige Einkommensverteilung in signifikanter Weise mit politischer Stabilität (gemessen mit einem Index) in einem Land einhergeht. Im zweiten Schritt belegen sie, dass die politische Stabilität signifikant die Investitionsquote (Investitionen in Prozent des Bruttoinlandsprodukts) erhöht[292]. Einkommensgleichheit stabilisiert demnach die politische Situation und macht Investitionen attraktiver. Dies dürfte auch für ausländische (Direkt-) Investitionen gelten.

Der soziale Friede wirkt hier wie ein öffentliches Gut für mobile Produktionsfaktoren. Ähnlich modelliert Pauly Umverteilung als öffentliches Gut für wohlhabende Gesellschaftsmitglieder. Demnach hängt der Nutzen der wohlhabenden Steuerzahler u.a. positiv vom Einkommen der ärmeren Sozialleistungsempfänger in derselben Region bzw. demselben Land ab, sei es aus Altruismus oder weil eine Verarmung der Unterschichten in Form von wachsender Kriminalität

[291] Vgl. Siebert/Koop (1993), S. 24 f.; Garrett (1998b), S. 801; Berthold/Thode (1998); S. 340 f.; Hüther (1999), S. 102 f.

[292] Vgl. Alesina/Perotti (1996).

negative Wirkungen hätte[293]. Sind die Wohlhabenden am Nutzen der Armen aus solchen Gründen interessiert, dann besteht bei ihnen grundsätzlich eine Zahlungsbereitschaft für soziale Transfers.

Bei Immobilität aller Bevölkerungsgruppen ist die dezentrale bzw. nationale Ebene in der Lage, Umverteilung durchzuführen und dabei die Präferenzen der Investoren und Steuerzahler für Umverteilung in der jeweiligen Region bzw. dem jeweiligen Land zu berücksichtigen[294]. Deshalb wird oft eine nationale Zuständigkeit für Sozialpolitik gefordert, weil diese es ermöglicht, den unterschiedlichen „nationalen Präferenzen" für sozialpolitische Vorsorge bzw. Umverteilung Rechnung zu tragen[295]. Doch gilt dieses Ergebnis nur unter der Bedingung allgemeiner Immobilität. Wird diese Annahme aufgegeben, dann kann der Sozialstaat auch dann unter Druck geraten, wenn er als öffentliches Gut seiner Nettozahler aufgefasst wird. Geht man vereinfachend davon aus, dass die Gesellschaft aus wohlhabenden Steuerzahlern (zu denen auch investierende Unternehmen zählen sollen) und armen Transferempfängern besteht, dann lassen sich drei Fälle unterscheiden: Die Situation, in der nur Steuerzahler mobil sind, die Situation, in der nur Transferempfänger mobil sind und die Situation, in der alle mobil sind.

Kommt es durch die Mobilität der Steuerzahler zum Systemwettbewerb, gerät die Umverteilung unter Druck: Die Steuerzahler wollen in einem Gemeinwesen mit sozialem Frieden leben, zugleich aber ihre Steuerbelastung senken. Dies gelingt ihnen, indem sie aus Ländern mit vielen Transferempfängern abwandern und in Länder zuwandern, in denen nur wenige Arme leben und wo sich die Kosten der Umverteilung durch die Anwesenheit vieler wohlhabender Steuerzahler stärker verteilen. In den Ländern mit den meisten Armen gerät dagegen durch die Abwanderung der Steuerzahler die Finanzierungsgrundlage der Umverteilung unter Druck. Diese Gefährdung der Umverteilung wird nur dann verhindert, wenn ein Teil der Steuerzahler zurückbleibt und die Kosten der Umverteilung trägt[296]. Auch wenn die Umverteilung als öffentliches Gut der Wohlhabenden gedeutet wird, ist sie nach diesem Modell in den Gemeinwesen, in denen die meisten armen potenziellen Transferempfänger leben, nur dann aufrechtzuerhalten, wenn immobile Gruppen die Kosten tragen. Eine Beteiligung

---

[293] Vgl. Pauly (1973), S. 37 f.
[294] Vgl. Pauly (1973), S. 40-43.
[295] Vgl. Schäfer (2001), S. 37; Vaubel (1998), S. 102, 105; Vaubel (1999), S. 192 f.; Berthold/Neumann (2001), S. 26.
[296] Vgl. Pauly (1973), S. 47-52.

mobiler Faktoren an der Umverteilung wird durch deren Wanderungen erschwert.

Sind die wohlhabenden Steuerzahler immobil, während die Transferempfänger wandern können, dann werden letztere ceteris paribus dorthin ziehen, wo die Sozialleistungen am höchsten sind. Senkt ein Land die Höhe der Leistungen unter das Niveau anderer Länder, dann wandern Transferempfänger ab. So haben alle Länder den Anreiz, sich bei den Sozialleistungen gegenseitig zu unterbieten, um die Armen zur Abwanderung zu veranlassen bzw. von der Zuwanderung abzuschrecken. Die Umverteilung wird abgebaut[297]. Nur wenn einige Transferempfänger immobil sind, bleibt eine Umverteilung erhalten, weil die Steuerzahler dann ihren sozialen Frieden nur durch Transfers und nicht durch Abschreckung erhalten können.

Im dritten Fall können sowohl Steuerzahler als auch Transferempfänger wandern. Die Steuerzahler fliehen aus Ländern mit vielen Armen, um Steuern zu sparen und trotzdem sozialen Frieden zu genießen. Da immer weniger Steuerzahler zurückbleiben, gerät die Umverteilung unter Druck. Aber die armen Transferempfänger können nun ebenfalls abwandern und folgen den Steuerzahlern, weil sie in solchen Ländern, in denen die meisten Steuerzahler leben, mit den höchsten Transfers rechnen können. Schließlich haben die Steuerzahler für den sozialen Frieden in ihrer näheren Umgebung eine Zahlungsbereitschaft. Die Steuerzahler fliehen vor den Transferempfängern, werden von diesen aber verfolgt. Dieser modellhafte Prozess konvergiert nicht zu einem stabilen Ergebnis[298].

Insgesamt kann also auch dann, wenn die Wohlhabenden und die Investoren aus der Umverteilung Nutzen ziehen, ein Abbau sozialer Leistungen infolge wachsender Mobilität nicht ausgeschlossen werden. Eine Erhaltung des öffentlichen Gutes „sozialer Friede“ kann vor allem dann erwartet werden, wenn immobile Bevölkerungsgruppen zu seiner Finanzierung bereitstehen.

Wird Umverteilung als öffentliches Gut aufgefasst, das entsprechend den Präferenzen der Menschen in dem jeweiligen Land bereitgestellt werden sollte, dann können die Ermittlung der Präferenzen und die Wahl geeigneter Mittel zu ihrer Befriedigung gravierende Informationsprobleme darstellen. Das evolutionsökonomische Konzept des Wettbewerbs als Entdeckungsverfahren lässt sich auf

[297] Vgl. Richter (2001), S. 510.
[298] Vgl. Berthold/Neumann (2001), S. 19 f.

den Systemwettbewerb anwenden und kann auch für die Sozialpolitik relevant sein. Die Zuständigkeit vieler einzelner Länder ermöglicht den Vergleich unterschiedlicher sozialpolitischer Konzeptionen. Erfolgreiche politische Arrangements in anderen Ländern bieten einen Anschauungsunterricht, sodass bei dezentralen (nationalen) Zuständigkeiten von den Erfahrungen anderer Länder gelernt werden kann. So bringt der Wettbewerb Lerneffekte hervor und kann die Systeme der Umverteilung den Präferenzen der Menschen annähern[299]. Damit kann der Systemwettbewerb zur Optimierung vor allem der qualitativen Aspekte des Umverteilungssystems beitragen. Die Abwanderungsoption verstärkt die so in Gang gesetzten Lernprozesse. Indem eine unzweckmäßige Ausgestaltung sozialer Sicherungssysteme dazu führt, dass Steuerzahler oder begehrte Produktionsfaktoren das Land verlassen, erhöht sich der Druck zur Korrektur der Fehlentwicklungen. Umgekehrt kann ein erfolgreiches Sozialsystem eine höhere Zuwanderung bewirken.

Wenn die Evaluation politisch gesetzter Rahmenbedingungen im Zuge der Internationalisierung zunehmend durch Abwanderung oder Zuwanderung mobiler knapper Faktoren erfolgt, wird sich die Ausgestaltung dieser Rahmenbedingungen immer mehr an deren Interessen orientieren. Eine Politik, die sich nur auf die Wohlfahrt immobiler Bevölkerungsgruppen ungünstig auswirkt, wird dagegen in der Regel nicht durch Abwanderungsdrohung korrigiert werden können. Evaluation und Selektion der Systeme liegen in den Händen der gesellschaftlichen Kräfte, die über die Optionen von Abwanderung und Widerspruch verfügen und dadurch politisch Einfluss nehmen können. Einerseits sind dies gesellschaftliche Gruppen, die mobil und zugleich begehrt sind (letzteres weil sie knappe Produktionsfaktoren anbieten oder ein hohes besteuerbares Einkommen haben). Andererseits sind es vor allem die politisch gut organisierten gesellschaftlichen Gruppen, die am wirkungsvollsten von der Option des Widerspruchs Gebrauch machen können. Der Sozialstaat wird demnach erhalten und verbessert, insoweit er als öffentliches Gut den mobilen und begehrten sowie den gut organisierten Gruppen nützt. Bevölkerungsgruppen, die über die Optionen von Abwanderung und Widerspruch weniger verfügen oder von deren Abwanderung kein politischer Druck ausgeht (weil sie zum Beispiel keinen Produktionsfaktor anzubieten haben), können aus den so hervorgebrachten politischen Arrangements nur insoweit Nutzen ziehen, wie dies auch im Interesse der verhandlungsstärkeren Gruppen liegt.

---

[299] Vgl. Oates (1999), S. 1132; Vaubel (1999), S. 192 f.

Das Argument von der Umverteilung als öffentlichem Gut geht im Kern von einer Interessenharmonie zwischen den verschiedenen gesellschaftlichen Gruppen aus. Die Starken haben demnach aus Altruismus oder aus Furcht vor Kriminalität und Aufruhr dasselbe Interesse an sozialpolitisch motivierter Umverteilung wie die Schwachen, die ihr Einkommen daraus beziehen. Es bleiben jedoch Zweifel, ob eine solche Interessenharmonie tatsächlich vorliegt. Im Kapitel 2.4.3 wurde gezeigt, dass die Sozialleistungen in solchen Ländern am höchsten sind, in denen die Verhandlungsposition ihrer potenziellen Empfänger besonders stark ist. Auch ist nicht a priori sicher, dass aus der Perspektive reicher Bevölkerungsgruppen sozialer Friede besser vor Kriminalität schützt als ein vergrößerter Polizeiapparat. Die Frage, inwieweit eine Interessenharmonie von Nettozahlern und Nettoempfängern des Sozialstaats tatsächlich vorliegt, ist deshalb theoretisch nicht endgültig zu beantworten. Die genannten empirischen Ergebnisse von Alesina/Perotti sprechen indes dafür, dass sozialer Friede als öffentliches Gut eine deutliche positive Wirkung für Investoren hat.

Die positive Wirkung des sozialen Friedens für mobile Produktionsfaktoren spricht gegen eine Gefährdung des Sozialstaats im Zuge des Systemwettbewerbs, lässt aber die Frage seiner Finanzierung offen. Die genannten Argumente kommen zu dem Ergebnis, dass begehrte mobile Faktoren an den Kosten der Bereitstellung öffentlicher Güter nicht beteiligt werden können und stattdessen immobile Faktoren die Kosten zu tragen haben. Dies spricht dafür, dass die Kosten der sozialen Sicherheit im Zuge der Internationalisierung immer mehr auf hinreichend zahlungskräftige, aber immobil bleibende Gruppen verschoben werden. Külps Diagnose, dass die Umverteilung von den „nicht ganz Reichen", die weniger leicht abwandern können, finanziert wird[300], gewinnt in Zeiten wachsender Internationalisierung an Relevanz. Zugleich bedeutet aber wachsende Mobilität auch, dass immer mehr Gesellschaftsgruppen bzw. Produktionsfaktoren sich der Beteiligung an den Kosten entziehen können, sodass sich die Finanzierungsspielräume langfristig verengen. Selbst dann, wenn der soziale Friede den mobilen Produktionsfaktoren nutzt, werden nach diesen theoretischen Überlegungen die Lasten der Umverteilung allein von den immobilen Faktoren getragen.

Auch bei der Bereitstellung anderer öffentlicher Güter kann der internationale Systemwettbewerb Verteilungswirkungen zu Ungunsten immobiler und zu Gunsten begehrter mobiler Produktionsfaktoren hervorbringen. Solche Vertei-

[300] Vgl. Külp (1975).

lungseffekte entstehen auch bei öffentlichen Gütern, deren Wert nicht in der Sicherung des sozialen Friedens liegt.

Öffentliche Güter werden üblicherweise definiert durch die Nicht-Rivalität und Nicht-Ausschließbarkeit des Konsums[301]. Diese Eigenschaften machen ein Angebot dieser Güter auf einem privatwirtschaftlichen Markt pareto-ineffizient und unmöglich. Denn die Nicht-Rivalität macht die private Aneignung dieser Güter unnötig: der Konsum einer Person muss nicht den Konsum einer anderen Person ausschließen. Jeder Ausschluss wäre eine unnötige Senkung von Wohlfahrt und daher pareto-ineffizient. Die Grenzkosten der Versorgung einer weiteren Person mit dem Gut liegen bei Null, sodass bei vollständiger Konkurrenz auch der Preis auf ein Niveau von Null herunterkonkurriert würde und kein kostendeckendes Angebot zu Stande käme. Die Nicht-Ausschließbarkeit anderer Konsumenten macht die private Aneignung darüber hinaus sogar unmöglich. Die Wirtschaftssubjekte haben den Anreiz, ihre wahren Zahlungsbereitschaften zu verbergen, um nicht zur Finanzierung eines Gutes herangezogen zu werden, von dessen Nutzung sie ohnehin nicht ausgeschlossen werden können. Deshalb können öffentliche Güter nicht auf privatwirtschaftlichen Märkten angeboten werden. Typische Beispiele sind die öffentliche Sicherheit, mit Einschränkungen auch öffentliche Straßen oder Parkanlagen usw.

In seinem Modell eines Systemwettbewerbs zwischen Regionen relativiert Tibout beide Eigenschaften für regional bereitgestellte öffentliche Güter[302]. Die Nicht-Rivalität sieht er durch Überfüllungsprobleme beeinträchtigt. Zu denken ist dabei etwa an die Verstopfung von Straßen oder den reduzierten Freizeitwert überfüllter Parkanlagen. Die Nicht-Ausschließbarkeit vom Konsum öffentlicher Güter verschwindet bei Tibout, indem er davon ausgeht, dass nur die Wirtschaftssubjekte einer regionalen Gebietskörperschaft in den Genuss der in dieser Region bereitgestellten öffentlichen Güter kommen und durch kommunale Steuern zu ihrer Finanzierung beitragen. Externe Effekte, die die Grenzen der Gemeinden überschreiten, gibt es annahmegemäß nicht. Die Wahl des Wohn- bzw. Standorts wird so zur Kaufentscheidung für ein Bündel lokaler öffentlicher Güter. Dadurch löst Tibout das Problem der Ermittlung der Präferenzen der Bürger. Die Wirtschaftssubjekte wägen bei der Auswahl des Wohn- bzw. Standortes Steuerhöhe und staatlich bereitgestelltes Leistungsbündel gegeneinander ab und siedeln sich dort an, wo das für sie günstigste Angebot besteht. So offenbaren sie mit der Wahl des Wohn- bzw. Standortes ihre Präferenzen und Zahlungs-

[301] Vgl. dazu in dem Lehrbuch von Musgrave/Musgrave/Kullmer (1975/1990), Kapitel 3 A.
[302] Vgl. Tibout (1956), S. 417 Anm.6, 418 f.; vgl. Siebert (1998), S. 54.

bereitschaften für öffentliche Güter. Die Wahl des Wohn- bzw. Standortes entspricht hier der Kaufentscheidung bei privaten Gütern[303].

Im Kern nimmt Tibout den staatlich bereitgestellten Gütern ihren Charakter als öffentliche Güter. Auf dieser Grundlage kann er einen durch Wanderungsbewegungen ablaufenden Wettbewerb zwischen Gebietskörperschaften herleiten, der ähnlich funktioniert wie der Wettbewerb auf privatwirtschaftlichen Märkten. Sind alle Wirtschaftssubjekte regional vollkommen mobil, so entsteht durch Wanderungsbewegungen ein Gleichgewicht bei der Bereitstellung öffentlicher Güter, das dem Kriterium der Pareto-Effizienz entspricht. Die Gebietskörperschaften haben ein Motiv, sich den Präferenzen der mobilen Wirtschaftssubjekte anzupassen und jeweils ein gewünschtes Güterbündel bereitzustellen. Das Tibout-Modell kommt damit – gemessen am Ziel der Pareto-Effizienz bei der Bereitstellung öffentlicher Güter – zu einer optimistischen Beurteilung der Folgen des Wettbewerbs zwischen Gebietskörperschaften, die prinzipiell auch auf den Wettbewerb zwischen Staaten übertragbar ist. Analog zum Wettbewerb auf privaten Märkten bewirkt der Wettbewerb der Staaten effiziente Lösungen.

Dabei hängt das Ergebnis von einigen sehr restriktiven Prämissen ab. Insbesondere setzt Tibout vollkommene regionale Mobilität aller Wirtschaftssubjekte voraus. Zu anderen Resultaten gelangt man, wenn man realistischerweise davon ausgeht, dass verschiedene Personengruppen bzw. Produktionsfaktoren unterschiedlich mobil sind.

In einigen neoklassisch geprägten Modellen[304] wird die Finanzierbarkeit öffentlicher Güter unter der Bedingung unterschiedlich mobiler Wirtschaftssubjekte untersucht. Ausgegangen wird von der vereinfachenden Annahme, dass der Faktor Kapital international vollkommen mobil, der Faktor Arbeit dagegen regional gebunden ist. Die Regierungen stellen öffentliche Güter zur Verfügung, die annahmegemäß ausschließlich dem mobilen Faktor Kapital nützen. Für deren Finanzierung können Steuern erhoben werden. Die Steuern sind die Preise, die die Kapitaleigentümer für öffentliche Güter zu zahlen haben. Im Wettbewerb mit anderen Staaten sinkt die Höhe dieser Steuerpreise auf die Höhe der Grenzkosten der Bereitstellung der öffentlichen Güter. Handelt es sich jedoch um reine öffentliche Güter, dann können die vorhandenen öffentlichen Güter rivalitätsfrei mitgenutzt werden. Die Grenzkosten der öffentlichen Güter (bei Zuwanderung einer zusätzlichen Einheit Kapital) betragen Null. Im Falle reiner öffent-

[303] Vgl. Tibout (1956), S. 422.
[304] Vgl. Apolte (1999), S. 39 f.; H.W. Sinn (1997a), S. 17-21; Wellisch (1995), S. 26, 44 f., 61 f.

licher Güter sinkt deshalb die Besteuerung mobilen Kapitals auf Null. Die Finanzierungslast öffentlicher Güter wird dann allein von dem immobilen Faktor Arbeit getragen. Positive Grenzkosten entstehen lediglich im Fall nicht-reiner öffentlicher Güter in Gestalt der durch Zuwanderung entstehenden Überfüllungsprobleme bei der Nutzung der öffentlichen Güter. Ein positiver Finanzierungsbeitrag mobiler Faktoren ergibt sich also nur dann, wenn Überfüllungsprobleme auftauchen: Die Grenzkosten der Zuwanderung sind dann positiv, und es erfolgt unter Bedingungen des Systemwettbewerbs eine Internalisierung der Überfüllungsexternalitäten durch eine Kapitalsteuer. Im Gegensatz dazu könnte in einer geschlossenen Volkswirtschaft (also ohne Abwanderungsmöglichkeit) eine Besteuerung des Kapitals in Höhe der durchschnittlichen Bereitstellungskosten der öffentlichen Güter erfolgen. Liegen die Kosten der Überfüllung unter den Durchschnittskosten der Produktion (was bei reinen öffentlichen Gütern mit Überfüllungskosten von Null immer der Fall ist), dann ist der Finanzierungsbeitrag des mobilen Produktionsfaktors nicht kostendeckend. Die von den mobilen Faktoren genutzten öffentlichen Güter werden von den immobilen Wirtschaftssubjekten mitfinanziert. Der Systemwettbewerb bewirkt damit tendenziell eine geringere Besteuerung mobiler Faktoren. Es gelingt zwar eine effiziente Bereitstellung öffentlicher Güter, diese werden jedoch in höherem Maße von immobilen Faktoren finanziert. Es findet eine Umverteilung von den immobilen zu den mobilen Produktionsfaktoren statt.

Im Systemwettbewerb wird also die Besteuerung mobiler Faktoren auf die Höhe der Grenzkosten von öffentlich bereitgestellten Gütern herunterkonkurriert. Dies führt nicht nur zum Problem bei öffentlichen Gütern mit Nicht-Rivalität und Nicht-Ausschließbarkeit, sondern auch, wenn es sich um Güter handelt, die der Staat bereitstellt, weil sinkende Durchschnittskosten vorliegen. Im Falle sinkender Durchschnittskosten liegen die Grenzkosten immer unterhalb der Durchschnittskosten, sodass im Wettbewerb für dieses Gut kein Angebot zu kostendeckenden Preisen zu Stande kommt (natürliche Monopole). Kann von dem mobilen Faktor Kapital aber nur eine Steuer in Höhe der Grenzkosten erhoben werden, dann reichen diese Steuereinnahmen nicht aus, um die öffentlich bereitgestellten Güter zu finanzieren. Auch hier müssen immobile Faktoren an der Finanzierung öffentlicher Güter beteiligt werden, auch wenn diese allein den mobilen Faktoren zugute kommen[305].

Ist jedoch eine Besteuerung immobiler Faktoren unmöglich oder aus politischen Gründen (etwa wegen Nutzung der Widerspruchsoption der immobilen Fakto-

---

305 Vgl. H.W. Sinn (1994), S. 100 ff.

ren) nur begrenzt möglich, dann resultiert aus der verringerten Möglichkeit, die mobilen Faktoren zu besteuern, eine Unterversorgung mit öffentlichen Gütern[306]. In diesem Fall schätzt die Regierung eines im Wettbewerb stehenden Staates die Kosten der Bereitstellung öffentlicher Güter zu hoch ein: Zusätzlich zu den zu erhebenden Steuern rechnet sie mit einer Abwanderung von mobilen Faktoren und damit einer Verringerung der Grenzproduktivität der immobilen Faktoren sowie einer Verkleinerung der Steuerbasis. Da alle Regierungen so denken müssen, befinden sie sich in einem Gefangenendilemma: In jedem Staat werden die Kosten der Abwanderung einbezogen, obwohl in der Gesamtheit aller Staaten keine Abwanderung möglich ist. Dadurch kommt es zur allgemeinen Unterversorgung mit öffentlichen Gütern.

Zusammenfassend lässt sich sagen, dass aus Sicht dieser Modelle die Folgen des Systemwettbewerbs für die Bereitstellung öffentlicher Güter als gemischt angesehen werden müssen. Die dezentrale Bereitstellung durch einzelne Staaten ermöglicht eine bessere Berücksichtigung differenzierter Präferenzen. Auch ist nach einigen Ansätzen nicht grundsätzlich mit einer Unterversorgung zu rechnen. Jedoch kommen die meisten theoretischen Untersuchungen zu dem Ergebnis, dass mobile Faktoren im Zuge des Systemwettbewerbs immer weniger zur Finanzierung öffentlicher Güter beitragen. Stattdessen ergibt sich eine Verschiebung der Finanzierungslast zu den immobilen Faktoren. Dies verweist darauf, dass der Systemwettbewerb nach Auffassung vieler Autoren wie bei der Umverteilung so auch bei der Bereitstellung anderer öffentlicher Güter eine Verteilungswirkung zu Ungunsten immobiler Faktoren hat.

In vielen dieser Modelle wird der Produktionsfaktor Kapital als die mobile Steuerbasis angesehen, die sich durch Abwanderung der Besteuerung entziehen kann. Diese Sichtweise relativiert sich bei Einbeziehung verschiedener Prinzipien der Kapitalbesteuerung. In den vorgestellten Modellen werden Kapitalerträge an der Quelle besteuert, also in dem Land, in dem das Kapital produktiv eingesetzt wird. Die zunehmende internationale Mobilität des Kapitals reduziert vor allem die Möglichkeit, Steuern an der Quelle zu erheben. Sind indes die Kapitaleigentümer selbst nicht mobil, dann können sie einer persönlichen Einkommensteuer unterworfen werden. Kapitalsteuern, die nach dem Wohnsitzlandprinzip erhoben werden, müssen dann nicht unter Druck geraten. Aus diesem Grund empfiehlt Apolte, bei der Kapitalbesteuerung zum Wohnsitzland-

[306] Vgl. Zodrow/Mieszkowski (1986); Wellisch (1995), S. 75-79.

prinzip überzugehen[307]. Dabei wird allerdings vorausgesetzt, dass die Kapitaleigentümer immobil sind, sodass sie zu einem Beitrag zur Umverteilung gezwungen werden können.

Im Mittelpunkt aller vorgestellten Modelle steht die Reaktion der Politik auf Wanderungsentscheidungen von Wirtschaftssubjekten. Allerdings würden dieselben Effekte auch auftreten, wenn die Wirtschaftssubjekte immobil wären, aber die politischen Entscheidungsträger eine höhere Mobilität vermuten. Für die politischen Ergebnisse ist nicht die tatsächliche Wanderungsbereitschaft und -fähigkeit, sondern das *Bewusstsein* der politischen Entscheidungsträger von der Möglichkeit von Wanderungen entscheidend[308]. Denkbar wäre etwa, dass eine in den Medien intensiv geführte Diskussion über die mögliche Zuwanderung von sozial Schwachen auch dann zur Reduzierung von Sozialleistungen beiträgt, wenn der in den Medien vermittelte Eindruck von der Mobilität der Menschen weit übertrieben ist. Deshalb kann es sein, dass die Nettozahler des Sozialstaats ein Interesse daran haben, in der Öffentlichkeit den Eindruck hoher Mobilität potenzieller Transferempfänger zu erzeugen. Für sie kann die Angst vor der Zuwanderung von Sozialleistungsempfängern auch ein willkommenes Argument für die Senkung der eigenen Steuer- und Abgabenlast werden. Solche Bewusstseinsvorgänge könnten von großer Bedeutung sein, sind jedoch praktisch kaum messbar. Deshalb dürfte es nicht möglich sein, sie beispielsweise in einer empirischen Studie korrekt zu berücksichtigen.

Insgesamt ergeben die hier vorgestellten Modelle das Bild, dass der Systemwettbewerb dazu führt, dass mobile Faktoren nicht an den Kosten der Umverteilung beteiligt werden können. Dies gilt auch, wenn die Umverteilung als ihr öffentliches Gut aufgefasst wird. Auch bei der Bereitstellung anderer öffentlicher Güter lässt sich ein ähnlicher Effekt modellhaft nachweisen. Nimmt im Zuge der Internationalisierung die internationale Mobilität von Produktionsfaktoren allgemein zu, dann reduziert dies die Spielräume der Regierungen, Steuern und Beiträge zur Finanzierung sozialer Leistungen zu erheben. Der Systemwettbewerb erschwert Umverteilung, wenn an ihr mobile Produktionsfaktoren beteiligt werden sollen.

---

307 Vgl. Apolte (1999), S. 37 f.
308 Vgl. Graser (2002), S. 338.

Bei der *Bewertung* einer solchen Verengung der Finanzierungsspielräume für die Umverteilung bestehen deutliche Differenzen. Fasst man den bestehenden Sozialstaat als Versicherung auf (wie im Kapitel 2.1 als Möglichkeit dargestellt wurde), dann gleicht der Sozialstaat im Systemwettbewerb mit vollständiger Mobilität aller Personen einer Versicherung, bei der man auch dann noch eintreten und austreten darf, wenn man über sein eigenes Schadensrisiko bereits informiert ist. Die schlechten Risiken versichern sich, während die guten Risiken austreten. Ebenso wie eine private Versicherung bei adverser Selektion keinen Bestand hat, muss auch der Sozialstaat in einem solchen Wettbewerb unter Druck geraten[309]. Somit kommt Hans-Werner Sinn zu dem Urteil, dass im Systemwettbewerb der Sozialstaat unter demselben Marktversagen leidet, das er gemäß dem Versicherungsargument beheben sollte. Andere argumentieren, dass Regierungen bei Mobilität einen positiven externen Effekt ihrer Steuererhebung nicht beachten: Die durch die Besteuerung mobiler Faktoren ausgelöste Abwanderung der belasteten Faktoren bewirkt eine Erhöhung von Produktion und Steueraufkommen in anderen Ländern. Indem dieser positive externe Effekt unberücksichtigt bleibt, kommt es zur suboptimalen Steuererhebung[310]. Auf Grund dieser Argumente wird der Systemwettbewerb negativ beurteilt.

Dagegen gehen andere Autoren davon aus, dass der Sozialstaat einen über das wünschenswerte Maß hinausgehenden Umfang erreicht hat und durch den Systemwettbewerb gerade der Teil der Umverteilung wegkonkurriert wird, der sich nicht durch die Argumente im Kapitel 2.1 rechtfertigen lässt[311]. Viele Funktionen sozialer Absicherung könnten auch von privaten Versicherungen übernommen werden[312]. In der Tradition der Neuen Politischen Ökonomie wird argumentiert, der Staat lasse sich in großem Umfang von gut organisierten Gruppen instrumentalisieren; das Umverteilungssystem diene in erster Linie deren Partikularinteressen[313]. Politiker verfolgten außerdem oft die Ziele, die eigene Macht zu vergrößern, immer mehr Zuständigkeiten zu schaffen und an sich zu ziehen und die Steuereinnahmen zu erhöhen. Der Systemwettbewerb erzwinge einen Abbau einer solchen Ausbeutung der Bürger[314]. Eine Reduzierung von Kapitalsteuern sei außerdem zur Förderung des Wachstums wünschenswert[315].

---

[309] Vgl. H.W. Sinn (1997a), S. 37, 39 f.; H.W. Sinn (2003), S. 74 f., 77.
[310] Vgl. Wildasin (1989) und (1991).
[311] Vgl. Siebert (1998), S. 59 f.; Fehn (2001), S. 18, 25 f.
[312] Vgl. Boss (2003), S. 20.
[313] Vgl. Monopolkommission (1998), S. 12 f.
[314] Vgl. S. Sinn (1992a), S. 180-187.
[315] Vgl. Fuest (2000), S. 76.

Fraglich ist jedoch, ob der Systemwettbewerb tatsächlich die Missstände behebt. Wenn der Systemwettbewerb die Finanzierungsspielräume der Umverteilung verengt, dann geht dies wahrscheinlich vorwiegend zu Lasten jener Transfereinkommensbezieher, die über die schwächste Lobby verfügen, dabei aber nach den Argumenten aus Kapitel 2.1 zu den wichtigsten Zielgruppen des Sozialstaates gehören sollten. Unter den Bedingungen verengter Umverteilungsspielräume werden die gut organisierten Gruppen ihre Renten eher verteidigen können als Gruppen, die eine geringe Verhandlungsmacht besitzen, weil sie zum Beispiel keinen Produktionsfaktor anbieten können oder schlecht organisierbar sind. Gerade die Neue Politische Ökonomie muss deshalb zu dem Ergebnis führen, dass die erwünschte Umverteilung zugunsten der Schwachen durch den Systemwettbewerb mehr eingeschränkt wird als die volkswirtschaftlich problematische Umverteilung zugunsten der weniger bedürftigen, dafür aber besser organisierbaren Interessengruppen[316]. Dem Systemwettbewerb fehlt ein automatisch wirkender Mechanismus, der dafür sorgt, dass die Beschränkung der Umverteilung im optimalen Umfang und in der richtigen Weise stattfindet.

4.1.2. Außenhandel und Umverteilung

Die bisherige Diskussion bezieht sich im Wesentlichen auf den Systemwettbewerb insoweit er durch internationale Faktorwanderungen ausgelöst wird. Ein weiteres Feld des Systemwettbewerbs entsteht durch den internationalen Handel und den damit verbundenen Wettbewerb zwischen Unternehmen aus verschiedenen Ländern um Absatzmärkte.

Die Kosten der sozialen Sicherungssysteme verteuern die inländischen Produkte und verschlechtern damit die Exportchancen inländischer Unternehmen. Bestehen flexible Wechselkurse, dann kann diese Verschlechterung der preislichen Wettbewerbsfähigkeit durch den Wechselkursmechanismus ausgeglichen werden. Bei gleichzeitiger Abwertung der Währung kann die preisliche Wettbewerbsfähigkeit trotz höherer Steuern und Sozialbeiträge gleich bleiben. Flexible Wechselkurse ermöglichen somit unterschiedliche Entwicklungen der nationalen Sozialpolitiken. Bestehen dagegen feste Wechselkurse oder wie in der Europäischen Währungsunion eine Gemeinschaftswährung, dann ist ein Aus-

[316] Vgl. Pitlik (1999), S. 17.

gleich wachsender Kosten der Sozialsysteme durch die Wechselkurse nicht möglich. Die Regierungen können versuchen, durch eine Senkung von Steuern und Beiträgen die Wettbewerbsfähigkeit inländischer Unternehmen gegenüber deren ausländischer Konkurrenz zu steigern. Somit gerät die Finanzierungsgrundlage des Sozialstaats auch durch den internationalen Wettbewerb um Absatzmärkte unter Druck. Versuchen alle Regierungen auf diese Weise, die Wettbewerbsfähigkeit ihrer inländischen Unternehmen zu steigern, dann besteht die Gefahr, dass es auch durch den internationalen Handel zum Unterbietungswettbewerb bei den Sozialsystemen kommt[317].

Oft wird die Gefahr eines Steuersenkungswettlaufs bei indirekten Steuern, insbesondere der Mehrwertsteuer, gesehen[318]. Die Mehrwertsteuer wird normalerweise dort bezahlt, wo das Produkt gekauft wird. In der Europäischen Union gilt dies für den Konsumgüterhandel (mit Ausnahmen bei Neuwagen und im Versandhandel). Um Einkaufstouristen anzulocken und dadurch den Verkaufserfolg der inländischen Produzenten zu erhöhen und um eine wichtige Rolle als Handelsplatz für Konsumgüter zu spielen, könnten Staaten ihre Mehrwertsteuersätze senken. Treten benachbarte Staaten in diesen Steuerwettbewerb ein, könnte dies zu einer Abwärtsspirale führen, durch die das System der Mehrwertsteuer generell untergraben wird. Bedingung für dieses Szenario ist eine hohe Bereitschaft der Konsumenten, zu Einkäufen in anderen Staaten zu reisen („Cross-Border-Shopping"). Innerhalb der Europäischen Union besteht jedoch ein Mindestsatz für die Mehrwertsteuer in Höhe von 15 Prozent (bzw. bei bestimmten Produkten 5 Prozent). Damit ist innerhalb der EU ein solcher Steuerwettbewerb nur begrenzt möglich.

Für Einkäufe von Unternehmen gilt in der EU dagegen noch das Bestimmungslandprinzip[319], das heißt, die Produkte unterliegen der Mehrwertsteuer im Land des Käufers. Dasselbe gilt für alle Exportwaren. Damit scheint ein Steuerwettbewerb hier unwahrscheinlich zu sein. Denn da sowohl inländische Produkte als auch importierte Waren am selben Absatzmarkt alle demselben Mehrwertsteuersatz unterliegen, lassen sich durch Senkungen der Mehrwertsteuer keine Wettbewerbsvorteile für die inländischen Produzenten erzeugen.

Dagegen werden durch direkte Steuern und Beiträge (wie zum Beispiel die Körperschaftsteuer oder Sozialversicherungsbeiträge) bzw. durch Steuern, die nach dem Ursprungslandprinzip erhoben werden, die Kosten der inländischen Pro-

---

[317] Vgl. Heise/Küchle (1996), S. 239 f., 243.

[318] Vgl. H.W. Sinn (1995), S. 242 f.

[319] Eine Umstellung auf das Ursprungslandprinzip ist geplant.

dukte im Vergleich zu den Waren ausländischer Konkurrenten sowohl auf inländischen als auch auf ausländischen Absatzmärkten erhöht. Deshalb ist zu vermuten, dass im Steuerwettbewerb eine Senkung direkter Unternehmenssteuern und Sozialbeiträge mit einer Erhöhung von Verbrauchssteuern (soweit diese nach dem Bestimmungslandprinzip erhoben werden) gegenfinanziert wird, um den Verkaufserfolg inländischer Anbieter zu erhöhen und zugleich die Staatseinnahmen konstant zu halten[320]. Ein Beispiel ist die „ökologische Steuerreform" in Deutschland, in deren Rahmen der Rentenversicherungsbeitrag gesenkt und im Gegenzug die Mineralölsteuer erhöht wurde. Während bei Steuern und Beiträgen, die nach dem Ursprungslandprinzip erhoben werden, damit zu rechnen ist, dass diese im Wettbewerb gesenkt werden, gilt dies für indirekte Steuern, die nach dem Bestimmungslandprinzip erhoben werden, nicht. Eine allgemeine Tendenz der Umschichtung von direkten zu indirekten Steuern erscheint aus dieser Sichtweise heraus als wahrscheinlich.

Damit können vom Systemwettbewerb zwei gegenläufige Wirkungen auf die indirekten Steuern ausgehen. Je bedeutsamer grenzüberschreitende Einkäufe von Konsumenten sind, desto eher geraten indirekte Steuern unter den Druck des internationalen Steuerwettbewerbs. Können dagegen die Konsumenten dieser Steuer schlecht ausweichen, weil sie beispielsweise immer am Wohnort einkaufen, dann wächst die Wahrscheinlichkeit, dass die Regierungen sie erhöhen, um die durch den Systemwettbewerb bei direkten Steuern entstehenden Einnahmenausfälle auszugleichen. Welcher Effekt überwiegt, ist letztlich empirisch zu entscheiden.

4.1.3. Der Systemwettbewerb und das Kräfteverhältnis gesellschaftlicher Gruppen

Im Kapitel 3.1 wurde der Systemwettbewerb als Prozess analysiert, in dessen Verlauf ein Leistungsabfall der Politik zu Abwanderungen führt und diese Abwanderungen den Druck erzeugen, der die politischen Entscheidungsträger schließlich wieder zur Erhöhung der Leistung bzw. zu notwendigen politischen Korrekturen veranlasst. Zugleich kann bereits die Drohung mit Abwanderung einen Leistungsabfall der Politik verhindern. Auf diese Weise wirkt der Sys-

---

[320] Vgl. Scharpf (1998), S. 59 f.

temwettbewerb als Entdeckungsverfahren für neue institutionelle Arrangements und als Mittel zur Begrenzung politischer Macht. Für den Wettbewerb ist wesentlich, dass es bei Politikversagen zur Abwanderung kommt. Möglichkeit und Bereitschaft zur Abwanderung sind jedoch unter den Bevölkerungsgruppen bzw. Produktionsfaktoren sehr unterschiedlich ausgeprägt, sodass auch die Fähigkeit, durch die Abwanderung politischen Druck zu erzeugen, ungleich verteilt ist. Konkret ist die Abwanderungsoption des Produktionsfaktors Kapital meist höher als die des Produktionsfaktors Arbeit. Auch Konsumenten sind sehr mobil, indem sie sehr leicht vom Kauf eines inländischen Produktes abrücken und zum Kauf eines ausländischen Substituts übergehen können[321]. Entsprechend ist zu erwarten, dass ein Politikversagen, von dem der Faktor Kapital oder die Konsumenten negativ betroffen sind, schneller und wirksamer korrigiert wird als ein Politikversagen, das den Produktionsfaktor Arbeit negativ betrifft.

Dieses allgemeine Bild bedarf der weiteren Ausdifferenzierung. Denn auch der Produktionsfaktor Kapital ist nicht gleichermaßen mobil. Kleine Unternehmen mit regionalen Absatzmärkten sind ähnlich immobil wie der Faktor Arbeit. Große Unternehmen beziehen mehrere Länder in ihre Investitionsentscheidungen mit ein. Ist aber einmal Sachkapital in großem Umfang an einem Ort investiert worden, dann sind auch große Unternehmen nicht mehr so beweglich wie früher. Den höchsten Grad an Mobilität hat vermutlich das Finanzkapital. Es kann von seinen Eigentümern sehr schnell von einem Land in ein anderes transferiert werden. Die Bewegungen von Finanzkapital wirken sich mittelbar auf den Erfolg eines Landes aus, indem vor allem das Zinsniveau von seiner Verfügbarkeit beeinflusst wird[322]. Da Finanzkapital schneller abwandern kann als die anderen Faktoren, können Abwanderungsentscheidungen von Geldanlegern die besonders spektakuläre Form der Währungskrise annehmen. Die Abwanderung von Finanzkapital kann daher auch besonders schnell politische Korrekturen nach sich ziehen.

Der Systemwettbewerb begrenzt durch die Abwanderungsoption die Machtentfaltung der Politiker. Aber er begrenzt sie sehr ungleich: Während gegenüber international mobilen Unternehmen und gegenüber dem Finanzkapital die Machtbegrenzung sehr wirksam ist, funktioniert sie gegenüber kleinen und mittleren Betrieben und gegenüber dem Faktor Arbeit deutlich weniger[323]. Der

[321] Vgl. Siebert/Koop (1993), S. 17.

[322] Daneben beeinflussen Finanzkapitalströme die Wettbewerbsfähigkeit einer Volkswirtschaft durch Effekte auf den Wechselkurs der Währung. So kann die durch die Abwanderung von Finanzkapital ausgelöste Abwertung die Wettbewerbsfähigkeit beim Export steigern.

[323] Vgl. Gerken (1999), S. 36 f.

Systemwettbewerb ist deshalb nicht nur für die Machtverteilung zwischen Staat und Gesellschaft relevant, sondern auch für die Machtverteilung zwischen unterschiedlichen Gruppen innerhalb der Gesellschaft.

Eine Kompensation für diese relative Schwäche der immobilen Faktoren kann durch den zweiten Mechanismus Hirschmans, den Widerspruch (Voice)[324], erfolgen. Dieser besteht in allen Formen der direkten politischen Einflussnahme. Neben der Bildung von Interessenorganisationen und verschiedensten Formen politischer Unmutsäußerungen sind es in den bürgerlich-parlamentarischen Staaten vor allem Wahlen, durch die die immobilen Faktoren Einfluss nehmen. Zwar können die mobilen Faktoren ebenso politische Organisationen bilden und verschiedene Protestformen nutzen. Bei Wahlen hat allerdings der tendenziell immobile Produktionsfaktor Arbeit das größte Gewicht. Vereinfachend lässt sich sagen, dass die mobilen Faktoren durch Abwanderungsdrohung, die immobilen Faktoren durch Widerspruch in Form von Wahlen Einfluss nehmen und die Macht der Politiker begrenzen[325]. Mit fortschreitender Globalisierung (und damit zunehmender Mobilität bestimmter Faktoren) bei gleichbleibenden politischen Partizipationsrechten (und damit konstanten Widerspruchsmöglichkeiten für die immobilen Faktoren) gewinnen bestimmte gesellschaftliche Gruppen mit größerer Mobilität auch an politischer Macht.

Eine weiterer Druck auf den Sozialstaat ergibt sich bei Betrachtung von gesellschaftlichen Gruppen, deren Widerspruchspotenzial zu schwach für echte politische Einflussnahme ist, und deren Anwesenheit weder für die regierenden Politiker noch für die Mehrheit der Bevölkerung erwünscht ist. Es geht um Minderheiten, die keinen Produktionsfaktor anzubieten haben, und die als Nettoempfänger im Wohlfahrtsstaat für die gesellschaftliche Mehrheit eine finanzielle Belastung sind. Zu denken ist dabei an gesellschaftliche Randgruppen wie Obdachlose oder Drogenabhängige. Ihr Bevölkerungsanteil ist zu klein und ihr Widerspruchspotenzial ist zu gering, um politischen Einfluss zu nehmen. Zum anderen ist mit ihrer Abwanderung kein Nachteil für die zurückbleibenden Gruppen oder für die Politiker verbunden. Da sie im überschaubaren Zeitraum nicht als Faktor-Anbieter auf den Märkten auftreten, droht durch ihre Abwanderung keine Verknappung von gesellschaftlich benötigten Ressourcen. Führen politische Entscheidungen zur Abwanderung solcher Bevölkerungsgruppen, die gesellschaftlich in der Minderheit sind und deren Abwanderung für die zurückbleibende Mehrheit zusätzlichen Nutzen bringt, dann geht von der Abwanderung

[324] Vgl. Hirschman (1970/1974).
[325] Vgl. Pitlik (1997), S. 12.

kein politischer Druck aus. Es könnte sogar im Gegenteil die Abwanderung gezielt gewollt sein[326]. So könnten Sozialtransfers für bestimmte verhandlungsschwache und unproduktive gesellschaftliche Gruppen gezielt gesenkt werden, um deren Bezieher zur Abwanderung zu veranlassen bzw. von der Zuwanderung abzuschrecken. Seine Rolle als Instrument zur Begrenzung politischer Macht und als Entdeckungsverfahren geeigneter politischer Regelungen kann der Systemwettbewerb hier nicht spielen. Insoweit sozial schwache Minderheiten international mobil sind, wird der Systemwettbewerb daher politische Arrangements und Umverteilungswirkungen zu ihren Ungunsten hervorbringen.

Im Kapitel 2.4.3 wurden verschiedene Theorien und Ansätze dargestellt, nach denen der Sozialstaat umso größer ist, je stärker die gesellschaftliche Position der linken Parteien und der Gewerkschaften ist. Außerdem wurde der Sozialstaat vor allem dort ausgebaut, wo korporatistische Entscheidungsstrukturen – beispielsweise in Form tripartistischer Verhandlungsrunden von Regierung, Unternehmerverbänden und Gewerkschaften – zur Kompromissbildung vieler gesellschaftlicher Kräfte (mit sozialstaatlichen Kompensationszahlungen an die Verlierer des Strukturwandels) führen. Der schwedische Wohlfahrtsstaat mit seinen starken Gewerkschaften, der langjährigen Alleinregierung der sozialdemokratischen Partei und zentralisierten korporatistischen Verhandlungsstrukturen gilt als klassisches Beispiel. Mit der Vergrößerung der Abwanderungsmöglichkeit eines Produktionsfaktors muss sich das Kräfteverhältnis innerhalb solcher Strukturen zu seinen Gunsten verschieben. Der zunehmend mobile Produktionsfaktor Kapital ist immer weniger darauf angewiesen, im Rahmen von zentralen Verhandlungsrunden Kompromisse zu schließen. Diese konsensorientierten Strukturen, die die Expansion sozialer Sicherungssysteme in hohem Maße begünstigen, werden dadurch erheblich geschwächt[327].

Gegenüber dem Staat, der die Sozialpolitik betreibt, wächst mit ihrer Abwanderungsmöglichkeit das Drohpotenzial und die Macht begehrter Produktionsfaktoren[328]. Ausgehend von der Annahme, der politische Erfolg einer Regierung hänge zunehmend davon ab, inwieweit es ihr gelingt, mobile Produktionsfaktoren ins Land zu holen, wird vermutet, dass die Unterschiede der politischen

---

[326] Die Möglichkeit, dass die Abwanderung von einkommensschwachen Bevölkerungsgruppen politisch gefördert werden könnte, wird zum Beispiel bei H.W. Sinn (1997a), S. 38 f., erwähnt.

[327] Vgl. Mishra (1993), S. 25 f.

[328] Vgl. Scharpf (1998), S. 47 f.

Parteien immer mehr verblassen. Die sozialdemokratische Regierungsbeteiligung, die klassischerweise als wichtig für den Umfang des Sozialstaats galt, verliert demnach an Bedeutung für den Wohlfahrtsstaat[329].

Gemäß diesen Diagnosen setzt die Internationalisierung der Wirtschaft den Sozialstaat unter Druck, indem sie die politischen Institutionen und Interessengruppen schwächt, die seinen Aufbau am stärksten begünstigt haben. Demgegenüber betont Swank, dass die unterschiedliche Ausgestaltung der Institutionen in den verschiedenen Ländern entscheidend dafür ist, wie der Druck der Globalisierung auf die sozialen Sicherungssysteme letztlich wirkt[330]. Insbesondere korporatistische Systeme und auf breiten Konsens abzielende staatliche Institutionen und Entscheidungsstrukturen verhinderten einen umfassenden Sozialabbau. Dabei stärkten diese Strukturen nicht nur die Verhandlungsposition der Gewinner und Befürworter des Sozialstaats, sondern förderten zugleich die Verbreitung von wohlfahrtsstaatsfreundlichen Wertvorstellungen in der Bevölkerung. Im Kern setzt Swank der These vom Druck der Globalisierung auf den Sozialstaat keine gegenteilige These entgegen, sondern argumentiert dafür, dass die institutionellen Verhältnisse für die Sozialpolitik wichtiger sind als die internationalen Wirtschaftsbeziehungen.

4.1.4. Umverteilung bei Agglomerationenbildung

Eine Reduzierung der Umverteilung durch internationalen Wettbewerb wird in einigen Modellen bestritten, die in der Tradition der Neuen Wirtschaftsgeografie stehen. Sie stellen die Effekte wirtschaftlicher Agglomerationenbildung in den Mittelpunkt der Betrachtung. Eine Agglomerationenbildung kommt zu Stande, wenn innerhalb von Regionen Unternehmen positive Effekte für benachbarte andere Unternehmen hervorbringen, sodass die zunehmende Zahl von Unternehmen an einem Standort eine überproportionale Steigerung der dort stattfindenden Produktion bewirkt, also regionale firmenübergreifende Economies of Scale vorliegen. Wirtschaftsräume mit hoher Unternehmensdichte wirken dann anziehend auf weitere Unternehmen, sodass ein sich selbst verstärkender Prozess in Gang kommt. Die Ursachen können vielfältig sein. An einem Standort, wo bereits viele Unternehmen sind, ist oft auch viel qualifiziertes Personal an-

[329] Vgl. Luhmann (1995), S. 580.
[330] Vgl. Swank (2002b), insbes. S. 34-58.

wesend, sodass es hier für weitere Unternehmen leichter ist, qualifizierte Arbeitskräfte zu finden. Die Zusammenarbeit mit benachbarten Unternehmen im Bereich der Forschung und Entwicklung wird vereinfacht. Es können weitere technologische Spill-over-Effekte auftreten, beispielsweise durch Anschauungsunterricht oder durch Arbeitskräftefluktuation zwischen den Unternehmen. Unternehmen können Kosten der Distanzüberwindung einsparen, wenn ihre Lieferanten oder Abnehmer von Vorleistungen in der Nachbarschaft angesiedelt sind. Unternehmen können vom Staat die Schaffung einer ausgebauten Infrastruktur erwarten, die dann auch von weiteren hinzukommenden Unternehmen mitgenutzt werden kann. Wo sich viele Unternehmen ansiedeln, entsteht Einkommen, das vom Staat zur Finanzierung der Infrastruktur besteuert werden kann[331].

Wichtig sind die durch Anwesenheit von vielen Unternehmen entstehenden Beschaffungs- und Absatzmärkte, die auf weitere Unternehmen anziehend wirken. Die Entstehung eines Agglomerationsvorteils dieser Art ist an zwei Voraussetzungen gebunden. Die erste Voraussetzung ist, dass die beteiligten Unternehmen sinkende Durchschnittskosten, z.B. durch Economies of Scale, haben. Diese führen dazu, dass es für die Unternehmen effizient ist, sich für *einen* Standort zu entscheiden. Ohne solche Massenproduktionsvorteile würden die Unternehmen an jedem Markt eine eigene Produktionsstätte errichten. Allen hier zitierten Modellen liegen deshalb Massenproduktionsvorteile (und als Konsequenz Märkte mit monopolistischer Konkurrenz) als Annahmen zu Grunde[332]. Die Agglomerationseffekte sind daher nicht in allen Sektoren gleichermaßen, sondern vor allem in Branchen mit Massenproduktion zu erwarten. Die zweite Voraussetzung ist, dass eine Teilnahme an den Märkten durch Belieferung aus der Ferne mit Kosten verbunden ist, die durch die räumliche Ansiedlung in der Nähe der Geschäftspartner vermieden werden können. So kann der Fernhandel Transport- und Kommunikationskosten oder bei grenzüberschreitenden Geschäftsverbindungen Kosten für Absicherungsgeschäfte gegen Währungsrisiken mit sich bringen. Die Zusammenarbeit mit den Geschäftspartnern zum Beispiel beim Kundendienst kann durch räumliche Distanz erschwert werden. Bei Standortverlagerung in die Region bzw. das Land der Lieferanten bzw. der Kunden treten diese Kosten nicht auf. Der Agglomerationsvorteil besteht hier darin, die Kosten des Fernhandels einzusparen.

---

[331] Vgl. Porter (1990b), Kapitel 3; Gehrig (1996), S. 6, und die dort angegebenen Quellen.
[332] Vgl. Fujita/Krugman/Venables (1999), S. 5 f.

Hirschman unterscheidet zwischen Forward und Backward Linkages[333]. So kann es für Unternehmen sinnvoll sein, sich an Orten anzusiedeln, an denen bereits potenzielle Zulieferbetriebe vorhanden sind, um bei der Beschaffung von Vorleistungen Kosten des Handels einzusparen. Betriebe ziehen andere Betriebe als mögliche Kunden an (Forward Linkages). Länder mit einer ausgebauten Zulieferindustrie können somit anziehend für beschaffungsorientierte Direktinvestitionen sein. Umgekehrt können vor allem in Regionen bzw. Ländern mit hoher Dichte an Unternehmen auch Absatzmärkte für die eigenen Produkte liegen, entweder (für Hersteller von Vorleistungen und Investitionsgütern) bei den dort bereits ansässigen Unternehmen selbst oder (für Hersteller von Konsumgütern) bei der Bevölkerung, die auf Grund der starken Wirtschaftsstruktur über ein hohes Einkommen verfügt. Auch hier können Unternehmen die Kosten der Distanzüberwindung einsparen. Wo große Nachfrage ist, siedeln sich Betriebe zu deren Befriedigung an (Backward Linkages). Auch auf absatzorientierte Direktinvestitionen wirken Agglomerationen anziehend. Sind aber gerade Regionen oder Länder mit vielen Unternehmen anziehend für weitere Investitionen, dann kann dies einen sich selbst immer weiter fortsetzenden Prozess wirtschaftlichen Aufstiegs auslösen[334]. Umgekehrt sind strukturschwache Räume schlechte Investitionsstandorte und verlieren noch weitere Unternehmen durch Abwanderung.

Diese Zusammenhänge haben auch Folgen für die Wirkung des Standortwettbewerbs auf die Steuern. Einige neue theoretische Modelle zum Zusammenhang von Kapitalmobilität und Kapitalbesteuerung weisen nach, dass der Abbau von Kapitalsteuern bei Agglomerationenbildung aufgehalten oder verhindert wird. Der Kerngedanke dieser Modelle besteht darin, dass in Agglomerationen für die dort angesiedelten Unternehmen besondere Renten entstehen. Weil konkurrierende Standorte diese Renten nicht bieten, können sie – auch bei vollkommener Mobilität der Unternehmen – wirksam und dauerhaft besteuert werden[335]. Im Land der Agglomeration ist eine Besteuerung der Unternehmen an der Quelle möglich, die jedoch begrenzt wird. Die Grenzen dieser Besteuerung werden durch die Höhe der Agglomerationsrenten und durch die Höhe der Steuern in dem (keine Agglomeration besitzenden) Nachbarland bestimmt. Sind die Agglomerationsrenten und die Steuersätze am konkurrierenden Standort hoch, dann können relativ hohe Steuern auf die Einkommen mobiler Faktoren

333 Vgl. Hirschman (1958), S. 98 ff.
334 Vgl. Myrdal (1957), S. 28; Krugman (1991), S. 485 f.
335 Vgl. Kind/Knarvik/Schjelderup (2000); Baldwin/Krugman (2004).

erhoben werden[336]. So verweisen Baldwin/Krugman darauf, dass die von ihnen als wirtschaftlicher „Kern“ klassifizierten europäischen Länder (Deutschland, die Benelux-Länder, Frankreich und Italien) in den letzten Jahrzehnten höhere Kapitalsteuern (in Prozent des Bruttoinlandsprodukts) erhoben als die „Peripherie“-Länder (Spanien, Portugal, Griechenland und Irland)[337].

In einem abstrakten Zwei-Länder-Modell kann sich ein Land als Agglomeration durchsetzen und somit alle mobilen Produktionsfaktoren an sich ziehen. Dann kann das überlegene Land Steuern auf diese mobilen Faktoren erheben. Im unterlegenen Land bleiben allein immobile Faktoren zurück, die dort unverändert besteuert werden können. Dabei spielen Überlegungen der Anwerbung mobiler Faktoren keine Rolle mehr[338]. Vergleicht man dieses Ergebnis mit den Argumenten zum Abbau der Steuern auf mobile Faktoren aus Kapitel 4.1.1, dann zeigt sich, dass mobile Faktoren nun besteuert werden können, sie sich aber zugleich im Land der Agglomeration konzentrieren. Das unterlegene Land kann nach wie vor nur immobile Faktoren besteuern, leidet aber zusätzlich unter einem Einkommensrückgang durch den Verlust der mobilen Faktoren.

Möglich ist, dass in verschiedenen Wirtschaftssektoren unterschiedliche Agglomerationen sich herausbilden, sodass verschiedene benachbarte Länder unterschiedliche Agglomerationen beherbergen können. Damit wird die in manchen Modellen hergeleitete extreme und unrealistische Schlussfolgerung, dass sich die Gesamtheit aller mobilen Produktionsfaktoren in einem Standort versammelt, vermieden. Findet die Agglomerationenbildung für verschiedene Wirtschaftssektoren unabhängig voneinander statt, dann kann es dazu kommen, dass jedes Land in irgendeiner Branche eine Agglomeration besitzt. Damit würden in allen Ländern besteuerbare Agglomerationsrenten entstehen. Ein Abbau der Steuern auf mobile Faktoren muss unter dieser Bedingung in keinem Land stattfinden. Insgesamt führt das Argument zu der Schlussfolgerung, dass Länder, in denen Agglomerationen vorhanden sind, in der Lage sind, auch mobile Faktoren zu besteuern um die Einnahmen zu Umverteilungszwecken zu verwenden.

Die Höhe der an der Quelle erhobenen Kapitalsteuern ist durch die Höhe der Agglomerationsrenten der Unternehmen begrenzt. Entsprechend sind alle Faktoren, die die Höhe dieser Renten und damit das Ausmaß der Agglomerationenbildung mitbestimmen, auch für die Möglichkeit, Steuern zu erheben, wichtig. Besteht der Agglomerationsvorteil in der Nähe zu Beschaffungs- und Absatz-

336 Vgl. Baldwin/Krugman (2004), S. 14 ff.
337 Vgl. Baldwin/Krugman (2004), S. 6 f.
338 Vgl. Baldwin/Krugman (2004), S. 21.

märkten im selben Land, dann ist die Höhe der Kosten des Außenhandels dabei bedeutsam. Liegen die Kosten des internationalen Handels sehr hoch, dann sind die Märkte der beteiligten Länder so stark voneinander getrennt, dass eine Belieferung aller Märkte allein durch Ansiedlung in allen Ländern möglich ist. Die Handelskosten sind dann höher als der Massenproduktionsvorteil (der für eine zentrale Betriebsstätte spricht). Eine Agglomeration kommt nicht zu Stande. Haben die Handelskosten ein mittleres Niveau und werden durch den Massenproduktionsvorteil überkompensiert, dann ist die Schaffung einer einzigen Betriebsstätte in der Nähe des größten Beschaffungs- bzw. Absatzmarktes sinnvoll. Der Agglomerationsvorteil wird wirksam. Die weitere Senkung der Kosten des Außenhandels reduziert jedoch den Agglomerationsvorteil wieder. Liegen die Handelskosten bei Null, dann bietet eine Ansiedlung in der Nähe von Absatz- bzw. Beschaffungsmärkten keine Einsparung von Handelskosten. Stattdessen erfolgt die Standortwahl auf Grund der übrigen Kosten. Ist der Agglomerationsvorteil allein auf eingesparte Handelskosten zurückzuführen, dann verschwindet er mit dem Rückgang dieser Kosten[339].

Entsprechend wird auch der Spielraum der Kapitalbesteuerung bei massiv abnehmenden Handelskosten reduziert. Sinkende Kosten des Außenhandels kommen zum Beispiel durch sinkende Transport- und Kommunikationskosten oder auch durch sinkende Kosten für Absicherungsgeschäfte gegen Währungsrisiken (durch Einführung von Systemen fester Wechselkurse oder einer Währungsunion) zu Stande. Mit sinkenden Handelskosten sind Unternehmen, die einen bestimmten Markt beliefern möchten, immer weniger darauf angewiesen, sich räumlich in diesem Markt auch anzusiedeln. Andere Kostenaspekte (wie die Steuern) gewinnen an Bedeutung. Mit sinkenden Handelskosten gehen also die Agglomerationsrenten zurück. Mit ihnen sinkt der Spielraum der Regierungen, Kapitalsteuern auf diese Renten zu erheben. Inwieweit diese Effekte bereits eingetreten sind, lässt sich theoretisch nicht entscheiden und müsste empirisch untersucht werden.

Auf Grund der vielen speziellen Annahmen dürften diese Modelle für einzelne Wirtschaftssektoren, in denen die gemachten Annahmen zutreffen, relevant sein, für andere jedoch nicht[340]. Der Umstand, dass sich internationale (und auch sonstige räumliche) Ungleichheiten von Produktion und Einkommen hartnäckig halten, spricht für die Relevanz des Arguments der Agglomerationenbildung. In dem Maße, wie dies zutrifft, kann vermutet werden, dass auch die Möglichkeit,

---

339 Vgl. Venables (1996); S. 345 f.; Fujita/Krugman/Venables (1999), S. 252 ff.
340 Vgl. Venables (1996), S. 357.

mobile Faktoren zu besteuern, in den Zentren wirtschaftlicher Entwicklung erhalten bleibt.

Im Kapitel 4.1.1 wurde das Argument diskutiert, wonach mobile und begehrte Wirtschaftssubjekte aus der Sozialpolitik Nutzen ziehen, da diese zum sozialen Frieden beiträgt. In den Agglomerationen verteilen sich die Kosten der Umverteilung auf viele Faktoren, sodass die Kosten für den einzelnen Steuerzahler vergleichsweise niedrig werden. Das öffentliche Gut „sozialer Friede" kann somit leichter bereitgestellt werden. Dies reicht jedoch für die Aufrechterhaltung einer Besteuerung mobiler Faktoren nicht aus, da im internationalen Wettbewerb ein Steuersatz von Null für die mobilen Faktoren und die Finanzierung der Umverteilung allein durch immobile Faktoren einen positiven Standortfaktor darstellt. Nur wenn unabhängig von der Steuererhebung Agglomerationsrenten (etwa in Gestalt eingesparter Handelskosten) vorliegen, können mobile Faktoren besteuert werden.

4.1.5. Die Kompensationshypothese

Der These, der Sozialstaat werde durch die Zunahme der internationalen Wirtschaftsbeziehungen reduziert, steht außerdem die sogenannte Kompensationshypothese entgegen, die am klarsten von Rodrik und Garrett formuliert wird. Demnach erzeugt die Internationalisierung der Wirtschaft einen Druck zum *Ausbau* des Sozialstaates. Ausgangspunkt ist die Erkenntnis, dass die Internationalisierung innerhalb der beteiligten Volkswirtschaften Verlierer hervorbringt, die mit Einkommenseinbußen bzw. zunehmenden Unsicherheiten zu rechnen haben. Politisch ist demnach eine Internationalisierung der Wirtschaft nur durchsetzbar, wenn deren Verlierer in Form von staatlicher Hilfe kompensiert werden. Der Ausbau des Sozialstaats wäre demnach eine Voraussetzung für die Öffnung einer Volkswirtschaft. Schon Polanyi betont, dass die Liberalisierung der Märkte mit Maßnahmen der sozialen Absicherung ihrer Verlierer einherging[341]. Andere Autoren wenden dies insbesondere auf die Zeit nach dem Zweiten Weltkrieg an und sehen den Ausbau der Sozialsysteme in dieser Zeit in en-

[341] Vgl. Polanyi (1944), S. 132.

gem Zusammenhang mit der zugleich vollzogenen Liberalisierung des internationalen Handels[342].

Die Hypothese lässt sich in zwei Schritte aufteilen: Erstens bewirkt die Internationalisierung eine Verschlechterung der Lage bestimmter Bevölkerungsgruppen, indem deren Einkommen a) sinken bzw. b) unsicherer werden. Zweitens führt dies dazu, dass der Staat diese Gruppen für ihre Nachteile durch mehr bzw. höhere Sozialleistungen kompensiert.

Bereits die Verbindung von klassischer Außenhandelstheorie und Wohlfahrtsökonomik enthält die Erkenntnis, dass es innerhalb von Volkswirtschaften Verlierer des internationalen Handels gibt, und die Idee ihrer Kompensation.

Die Industrieländer – relativ reich an Sach- und Humankapital und relativ arm an dem Produktionsfaktor einfache Arbeit – werden sich nach der traditionellen Theorie im Zuge zunehmender internationaler Arbeitsteilung auf die Produktion kapital- und technologieintensiver Erzeugnisse spezialisieren, bei denen sie ihre komparativen Kostenvorteile haben. Demgegenüber werden sie Produkte, zu deren Herstellung vor allem unqualifizierte Arbeit notwendig ist, zunehmend aus Ländern mit relativ vielen unqualifizierten Arbeitskräften importieren. Deshalb muss in den Industrieländern als Folge der Zunahme des internationalen Handels die Nachfrage nach unqualifizierter Arbeit abnehmen, was bei den betroffenen Personen entweder zu sinkenden Löhnen oder steigender unfreiwilliger Arbeitslosigkeit führt[343]. So kommt es zwar gemäß traditioneller Theorie durch den Außenhandel zur Zunahme von Konsummöglichkeiten für die Volkswirtschaften insgesamt, diese sind jedoch in den Industrieländern mit einer Verschlechterung der Lage gering qualifizierter Arbeitskräfte verbunden.

Schon 1825 schlug Mill vor, die Abschaffung der protektionistischen Korngesetze in Großbritannien mit einer Kompensationszahlung an die potenziellen Verlierer dieses Schritts zu verbinden, um so dafür zu sorgen, dass im Ergebnis keine Bevölkerungsgruppe schlechter gestellt sein würde[344]. In der Wohlfahrtsökonomik werden Kriterien diskutiert, die eine Veränderung, wie den Übergang von der Autarkie zum Freihandel, auch dann als effizient klassifizieren, wenn den Gewinnern eines solchen Schritts auch Verlierer gegenüberstehen, es jedoch

---

[342] Vgl. Ruggie (1982); Rieger/Leibfried (1997), S. 776, 785-788.

[343] Vgl. Berthold (1997), S. 57; Rodrik (1997), S. 12. Zu einer differenzierteren Diskussion vgl. Eckel (2000).

[344] Vgl. Mill (1825), S. 52 f.

möglich ist, diese aus den entstehenden Freihandelsgewinnen zu kompensieren[345]. Nach dem sogenannten Kaldor-Hicks-Kriterium gilt eine Veränderung als gut, wenn eine Kompensation möglich ist, in deren Ergebnis der Nutzenverlust der Verlierer durch Zahlungen der Gewinner voll ausgeglichen wird und zugleich ein Nutzenzuwachs der Gewinner verbleibt[346]. Dabei kommt es darauf an, dass die Kompensation möglich ist, nicht dass sie tatsächlich erfolgt.

Das Kaldor-Hicks-Kriterium wurde von verschiedenen Autoren wie zum Beispiel Samuelson kritisiert und weiterentwickelt. Dabei wurde jedoch grundsätzlich an dem Kriterium der Möglichkeit einer Kompensation festgehalten. Nach dem Samuelson-Kriterium wäre der Übergang zum Freihandel dann besser als die Aufrechterhaltung der Autarkie, wenn es unter Freihandelsbedingungen möglich wäre, durch Kompensationszahlungen zwischen Gewinnern und Verlierern für alle ein höheres Nutzenniveau zu erreichen als bei jeder denkbaren Einkommensverteilung unter Autarkiebedingungen. Damit wird nicht mehr nur die *tatsächliche* neue Freihandelssituation mit der *tatsächlichen* vorangegangenen Autarkiesituation verglichen, sondern stattdessen werden auch alle *möglichen* Einkommensverteilungen bei Freihandel mit allen *möglichen* Einkommensverteilungen bei Autarkie verglichen[347].

Diese Ansätze betonen, dass es als Wohlfahrtssteigerung anzusehen ist, wenn die *Möglichkeit* der Kompensation besteht. Ob diese Kompensation *tatsächlich* gezahlt wird, ist für die Beurteilung der Effizienz nach dem Kaldor-Hicks- bzw. dem Samuelson-Kriterium unerheblich. Eine tatsächliche Kompensation könnte jedoch dazu führen, dass der Übergang zum Freihandel sogar nach dem Pareto-Kriterium eine Effizienzsteigerung bedeutet, also einige Wirtschaftssubjekte besser stellt ohne andere schlechter zu stellen.

Es ist möglich, dass eine tatsächliche Kompensationszahlung aus politischen Gründen zur Durchsetzung des Freihandels notwendig ist. Insbesondere in konsensorientierten Gemeinwesen könnte der Freihandel eventuell politisch nur durchsetzbar sein, wenn eine Kompensation der Verlierer (wenigstens teilweise) auch wirklich erfolgt. Der Sozialstaat könnte gedeutet werden als staatlich organisierter Kompensationsmechanismus, der zur politischen Durchsetzbarkeit des Freihandels geschaffen werden muss. Die Zunahme internationalen Handels

---

[345] Vgl. zu den Kompensationskriterien der Neuen Wohlfahrtsökonomik und deren Anwendung auf den Außenhandel die Lehrbuchdarstellungen von Külp/Knappe (1984), S. 103-114, und Rose/Sauernheimer (1999), S. 527-536.
[346] Vgl. Kaldor (1939), S. 550.
[347] Vgl. Samuelson (1950), S. 6.

ginge mit einem Ausbau des Sozialstaats einher, weil jener der Preis ist, den die Gewinner der Globalisierung den inländischen Verlierern derselben zu zahlen haben.

Ergänzt werden kann, dass diese Sichtweise nicht grundsätzlich auf Handelsbeziehungen mit einer Spezialisierung entsprechend komparativer Kostenvorteile eingeschränkt ist. Nur eine sich an komparativen Kostenvorteilen orientierende internationale Arbeitsteilung führt zum Rückgang der Nachfrage nach unqualifizierter Arbeit auf den Arbeitsmärkten der Industrieländer und bringt damit eine vergleichsweise klar definierte Gruppe an Verlierern hervor. Die beschriebenen Effekte müssten vor allem beim Außenhandel mit Billiglohnländern, etwa Entwicklungsländern, auftreten. Dieser hat jedoch nur einen relativ geringen Anteil am gesamten Außenhandel der Industrieländer[348]. Im Falle des quantitativ bedeutsamen intraindustriellen Handels, der vor allem zwischen Industrieländern stattfindet und in dem Güter mit ähnlichem Bedarf an Produktionsfaktoren ausgetauscht werden, ist weniger klar voraussagbar, wer Verlierer der Internationalisierung ist. Aber auch in diesem weniger klaren Fall könnte theoretisch eine Kompensation möglicher Verlierer politisch notwendig werden.

Zusätzlich kann durch zwei andere Mechanismen die Globalisierung in Industrieländern zur Verschlechterung der Situation von Geringverdienern und damit zur Erhöhung des sozialpolitischen Bedarfs führen. Nimmt die Mobilität der Arbeitskräfte zu, kann es zur vermehrten Zuwanderung gering Qualifizierter in den Industrieländern kommen. Dadurch verschärft sich die Konkurrenz insbesondere in den Niedriglohnsektoren des Arbeitsmarktes[349]. Dies kann Lohnsenkungen bzw. eine Zunahme der unfreiwilligen Arbeitslosigkeit bewirken. Der Staat könnte dann veranlasst sein, die inländischen Verlierer der offenen Grenzen durch Ausweitung der Sozialleistungen zu entschädigen. Das Ausmaß des Effekts hängt davon ab, in welchem Umfang tatsächlich Wanderungen von Arbeitskräften stattfinden.

Der zweite Mechanismus besteht im Verlust von Marktmachtpositionen auf Gütermärkten. In den Industrieländern können bislang in Branchen mit unvollständiger Konkurrenz die Arbeitskräfte an den dort erzielten Monopol- und Oligopolrenten partizipieren. Nimmt im Zuge der Internationalisierung der Wirtschaftsbeziehungen die Konkurrenz zu und werden Monopol- und Oligopolstellungen auf den Gütermärkten aufgebrochen, dann gehören auch die in diesen Branchen beschäftigten Arbeitskräfte zu den Verlierern. Auch auf diese Weise

---

[348] Vgl. Krugman (1995), S. 2 f.
[349] Vgl. Berthold (1997), S. 57.

können negative Effekte der internationalen Wirtschaftsbeziehungen auf die Lohneinkommen eintreten[350].

Nach der Kompensationshypothese schafft der Rückgang der Lohneinkommen gering qualifizierter Arbeitskräfte bzw. die Zunahme ihrer Arbeitslosigkeit einen wachsenden Bedarf an sozialer Absicherung durch den Staat. Dieser Bedarf wird nach dieser Hypothese durch die Vermehrung der staatlichen Sozialleistungen befriedigt, sodass die Zunahme des internationalen Handels mit einem Ausbau des Sozialstaats einhergehe. Dieser Schluss kann jedoch nur gezogen werden, wenn zusätzlich die Hypothese vorausgesetzt wird, dass staatliche Sozialpolitik auch tatsächlich auf den vergrößerten sozialpolitischen Bedarf reagiert, z.B. weil die potenziellen Verlierer hinreichend viel politischen Einfluss besitzen, um eine Kompensation durchzusetzen. Plausibel erscheint die Kompensationshypothese deshalb besonders für konsensorientierte Gesellschaften, in denen eine Liberalisierung der Außenbeziehungen nur bei Zustimmung möglicher Verlierer politisch durchsetzbar ist.

Ein solcher Vorgang – die Liberalisierung des internationalen Handels bei gleichzeitiger Kompensation seiner Verlierer – kann das Ergebnis eines formellen oder informellen Verhandlungsprozesses oder einer allgemeinen Suche nach Konsens zwischen verschiedenen Interessengruppen innerhalb eines Landes sein. Eine solche Suche nach Konsens ist charakteristisch für „korporatistisch" organisierte Gesellschaften. Korporatistische Strukturen sind nach Cameron und Katzenstein insbesondere in den kleinen offenen Volkswirtschaften Europas zu finden und können zur Erklärung der Höhe der Staatsausgaben und der Sozialleistungen in diesen Ländern beitragen. Cameron untersucht in einer empirischen Untersuchung Ursachen der Staatsausgabenentwicklung in 18 Industrieländern. Katzenstein untersucht in einer qualitativen Studie die Wirtschaftspolitiken von sieben kleinen westeuropäischen Ländern[351].

Im Unterschied zu großen Volkswirtschaften nehmen kleine Länder relativ stärker am internationalen Handel teil, was sich an dem meist größeren Offenheitsgrad (Exporte + Importe in Prozent des Bruttoinlandsproduktes) zeigt. Ursache sind vorhandene Economies of Scale, die für kleine Länder angesichts enger

[350] Vgl. Rodrik (1997), S. 15.

[351] Vgl. Cameron (1978); Katzenstein (1985). Katzenstein untersucht Schweden, Norwegen, Dänemark, die Niederlande, Belgien, die Schweiz und Österreich; vgl. Katzenstein (1985), S. 20.

Binnenmärkte nur bei umfangreichem Export von Gütern nutzbar sind[352]. Zugleich führt die Spezialisierung kleiner Länder auf bestimmte Exportprodukte zu einer vergleichsweise großen Anfälligkeit dieser Volkswirtschaften für externe Schocks auf einzelnen Märkten.

Oft gibt es in kleinen Ländern eine starke Konzentration der Wirtschaft auf wenige große Unternehmen mit einer relativ homogenen Beschäftigtenstruktur. Bedingt durch die geringe Landesgröße sind sowohl der Staat als auch die Interessengruppen tendenziell zentralistisch organisiert. Dies begünstigt eine zentrale wirtschaftspolitische Koordination durch Absprachen zwischen Staat, Gewerkschaften, Unternehmerverbänden und Großunternehmen. So kommt Katzenstein zu der Erkenntnis, dass die kleinen offenen Volkswirtschaften in Europa Strukturen eines „demokratischen Korporatismus" aufweisen, die sich durch eine Ideologie der Sozialpartnerschaft, ein System zentralisierter Interessenvertretung und die freiwillige Koordination gegensätzlicher Interessen auszeichnen[353].

Um eine liberale Handelspolitik umsetzen zu können, bedarf es in solchen korporatistischen und konsensorientierten Ländern relativ umfassender staatlicher Mechanismen, um die Verlierer des Strukturwandels zu entschädigen. So ist die Offenheit der kleinen Länder verbunden mit einem großen öffentlichen Sektor und einer Expansion der staatlichen Transferzahlungen an Haushalte und Unternehmen. Katzenstein betont die Kombination von internationaler Liberalisierung mit inländischer Kompensation in diesen Ländern[354]. Ferner wurden in den betrachteten Ländern teilweise auf zentraler Ebene Begrenzungen für Löhne und Preise (insbesondere in den Exportsektoren) abgesprochen, um die internationale Wettbewerbsfähigkeit auf Absatzmärkten zu erhöhen bzw. um Inflationsimport zu verhindern. Solche Arrangements waren jedoch nur möglich, wenn zugleich Einkommensverluste der Beschäftigten wenigstens teilweise durch staatliche Transfers ausgeglichen wurden[355].

Man könnte diese Erkenntnisse zu der Hypothese verallgemeinern, dass stark außenhandelsorientierte Volkswirtschaften (für die die kleinen europäischen Länder Beispiele sind) staatlich beeinflusste Kompensationsmechanismen im Inneren brauchen, um außenhandelsbedingte Einkommensverluste auszuglei-

---

[352] Vgl. Cameron (1978), S. 1249; Katzenstein (1985), S. 39 f. und 81 f.; Dahl/Tufte (1973), S. 115.

[353] Vgl. Cameron (1978), S. 1257 f.; Katzenstein (1985), S. 87-94.

[354] Vgl. Katzenstein (1985), S. 52-55, 57.

[355] Vgl. Cameron (1978), S. 1258; Katzenstein (1985), S. 49, 95 f.

chen, sodass zunehmende Offenheit von Volkswirtschaften nicht mit einem Abbau, sondern dem Ausbau sozialstaatlicher Aktivität verbunden ist. Fraglich ist dennoch, ob diese Erkenntnis auf größere Länder übertragbar ist, wenn diese ebenfalls immer offener für die Weltwirtschaft werden. Denn in größeren Ländern ist die politische Struktur meistens weniger zentralistisch, es gibt mehr und heterogenere Interessengruppen, die Ausbildung eines demokratisch-korporatistischen Systems ist schwieriger. In manchen Ländern wie zum Beispiel Großbritannien begünstigen die politische Ordnung und das Wahlsystem bei den Parlamentswahlen die Durchsetzung des Mehrheitswillens ohne die Notwendigkeit einer breiten Konsensbildung. Deshalb könnte die Zunahme des Außenhandels in diesen Ländern ohne Kompensation der Verlierer geschehen (solange diese in der politischen Minderheit bleiben). Unter solchen Umständen wäre nicht der Außenhandel, sondern der hohe Grad an Korporatismus die Hauptursache sozialstaatlicher Expansion in den kleinen europäischen Ländern.

Vor allem Rodrik betont, dass die Internationalisierung nicht nur Einkommens*einbußen* bestimmter Bevölkerungsgruppen bewirken kann, sondern auch eine Zunahme von Einkommens*unsicherheiten*. So gebe es eine Zunahme der Lohnelastizität der Arbeitsnachfrage. Die Zunahme der Abwanderungsmöglichkeiten für Investoren (durch Investition im Ausland) und Konsumenten (durch Kauf ausländischer Produkte) erhöht die Lohnelastizität der Arbeitsnachfrage und damit die Instabilität der Lohneinkommen. So sei weniger ein allgemeiner Rückgang der Arbeitsnachfrage als eher ihre größeren Schwankungen eine durch die Globalisierung verursachte Erscheinung[356].

Mit der Teilnahme am internationalen Handel wächst nach Rodrik die Anfälligkeit einer Volkswirtschaft für externe Schocks. Wenn sich Volkswirtschaften im Zuge zunehmender Teilnahme am internationalen Handel tendenziell auf die Produktion bestimmter Güter spezialisieren, wächst damit zugleich ihre Abhängigkeit von den Entwicklungen auf den Märkten für eben jene Güter. Entwicklungen auf einzelnen Märkten wirken sich auf die Volkswirtschaften intensiver aus. Folglich erhöht nach Rodrik die Internationalisierung die Einkommensrisiken. Dies spiegelt sich nach Rodrik in Schwankungen der Terms of Trade wider. Die Bedeutung solcher außenhandelsbedingter Einkommensschwankungen für eine Volkswirtschaft wird messbar, indem die Schwankungen der Terms of Trade mit dem Außenhandelsanteil (gemessen als Durchschnitt von Importen und Exporten in Prozent des Bruttoinlandsprodukts) gewichtet werden. So ver-

[356] Vgl. Rodrik (1997), S. 16-27.

wendet Rodrik als Maß für „externe Risiken“ die Standardabweichung der jährlichen Änderung der Terms of Trade multipliziert mit dem Außenhandelsanteil[357].

Rodriks These[358] besteht darin, dass in Ländern, die stärker solchen externen Risiken ausgesetzt sind (in denen der Wert der „externen Risiken“ höher ist), infolgedessen allgemein die Einkommensrisiken höher sind und der Staat verstärkt diese auszugleichen sucht, indem er seine eigenen Ausgaben steigert und beispielsweise durch soziale Leistungen eine Kompensation bereitstellt. Während in Industrieländern ein solcher Ausgleich vor allem durch den Ausbau sozialer Leistungen geschieht, erfolgt die entsprechende Absicherung in Entwicklungsländern eher über die Schaffung von Arbeitsplätzen im öffentlichen Dienst, die Gewährung von Sachleistungen oder staatliche Beschäftigungsprogramme. Die Kompensation erfolgt also nicht allein über Sozialleistungen, sondern über alle Arten staatlicher Tätigkeit. Somit zielt Rodriks Ansatz auf die Erklärung des Umfangs des staatlichen Sektors insgesamt.

Rodrik veranschaulicht seine These mit einem Modell, in dem eine Volkswirtschaft ihre Produktionsfaktoren auf verschiedene Verwendungsmöglichkeiten aufteilt. Ein privat erzeugtes Exportgut wird unter Maßgabe der Terms of Trade gegen Importwaren getauscht. Diese Importwaren gehen als Vorprodukte in die Herstellung eines inländischen privaten Gutes ein. Der Staat produziert ein öffentliches Gut, welches unabhängig von den Terms of Trade ist. Die Terms of Trade sind hier mit Unsicherheiten behaftet und erscheinen deshalb als Zufallsvariable mit einem bestimmten Mittelwert und einer Varianz. Wachsende außenhandelsbedingte Unsicherheiten erscheinen in dem Modell als Zunahme der Varianz der Terms of Trade. Je größer die Varianz der Terms of Trade ist, desto mehr ist die Produktion des privaten Gutes mit Unsicherheit belastet und wird es für die Volkswirtschaft optimal sein, die Produktion des von Unsicherheiten nicht betroffenen öffentlichen Gutes auszuweiten. Entsprechend muss bei zunehmendem außenhandelsbedingtem Risiko die Staatstätigkeit allgemein zunehmen. Diese Schlussfolgerung ergibt sich daraus, dass allein der öffentliche Sektor frei von extern bedingten Unsicherheiten ist.

Theoretisch ergeben sich einige Einwände gegen Rodriks Argument. So bedeutet eine Zunahme des Außenhandels nicht notwendigerweise eine Zunahme von Risiken. Denn der Zunahme des Risikos durch Spezialisierung auf eine geringere Zahl von Produkten steht die Risikodiversifizierung durch Verflechtung mit

[357] Vgl. Rodrik (1997), S. 55 ff., und Rodrik (1998), S. 1014.
[358] Vgl. Rodrik (1998), S. 1011-1014.

vielen fremden nationalen Märkten gegenüber. Welcher der zwei Effekte überwiegt, ist theoretisch nicht ohne weiteres feststellbar[359].

De Grauwe/Polan zeigen außerdem, dass eine Vergrößerung des öffentlichen Sektors auf Grund steigender Risiken im privaten Sektor in der Theorie nicht eindeutig hergeleitet werden kann[360]. Zwar kann einerseits mit zunehmendem Risiko im privaten Sektor die relative Attraktivität des sicheren öffentlichen Sektors zunehmen („Substitutionseffekt"). Wollen jedoch die Wirtschaftssubjekte ein bestimmtes Nutzenniveau durch private Güter halten, dann gleichen sie den Nutzenverlust durch wachsendes Risiko durch Produktion von *mehr* privaten Gütern aus („Einkommenseffekt"). Welcher der beiden Effekte überwiegt, ist theoretisch nicht entscheidbar. Damit ist auch die Frage, ob sich aus der Zunahme externer Risiken eine wachsende Nachfrage nach den Gütern des geschützten Staatssektors ergibt, theoretisch unklar und allein empirisch zu beantworten.

Rodrik scheint einen Staat vorauszusetzen, der das Wohl aller Bürger im Sinn hat. Dieser wohlmeinende Staat kompensiert im Interesse der Gesamtwirtschaft zunehmende Einkommensrisiken durch Ausweitung seiner risikoarmen Aktivitäten. Es stellt sich jedoch die Frage, warum und in welcher Weise der Staat auf die Zunahme der Risiken so reagiert, welche politischen Prozesse durch das wachsende Risiko ausgelöst werden, die zu den höheren Staatsausgaben führen. Ein Ansatzpunkt zum Verständnis dieser Verbindung findet sich bei Katzenstein. Demnach müssen in konsensorientierten und korporatistischen Staaten die Verlierer der Globalisierung kompensiert werden, da andernfalls ein Konsens bezüglich der Marktöffnung nicht erzielbar ist.

Ein weiterer Ansatzpunkt für die Verbindung von Globalisierung und Sozialpolitik findet sich bei Garrett. Er verweist darauf, dass Bevölkerungsgruppen, die negativ von der Globalisierung betroffen sind, weil ihre Einkommen unsicherer oder niedrigerer werden, ein neues Wählerpotenzial für sozialdemokratische Parteien darstellen. Somit könnten sozialdemokratische Parteien Verluste durch Schwund ihrer traditionellen Klientel, der Industriearbeiterschaft, ausgleichen. Er belegt dies empirisch, indem er zeigt, dass die politische Stärke sozialdemokratischer Parteien zwischen 1966 und 1990 in 14 westlichen Industrieländern nicht gesunken, sondern im Ganzen gleich geblieben ist. Auch die Gewerkschaften hätten nicht in dem Maße an Einfluss verloren, wie dies oft ver-

[359] Vgl. Iversen/Cusack (2000), S. 318 f.
[360] Vgl. de Grauwe/Polan (2003), S. 13-20.

mutet wird[361]. Somit könnten im Zuge der Globalisierung sozialdemokratische Parteien neue Wählerschichten gewinnen und ihren so zumindest stabilisierten politischen Einfluss für den Erhalt des Sozialstaats nutzen.

Obwohl Rodrik die Kompensationshypothese vertritt, argumentiert er zugleich im Einklang mit den Überlegungen aus den Kapiteln 4.1.1 bis 4.1.3 für die Vermutung, dass die Globalisierung die Finanzierung der Umverteilung immer mehr erschwert. Er kommt zu dem Ergebnis, dass die Globalisierung auf der einen Seite den Bedarf an sozialstaatlicher Kompensation erhöht, zugleich aber die finanziellen Spielräume zu ihrer Bereitstellung verengt. Deshalb warnt er vor der Gefahr, dass entweder protektionistische Kräfte wieder mehr Einfluss gewinnen und somit die Globalisierung ausgebremst wird oder die Globalisierung zu einer Spaltung der Gesellschaft führt, indem sie die Fähigkeit des Staates zum sozialen Ausgleich einschränkt. In der Schaffung politischer Rahmenbedingungen, die den Fortgang der Globalisierung mit einem sozialen Ausgleichs vereinbar machen, sieht Rodrik eine wichtige aktuelle politische Aufgabe[362].

Im Gegensatz dazu argumentiert Garrett, dass die Globalisierung keinen besonderen Druck auf den Sozialstaat ausübt, da der Sozialstaat eine politische und soziale Stabilität erzeuge, die ein Land für international mobile Investoren attraktiv macht. In empirischen Analysen zeigt er, dass Staaten mit sozialdemokratischen Regierungen und starken Gewerkschaften auch bei hohem Offenheitsgrad und geringen Kapitalverkehrsbarrieren in Bezug auf Wachstumsraten und Arbeitslosenquoten mindestens so erfolgreich sind wie Länder mit rechten Regierungen oder schwächeren Gewerkschaften[363]. Dem stehen jedoch die im Kapitel 4.1.1 genannten Argumente gegenüber, nach denen die Finanzierung der Umverteilung durch mobile Faktoren auch dann erschwert ist, wenn die Umverteilung ihnen Nutzen stiftet.

---

[361] Vgl. Garrett (1998a), S. 10 f., 39, 59 f., 63-73.
[362] Vgl. Rodrik (1997), S. 62 f., 69-71, 85.
[363] Vgl. Garrett (1998a), S.106, 109-120.

4.1.6. Ergebnisse der theoretischen Überlegungen

Insgesamt ergibt sich aus den theoretischen Überlegungen der Kapitel 4.1.1 bis 4.1.3 das Ergebnis, dass mobile Produktionsfaktoren nur schwer gezwungen werden können, sich an den Kosten der Umverteilung zu beteiligen. Dies gilt auch dann, wenn ihnen der Sozialstaat als öffentliches Gut gilt, sie also aus der Umverteilung etwa durch größeren sozialen Frieden oder Verringerung der Kriminalität Nutzen ziehen. Die Erhaltung sozialer Leistungen ist unter diesen Umständen davon abhängig, ob immobile Faktoren zur Finanzierung herangezogen werden. Ähnlich gilt für die Wirkung des internationalen Handels, dass der internationale Wettbewerb um Absatzmärkte die Finanzierung der Sozialleistungen mit direkten Steuern und Sozialbeiträgen unter Druck setzt und die Umverteilung nur erhalten bleibt, wenn eine Ersatzfinanzierung beispielsweise durch indirekte (nach dem Bestimmungslandprinzip erhobene) Steuern zur Verfügung steht. Eine Zunahme internationaler Wirtschaftsbeziehungen bzw. wachsende internationale Mobilität muss nach diesen theoretischen Argumenten die Finanzierungsspielräume des Sozialstaats verengen oder zur Verschiebung der Finanzierungslasten auf die immobil gebliebenen Faktoren bzw. die indirekten Steuern führen. Politisch bewirkt die Internationalisierung der Wirtschaft eine Schwächung der gesellschaftlichen Kräfte und Institutionen, die nach den im Kapitel 2.4.2 und 2.4.3 genannten Theorien die wichtigsten Triebkräfte des Sozialstaats sind: die Interessengruppen immobiler Faktoren (insbesondere Gewerkschaften) und die korporatistischen Entscheidungsstrukturen.

Zwei Gegenargumente zu dieser Sichtweise wurden vorgestellt: Bestehen Vorteile der Agglomerationenbildung, dann können die damit verbundenen Renten der Unternehmen auch dann besteuert werden, wenn diese Unternehmen die Abwanderungsoption haben. Die Wirksamkeit dieses Zusammenhangs hängt insbesondere von der Höhe der Kosten des internationalen Handels ab. Nach der Kompensationshypothese erhöhen mit der Internationalisierung wachsende Unsicherheiten die Nachfrage nach sozialstaatlicher Kompensation.

In der rein theoretischen Diskussion ist dabei eine Entscheidung nicht möglich. Im Folgenden soll daher die Beeinflussung des Sozialstaats durch den Systemwettbewerb empirisch überprüft werden.

4.2. Systemwettbewerb und Umverteilung: das empirische Bild

Im Kapitel 3.4 wurde gezeigt, dass sich in den letzten Jahrzehnten die Rahmenbedingungen in der Welt allgemein und besonders in Europa in eine Richtung entwickelten, die internationalen Wettbewerb und als Folge internationalen Systemwettbewerb immer mehr begünstigt. Welche der theoretisch hergeleiteten Folgen des Systemwettbewerbs tatsächlich eintreten, soll nun anhand empirischer Studien überprüft werden.

Die empirische Überprüfung der theoretischen Ergebnisse erfolgt in zwei Schritten. Im ersten Schritt muss ermittelt werden, wie stark Abwanderungen durch politische Rahmenbedingungen motiviert werden. Nur dann, wenn das politische und wirtschaftliche System für die Wanderungsentscheidungen bedeutsam ist, führen Wanderungen zum Systemwettbewerb. Da für die Finanzierung der Sozialleistungen Steuern und Beiträge entscheidend sind, stehen sie im Mittelpunkt der Betrachtung. Daher wird eine Reihe empirischer Studien zum Einfluss von Steuern und Sozialbeiträgen auf internationale Wanderungen von Produktionsfaktoren und auf die Richtung des internationalen Handels vorgestellt (Kapitel 4.2.1).
Im zweiten Schritt ist zu überprüfen, inwieweit die Wirtschafts- und Sozialpolitik sich von Abwanderungen beeinflussen lässt. Reagiert die Politik auf die Abwanderung von Produktionsfaktoren und auf ein Schwinden des Exporterfolges nicht mit Reformen, dann kommt im Verhältnis der Staaten keine Wettbewerbsdynamik in Gang. Ging es zuvor also um den Einfluss der Politik auf die Abwanderungsentscheidungen, so werden hier Studien zum Einfluss der Abwanderungsentscheidungen auf die Politik, insbesondere die Steuer- und Sozialpolitik, vorgestellt (Kapitel 4.2.2).

Im Kapitel 4.2.3 wird mit einem eigenen empirischen Ansatz überprüft, welche Faktoren auf die Höhe der Sozialleistungen Einfluss nehmen und werden theoretische Erklärungen für einige empirischen Ergebnisse diskutiert. Im Kapitel 4.3 werden für die Ergebnisse in Bezug auf den Systemwettbewerb und die Umverteilung Erklärungsansätze vorgestellt.

4.2.1. Einfluss der Steuer- und Sozialpolitik auf die Standort- und Wohnortwahl und den Exporterfolg

a) Steuerpolitik und Direktinvestitionen

Die Bedeutung von Steuern für Standortentscheidungen von Unternehmen hängt wesentlich von den Besteuerungsprinzipien der beteiligten Länder ab. Bei den direkten Steuern wird zwischen dem Wohnsitzlandprinzip und dem Quellenlandprinzip unterschieden[364]. Wird das *Wohnsitzlandprinzip* angewendet, dann werden Kapitaleinkommen in dem Land besteuert, wo der Kapitaleigentümer seinen Wohnsitz hat, unabhängig davon, in welchem Land die Kapitaleinkommen entstanden sind. In diesem Fall wird die Entscheidung der Kapitaleigentümer für einen Investitionsstandort nicht von den Steuern beeinflusst, weil nicht die Steuern des Investitionsstandortes, sondern des Wohnortes relevant sind. Entsprechend können Länder nicht durch niedrige Steuern Investitionen anlocken. Ein Steuerwettbewerb um Direktinvestitionen findet hier nicht statt. Im Gegensatz dazu werden bei Geltung des *Quellenlandprinzips* Kapitaleinkommen im Land der Einkommensentstehung, also am Investitionsstandort besteuert. In diesem Fall kann durch niedrige Steuern die Standortattraktivität für Investitionen erhöht werden. Ein Steuerwettbewerb um Direktinvestitionen wird dadurch begünstigt.

In den meisten Ländern werden Zinseinkommen nach dem Wohnsitzlandprinzip besteuert. Das heißt, Zinseinkommen unterliegen der Besteuerung im Wohnsitzland des Beziehers der Zinsen, während sie im Land des Kreditnehmers als Kosten steuerlich abzugsfähig sind. Man könnte dies bereits als Ergebnis des Steuerwettbewerbs bei Leihkapital ansehen, da der Steuerwettbewerb die Einführung einer Besteuerung von Zinseinnahmen nach dem Quellenlandprinzip verhindert. So führte 1989 der Versuch der deutschen Bundesregierung zur Einführung einer Quellensteuer auf Zinsen zu einer so starken Kapitalflucht, dass das Projekt rasch wieder aufgegeben werden musste[365].

Da jedoch Zinseinkünfte für die Finanzbehörden oft schwer nachvollziehbar sind und die internationale Zusammenarbeit der Finanzbehörden noch nicht sehr stark entwickelt ist, muss von einem großen Umfang von Steuerhinterziehung bei Zinseinkünften ausländischen Ursprungs ausgegangen werden[366]. Zur Lö-

---

[364] Vgl. Köhler-Töglhofer (2001), S. 181-185.
[365] Vgl. Köhler-Töglhofer (2001), S. 193 f.
[366] Vgl. Bohnet/Schratzenstaller (2001), S. 5; Köhler-Töglhofer (2001), S. 189 f.

sung dieses Problems hat die Europäische Union beschlossen, dass ab 2005 zwischen den Ländern Kontrollmitteilungen über Zinseinkünfte ausländischer Privatanleger ausgetauscht werden. Lediglich Länder, die eine solche Einschränkung des Bankgeheimnisses nicht akzeptieren wollen (Österreich, Belgien und Luxemburg sowie benachbarte Steueroasen wie die Schweiz), sollen in Zukunft Quellensteuern auf Zinsen erheben, deren Höhe jedoch durch internationale Vereinbarungen festgelegt wird und damit dem Steuerwettbewerb entzogen ist[367]. Da somit bei Zinseinkommen die Wohnsitzlandbesteuerung bereits de jure weitgehend gilt und in Zukunft de facto auch verstärkt durchgesetzt werden soll, ist ein Steuerwettbewerb um die Anwerbung von Leihkapital unwahrscheinlich.

Bei Unternehmensgewinnen erfolgt meistens zuerst eine Besteuerung nach dem Quellenlandprinzip. Dessen Wirksamkeit ist eingeschränkt, weil Dividenden ausländischen Ursprungs oft im Wohnsitzland des Kapitaleigentümers nachversteuert werden. Dabei werden meistens die im Ausland bereits gezahlten (also nach dem Quellenlandprinzip erhobenen) Gewinnsteuern angerechnet, sodass im Ergebnis für die effektive Belastung der an die Kapitaleigentümer ausgeschütteten Gewinne allein die Steuer im Wohnsitzland ausschlaggebend ist[368]. Dies würde hier den Steuerwettbewerb um Investitionen verhindern, weil die Steuer am Standort der Investition für den Kapitalgeber nicht relevant wäre. Trotzdem bleiben genügend Anhaltspunkte für eine Dominanz des Quellenlandprinzips bei der Gewinnbesteuerung und deshalb für einen Steuerwettbewerb um die Anziehung von Direktinvestitionen:

- Liegt die am Investitionsstandort gezahlte Steuer über der Steuer im Wohnsitzland, erfolgt im Wohnsitzland in der Regel keine Erstattung der Differenz. Die nach dem Quellenlandprinzip erhobenen Steuern sind also wichtig bei Investitionen in Ländern, deren Steuersatz über dem Steuersatz am Wohnsitz des Kapitaleigentümers liegt[369].
- Handelt es sich bei der Investition im Ausland um die Tochtergesellschaft eines inländischen Mutterunternehmens, dann ist in vielen Fällen – oft festgelegt im Rahmen von Doppelbesteuerungsabkommen – ein völliger Ver-

[367] Zum aktuellen Stand der EU-Steuerpolitik vgl. Europäische Kommission (2004).
[368] Vgl. Frenkel/Razin/Sadka (1991), S. 24 f.; Köddermann (1996); Köhler-Töglhofer (2001), S. 190.
[369] Vgl. Frenkel/Razin/Sadka (1991), S. 23 f.

zicht auf die anschließende Besteuerung im Land des Mutterunternehmens vorgesehen, sodass allein die Steuer am Investitionsstandort zu zahlen ist[370].

- Auch bei grenzüberschreitenden Dividenden spielt die Steuerhinterziehung eine wichtige Rolle, sodass in vielen Fällen die nach dem Quellenlandprinzip erhobene Steuer faktisch die einzige steuerliche Belastung der Dividenden sein dürfte[371].
- Eine Besteuerung im Land des Kapitaleigentümers erfolgt normalerweise erst bei Gewinnausschüttung. Gewinne, die nicht ausgeschüttet (sondern zum Beispiel reinvestiert) werden, unterliegen somit allein der Steuer am Investitionsstandort[372].

Dadurch ist die Voraussetzung für einen Steuerwettbewerb um Investitionen oftmals gegeben.

Ein Steuerwettbewerb kann jedoch nicht nur um Investitionen, sondern auch um die buchhalterische Ausweisung von Gewinnen stattfinden. Durch verschiedene Techniken können internationale Konzerne dafür sorgen, dass versteuerbare Gewinne an den Standorten mit den niedrigsten Steuersätzen ausgewiesen werden. Vor allem zwei Instrumente werden zu diesem Zweck angewendet, die sogenannten Transferpreise und konzerninterne Kredite. Will ein internationaler Konzern seinen Gewinn in einem Land mit niedrigen Steuersätzen entstehen lassen, dann kann er dies durch eine geeignete Gestaltung der Preise für konzernintern gehandelte Güter und Dienstleistungen erreichen. So lässt sich ein Gewinn buchhalterisch in ein Niedrigsteuerland verlagern, indem die im Hochsteuerland ansässigen Konzernteile für konzernintern gehandelte Waren überhöhte Preise an die Konzernteile in Steueroasen zahlen (Transferpreise). Allerdings sind dieser Form des Gewinntransfers Grenzen gesetzt, da die Finanzbehörden die Gestaltung konzerninterner Verrechnungspreise überprüfen und nicht beliebig akzeptieren. So können versteckte Gewinnverschiebungen durch Transferpreise anhand des Vergleichs konzerninterner Preise mit Marktpreisen aufgedeckt werden. Die zweite Methode konzerninterner buchhalterischer Gewinnverschiebung ist die sogenannte „Thin Capitalisation". Da Zinsen normalerweise als Kosten steuerlich absetzbar sind, Gewinne dagegen der Gewinnbesteuerung unterliegen, haben internationale Konzerne den Anreiz, Tochtergesellschaften an Hochsteuerstandorten möglichst stark durch konzerninterne

---

370 Vgl. Fuest/Huber (1999), S. 27 ff.; Bohnet/Schratzenstaller (2001), S. 7; Hines (1996), S. 1077 f.

371 Vgl. Köhler-Töglhofer (2001), S. 192.

372 Vgl. Haufler (1999), S. 139; Hines (1996), S. 1078.

Kredite zu finanzieren und andererseits das Eigenkapital vor allem an Niedrigsteuerstandorten zu konzentrieren. Die Konzerngewinne werden dadurch zum größten Teil in den Steueroasen ausgewiesen, auch wenn sie ursächlich an anderen Standorten entstanden sind. Dieser Form des Gewinntransfers können Steuerbehörden entgegenwirken, indem sie den Umfang der Gesellschafterdarlehen begrenzen[373].

In einer Reihe von Studien werden deutliche empirische Belege für solche durch das Ziel der Steuervermeidung motivierten versteckten konzerninternen Gewinntransfers gefunden[374]. So finden Hines/Rice und Grubert/Mutti, dass die Gewinne US-amerikanischer multinationaler Konzerne in Ländern mit niedrigen Steuern signifikant höher sind als in Ländern mit höheren Steuersätzen[375].

Die buchhalterischen Gewinnverschiebungen durch Transferpreise und Thin Capitalisation stellen neben der Mobilität von Kapital eine weitere Ursache des Steuerwettbewerbs zwischen Ländern dar. Durch sie können sich Gewinne der Besteuerung in einem Hochsteuerland entziehen, ohne dass es zur tatsächlichen Kapitalabwanderung kommt. Die Abwanderungsoption besteht hier allein in der Steuervermeidung. Die negativen Folgen dieser Form der Abwanderung beschränken sich jedoch auf den Steuerausfall für den Staat. Da das investierte Kapital im Lande bleibt, werden – anders als bei der im Kapitel 4.1.1 diskutierten Abwanderung von Realkapital – Produktion und Einkommen in der Volkswirtschaft dadurch nicht bedroht. Für die Finanzierung der Umverteilung stellen jedoch die versteckten Gewinntransfers ebenso eine Gefahr dar.

Im Kapitel 3.4.1 wurde gesagt, dass die Zahlen für Direktinvestitionen nur ungenaue Indikatoren für internationales unternehmerisches Engagement sind. Da jedoch sinnvolle alternative Maße fehlen, werden dennoch üblicherweise die Zahlen der Direktinvestitionen als Indikator für internationale Standortentscheidungen von Unternehmen verwendet.

Die Untersuchung der Einflussfaktoren für Direktinvestitionen steht im engen Zusammenhang mit den Investitionsmotiven. Bei der Untersuchung von Direktinvestitionen werden üblicherweise beschaffungsorientierte, kostenorientierte und absatzorientierte Motive unterschieden[376].

---

373 Vgl. Hines/Rice (1994), S. 156 f.; Köddermann (1996).
374 Vgl. Feld (2000a), S. 106 f., Tabelle 2.3.
375 Vgl. Grubert/Mutti (1991), S. 286 ff.; Hines/Rice (1994), S. 159-165.
376 Vgl. Welter (2000), S. 29 ff.; Oppenländer (1980), S. 186 f.; Brandis (1980), Kapitel II.2; Beyfuß/Kitterer (1990), S. 42. Es werden meistens noch weitere Motive genannt.

Beschaffungsorientiert ist eine Direktinvestition, wenn sie vor allem durchgeführt wird, um Produktionsfaktoren und Vorleistungen zu nutzen, die an anderen Standorten nicht verfügbar sind. Eine Investition zur Ausbeutung von Rohstoffvorkommen ist ein Beispiel. Auch Direktinvestitionen, die den Mutterunternehmen den Zugang zu bestimmten in den Heimatländern nicht verfügbaren Technologien verschaffen, gelten als beschaffungsorientiert.

Von Kostenorientierung ist die Rede, wenn eine Investition dort durchgeführt wird, wo Produktionsfaktoren und Vorleistungen besonders preisgünstig erhältlich sind. Die Ansiedlung einer arbeitsintensiven Produktion an einem Niedriglohn-Standort ist ein einfaches Beispiel. Auch die Investition an einem Standort, an dem sich bereits viele Lieferanten von Vorprodukten befinden, zählt zu den kostenorientierten Standortentscheidungen. Eine klare Trennung von beschaffungsorientierten Motiven ist oft nicht möglich, weil unterschiedliche Verfügbarkeiten von Ressourcen an verschiedenen Orten sich auch als Unterschiede der Beschaffungskosten interpretieren lassen. Beide Gruppen von Motiven lassen sich der Input-Seite der Produktion zuordnen.

Demgegenüber sind absatzorientierte Direktinvestitionen von der Output-Seite her bestimmt. Oft wird dort investiert, wo sich Absatzmärkte befinden oder von wo aus Absatzmärkte leicht erreichbar sind. Dabei können zum Beispiel Investitionen in die Vertriebsorganisation eine Rolle spielen. Neben der Einsparung von Transportkosten und der Vermeidung von Währungsrisiken ist die Produktion in der Nähe der Märkte vor allem wichtig, um den Kontakt zu den Kunden zu intensivieren, den Kundendienst zu vereinfachen und den Zugang zu Informationen über Kundenpräferenzen und Käuferverhalten zu verbessern.

Weitere Motive für die Wahl eines Standorts, wie die Höhe der Steuern und Sozialbeiträge, die Qualität der örtlichen Infrastruktur oder andere politische und soziale Rahmenbedingungen werden in den Erhebungen ebenfalls häufig untersucht. Die Bedeutung von Steuern und Sozialbeiträgen – und damit des Teils des politischen Umfeldes, der für Umverteilungspolitik relevant ist – wird in manchen dieser Erhebungen nicht separat erfasst. Oft sind Steuern und Soziabeiträge am ehesten den Kostenaspekten einer Standortentscheidung zuzuordnen.

In vielen Fällen sind die Motive von Direktinvestitionen gemischt. So könnte ein Unternehmen in einer größeren Region investieren, um den dortigen Absatzmarkt besser beliefern zu können, aber innerhalb der Region den Standort nach Kostengesichtspunkten auswählen[377]. Nach der empirischen Studie von Deve-

---

[377] Auf diesen Gesichtspunkt hat mich Carsten Eckel aufmerksam gemacht.

reux/Griffith erfolgt zum Beispiel die Entscheidung US-amerikanischer Unternehmen für eine Investition in Europa unabhängig von der Höhe von Steuern, während für die Auswahl eines Standortes unter den europäischen Ländern Steuern bedeutsam sind[378]. Für die Fragestellung dieser Arbeit ist entscheidend, nach welchen Kriterien die Auswahl zwischen den für die Sozialpolitik relevanten Gebietskörperschaften erfolgt. Weil die Sozialpolitik weitgehend auf der Ebene der Staaten (und damit weder international noch auf der Ebene innerstaatlicher Gebietskörperschaften) bestimmt wird, ist für die hiesige Fragestellung wichtig, welche Standortfaktoren die Wahl eines Staates als Standort für Investitionen bestimmen.

Zu den Faktoren, die die Standortwahl bei Investitionen beeinflussen, gibt es eine große Zahl empirischer Studien[379]. In einer Übersicht, in der 48 solcher Studien berücksichtigt werden, zeigt Chakrabarti, dass die Ergebnisse zum Teil voneinander abweichen[380]. Einigkeit herrscht demnach lediglich über die bedeutsame positive Rolle, die die Größe des inländischen Absatzmarktes für die Anwerbung ausländischer Investoren spielt. Alle 17 von Chakrabarti genannten Studien, die dies untersuchen, bestätigen den signifikant positiven Einfluss, den die Marktgröße auf den Zufluss von Direktinvestitionen hat. Dabei wird die Marktgröße meistens mit der Höhe des inländischen Bruttoinlandsproduktes gemessen. Allerdings ist ein hohes Bruttoinlandsprodukt nicht nur Indikator eines großen Absatzmarktes, sondern hängt auch mit anderen positiven Standortfaktoren eng zusammen. So besteht ein Zusammenhang zwischen Bruttoinlandsprodukt und Einflussfaktoren wie Arbeitskräftequalifikation, Anwesenheit von Zulieferbetrieben, Verkehrs- und Kommunikationsinfrastruktur u.a. Der statistische Zusammenhang von Bruttoinlandsprodukt und Direktinvestitionszuflüssen könnte also auch auf die Bedeutung dieser Faktoren zurückzuführen sein und damit die Bedeutung von Agglomerationsvorteilen im Allgemeinen wiederspiegeln. Allerdings wird die Wichtigkeit der Marktgröße auch dann bestätigt, wenn sie durch andere Indikatoren gemessen wird. So zeigen Studien, die die Höhe der Exporte in ein Land als Indikator für Absatzmarktgröße verwenden, ebenfalls eine deutliche positive Korrelation. Chakrabarti zeigt, dass die Ergebnisse für die Marktgröße im Vergleich zu allen anderen unabhängigen

[378] Vgl. Devereux/Griffith (1998).
[379] Für einen Überblick vgl. auch Feld (2000a), S. 100-128.
[380] Vgl. Chakrabarti (2001), S. 91 f., Table 1.

Variablen die größte Robustheit bei leichten Änderungen bei den verwendeten Beobachtungen aufweisen[381].

Während die Bedeutung der Marktgröße weithin unstrittig ist, sind die Ergebnisse der empirischen Studien für alle anderen Standortfaktoren uneinheitlich (vgl. Tabelle 4.1). Jeder Faktor, der von einer Studie als signifikant für die Anwerbung oder Abschreckung von Investitionen ermittelt wird, wird in anderen Untersuchungen als entweder in gegenteiliger Richtung signifikant oder als insignifikant eingeschätzt.

Tabelle 4.1: Potenzielle Determinanten für Direktinvestitionen und ihre Bewertung in empirischen Studien nach Chakrabarti

Angegeben sind die Zahlen der von Chakrabarti erfassten empirischen Studien, die zu den oben angegebenen Ergebnissen kommen.

Potenzielle Determinante:	Beobachteter Effekt auf die Höhe der Direktinvestitionszuflüsse		
	positiv	negativ	insignifikant
1. Marktgröße [a]	17	0	0
2. Arbeitskosten	4	7	6
3. Handelsbarrieren	2	1	2
4. Wachstumsrate	5	0	2
5. Offenheitsgrad [b]	4	0	2
6. Handelsbilanzdefizit	3	6	0
7. Außenwert der Währung	1	5	4
8. Steuern	1	9	4

Insgesamt werden 48 Studien berücksichtigt. (Nach: Chakrabarti (2001), Tabelle 1, S. 91 f.).

[a] Oft gemessen mit der Höhe des Bruttoinlandsproduktes.

[b] Meistens Anteil der Ex- u. Importe am BIP.

[381] Vgl. Chakrabarti (2001), S. 103-108.

Tabelle 4.2: Ergebnisse von (bei Chakrabarti (2001) nicht berücksichtigten) Studien zur Beeinflussung der Direktinvestitionszuflüsse durch verschiedene Faktoren

Studien	Abhängige Variablen	Zeiträume	Unabhängige Variablen			
			Steuern	BIP	Exporte ins DI-Zielland	Lohn (stück)-kosten
Koechlin (1992)	US-amerikan. DI in 23 Ländern	Gepoolte Zeitreihen 1966-85	–***	+***		–**
Cummins/ Hubbard (1995)	US-amerik. DI in Australien, Kanada, Deutschl., Frankr., Japan, Großbrit.	Gepoolte Zeitreihen 1980-1991	–***			
Devereux/ Freeman (1995)	DI in sieben führenden Industrieländern	Gepoolte Zeitreihen1984-89	–		+	–*
Fox (1996)	Verteilung von DI (Zahl der Projekte) auf USA-Bundesstaaten	Gepoolte Zeitreihen 1974-1989	–**/***	+***		–***
Hines (1996)	Verteilung von DI auf USA-Bundesstaaten	1987	–***			
Köddermann/ Wilhelm (1996)	DI-Zuflüsse in 20 Ländern	3 Querschnittsstudien 1987-90, 1990-93, 1987-93		+**/*	+*/***	
Dt. Bundesbank (1997b)	Deutsche DI in 18 Industrieländern	1975-1992			+***	
Jost (1997)	Deutsche DI in 40 Ländern	3 Querschnittsstudien 1984, 1989, 1994		+***	+***	
Altshuler/Grubert/Newlon (1998)	Kapitalausstattung von US-Tochterunternehmen im Ausland	2 Querschnittsstudien 1984, 1992	–***	+***		
Devereux/ Griffith (1998)	DI von 1635 US-Unternehmen in GB, Frankr. und Deutschl.	Gepoolte Zeitreihen 1980-1994	–***		+***	+/–
Young (1999)	DI in Großbritannien	1970-1991	–*			–***
Bénassy-Quéré/Fontagné/ Lahrèche-Révil (2000)	DI-Zuflüsse in 9 EU-Ländern, Japan und den USA	1985, 1990, 1992-1995	–*/**	+***		
Gropp/Kostial (2000)	DI-Zuflüsse in 19 OECD-Ländern	Gepoolte Zeitreihen 1988-97	–***			
Grubert/Mutti (2000)	DI von > 500 US-amerik. Unternehmen in 60 Ländern	1992	–***	+***		
Buettner (2002)	Bilaterale DI-Flüsse zwischen EU-Ländern	1991-1998	–(*)		+***	
Gorter/Parikh (2003)	DI-Bestände aus 8 EU-Ländern in der übrigen EU	1995/1996	–***	? [a]		

Einfluss auf Direktinvestitionszufluss: Positiv: +; negativ: –.
Signifikanzniveaus: (ohne) > 10 %, * < 10 %, ** < 5 %, *** < 1 %.
[a] Die Autoren verwenden zwar Kontrollvariablen für das BIP pro Kopf und die Bevölkerungszahl, teilen aber die Ergebnisse für diese Koeffizienten nicht mit.

In der Tabelle 4.2 werden die Ergebnisse aus 16 weiteren (bei Chakrabarti nicht berücksichtigten) Studien dargestellt. Die Marktgröße, gemessen mit der Höhe des Bruttoinlandsprodukts oder der Exporte in ein Land, wirkt auch nach diesen Untersuchungen signifikant anziehend für Direktinvestitionen. Steuern und Lohnkosten wirken negativ für den Zufluss von Direktinvestitionen[382].

Allein in einer der bei Chakrabarti berücksichtigten Studien wird der abschreckenden Wirkung von Steuern widersprochen: Nach Swenson (1994) wirken höhere Steuern sogar anziehend auf Direktinvestitionen. Swensons Studie beruht auf Daten zu Direktinvestitionen in 18 Wirtschaftssektoren in den USA und konzentriert sich vor allem auf die Effekte der US-amerikanischen Steuerreform 1986. Im Rahmen dieser Reform wurden durch Abbau von Steuervergünstigungen die effektiven Steuersätze in 16 der 18 betrachteten Sektoren erhöht. Zugleich fand eine Zunahme des Direktinvestitionszuflusses statt[383]. Andererseits bezieht Swenson keine Kontrollvariable für die Marktgröße ein. So kann es sein, dass sie der Steuererhöhung einen Effekt zuschreibt, der in Wirklichkeit auf die Marktgröße zurückzuführen ist. Dies erscheint auch deshalb wahrscheinlich, weil die zweite Hälfte der 80-er Jahre in den USA nicht nur eine Zeit höherer Steuern, sondern auch stabilen Wachstums war. Somit könnte Swensons Ergebnis vielleicht mit dem Fehlen einer Kontrollvariable für die Marktgröße erklärt werden.

Auch die Lohnkosten schrecken nach den meisten Studien Direktinvestitionen ab. Allerdings ist dieser Effekt in einigen Studien insignifikant. In vier bei Chakrabarti zitierten Studien wird sogar ein positiver Zusammenhang von Lohnkosten und Direktinvestitionszuflüssen ermittelt. Es handelt sich neben Studien aus den 70-er Jahren um die Untersuchung von Wheeler/Mody. Diese Autoren ermitteln allein für die amerikanische Elektronik-Industrie eine positive Korrelation von Lohnkosten und Direktinvestitionen. Bei Betrachtung des gesamten verarbeitenden Gewerbes wird der Effekt insignifikant[384]. Dabei setzen sie die Lohnkosten nicht in Beziehung zur Arbeitsproduktivität, sondern verwenden als Indikator allein die Höhe der Stundenlöhne. Auch wird die Arbeitsproduktivität nicht mit einer Kontrollvariable einbezogen. Damit besteht der Verdacht, dass die positive statistische Korrelation von Lohnkosten und Direktinvestitionszuflüssen allein darauf zurückzuführen ist, dass eine hohe Arbeits-

[382] De Mooij/Ederveen (2003) bestätigen anhand eines Überblicks über 25 Studien ebenfalls den abschreckenden Effekt der Steuern. In einer Meta-Analyse dieser Studien ermitteln sie eine mittlere Steuerelastizität der Zuflüsse ausländischen Kapitals von -3,3.
[383] Vgl. Swenson (1994), S. 255; Fuest/Huber (1999), S. 10.
[384] Vgl. Wheeler/Mody (1992), S. 67.

produktivität sowohl die Zahlung hoher Löhne erlaubt als auch anziehend für Direktinvestitionen ist. Um die Wirkung von Arbeitskosten für die Standortattraktivität abschätzen zu können, müssten stattdessen entweder die Lohnkosten unter Einbeziehung der Produktivität gemessen werden oder die Arbeitsproduktivität als zusätzliche Kontrollvariable einbezogen werden. Dies geschieht in den meisten anderen Studien, indem nicht Stundenlöhne, sondern Lohnstückkosten als Indikatoren der Arbeitskosten verwendet werden[385]. Diese Studien bestätigen indes die abschreckende Wirkung hoher Arbeitskosten für Investoren.

Zusätzlich zu den Regressionsanalysen werden in Unternehmenserhebungen Motive für Direktinvestitionen ermittelt[386].

In einer Befragung von 156 ausländischen Unternehmen in Deutschland durch das Institut der deutschen Wirtschaft im Jahre 1992 sollten die Befragten die Motive für ihre Entscheidung zugunsten des Standorts Deutschland angeben. Verschiedene Motive sollten sie auf einer Skala mit vier Stufen von „keine Bedeutung" bis „sehr große Bedeutung" einordnen. Die größte Bedeutung wurde dabei im Durchschnitt den Motiven „Kundennähe", „Marktpflege", „Markterschließung", „Marktsicherung" und „Zugang zu EG-Absatzmärkten" gegeben. Arbeitskräftequalifikation und Infrastruktur kamen auf den folgenden Plätzen[387]. Dieses Ergebnis belegt, dass für ausländische Investitionen in Deutschland die Absatzmotive klar dominieren. Dies bestätigt die überwiegende Absatzmarktorientierung von Direktinvestitionen. Es könnte aber auch lediglich zeigen, dass die Größe des Absatzmarktes der wichtigste deutsche Standortvorteil ist, während andere Länder andere Standortvorteile haben. Es ist deshalb notwendig, auch die Motive für Direktinvestitionen in anderen Ländern zu ermitteln.

In einer Befragung von deutschen Unternehmen, die das Institut der deutschen Wirtschaft 1999 durchführte, gaben etwa 360 befragte Unternehmen an, im Ausland zu investieren. Bei der Befragung nach ihren Motiven rangierten ebenfalls Markterschließung und Marktsicherung auf den ersten beiden Plätzen. Arbeitskosten und niedrige Steuern folgten auf den Plätzen drei und vier. Im Vergleich zu einer Studie aus dem Jahr 1990 wuchs aber das Gewicht, das den Arbeitskosten und den Steuern gegeben wurde[388]. Dieselbe Studie kommt zu dem

385 So beispielsweise bei Koechlin (1992), Devereux/Freeman (1995). Fox (1996) verwendet zwar auch die Stundenlöhne, bezieht aber die Arbeitsproduktivität als Kontrollvariable ein.

386 Für einen Überblick vgl. Welter (2000), S. 28-34 und S. 36-39, Tab. 2-1.

387 Vgl. Beyfuß (1992), S.19 f., 32-36

388 Vgl. Beyfuß/Eggert (2000), S. 22 ff., 35 ff.

Ergebnis, dass die befragten Unternehmen zu 72 Prozent im Ausland investieren, um dort zu produzieren[389]. Dies deutet darauf hin, dass es für Unternehmen wichtig ist, nicht nur den Vertrieb kundennah zu organisieren, sondern auch kundennah zu produzieren.

Die „Datenbank Globalisierung" des Rheinisch-Westfälischen Instituts für Wirtschaftsforschung (RWI) erfasst Daten aus den Geschäftsberichten von 122 international tätigen deutschen Unternehmen für die Zeit seit 1990. Aus ihr geht hervor, dass Marktpflege, Markterschließung und Stärkung der Marktstellung die Hauptmotive der erfassten Unternehmen bei ihrem Auslandsengagement waren. Der Anteil dieser Motive lag von 1990 bis 1999 zwischen 65 und 76 Prozent. Der Zugang zu Know-how spielte als Motiv der Standortwahl in den verschiedenen Jahren zu 1,7 bis 6 Prozent eine Rolle, Zugang zu Rohstoffen und Versorgungssicherheit zu 0,5 bis 3,1 Prozent. Das Ziel der Kostensenkung beeinflusste die Standortentscheidungen zu 0,7 bis 11,3 Prozent[390]. Auch die RWI-Datenbank bestätigt, dass unter den ins Ausland verlegten Unternehmensaktivitäten Produktion auf Platz eins steht (ihr Anteil schwankt zwischen 22 und 65 Prozent).

In einer Befragung von 143 deutschen und 103 ausländischen Unternehmen, die im Ausland investieren, durch das ifo-Institut im Jahr 1995 ergab sich ebenfalls eine Dominanz der absatzorientierten Motive[391]. Die befragten Unternehmen sollten verschiedene Investitionsmotive mit den drei Kategorien „sehr wichtig", „wichtig" und „ohne Bedeutung" bewerten. Markterschließung wurde von 69 Prozent der deutschen und 67 Prozent der ausländischen Unternehmen als „sehr wichtiges" Motiv genannt. Marktsicherung nannten 52 Prozent der deutschen und 36 Prozent der ausländischen Unternehmen „sehr wichtig". Die Teilnahme am Wachstum nationaler bzw. regionaler Märkte war für 52 bzw. 46 Prozent „sehr wichtig". Für zukünftige Direktinvestitionen wurde außerdem den absatzorientierten Motiven eine wachsende Bedeutung zugeschrieben. Alle anderen Motive spielen nach dieser Befragung eine wesentlich kleinere Rolle. Zweitwichtigstes Motiv für Direktinvestitionen war die Höhe der Arbeitskosten, die von 19 Prozent der deutschen und 7 Prozent der ausländischen Unternehmen als „sehr wichtig" bezeichnet wurden.

Die Höhe der Steuern nannten 8 Prozent der deutschen und 10 Prozent der ausländischen Unternehmen „sehr wichtig". Für 41 Prozent der deutschen und 30

[389] Vgl. Beyfuß/Eggert (2000), S. 33 f.
[390] Vgl. Döhrn/Radmacher-Nottelmann (2000), S. 26, Tab. 13.
[391] Vgl. Köddermann/Wilhelm (1996), S. 127-176.

Prozent der ausländischen Unternehmen waren sie „wichtig". Für 36 bzw. 46 Prozent waren die Steuern für ihre Direktinvestitionsentscheidungen „ohne Bedeutung"[392]. Nach der ifo-Studie gaben über 90 Prozent der Unternehmen an, im Ausland Vertrieb und Service anzusiedeln, in 79 Prozent der Fälle wird im Ausland produziert.

Als Ergebnis der verschiedenen Untersuchungen kann festgehalten werden, dass für Direktinvestitionen bei der Wahl zwischen Staaten als Standorten das Absatzmotiv klar dominiert, während die Motive, Kosten zu senken und Steuern zu sparen, zwar eine Rolle spielen, aber nur von zweitrangiger Bedeutung sind. Interpretiert man dieses Ergebnis in Bezug auf die Möglichkeit von Staaten, zu Umverteilungszwecken von Investoren Steuern zu erheben, dann wird die Gefahr, dass der Umverteilungsstaat wegkonkurriert wird, erheblich relativiert. Wenn die Höhe der Steuern keine dominante Rolle bei der Standortwahl von Unternehmen spielt, muss es durch den verschärften Wettbewerb um Investitionen nicht zu Steuersenkungen kommen. Dies gilt insbesondere für Volkswirtschaften, die auf Grund ihres großen bzw. wachsenden Binnenmarktes als gute Investitionsstandorte einzustufen sind. Allerdings zeigen die Untersuchen auch, dass die Motive für Direktinvestitionen gemischt sind und dass auch Steuern für die Wahl des Investitionsstandorts relevant sind.

Andererseits könnte argumentiert werden, dass die Möglichkeit, Steuern auf Direktinvestitionen zu erheben, vor allem dann erhalten bleibt, wenn diese Steuern dazu führen, dass sich der inländische Absatzmarkt vergrößert. So könnten die Steuereinnahmen dazu verwendet werden, Bevölkerungsgruppen mit niedrigem Einkommen finanziell zu unterstützen. Da Geringverdiener der Tendenz nach eine überdurchschnittliche marginale Konsumneigung haben, könnte diese Umverteilung zur Erhöhung der inländischen Güternachfrage führen. Diese kann es auch dann geben, wenn der Staat die Steuereinnahmen direkt für die Erhöhung seiner eigenen Nachfrage nach Gütern und Dienstleistungen verwendet. In beiden Fällen vergrößert sich so der Absatzmarkt. Als Ergebnis wäre der Zufluss zusätzlicher absatzorientierter Direktinvestitionen denkbar. Damit könnte die mit der Steuererhebung verbundene Nachfrageerhöhung sogar zum Zufluss zusätzlicher Direktinvestitionen führen.

---

392 Jeweils 15 Prozent machten dazu keine Angaben. Alle Zahlen der ifo-Studie aus: Köddermann/Wilhelm (1996), S. A8 ff.

Dieser Effekt ist jedoch abhängig von der Nachfrageelastizität der Direktinvestitionen. Für diese ist wesentlich, in welchen Branchen die zusätzlichen Absatzmärkte entstehen und in welchen Branchen andererseits die meisten absatzorientierten Direktinvestitionen getätigt werden. Mit einem Zufluss zusätzlicher Direktinvestitionen ist außerdem nur dann zu rechnen, wenn erwartet wird, dass die Nachfrageerhöhung langfristig und stabil ist. Kurzfristige konjunkturelle Nachfragesteigerungen dürften normalerweise keinen sehr großen Zufluss von Direktinvestitionen bewirken. Außerdem ist zu beachten, dass der Zunahme absatzorientierter Direktinvestitionen hier ein Rückgang kosten- bzw. steuerorientierter Direktinvestitionen gegenüber steht. Ob bei Steuererhöhung und gleichzeitiger steuerfinanzierter Nachfrageerhöhung netto der Zufluss von absatzorientierten oder der Abfluss von steuerorientierten Direktinvestitionen überwiegt, ist deshalb ungewiss. Auf Grundlage der theoretischen Argumente aus Kapital 4.1.1 könnte außerdem vermutet werden, dass eine Regierung vor allem dann den Zufluss von Direktinvestitionen maximieren könnte, wenn sie die Nachfrageerhöhung im Inland durch Besteuerung immobiler Faktoren finanzierte.

Insgesamt ergibt sich das Bild, dass Steuern in den meisten Studien erwartungsgemäß eine abschreckende Wirkung auf Direktinvestitionen haben, jedoch die Größe des Absatzmarktes bei der Standortwahl dominiert. Länder mit großen und wachsenden Märkten sind demnach die attraktivsten Investitionsstandorte. Vermutlich muss dieses Ergebnis relativiert werden mit Blick auf unterschiedliche Branchen. So dürften unterschiedliche Standortfaktoren in verschiedenen Sektoren von sehr unterschiedlicher Bedeutung sein. Allerdings weist das Ergebnis auf eine große Bedeutung von Agglomerationseffekten hin. Absatzmotive dominieren die Standortwahl von Unternehmen, wenn marktnahe Produktion im Vergleich zu einer Belieferung aus dem Ausland Kostenvorteile bietet. Da die Marktgröße meistens anhand der Höhe des Bruttoinlandsprodukts gemessen wird, ist es möglich, dass in dieser Variable nicht nur die Größe des Absatzmarktes, sondern auch andere Agglomerationsmerkmale, die mit dem Bruttoinlandsprodukt eng korreliert sein dürften (wie Infrastruktur, Arbeitskräftequalifikation, Größe von Beschaffungsmärkten), mit gemessen werden. Dass die Größe des Absatzmarktes sehr wichtig ist, wurde empirisch gut belegt. Dass diese anderen Faktoren der Agglomerationenbildung ebenfalls wichtig sind, ist möglich.

b) Steuer- und Sozialpolitik und Bevölkerungswanderungen

Empirische Studien über die Zusammenhänge zwischen Sozialleistungen und Bevölkerungswanderungen wurden bisher vor allem für die USA und die Schweiz durchgeführt[393]. Diese Staaten eignen sich besonders gut für solche Untersuchungen, weil beide sehr föderalistische politische Strukturen haben mit großen Entscheidungsfreiheiten und Rechtsetzungskompetenzen der dezentralen Einheiten, der Einzelstaaten (USA) bzw. der Kantone (Schweiz). Außerdem besteht eine große Mobilität zwischen den Gebietskörperschaften. Die Abwanderung von einem amerikanischen Einzelstaat in einen anderen oder von einem Schweizer Kanton in einen anderen ist zu relativ niedrigen Kosten möglich. Interregionale Wanderungen finden auch tatsächlich in großem Umfang statt. Damit sind die entscheidenden Bedingungen für einen Systemwettbewerb innerhalb beider Staaten gegeben.

Auf Basis der theoretischen Ergebnisse wäre damit zu rechnen, dass in den USA und in der Schweiz die Bezieher von Sozialeinkommen sich zunehmend in Regionen mit hohen Transfersätzen ansiedeln und umgekehrt aus Regionen mit niedrigeren Transfersätzen wegziehen. Ebenfalls wäre zu erwarten, dass die zur Finanzierung herangezogenen reicheren Bevölkerungsgruppen eher in Regionen mir niedrigeren Steuern und niedrigeren Sozialstandards wohnen.

Studien für die USA untersuchen die Beeinflussung von Wanderungsentscheidungen armer Bevölkerungsgruppen durch die Höhe der „Aid for Families with Dependent Children" (AFDC). Diese Sozialleistung wurde 1937 in den USA durch Bundesrecht eingeführt und existierte bis zur Sozialhilfereform 1996. Obwohl eine Reihe von Merkmalen der AFDC bundesrechtlich festgelegt wurde und der Bund sich an der Finanzierung beteiligte, war die Höhe der monatlichen Zuwendungen für Bezieher der AFDC alleinige Angelegenheit der Einzelstaaten[394]. Im Unterschied zu anderen Sozialleistungen in den USA wurde damit hier ein entscheidendes Merkmal der Sozialleistung dezentral bestimmt. Allerdings galt bis 1969 in den meisten Bundesstaaten der USA das Prinzip, wonach Zuwanderer erst nach 12-monatiger Anwesenheit einen Anspruch auf soziale Leistungen in ortsüblicher Höhe erwarben, sodass zwar die Mobilität zwischen den Bundesstaaten hoch war, der Bezug sozialer Leistungen als Wanderungsmotiv jedoch eine geringere Rolle spielte. Erst nachdem durch ein Urteil des Obersten Gerichts der USA von 1969 der sofortige Anspruch auf ortsübliche Sozialleistungen nach Zuwanderung überall eingeführt wurde, konnte die Höhe

[393] Für einen Überblick vgl. Feld (2000b).

[394] Vgl. Peterson (1995), S. 108 f.; Peterson/Rom (1990), S. 2.

der Sozialleistungen für Wanderungsentscheidungen bedeutsam werden. Damit wurde eine wesentliche Bremse des Systemwettbewerbs zwischen den US-Bundesstaaten beseitigt[395]. In der Folgezeit konnten AFDC-Bezieher in den USA durch Umzug relativ schnell ihr Transfereinkommen verbessern. Damit eignet sich die AFDC insbesondere seit 1969 zur Untersuchung der Frage, inwieweit Bezieher sozialer Leistungen ihre Wohnort-Wahl an der Höhe der Zuwendungen orientieren. Mit der Sozialhilfereform 1996 wurde die AFDC durch das Programm „Temporary Assistance for Needy Families" (TANF) ersetzt, bei dem im Unterschied zur AFDC die Bezugsdauer der Unterstützung auf fünf Jahre beschränkt ist und die Entscheidungskompetenzen der Einzelstaaten weiter ausweitet sind[396].

Mit Hilfe einer Regressionsanalyse untersuchen Cebula und Koch den Einfluss der realen wie nominalen Höhe der AFDC im Jahre 1975 auf die Nettozuwanderung von Menschen unter der Armutsgrenze in US-amerikanische Bundesstaaten im anschließenden Zeitraum 1975-1979[397]. Als Kontrollvariablen werden das mittlere Familieneinkommen in dem jeweiligen Bundesstaat 1975, die Arbeitslosenquote 1974, eine Wetter-Variable und eine Variable zur geografischen Lage einbezogen. Als Ergebnis ermitteln sie einen signifikanten positiven Einfluss der Höhe der AFDC auf die Netto-Zuwanderung von Armen. Problematisch an dem Ansatz von Cebula und Koch ist insbesondere, dass die Menschen unter der Armutsgrenze in den USA nicht notwendigerweise mit Beziehern von AFDC identisch sind.

Gramlich und Laren stellen ein Modell zur simultanen Schätzung des Einflusses der AFDC-Sätze auf die Wanderungen ihrer Bezieher und umgekehrt des Einflusses der Wanderungen auf die Höhe der AFDC auf[398]. Sie verwenden in ihrem Modell gepoolte Querschnitts-Zeitreihen-Daten für 35 US-Bundesstaaten für den Zeitraum 1974 bis 1981. Auch sie ermitteln einen signifikanten positiven Einfluss der Transfers auf die Zuwanderung von Transferempfängern. Allerdings wirkt der Effekt nicht sehr stark, so dass Änderungen der AFDC-Sätze in einem US-Bundesstaat nur sehr träge Zu- bzw. Abwanderungsentscheidungen induzieren. Gramlich und Laren schlussfolgern, dass AFDC-Empfänger sehr immobil sind, dass jedoch dann, wenn sie umziehen, die Höhe der AFDC-Sätze für die Wahl des neuen Wohnortes in signifikanter Weise bedeutsam ist.

---

395 Vgl. Peterson (1995), S. 109 ff.

396 Vgl. Goos/Schmid (1999), S. 6-8.

397 Vgl. Cebula/Koch (1989)

398 Vgl. Gramlich/Laren (1984)

In einer Studie für den Zeitraum 1970 bis 1985 untersuchen Peterson und Rom die Zusammenhänge zwischen dem Wanderungsverhalten sozial Schwacher und der Höhe sozialer Leistungen in den jeweiligen Bundesstaaten[399]. Als Indikator für Zu- oder Abwanderung von Transferempfängern verwenden sie die Änderung der Armenquote in den Bundesstaaten. Für die drei Zeiträume 1970-1975, 1975-1980 und 1980-1985 untersuchen sie die Abhängigkeit der Änderungen der Armutsquote von Änderungen der Beschäftigung, des Pro-Kopf-Einkommens, der Bevölkerungszahl, von der AFDC-Höhe und deren Änderung. Auch sie bestätigen, dass die Zahl der Armen in Staaten mit höheren bzw. wachsenden Transfers signifikant wächst. Peterson findet die Ergebnisse dieser Studie auch für den Zeitraum 1986-1990 bestätigt[400].

Für die USA bestätigen also die vorliegenden Studien gleichermaßen, dass zumindest langfristig hohe Sozialeinkommen anziehend auf deren potenzielle Empfänger wirken.

Für die Schweiz liegen Studien von Feld, Kirchgässner und Pommerehne vor. Kirchgässner und Pommerehne untersuchen im Zusammenhang der Debatte zum Steuerwettbewerb nicht die Effekte unterschiedlicher Sozialleistungs-Niveaus, sondern unterschiedlicher Steuersätze auf die Wohnort-Wahl verschiedener Bevölkerungsgruppen[401]. Abhängige Variablen in ihrem Modell sind die Anteile von fünf nach Einkommenshöhe definierten Gruppen an der Gesamtzahl der Steuerzahler in einem Kanton. Die Untersuchung wird für jede der fünf Einkommensgruppen einzeln und nur für Familien mit zwei Kindern durchgeführt. Untersucht wird der Einfluss folgender unabhängiger Variablen: durchschnittlicher Einkommensteuersatz für die jeweilige Einkommensgruppe, Anteil der Beschäftigten im Dienstleistungssektor, ein Index zur Infrastrukturausstattung, die Größe der Bevölkerung in dem jeweiligen Kanton, ergänzt werden Dummy-Variablen für die Kantone mit Ausreißer-Ergebnissen Zug und Genf. Verwendet werden Zahlen aus dem Jahr 1987, Beobachtungen liegen für die 26 Schweizer Kantone vor. Ergebnis der Untersuchung ist ein kleiner, aber hochsignifikanter negativer Einfluss der durchschnittlichen Steuersätze auf die Wohnortwahl von Familien mit einem Jahreseinkommen über 200.000 Schweizer Franken. Die Bezieher mittlerer und niedriger Einkommen lassen sich dagegen durch die Besteuerung ihrer Einkünfte nicht bei der Wahl ihres Wohnortes leiten. Eine gut

399 Vgl. Peterson/Rom (1989) und Peterson/Rom (1990), S. 58-83.
400 Vgl. Peterson (1995), S. 123 ff.
401 Vgl. Kirchgässner/Pommerehne (1996).

ausgebaute Infrastruktur wirkt demnach ebenfalls in signifikanter Weise anziehend auf Bezieher hoher Einkommen, während Steuerzahler mit geringeren Einkünften eher in Kantonen mit schlechterer Infrastruktur wohnen.

Feld führt eine sehr ähnliche Studie wie Kirchgässner/Pommerehne durch[402]. Dabei verwendet er wieder Daten für die 26 Kantone, diesmal für 1990. Die Steuerzahler unterteilt er in sieben Gruppen. Als unabhängige Variable berücksichtigt er die regionalen Durchschnittssteuersätze für niedrige und für hohe Bruttoeinkommen und zusätzlich (u.a.) die Höhe von auf kantonaler Ebene festgelegten Sozialleistungen. Als Ergebnis ermittelt Feld, dass die Höhe der Steuern für Wohlhabende von signifikanter Bedeutung für die Struktur der Einwohnerschaft ist. Hohe Steuern für Reiche wirken demnach signifikant abschreckend auf Bezieher hoher Einkommen und ebenso signifikant anziehend auf Bezieher niedriger Einkommen. Die Steuersätze, die Geringverdiener zu zahlen haben, scheinen für deren Wohnortwahl hingegen kaum relevant zu sein. Für die Höhe der Sozialleistungen ermittelt Feld kaum signifikante Ergebnisse.

Problematisch bei der Untersuchung der Wirkung sozialer Leistungen auf die Bevölkerungszusammensetzung ist, dass ausschließlich Steuerzahler erfasst werden. Gerade eine Untersuchung der Effekte von Sozialleistungen auf Bevölkerungswanderungen müsste die Reaktion der ärmeren und deshalb nicht-steuerzahlenden Bevölkerungsgruppen einbeziehen. Solche Studien liegen jedoch für die Schweiz nicht vor.

Als Ergebnis dieser Studien kann festgehalten werden, dass in der Schweiz die Wohnort-Wahl wohlhabender Steuerzahler signifikant negativ von der Höhe der Steuern beeinflusst wird, während bei Beziehern niedriger Einkommen ein solcher Effekt nicht signifikant nachgewiesen wurde.

Bei einer Übertragung dieser Ergebnisse auf den internationalen Systemwettbewerb muss immer beachtet werden, dass die Mobilität der Menschen innerhalb der USA oder der Schweiz relativ hoch ist. International ist hingegen die Mobilität der Menschen eher gering. Entsprechend können nicht ohne weiteres Schlüsse für den Wettbewerb der Staaten gezogen werden.

402 Vgl. Feld (2000c), S. 134-149.

c) Steuerpolitik und Außenbeitrag

Die Frage, inwieweit Steuern und Beiträge (zur Finanzierung der Sozialleistungen) die Wettbewerbsfähigkeit inländischer Unternehmen auf internationalen Absatzmärkten beeinflussen, wird zwar viel diskutiert, dennoch herrscht ein Mangel an empirischen Studien, die genau diesen Zusammenhang erforschen. Allerdings untersuchen viele empirische Untersuchungen den Zusammenhang zwischen Preisen bzw. realen Wechselkursen und Außenhandel.

Die hier relevanten Steuern und Beiträge sind für die Unternehmen Kosten, die durch die Einnahmen, also die Preise, gedeckt werden müssen. Deshalb können Steuern und Beiträge preiserhöhend wirken. Die Preise werden jedoch zusätzlich durch alle anderen Kosten (so auch durch die Lohnstückkosten) und durch die Nachfragesituation bestimmt. Im Export spielen meistens zusätzlich die Wechselkurse der Währungen eine wichtige Rolle. Lediglich innerhalb der Europäischen Währungsunion und zwischen Ländern mit festen Wechselkursen ist der Wechselkursmechanismus im Wesentlichen ausgeschaltet. Somit ist die preisliche Wettbewerbsfähigkeit einer Volkswirtschaft im Wettbewerb um Absatzmärkte das Ergebnis der Preisbildung allgemein und der Wechselkursentwicklung. Der reale Wechselkurs, der beides enthält, wird deshalb oft als mögliches Maß für die preisliche Wettbewerbsfähigkeit diskutiert[403].

Eine Senkung von Steuern und Beiträgen wirkt ceteris paribus auf den Außenhandel ähnlich wie eine Abwertung der Währung. Sind für die Exportunternehmen die Steuern gesenkt worden, dann kann diese Kostensenkung in den Preisen an die ausländischen Kunden weitergegeben werden. In diesem Fall sinken die Exportpreise und es kommt zur realen Abwertung. Alternativ kann es sein, dass die Kostensenkung nicht weitergegeben wird, sodass der Exportpreis gleich bleibt, aber im Exportgeschäft höhere Gewinnmargen entstehen.

Im ersten Fall, in dem die Steuersenkung zur realen Abwertung und damit zu einem niedrigeren Preis für die ausländischen Importeure führt, spricht man von einem Pass-Through bei der Preissetzung. Kommt es dagegen nicht zur Änderung der Preise für die ausländischen Kunden, dann liegt das sogenannte Pricing-to-Market vor, d.h. die Preise bilden sich am ausländischen Markt und die reale Abwertung schafft höhere Gewinne für die Exporteure. Dies ist der Fall, wenn der Wettbewerb keine entsprechende Preisanpassung erzwingt[404].

---

[403] Vgl. Deutsche Bundesbank (1994).

[404] Vgl. Clostermann (1996), S. 7 f.

In beiden Fällen erhöhen sich die Anreize zur Steigerung der Exportmenge. Im Falle des Pass-Through sinken für die ausländischen Nachfrager die Preise und ihre Nachfrage nimmt zu. Im Falle des Pricing-to-Market steigen die Exportgewinne und damit für die inländischen Unternehmen die Anreize zur Ausweitung der Angebotsmenge. Eine tatsächliche Exportsteigerung gibt es allerdings nur, wenn der ausländische Absatzmarkt ebenfalls wächst.

Eine durch Kostensenkung zu Stande gekommene Verbesserung der internationalen Wettbewerbsfähigkeit der inländischen Unternehmen wirkt aber nicht nur in Bezug auf die Exportmärkte, sondern ebenso im Wettbewerb mit ausländischen Anbietern auf den inländischen Märkten. Auch hier wächst die Wettbewerbsfähigkeit der inländischen Anbieter gegenüber ausländischer Konkurrenz. Deshalb ist zu erwarten, dass die Kostensenkung sowohl zur Erhöhung der Exporte als auch zum Rückgang der Importe beiträgt, sodass eine Verlagerung der Produktion ins Inland stattfindet. Sie trägt zur Erhöhung der Gesamtnachfrage nach den im Inland erzeugten Produkten bei, belebt also das inländische Wirtschaftswachstum nachfrageseitig. Die Europäische Zentralbank zeigt, dass der reale effektive Wechselkurs[405] des Euro sehr eng mit der (in Umfragen ermittelten) Einschätzung international tätiger europäischer Wirtschaftssubjekte über ihre Wettbewerbsposition außerhalb der EU korreliert ist[406].

Ob mit einer solchen Verbesserung der Wettbewerbsposition jedoch auch eine Verbesserung der Leistungsbilanz verbunden ist, ist nicht von vornherein sicher. Die Produktionsverlagerung bedeutet zwar, dass das Inland mehr exportiert und weniger importiert, sodass eine Erhöhung des Außenbeitrags zu vermuten ist (Mengeneffekt). Aber die reale Abwertung bedeutet zugleich, dass der Wert der Exportprodukte sinkt und der Importprodukte steigt, sodass der Außenbeitrag wertmäßig kleiner wird (Preiseffekt). Eine Erhöhung des Außenbeitrags und damit eine Verbesserung der Leistungsbilanz erfolgt dann, wenn der Mengeneffekt einer realen Abwertung den Preiseffekt derselben überwiegt. Dies ist der Fall, wenn die Summe der Beträge der Preiselastizitäten der Importe und Exporte größer als Eins ist (Marshall-Lerner-Bedingung). Allerdings wird oft davon ausgegangen, dass die Exporte und Importe nicht sofort auf eine reale Abwertung reagieren, sodass die Marshall-Lerner-Bedingung erst zeitversetzt erfüllt ist. Dann würde die reale Abwertung zunächst zum Rückgang und erst et-

[405] Effektive Wechselkurse enthalten die Entwicklung des Wechselkurses gegenüber mehreren anderen Währungen, wobei letztere zum Beispiel nach Außenhandelsanteilen gewichtet werden.
[406] Europäische Zentralbank (2003), S. 76 f.

was später zu einem Anstieg des Außenbeitrags führen (sog. J-Kurven-Effekt)[407].

Die Frage, ob und in welcher Frist die Marshall-Lerner-Bedingung erfüllt ist, ist letztlich empirisch zu entscheiden und deshalb Gegenstand vieler empirischer Studien zum Außenhandel.

Eine Politik der Senkung der Sozialleistungen bezweckt in diesem Zusammenhang eine reale Abwertung. Verglichen mit Schwankungen des nominalen Wechselkurses fallen solche Kostensenkungen oft eher gering aus. Beispielsweise verlor der Euro nach seiner Einführung am 1. Januar 1999 bis zum zweiten Halbjahr 2000 gegenüber den Währungen der Handelspartner ein Fünftel seines nominalen Werts. Eine reale Abwertung dieses Ausmaßes hätte durch Einsparungen im Sozialbereich und damit verbundene Steuer- und Abgabensenkungen kaum jemals erreicht werden können. Andererseits hat der Euro inzwischen wieder nominal aufgewertet und im Jahr 2003 einen ähnlichen nominalen Wechselkurs wie bei seiner Einführung erreicht[408]. Die Wirkung von Sozialkürzungen auf den realen Wechselkurs fällt zwar nicht so stark aus, wird aber normalerweise dauerhafter und weniger von der für den Devisenmarkt typischen Volatilität geprägt sein.

Hinzu kommt, dass innerhalb der Europäischen Währungsunion oder auch in Systemen mit festen Wechselkursen eine reale Abwertung (und damit eine Verbesserung der Wettbewerbsposition im Außenhandel) vor allem durch Kosteneinsparungen möglich ist. Hier ist die Bedeutung der Sozial- und Steuerpolitik für die preisliche Wettbewerbsfähigkeit weitaus größer.

Da Steuern und Beiträge die Exportpreise und damit den realen Wechselkurs mitbestimmen, messen empirische Untersuchungen, die den Effekt von Preisen und realen Wechselkursen für die Exporte und Importe untersuchen, indirekt auch die Wirkungen der Steuern und Beiträge auf die Wettbewerbsfähigkeit der inländischen Unternehmen auf den Absatzmärkten.

Neben den realen Wechselkursen gilt die Höhe des Einkommens im importierenden Land als zweite entscheidende Einflussgröße für die Exporte. Je größer das Einkommen eines Landes ist bzw. je größer allgemein die wirtschaftliche Aktivität ist, desto mehr steigt auch die Nachfrage nach ausländischen Produk-

[407] Vgl. Jarchow/Rühmann (1994), S. 58, 70-74.

[408] Diese Angaben beziehen sich auf den nominalen effektiven Wechselkurs des Euro. Vgl. Europäische Zentralbank (2004).

ten. Die meisten Studien beziehen deshalb Maße für das Einkommen oder die wirtschaftliche Aktivität im Ausland bei der Untersuchung der Determinanten des Exports mit ein.

Murray/Ginman ermitteln für die USA und Kanada für die Jahre 1950 bis 1964 Preiselastizitäten der Importe zwischen -0,71 und -1,23, die Einkommenselastizitäten der Importe weisen Werte von 0,51 bis 1,94 auf[409]. Boylan/Cuddy/O'Muircheartaigh ermitteln für Irland, Dänemark und Belgien in den Jahren 1953 bis 1975 auch erwartungsgemäß negative Preiselastizitäten der Importnachfrage, deren Betrag aber im Falle Belgiens klein und insignifikant ist, die Einkommenselastizitäten liegen in allen drei Fällen deutlich über Eins[410].

Die Deutsche Bundesbank ermittelt negative Elastizitäten des deutschen Exports der Jahre 1975 bis 1992 für Änderungen des nach verschiedenen Berechnungen ermittelten realen Außenwerts der D-Mark, wobei der Effekt langfristig stärker ist (-0,21 bis -0,46) als kurzfristig (-0,14 bis -0,30)[411]. Möller/Jarchow bestätigen dieses Ergebnis für die Exporte der Bundesrepublik Deutschland in den Jahren 1976 bis 1986, wobei der stärkste Effekt um etwa 2 bis 3 Quartale zeitversetzt auftritt. Die Preiselastizität weist nach 4 Quartalen einen Wert von -0,85 auf[412].

Lapp/Scheide/Solveen untersuchen für die G7-Länder die Beeinflussung der Exporte durch die realen effektiven Wechselkurse und finden kurzfristige Elastizitäten zwischen -0,11 und -0,87, sowie langfristige Elastizitäten zwischen -0,35 und -1,21. Eine Abwertung der Währung bewirkt in allen sieben Fällen eine Zunahme des Exports, die Werte der Elastizitäten weichen jedoch zwischen den Ländern stark voneinander ab. Im Vergleich zu der preislichen Wettbewerbsfähigkeit erweist sich jedoch das ausländische Einkommen als deutlich wichtigere Determinante der Exporte. Schon kurzfristig beträgt die Einkommenselastizität 0,61 bis 1,52, langfristig 0,33 bis 2,33[413].

Diese Studien bestätigen alle, dass eine Verbesserung der preislichen Wettbewerbsfähigkeit durch eine reale Abwertung zur Erhöhung der Exporte und damit zu nachfrageseitigen Wachstumsimpulsen führt. Ob sich dadurch jedoch auch der Außenbeitrag bzw. die Leistungsbilanz verbessert, wird in diesen Stu-

---

[409] Vgl. Murray/Ginman (1976), S. 77-80.
[410] Vgl. Boylan/Cuddy/O'Muircheartaigh (1980), S. 565.
[411] Vgl. Deutsche Bundesbank (1994), S. 56-59.
[412] Vgl. Möller/Jarchow (1990), S. 533.
[413] Vgl. Lapp/Scheide/Solveen (1995), S. 8-16.

dien nicht eigens untersucht. Viele Studien überprüfen dies, indem sie testen, ob die Marshall-Lerner-Bedingung erfüllt ist.

Houthakker/Magee untersuchen die Preiselastizitäten für Exporte und Importe von 15 Ländern im Zeitraum 1951 bis 1966. Eine Preissenkung bewirkt in fast allen Fällen eine Zunahme der Nachfrage im Importland. Allerdings ist die Preiselastizität der Nachfrage oft nicht sehr hoch, sodass nur bei 7 Ländern die Summen der Preiselastizitäten über Eins liegen und damit die Marshall-Lerner-Bedingung erfüllt wird[414].

Ältere Studien, wie die von Houthakker/Magee, werden oft kritisiert, da sie unter dem Problem der Nicht-Stationarität makroökonomischer Zeitreihen leiden[415]. Folgen Zeitreihen einem langfristigen Trend, sodass ihre Varianz ständig zunimmt, dann verletzt dies die Voraussetzungen für plausible und aussagefähige OLS-Regressionen. Im Falle der Einflussgrößen des Außenhandels könnte beispielsweise schon allein die Tatsache, dass sowohl der Umfang der grenzüberschreitenden Warenlieferungen als auch die Volkseinkommen und die Preisniveaus der beteiligten Länder steigende Trends aufweisen, bei Anwendung der Methode der kleinsten Quadrate (OLS) zu der Schlussfolgerung führen, dass diese drei Größen positiv miteinander korreliert sind. Die folgenden neueren Studien verwenden geeignete ökonometrische Verfahren (wie die Kointegrationsanalyse), um mit dem Problem der Nicht-Stationarität umzugehen.

Clostermann ermittelt für Deutschland auf Grundlage von Quartalsdaten für die Jahre 1975 bis 1995 Preis- und Einkommenselastizitäten der Exporte und Importe. Die Preiselastizitäten der Importe liegen (bei verschiedenen Abgrenzungen der verwendeten realen Wechselkurse) zwischen -0,17 und -0,22, die Preiselastizitäten der Exporte zwischen -0,71 und -0,87. Die Marshall-Lerner-Bedingung erscheint damit nicht in jedem Fall erfüllt zu sein. Deutlich höher ist die Einkommenselastizität der Importe[416].

Bahmani-Oskooee/Niroomand schätzen die Preis- und Einkommenselastizitäten bei Exporten und Importen für 26 Länder[417] in den Jahren 1960 bis 1992 (mit

---

[414] Vgl. Houthakker/Magee (1969), S. 113, Table 1.

[415] Vgl. Bahmani-Oskooee/Niroomand (1998), S. 101 f.; Senhadji (1998), S. 237; Meurers (2003), S. 39 f.

[416] Vgl. Clostermann (1996), S. 25-31.

[417] Dazu gehören alle wichtigen Industrieländer.

Jahresdaten) und finden, dass die Marshall-Lerner-Bedingung in fast allen Fällen langfristig erfüllt ist. Die Einkommenselastizität der Importnachfrage ist auch hier meistens höher[418].

Bahmani-Oskooee/Brooks untersuchen den Zusammenhang für die bilateralen Handelsbeziehungen der USA mit ihren sechs wichtigsten Handelspartnern von 1973 bis 1996, wobei aber nur in vier der sechs Fälle die Marshall-Lerner-Bedingung erfüllt ist und ebenfalls hohe Einkommenselastizitäten festgestellt werden. Bei den Handelsbeziehungen der USA zu Kanada und Deutschland bestehen zwar erwartungsgemäß negative Preiselastizitäten der Export- und Importnachfrage, deren betragsmäßige Summe ist aber kleiner als Eins[419].

Boyd/Caporale/Smith ermitteln für acht Industrieländer[420] mit Quartalsdaten für die Jahre 1975 bis 1996 durchgängig die langfristige Geltung der Marshall-Lerner-Bedingung bei Änderungen des realen Wechselkurses trotz großer Unterschiede zwischen den einzelnen Ländern. Kurzfristig stellen sie deutliche J-Kurveneffekte fest[421].

Hatemi-J/Irandoust bestätigen die Gültigkeit der Marshall-Lerner-Bedingung für die bilateralen Handelsbeziehungen zwischen Deutschland und Schweden 1960 bis 1999. Auch hier sind die Einkommenselastizitäten der Importnachfrage mit Werten von 1,76 bzw. 2,09 hoch[422].

Mehrere Autoren betonen, dass die internationalen Handelsströme stärker von der allgemeinen Wirtschaftsaktivität als den Preisrelationen bestimmt werden[423]. Die Einkommens- und Produktionsentwicklung ist demnach die dominierende Determinante der Außenhandelsströme. Dennoch besteht Konsens darüber, dass die preisliche Wettbewerbsfähigkeit als zweitwichtigste Einflussgröße für Importe und Exporte bedeutsam ist. In der Mehrzahl der Fälle reagiert der Außenbeitrag hinreichend preiselastisch, dass die Marshall-Lerner-Bedingung langfristig erfüllt ist. Dabei bestätigen alle Studien, die Zahlen für kürzere Zeiträume heranziehen, das Vorliegen sogenannter J-Kurven-Effekte: Eine reale Abwertung wirkt sich erst mit einer Verzögerung von einigen Monaten stärker auf die

---

418 Vgl. Bahmani-Oskooee/Niroomand (1998), S. 108.
419 Vgl. Bahmani-Oskooee/Brooks (1999), S. 124 f.
420 Es handelt sich um Kanada, Frankreich, Deutschland, Italien, Japan, die Niederlande, das Vereinigte Königreich und die USA.
421 Vgl. Boyd/Caporale/Smith (2001).
422 Vgl. Hatemi-J/Irandoust (2003), S. 69 ff.
423 Vgl. Clostermann (1996), S. 31; Lapp/Scheide/Solveen (1995), S. 13.

Export- und Importgütermengen aus. Außerdem sind die Effekte in verschiedenen Ländern äußerst unterschiedlich.

Für die Politik bestehen somit Anreize, die inländischen Unternehmen, die im internationalen Wettbewerb stehen, bei ihren Bemühungen um Kostensenkungen zu unterstützen. Kostensenkungen können zu realen Abwertungen führen und erhöhen die Chancen auf Verkaufserfolg im Wettbewerb mit ausländischen Konkurrenten. Sie führen zur Zunahme der Exporte und zum Rückgang der Importe in Mengeneinheiten und tragen damit zur Erhöhung von Wachstum und Beschäftigung im Inland bei. Ob sie auch zur Verbesserung des Leistungsbilanzsaldos führen, hängt von der Geltung der Marshall-Lerner-Bedingung ab, die viele Studien für die meisten, aber nicht für alle Fälle bestätigen.

4.2.2. Beeinflussung der Steuer- und Sozialpolitik durch Wanderungsentscheidungen

a) Empirische Untersuchungen zur Kompensationshypothese

Die im Kapitel 4.1.5 vorgestellte Kompensationshypothese besteht in der Aussage, dass die Internationalisierung der Wirtschaft Tendenzen zur Erhöhung von Sozialleistungen hervorbringt, da Sozialleistungen zur Kompensation der Verlierer der wirtschaftlichen Öffnung erforderlich sind und in konsensorientierten Staaten von diesen auch durchgesetzt werden können.

Cameron untersucht für 18 Industrieländer in einer quantitativen Querschnittsstudie die Ursachen der Entwicklung der Staatsausgaben im Zeitraum 1960 bis 1975. Er zeigt, dass der Offenheitsgrad im Außenhandel im Jahr 1960 signifikant positiv mit der Veränderung der Staatsausgaben im Zeitraum 1960 bis 1975 korreliert ist[424].

Camerons empirischer Test erscheint allerdings zur Stützung der Kompensationshypothese nicht ausreichend, da er den Zusammenhang zwischen dem *Niveau* des Offenheitsgrades im Jahr 1960 und der *Veränderung* der Staatsausgaben im folgenden Zeitraum 1960-1975 untersucht. Diese Spezifikation erscheint zum Test der Hypothese nicht geeignet, da damit weder die Frage unter-

---

[424] Vgl. Cameron (1978), S. 1251-1255.

sucht wird, ob Länder mit hohem *Niveau* des Offenheitsgrades auch ein hohes *Niveau* der Staatsausgaben haben, noch ob bei starker *Zunahme* des Offenheitsgrades im Zeitverlauf auch eine *Zunahme* der Staatsausgaben stattfindet. Außerdem müsste der Test sich auf die staatlichen *Sozial*ausgaben beziehen, da die Summe aller Staatsausgaben auch Leistungen enthält, die nicht als Kompensation gesellschaftlicher Verlierer anzusehen sind. Andere empirische Studien, die die Zusammenhänge zwischen Offenheitsgrad und Sozialleistungen untersuchen, kommen zu widersprüchlichen Ergebnissen. Diese Studien werden im Teil c dieses Kapitels diskutiert.

Nach Rodrik verursacht die Zunahme internationaler Wirtschaftsbeziehungen eine Zunahme von Einkommensrisiken, die sich insbesondere in einer wachsenden Bedeutung der Volatilität der Terms of Trade für die gesamtwirtschaftliche Entwicklung niederschlägt. Der Staat federt diese wachsenden Risiken ab indem er seine (von außenwirtschaftlichen Einflüssen freie) Tätigkeit ausweitet. Als Maß für diese „externen Risiken“ verwendet Rodrik die Standardabweichung der jährlichen Änderung der Terms of Trade multipliziert mit dem Außenhandelsanteil (Durchschnitt von Importen und Exporten in Prozent des Bruttoinlandsprodukts)[425].

Rodrik belegt seine These empirisch anhand einer Reihe von Querschnittsanalysen über Staatsausgaben und Außenhandel in einer Vielzahl von Ländern, in denen er nicht nur Industrieländer, sondern auch viele Entwicklungsländer einbezieht[426]. Er zeigt, dass in Ländern mit stärkerer Beteiligung am internationalen Handel die Staatsausgaben meistens höhere Werte annehmen als in abgeschlosseneren Ländern. Er kann jedoch zeigen, dass diese positive Korrelation von Offenheitsgrad und Staatsausgaben verschwindet, sobald das Maß für die externen Einkommensrisiken als weitere unabhängige Variable einbezogen wird. In diesem Fall wird der Offenheitsgrad für die Erklärung der Staatsausgabenquote insignifikant, während die externen Risiken für die Erklärung der Staatsausgaben einen hochsignifikanten positiven Effekt aufweisen. Das Ergebnis erweist sich bei verschiedenen Modellspezifikationen als robust. So wird es auch in einer Paneluntersuchung mit sieben mehrjährigen Teil-Zeiträumen für die Jahre 1960 bis 1992 und auch bei Verwendung von Änderungen statt Niveaus der Variablen bestätigt. Ebenfalls wird es bestätigt, wenn als abhängige Variable nicht mehr die Quote des staatlichen Konsums, sondern der staatlichen Sozialleis-

[425] Vgl. Kapitel 4.1.5.
[426] Vgl. Rodrik (1998), S. 1002-1010, 1014-1023; Rodrik (1997), S. 55-64.

tungen verwendet wird, sodass die Kompensationshypothese auch dann bestätigt wird, wenn sie speziell zur Erklärung der Sozialpolitik herangezogen wird.

Auch für einen wichtigen argumentativen Zwischenschritt findet Rodrik empirische Bestätigung. So zeigt er, dass das externe (Terms of Trade-) Risiko einer Volkswirtschaft hochsignifikant das allgemeine Einkommensrisiko erhöht, woraus folgt, dass die externen Risiken für Einkommensstabilität relevant sind[427].

Eine Kritik an der Kompensationshypothese bezieht sich auf die Frage, ob sich die Verbindung von Öffnung einer Volkswirtschaft und wachsenden Risiken bei Einkommen und Beschäftigung empirisch robust nachweisen lässt. So zeigt Manow, dass im Verlauf wachsender Internationalisierung die Volatilität der Terms of Trade sogar abgenommen hat und in den kleinen offenen Volkswirtschaften Europas stets niedrigere Werte hatte als in den größeren Ländern[428].

Rodrik verwendet stets die Volatilität der Terms of Trade multipliziert mit dem Offenheitsgrad als Maß externer Risiken. Diese Größe könnte auch allein deshalb wachsen, weil der Außenhandel zunimmt, ohne dass die Risiken dadurch steigen. Iversen verweist darauf, dass der Zusammenhang zwischen Offenheit und Volatilität wirtschaftlicher Erfolgsgrößen in vielen Fällen empirisch nicht zu finden ist. Er überprüft in einer Querschnittsuntersuchung für 16 OECD-Länder für die Jahre 1970 bis 1993 den Zusammenhang von Offenheit (hier gemessen nur als Anteil der Güterexporte an der Wertschöpfung) und der Volatilität (gemessen als Standardabweichung der jährlichen Wachstumsraten) der Produktion des verarbeitenden Gewerbes, der Beschäftigung und der Löhne und findet keinerlei Zusammenhänge[429]. Zwar wäre es besser gewesen, diese Untersuchung als Regressionsanalyse mit geeigneten Kontrollvariablen durchzuführen. Jedoch deutet das Ergebnis darauf hin, dass wachsende Unsicherheit durch zunehmenden Außenhandel kein dominierendes Merkmal der betrachteten Periode darstellt.

Eine weitere Kritik bezieht sich darauf, dass Rodrik in seinen empirischen Studien allein die Effekte der Einkommensrisiken durch Terms of Trade-Schwankungen untersucht. Damit bezieht er andere Arten außenwirtschaftlich bedingter Risiken nicht ein. So werden das Risiko von Arbeitsplatzverlusten durch zunehmende Handelsbilanzdefizite oder die Gefahr wachsender Verschuldung

[427] Vgl. Rodrik (1998), S. 1021-1023.
[428] Vgl. Manow (1999), S. 214 f.
[429] Vgl. Iversen (1996), S. 50 f.

durch Leistungsbilanzdefizite nicht beachtet, obwohl diese möglicherweise für Einkommen und Beschäftigung der Bevölkerung bedeutsamer als Terms of Trade-Veränderungen sind. Ebenfalls berücksichtigt er in seinen Regressionsanalysen nicht Risiken durch wachsende Mobilität der Produktionsfaktoren, insbesondere wachsende Kapitalmobilität. Gerade besonders dramatische Fälle außenwirtschaftlich bedingter Krisen – die Währungskrisen – hängen ursächlich entscheidend mit Leistungsbilanzdefiziten und Kapitalbewegungen zusammen[430]. Garrett bezieht zwar Kapitalverkehrsbeschränkungen ein, misst jedoch nicht die Einkommensrisiken, die sich ggf. aus den Kapitalbewegungen ergeben können.

Ähnlich wie im Falle der Studien Camerons und Katzensteins müsste auch bei Rodrik zusätzlich geprüft werden, ob die Korrelation von externen Risiken und hohen Staatsausgaben nicht auf die gemeinsame Ursache „Landesgröße" zurückführbar ist. So könnte vermutet werden, dass vor allem kleine Länder, die allein auf Grund der Landesgröße einen hohen Offenheitsgrad haben, zugleich in hohem Maße korporatistische Strukturen aufweisen, die zur Erhöhung der Staatsausgaben (einschließlich der Sozialleistungen) führen. Dann wäre nicht das externe Risiko, sondern der Korporatismus die Ursache des hohen Umfangs der Staatstätigkeit. Folglich könnte nicht allgemein aus einer Zunahme externer Risiken infolge der Globalisierung auf die Erhöhung des Drucks zur Steigerung der staatlichen Ausgaben, einschließlich der Sozialausgaben, geschlossen werden. Dieser Schluss würde nur für konsensorientierte Gemeinwesen gelten.

Manow bestätigt diese Sichtweise indem er für 17 OECD-Länder zeigt, dass die positive Korrelation von Offenheitsgrad und Sozialleistungen bzw. Sozialtransfers verschwindet, wenn die absolute Höhe des Bruttoinlandsprodukts als Maß der Landesgröße als unabhängige Variable hinzugefügt wird[431]. In seiner Untersuchung besteht ein signifikanter Zusammenhang von Bruttoinlandsprodukt und Sozialausgaben (allerdings nicht bei Sozialtransfers) in der Weise, dass Länder mit kleinerem Bruttoinlandsprodukt (also vor allem kleinere Länder) höhere Sozialausgaben haben.

In einer umfangreichen Regressionsanalyse mit gepoolten Zeitreihen (für 14 Industrieländer 1966 bis 1990) untersucht Garrett Einflussfaktoren für die Staatsausgaben insgesamt, den Staatskonsum, die staatlichen Einkommenstransfers

[430] Zu den Ursachen von Währungskrisen vgl. Krugman (1979), Obstfeld (1986b), Obstfeld (1996), Goldstein (1998); für einen Überblick vgl. Meinert (1999).
[431] Vgl. Manow (1999), S. 211 ff.

u.a. Zu den betrachteten unabhängigen Variablen gehören ein Index über Kapitalverkehrsrestriktionen, der Offenheitsgrad im Außenhandel und ein gemeinsamer Index über den politischen Einfluss sozialdemokratischer Parteien und Gewerkschaften. Für letzteren Index wird ebenfalls untersucht, wie er sich in Interaktion mit dem Kapitalverkehrsindex und dem Offenheitsgrad auswirkt. Beide Interaktionsterme weisen einen signifikant positiven Einfluss auf die Staatsausgaben auf. Aus der Kombination starker sozialdemokratischer Parteien und starker Gewerkschaften mit hohem Offenheitsgrad oder mit liberalisiertem Kapitalverkehr ergeben sich demnach signifikant höhere Staatsausgaben[432].

Im Unterschied zu den anderen Autoren bezieht Garrett den internationalen Kapitalverkehr als mögliche Quelle von Einkommensrisiken ein. Allerdings weisen Garretts empirische Ergebnisse einige Schwächen auf. So verwendet er als Maß für Kapitalmobilität einen Index für Kapitalverkehrsbeschränkungen. Rechtliche Schranken für Kapitalströme sind jedoch nur ein Faktor unter vielen, die die tatsächliche Kapitalmobilität beeinflussen. Zusätzlich hängt die Kapitalmobilität von anderen Faktoren, z.B. Wechselkursrisiken oder Transaktionskosten, ab. Das Volumen tatsächlicher Kapitalflüsse erscheint daher ein besseres Maß der Kapitalmobilität zu sein als die Kapitalverkehrsbeschränkungen allein.

Ein zweiter Einwand bezieht sich auf die Eignung der empirischen Ergebnisse zur Stützung der Kompensationshypothese. Der Zusammenhang zwischen der mit dem Offenheitsgrad gewichteten Macht linker Parteien und Gewerkschaften ist gerade bei den Einkommenstransfers insignifikant. Damit ist ausgerechnet bei der abhängigen Variablen, die am ehesten ein Maß für Sozialtransfers zu Kompensationszwecken ist, die Überzeugungskraft des empirischen Belegs nur schwach. Hinzu kommt, dass sich Garretts Ergebnisse bei einer relativ geringfügigen Veränderung der Kontrollvariablen nicht als robust erweisen[433].

Insgesamt erweisen sich die empirischen Belege für die Kompensationshypothese als nicht robust genug. Insbesondere gibt es deutliche Hinweise, dass die in kleinen offenen Volkswirtschaften höheren Sozialleistungen eher auf die in kleinen Ländern oft bestehenden korporatistischen Strukturen zurückzuführen sind. Im nächsten Teil dieses Kapitels werden empirische Studien vorgestellt, in denen die Hypothese eines durch die Internationalisierung ausgelösten Drucks auf den Sozialstaat überprüft wird.

---

[432] Vgl. Garrett (1998a), insbes. S. 80 f.

[433] Vgl. Iversen/Cusack (2000), S. 322-324.

b) Internationaler Wettbewerb und Steuerpolitik

Für die Prüfung der Wirkungen internationaler Wirtschaftsbeziehungen auf die Höhe der Steuern ist die Auswahl eines geeigneten Indikators der Steuerbelastung wichtig. Diese Auswahl ist jedoch schwierig, weil die Steuergesetze der Länder meistens recht kompliziert sind und einen direkten Vergleich von Steuersätzen nicht zulassen. So können zwar die nominalen Steuersätze recht einfach ermittelt werden. Für die effektive Besteuerung ist jedoch auch die steuerrechtliche Definition der Bemessungsgrundlagen wichtig, welche durch Freibeträge, Steuerbefreiungen, Steuerermäßigungen, Bewertungsfreiheiten usw. mitbestimmt wird. Um trotz der großen Unterschiede im Steuerrecht einen Vergleich zwischen den Steuerbelastungen in mehreren Ländern zu ermöglichen, schlagen Mendoza/Razin/Tesar vor, das aus Finanzstatistiken bekannte Gesamtaufkommen an bestimmten Steuern in Beziehung zu der aus der Volkswirtschaftlichen Gesamtrechnung bekannten Höhe der jeweiligen Bemessungsgrundlage zu setzen[434]. So wird die Gesamtheit aller Kapitalsteuereinnahmen zur Summe aller Kapitaleinkommen, die Gesamtheit der Lohnsteuereinnahmen zur Summe der Lohneinkommen und die Gesamtheit der Konsumsteuereinnahmen zur Wertsumme der gehandelten Konsumgüter in Beziehung gesetzt. Durch dieses Verfahren werden implizit alle Regelungen zur Bemessungsgrundlage erfasst. Carey/Rabesona modifizieren das ursprüngliche Verfahren geringfügig und legen für die so ermittelten effektiven Durchschnittssteuersätze Zeitreihen für die OECD-Länder bis zum Jahr 2000 vor[435]. Abbildung 4.1 zeigt die Entwicklung der effektiven Durchschnittssteuersätze auf Kapital, Arbeit und Konsum im ungewichteten Durchschnitt von 16 OECD-Ländern[436].

Der Tendenz nach gingen in der betrachteten Zeit alle drei Steuersätze leicht nach oben. Bei genauerer Betrachtung der Zahlen zeigt sich, dass dies darauf zurückzuführen ist, dass in den meisten Ländern die Steuersätze keinem langfristigen Trend folgten, in Portugal, Spanien und Italien dagegen Steuersätze (insbesondere auf Kapital) in dieser Zeit stiegen[437]. Eine Tendenz zum Abbau von Kapitalsteuern oder ein allgemeiner Trend der Umschichtung von den Steuern auf Kapital auf die Steuern auf Arbeit und Konsum ist anhand dieser Zahlen

[434] Vgl. Mendoza/Razin/Tesar (1994), S. 301 ff.

[435] Vgl. Carey/Rabesona (2002).

[436] In Anlehnung an die Länderauswahl im Kapitel 4.2.3 handelt es sich um Australien, Österreich, Kanada, Dänemark, Finnland, Frankreich, Deutschland, Italien, Japan, die Niederlande, Norwegen, Portugal, Spanien, Schweden, das Vereinigte Königreich und die USA. Für Neuseeland fehlen Daten. Quelle der Daten: Carey/Rabesona (2002), S. 51-56, Tabellen 9-11.

[437] Vgl. Carey/Rabesona (2002), S. 51-56, Tabellen 9-11.

Abbildung 4.1: Effektive Durchschnittssteuersätze auf Kapital, Arbeit und Konsum in 16 OECD-Ländern
Ungewichtete Durchschnitte; Quelle: Carey/Rabesona (2002)

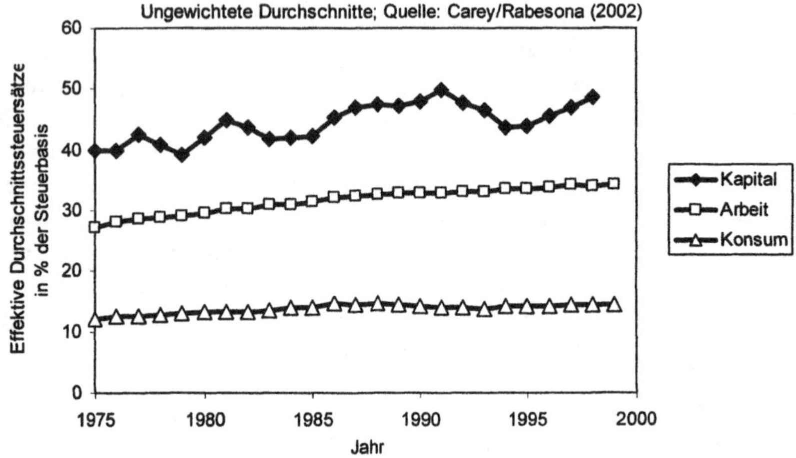

nicht erkennbar. Die theoretisch hergeleiteten Voraussagen der Kapitel 4.1.1 bis 4.1.3 werden nicht bestätigt. Ein wettbewerbsbedingter Abbau von Kapitalsteuern war scheinbar nicht das dominierende Merkmal der betrachteten Zeit. Allerdings könnte es sein, dass dies damit zu erklären ist, dass entgegengesetzt wirkende andere Faktoren den Abbau von Kapitalsteuern verhindern. Um unter verschiedenen Einflüssen die Wirkung des internationalen Wettbewerbs herauszufiltern, ist es notwendig, die Zusammenhänge mit Hilfe von differenzierteren Methoden zu untersuchen.

Tabelle 4.3 gibt einen Überblick über einige Studien zur Beeinflussung der Kapitalsteuern durch den internationalen Wettbewerb. Hinsichtlich der Wirkung der internationalen Kapitalmobilität sind die Ergebnisse der Studien widersprüchlich. Krogstrup ermittelt einen negativen Zusammenhang zwischen Kapitalmobilität und Kapitalbesteuerung. Hinweise für einen Steuerwettbewerb um Investitionen finden sich auch bei Altshuler und ihren Koautoren: Nach Altshuler/Goodspeed können Länder vor allem dann höhere Kapitalsteuern erheben, wenn ihre Nachbarländer ebenfalls hohe Kapitalsteuern haben. Nach Altshuler/Grubert reagierten Länder, die zwischen 1984 und 1992 nur geringe Zuflüsse US-amerikanischen Kapitals hatten, in der Folgezeit mit Kapitalsteuersenkungen. Andere Studien finden allerdings eine positive Korrelation von Kapitalmobilität und Kapitalsteuern, sodass eine wachsende Kapitalmobilität sogar mit steigenden Steuern einhergeht. Gegen einige dieser Studien gibt es jedoch eine Reihe methodischer Einwände.

Problematisch ist die Messung der Kapitalbesteuerung, indem das Aufkommen an Kapitalsteuern als Anteil am Bruttoinlandsprodukt gemessen wird, wie dies bei Altshuler/Goodspeed (2003) geschieht. Dies führt dazu, dass Änderungen der Steuerbasis nicht oder nur indirekt (wenn nämlich die Ausstattung mit der Steuerbasis Kapital die Höhe des Bruttoinlandsprodukts beeinflusst) beachtet werden. Steigt die Kapitalausstattung einer Volkswirtschaft relativ schneller als das Bruttoinlandsprodukt, dann führt dies bei konstantem Steuersatz zur Zunahme der Kapitalsteuern als Anteil am Bruttoinlandsprodukt. Wächst in allen Ländern die Kapitalausstattung schneller als das Bruttoinlandsprodukt in einer Zeit, in der zugleich der internationale Kapitalverkehr liberalisiert wird, dann führt dies systematisch zu einer positiven Korrelation von Kapitalverkehrsliberalisierung und dem Indikator der Höhe der Kapitalsteuern. Kern dieses Problems ist die mangelnde Einbeziehung der Steuerbasis (Kapitalbestand) in den Indikator zur Messung des Steuerniveaus[438]. Die Kapitalsteuern als Anteil am Bruttoinlandsprodukt geben nicht die für Standortentscheidungen von Unternehmen wichtige Variable wieder und sind deshalb auch nicht direkter Gegenstand des Steuerwettbewerbs. Gegenstand des Steuerwettbewerbs sind dagegen die Steuern in Relation zum eingesetzten Kapital oder zum Kapitaleinkommen.

Möglich wäre auch, dass in den erfassten Ländern durch eine Senkung der Steuersätze die Kapitalbildung angeregt wird, sodass der Effekt sinkender Steuersätze durch die Steigerung der Kapitalbildung insgesamt überkompensiert wird. In diesem Fall würden zwar Kapitalsteuersätze durch die Liberalisierung des Kapitalverkehrs unter Druck geraten können. Aber zugleich würde durch die größere Kapitalbildung der Ausfall an Staatseinnahmen aus Kapitalsteuern verhindert. Ob sich der bei Quinn ermittelte positive Zusammenhang von Kapitalverkehrsliberalisierung und Kapitalsteuereinnahmen auf diese Weise erklären lässt, müsste weitergehende Forschung klären.

Als alternatives Maß für die Höhe der Kapitalsteuern werden oft die effektiven Kapitalsteuersätze nach Mendoza/Razin/Tesar oder Carey/Rabesona verwendet[439]. Dieses umfassende Maß der Kapitalbesteuerung kann den Steuerwettbewerb auf mehreren Wegen messen. Zum einen spiegelt es die Höhe der effek-

[438] Vgl. Krogstrup (2004), S. 8 f.

[439] Dies geschieht in den Studien von Rodrik (1997), Garrett/Mitchell (2001), Altshuler/Grubert (2004), Dreher (2004) und Krogstrup (2004).

Tabelle 4.3: Ergebnisse von Studien zur Beeinflussung der Kapitalsteuern durch den internationalen Wettbewerb

Studien	Abhängige Variablen	Zeiträume	Unabhängige Variablen					
			Globalisierung allgemein, gemessen mit:		Internationale Kapitalmobilität, gemessen mit:			Offenheit beim Handel
			Globalisierungsindex	Freiheit v. Finanztransaktionen: Index nach Quinn (1997)	Summe aus Kapitalzu- und -abflüssen in % des BIP	Zinsdifferenz	Freier Kapitalverkehr: Index nach Quinn (1997) od. Dummy	
Quinn (1997)	Änderungen der Unternehmensteuern in % aller Steuern in 36 Ländern	Querschnittsstudie 1974-89					+ / +***	
Rodrik (1997)	Effektive Kapitalsteuersätze nach Mendoza u.a. in 18 OECD-Ländern	Gepoolte Zeitreihen 1965-92					+***	–*** / –
Swank (1998)	Unternehmensteuern in % des Betriebsgewinns in 17 Ländern	Gepoolte Zeitreihen 1966-93		+**	+**		+*	–***
Bretschger/ Hettich (2000)	Effektive Kapitalsteuersätze nach Mendoza u.a. in 14 OECD-Ländern	Gepoolte Zeitreihen 1967-96					+	–***
Garrett/ Mitchell (2001)	Effektive Kapitalsteuersätze nach Mendoza u.a. in 16 OECD-Ländern	Gepoolte Zeitreihen 1961-92		+	+*/+	+		–
Dreher (2004)	Effektive Kapitalsteuersätze ähnlich Mendoza u.a. in 22/24 Ländern	Gepoolte Zeitreihen 5-Jahreszeiträume 1970-2000	+/+*/ +**					
Krogstrup (2004)	Änderungen der effektiven Kapitalsteuersätze nach Mendoza u.a. in 14 EU-Ländern	Gepoolte Zeitreihen 1980-2000		+/–		–***		+*/+** /+***
	Änderungen der durchschn. Steuersätze auf hypothetische Investition nach Devereux/Griffith (2003) in 14 EU-Ländern	Gepoolte Zeitreihen 1980-2000		–***		–/ –***		–*

Positiver Einfluss auf Kapitalsteuern: +; Negativer Einfluss auf Kapitalsteuern: –.
Signifikanzniveaus: (ohne) > 10 %, * < 10 %, ** < 5 %, *** < 1 %.

Tabelle 4.3 (zweiter Teil)

Studien	Abhängige Variablen	Zeiträume	Unabhängige Variablen	
			Unternehmenssteuern im Nachbarland	Änderung des Kapitalbestandes US-amerik. Anleger 1984-1992
Altshuler/ Goodspeed (2003)	Unternehmensteueraufkommen in % des BIP in 17 europ. Ländern	Gepoolte Zeitreihen 1971-1996	+**	
Altshuler/ Grubert (2004)	Änderungen der effektiven Kapitalsteuersätze ähnlich Mendoza u.a. in 58 Ländern	Gepoolte Zeitreihen 1992-1998		+***

Positiver Einfluss auf Kapitalsteuern: +; Negativer Einfluss auf Kapitalsteuern: –.
Signifikanzniveaus: (ohne) > 10 %, * < 10 %, ** < 5 %, *** < 1 %.

tiven Kapitalsteuersätze wieder, die im internationalen Wettbewerb unter Druck geraten können. Zum anderen kann sich aber bei heterogener Steuerbasis die internationale Mobilität auf einem zweiten Weg negativ auf dieses Maß der Kapitalbesteuerung auswirken. Wird auf eine bestimmte Unternehmensaktivität eine hohe Steuer erhoben, dann kann dies dazu führen, dass gerade diese Aktivität aus dem Land abwandert, sodass im Ergebnis die hochbesteuerte Aktivität an relativer Bedeutung verliert und dadurch der effektive Steuersatz nach Mendoza et. al. niedriger ausgewiesen wird. Umgekehrt kann die niedrige Besteuerung einer anderen Aktivität dazu führen, dass diese verstärkt ins Inland verlegt wird, sodass im Ergebnis wegen des größeren Gewichts der geringbesteuerten Aktivität der effektive Steuersatz niedriger ausfällt[440]. Beide Effekte fallen umso stärker ins Gewicht, je höher die internationale Kapitalmobilität ist. Gerade bei internationaler Mobilität hat der effektive Kapitalsteuersatz nach Mendoza et. al. deshalb die Tendenz niedriger auszufallen. Deshalb könnte bei zunehmender Kapitalmobilität der effektive Kapitalsteuersatz auch dann sinken, wenn es für keine Kapital-Einheit eine Steuersenkung gibt. Aus diesem Grund könnte der in den Untersuchungen von Rodrik, Brettschger/Hettich und Garrett/Mitchell er-

[440] Vgl. Krogstrup (2004), S. 9 f. Die Wirkung einer inländischen Steuersatzsenkung auf das Steueraufkommen im Inland ist deshalb ungewiss: Der Verminderung der Steuereinnahmen durch die Senkung des Steuersatzes steht die Vergrößerung der Steuerbasis durch Zuwanderung gegenüber.

mittelte positive Zusammenhang von Kapitalmobilität und Kapitalsteuersätzen sogar noch untertrieben sein.

Auch bei der Auswahl der unabhängigen Variablen ergeben sich Probleme. So messen viele Studien den zunehmenden internationalen Wettbewerb mithilfe von Indizes, in welche unterschiedliche Aspekte der Internationalisierung eingehen. Dreher verwendet (neben einem Index, der auch kulturelle und politische Aspekte berücksichtigt) einen Globalisierungsindex, der verschiedene Aspekte der Handels- und Kapitalverkehrsliberalisierung erfasst. In seiner Studie lassen sich die Wirkungen des Freihandels und des freien Kapitalverkehrs nicht von einander trennen. Quinn entwickelt Indizes zur Messung vorhandener gesetzlicher Beschränkungen des internationalen Zahlungs- und Kapitalverkehrs. Einige Studien verwenden Quinns Index, der alle gesetzlichen Beschränkungen des internationalen Zahlungsverkehrs erfasst[441]. Doch dieser umfassende Index enthält auch den Grad der Liberalisierung des Zahlungsverkehrs, insoweit dieser nicht für Investitionen (sondern zum Beispiel beim Außenhandel oder bei Einkommensübertragungen) stattfindet. Somit erlaubt auch dieser Index keine Unterscheidung der Wirkungen von Außenhandel und Kapitalverkehr und ist als Maß der Kapitalmobilität nur bedingt geeignet.

Besser geeignet ist Quinns Kapitalverkehrsindex, der speziell für die Messung der gesetzlichen Beschränkungen internationaler Kapitalbewegungen entwickelt wurde und den Quinn selbst als Maß für Kapitalmobilität benutzt. Ähnlich verwendet Rodrik eine Dummyvariable für Kapitalverkehrsbeschränkungen. Allerdings sind rechtliche Kapitalverkehrsbeschränkungen nur ein Faktor unter vielen, die die Kapitalmobilität beeinflussen. So sind auch räumliche Entfernungen, Transaktionskosten u.a. für die tatsächliche Kapitalmobilität wichtig. Notwendig wäre es deshalb, nicht nur die rechtlichen Beschränkungen, sondern zugleich die übrigen Faktoren, die für den Umfang des Kapitalverkehrs wichtig sind, einzubeziehen. Dies gelingt am ehesten, wenn die tatsächlich stattfindenden Kapitalströme als Maß der Kapitalmobilität verwendet werden[442].

Ein anderes häufig verwendetes Maß internationaler Kapitalmobilität ist die Höhe von Zinsdifferenzen[443]. Bei einem freien Kapitalverkehr müssten sich die

---

[441] Diesen Index verwenden jeweils in einem Teil ihrer Regressionen Swank (1998), Garrett/Mitchell (2001) und Krogstrup (2004).

[442] Dieses Maß benutzen in einem Teil ihrer Studien Swank (1998) und Garrett/Mitchell (2001).

[443] Dieses Maß benutzen in einem Teil ihrer Studien Garrett/Mitchell (2001) und Krogstrup (2004).

Zinsen als Preis für Kapital international angleichen. Hohe Zinsdifferenzen zwischen den Ländern deuten auf stark separierte Kapitalmärkte hin, angeglichene Zinsniveaus dagegen auf Kapitalmärkte, die durch hohe Mobilität stark integriert sind. Deshalb kann die Differenz der Zinsen zwischen zwei Ländern als Maß für die Integration ihrer beiden Kapitalmärkte verwendet werden. In den Studien, die diesen Indikator verwenden, wird die Differenz der Zinsen eines Landes zu den Zinsen an Offshore-Märkten bzw. zu den Zinsen eines bestimmten anderen Landes[444] (bei Krogstrup Deutschland) als Maß der Integration eines Landes in internationale Kapitalmärkte verwendet. Dieser Indikator misst in erster Linie die Integration in die internationalen Märkte für kurzfristiges Leihkapital und ist deshalb höchstens indirekt ein Maß für die Beteiligung eines Landes am Wettbewerb um längerfristig angelegtes Kapital oder um Direktinvestitionen. Eine Überprüfung des Zusammenhangs zwischen diesem Maß für Kapitalmobilität und der Höhe von Unternehmenssteuern ist deshalb nicht sehr aussagekräftig.

Die Kritiken an den verschiedenen Studien und deren Spezifikationen würden sich relativieren, wenn alle Studien zu ähnlichen Ergebnissen kämen, sodass sich zu dem Zusammenhang von Internationalisierung und Kapitalsteuern ein über verschiedene Spezifikationen hinweg robustes Bild ergäbe. Dann wären zwar viele der Studien für sich einer Kritik ausgesetzt, da sie sich gegenseitig stützten, wären sie zusammengenommen jedoch ein starkes empirisches Argument. Allerdings ist gerade das Gegenteil der Fall. Die Ergebnisse zur Kapitalbesteuerung sind stark widersprüchlich. Eine klare Schlussfolgerung erscheint nicht möglich zu sein. Zwei alternative Erklärungen wären dazu möglich. Zum einen könnte es sein, dass wegen der Spezifikationsprobleme der bisher durchgeführten Studien die weitere Forschung abzuwarten bleibt, um ein endgültiges Urteil über den Zusammenhang von Kapitalmobilität und Kapitalbesteuerung zu fällen. Beispielsweise wäre denkbar, dass die Wirkung des Steuerwettbewerbs durch andere Faktoren überlagert wird, deren Einbeziehung erst den Effekt des Wettbewerbs sichtbar machen würde. Zum anderen könnte es sein, dass es keinen allgemeingültigen Zusammenhang gibt, sodass in der Realität die Ergebnisse insignifikant sein müssen. Dies würde bedeuten, dass kein oder nur ein geringer Steuerwettbewerb stattfindet.

Eine Ursache für schwachen oder fehlenden Kapitalsteuerwettbewerb trotz hoher Kapitalmobilität könnten Agglomerationseffekte sein. So kann es sein, dass

---

[444] Sinnvoll wäre die Auswahl des Landes, dessen Kapitalmarkt nach außen die größte Offenheit aufweist.

Länder mit hohem Einkommen, gut ausgebauter Infrastruktur und vielen Unternehmen anziehend für weitere Investitionen sind. Die durch Agglomerationseffekte entstehenden zusätzlichen Unternehmensgewinne können grundsätzlich besteuert werden, sodass dem globalisierungsbedingten Druck auf die Kapitalsteuern entgegengewirkt wird. Zu den Agglomerationseffekten zählt auch das Vorhandensein großer Märkte. Es konnte belegt werden, dass unter den Motiven zur Auswahl eines Landes als Investitionsstandort der Zugang zu Absatzmärkten – meistens gemessen anhand des Bruttoinlandsprodukts – eine dominante Rolle spielt[445]. Gibt es jedoch eine positive Korrelation zwischen der Teilnahme am internationalen Wettbewerb und der Agglomerationenbildung bzw. der Marktgröße und wird diese in einer Regressionsanalyse nicht angemessen berücksichtigt, dann kann dies dazu führen, dass dem internationalen Wettbewerb ein Effekt zugeschrieben wird, der von der Agglomerationenbildung ausgeht. Um die Effekte von Agglomerationen und Absatzmärkten erfassen zu können, ist es erforderlich, Indikatoren für Agglomerationen (z.B. für die Größe der Absatzmärkte) als unabhängige Variablen einzubeziehen, also beispielsweise die Höhe des Bruttoinlandsprodukts als Kontrollvariable zu verwenden. In einigen Studien geschieht dies gar nicht[446], in anderen werden kurzfristige Wachstumsraten verwendet, die zwar kein perfektes Maß sind, aber wenigstens auf die Entwicklung bzw. Entstehung von Agglomerationen hindeuten[447]. Bei Garrett/Mitchell und Dreher sind diese kaum geeignet, einen Agglomerationseffekt abzubilden, da hier der Zusammenhang zwischen der jährlichen *Änderung* des Bruttoinlandsprodukts und dem *Niveau* der Kapitalsteuern getestet wird. Allein Quinn erfasst eine Variable für längerfristiges Wachstum. Wenn sich die empirischen Resultate durch die Einbeziehung von Agglomerationseffekten erklären ließen, würde dies zeigen, dass der Steuerwettbewerb für die Entwicklung der Kapitalbesteuerung keine dominante Rolle spielt, weil er durch Agglomerationseffekte abgeschwächt wird.

Anders ist das Bild bei der Untersuchung der Effekte des internationalen Handels auf die Steuerpolitik. In Tabelle 4.3 ist deutlich, dass mehrere Studien, die diesen Aspekt untersuchen, zu dem Ergebnis kommen, dass die Kapitalsteuern vom Offenheitsgrad beim Handel negativ beeinflusst werden. Je stärker ein

[445] Vgl. Kapitel 4.2.1 a.
[446] Dies gilt für Rodrik (1997), Swank (1998) und Altshuler/Grubert (2004).
[447] Dies gilt für Garrett/Mitchell (2001), Dreher (2004) und Krogstrup (2004).

Land durch Außenhandelsverflechtungen am internationalen Wettbewerb um Absatzmärkte teilnimmt, desto niedriger sind die Steuern auf Kapitaleinkünfte.

Eine Ausnahme macht hier allein die Studie von Krogstrup, die teilweise eine positive Korrelation von Offenheit im Handel und effektiven Kapitalsteuern ermittelt. Diese Studie leidet allerdings unter einem Spezifikationsproblem, das auch die Studie von Bretschger/Hettich hat. Während alle anderen Studien die Offenheit einer Volkswirtschaft beim Handel messen, indem die Summe aus Exporten und Importen in Relation zum Bruttoinlandsprodukt berechnet und als Variable verwendet wird (Offenheitsgrad), wird in diesen beiden Studien die Handelsoffenheit um die Landesgröße bereinigt. Kleine Länder haben normalerweise einen höheren Offenheitsgrad als große Länder. Dies ist damit zu erklären, dass kleine Länder mit ihren kleinen Binnenmärkten Massenproduktionsvorteile nur dann nutzen können, wenn sie viel exportieren und im Gegenzug viele Güter aus dem Ausland importieren. Bretschger/Hettich und Krogstrup rechnen bei der Aufstellung der unabhängigen Variablen für die Handelsoffenheit diesen Landesgrößeneffekt heraus[448]. Sie führen zunächst eine Regression mit dem Offenheitsgrad (Exporte + Importe in % des BIP) als abhängiger und der Höhe des Bruttoinlandsprodukts in Relation zum durchschnittlichen Bruttoinlandsprodukt aller einbezogenen Länder (als Maß der Landesgröße) als unabhängiger Variable durch. Die Residuen dieser Regression werden dann als Indikator der Handelsoffenheit verwendet. Das bedeutet, das Maß der Offenheit ist hier die Differenz zwischen dem tatsächlichen Offenheitsgrad des Landes und dem Offenheitsgrad, der für ein Land dieser Größe im Durchschnitt typisch ist.

Eine solche Bereinigung des Offenheitsgrades um die Landesgröße ist jedoch für die Messung des internationalen Wettbewerbs um Absatzmärkte nicht sachgerecht. Es ist zutreffend, dass kleine Länder tendenziell offener sind als große Länder. Aber gerade deshalb stehen sie auch mehr im internationalen Wettbewerb. Von den Folgen des internationalen Wettbewerbs werden deshalb kleinere Länder vermutlich stärker betroffen als größere Länder. Wenn wir erkennen, *warum* ein Land mehr im internationalen Wettbewerb steht (z.B. weil es kleiner ist), dann ändert dies nichts an der Tatsache, *dass* es so ist. Den Landesgrößeneffekt herauszurechnen heißt, das Ausmaß, in dem ein Land im internationalen Wettbewerb steht, verzerrt darzustellen.

Dies ist auch der Fall, wenn (wie bei Krogstrup) die *Änderung* des um Landesgrößen bereinigten Offenheitsgrades als Indikator verwendet wird. Dies wird an folgendem Beispiel deutlich: Wenn in einem kleinen Land das allgemeine Wirt-

---

448 Vgl. Bretschger/Hettich (2000), S. 10; Krogstrup (2004), S. 14.

schaftswachstum im Vergleich zu anderen Ländern überdurchschnittlich ist, dann wächst dieses Land aus der Gruppe der kleinen Länder heraus und in die Gruppe der größeren Länder hinein. Wächst der Außenhandel dieses Landes in demselben Ausmaß wie die Gesamtwirtschaft, dann bleibt der Offenheitsgrad konstant. Das von Bretschger/Hettich und Krogstrup verwendete Maß muss jedoch sinken, weil gemessen an der gewachsenen Landesgröße der konstant gebliebene Offenheitsgrad jetzt überdurchschnittlich geworden ist. Krogstrup muss also die Änderung der Handelsoffenheit bei Ländern und Jahren mit hohem Wirtschaftswachstum tendenziell überschätzen und bei Ländern und Jahren mit niedrigem Wachstum tendenziell unterschätzen.

Die von diesem Einwand nicht betroffenen Studien von Rodrik, Swank und Garrett/Mitchell kommen dagegen übereinstimmend zu dem Ergebnis, dass ein höherer Offenheitsgrad beim Handel Druck auf die Kapitalsteuern ausübt (vgl. Tabelle 4.3). In der Tabelle nicht wiedergegeben sind empirische Ergebnisse zur Wirkung des Außenhandels auf andere Abgaben. Swank kommt in seiner Studie zu dem Ergebnis, dass die Beteiligung am internationalen Handel auch die Höhe der vom Arbeitgeber zu tragenden Sozialbeiträge unter Druck setzt[449]. Diese Ergebnisse bestätigen die theoretische Vermutung, dass im Wettbewerb um Absatzmärkte direkte Steuern und Beiträge der Unternehmen unter Druck geraten, weil sie als Kosten die Wettbewerbsfähigkeit auf internationalen Absatzmärkten verschlechtern.

Zu fragen ist weiter, ob diese Einschränkung der Möglichkeit, Unternehmen zu besteuern, zu einer Verschiebung der Finanzierungslast staatlicher Aufgaben auf andere Faktoren führt. Rodrik findet, dass Länder, die am internationalen Handel stark beteiligt sind (einen hohen Offenheitsgrad haben), Kapital signifikant geringer, Arbeit hingegen signifikant stärker besteuern[450]. Demnach würde der Faktor Arbeit verstärkt belastet, weil die auf ihn erhobenen Einkommensteuern die inländischen Produkte im Vergleich zu ausländischen Konkurrenzprodukten nicht verteuern. Eine Ausnahme läge allein dann vor, wenn es den Gewerkschaften gelingt, bei einer höheren Belastung mit Lohnsteuern höhere Bruttolöhne durchzusetzen.

Neben der steuerlichen Belastung von Lohneinkommen kommt die Erhöhung indirekter (nach dem Bestimmungslandprinzip erhobener) Steuern als Ersatz für Kapitalsteuern in Frage. Im Kapitel 4.1.2 wurde bereits gesagt, dass diese dem

---

449 Vgl. Swank (1998), S. 687.
450 Vgl. Rodrik (1997), S. 63 f.

internationalen Wettbewerb kaum ausgesetzt sind, weil sie auf exportierte Waren nicht erhoben werden, dagegen Importgüter von ihnen betroffen sind.

Abbildung 4.2: Indirekte Steuern in % aller Staatseinnahmen in 15 OECD-Ländern
Ungewichtete Durchschnitte; Quelle: World Bank (2003).

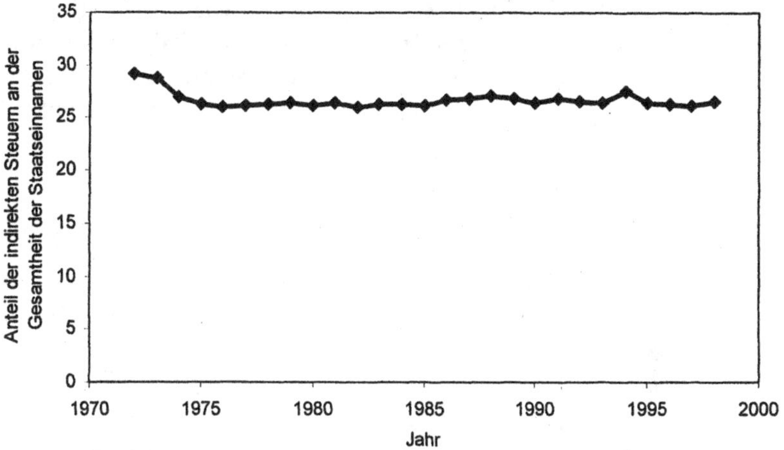

Es fehlen bislang empirische Studien zur Wirkung des internationalen Wettbewerbs auf die indirekten Steuern. Abbildung 4.2 zeigt die Entwicklung des Anteils der produktbezogenen (großteils indirekten) Steuern an den Gesamteinnahmen des Staates für 15 OECD-Länder[451]. Eine Zunahme der relativen Bedeutung dieser Steuern ist in den letzten Jahrzehnten nicht feststellbar. Bach et. al. bringen eine Reihe von Erklärungen dafür, dass die indirekten Steuern im allgemeinen Trend nicht steigen. So werden auch Konsumenten zunehmend mobil und kaufen im Ausland ein. Diese Möglichkeit wird vor allem durch die wachsende Bedeutung des Internet ausgeweitet, das nicht nur den elektronisch vermittelten Versandhandel begünstigt, sondern auch die grenzüberschreitende Lieferung elektronischer Güter (Musik, Filme, Software) direkt ermöglicht. Infolgedessen erhöht sich der Steuerwettbewerb auch bei den indirekten Steuern. Die Erhöhung der Mehrwertsteuer fördere außerdem die Abwanderung in die

[451] Es handelt sich um Australien, Österreich, Kanada, Dänemark, Finnland, Frankreich, Deutschland, Italien, die Niederlande, Neuseeland, Norwegen, Spanien, Schweden, das Vereinigte Königreich und die USA. Japan und Portugal konnten aus Mangel an Daten nicht einbezogen werden.

Schattenwirtschaft. Schließlich mangelt es bei indirekten Steuern speziell auf umweltschädigende Aktivitäten an gesellschaftlicher Akzeptanz[452].

Insgesamt kann als Fazit festgehalten werden, dass die empirischen Belege dafür sprechen, dass die direkten Steuern und Beiträge durch den internationalen Wettbewerb um Absatzmärkte (also durch den Außenhandel) stärker unter Druck geraten als durch den Wettbewerb um international mobiles Kapital. Eine mögliche Erklärung, weshalb der Wettbewerb um Kapital die Steuern nicht nachweislich unter Druck setzt, liegt in Agglomerationseffekten, insbesondere in der Entwicklung von Absatzmärkten, die zur Entstehung von (trotz hoher Kapitalmobilität) besteuerbaren Agglomerationsrenten der Unternehmen führen.

c) Die Beeinflussung der Sozialleistungen

Über die Beeinflussung der normalen (nicht standardisierten) Sozialtransfer- bzw. Sozialleistungsquoten durch verschiedene ökonomische, institutionelle und politische Faktoren gibt es eine Reihe empirischer Studien, die zum Teil von Politikwissenschaftlern und Soziologen erstellt wurden. Die Tabellen A1 und A2 im Anhang geben einen Überblick über die Ergebnisse und die Spezifikationen dieser Studien. Die Tabelle 4.4 fasst die Ergebnisse in wenigen Zahlen zusammen.

Man kann die Untersuchungen nach verschiedenen Kriterien in Gruppen unterteilen. Eine erste wichtige Unterteilung besteht darin, ob die Studien die Sozialleistungen als Niveau-Größe (z.B. die Höhe der Sozialleistungsquote) oder als Änderung (z.B. die jährliche Veränderung der Sozialleistungsquote) in das Modell einbauen. Einige Autoren führen empirische Untersuchungen für beide Möglichkeiten durch.

Die Verwendung einer Niveau-Variablen (also z.B. der Höhe der Sozialleistungsquote) erscheint im Falle von Zeitreihenanalysen problematisch[453]. Denn die Höhe der Sozialleistungen hängt in hohem Maße von ihrem eigenen

---

452 Vgl. Bach/Scheremet/Seidel/Teichmann (2001), S. 160 f.

453 Zeitreihenuntersuchungen (mit gepoolten Zeitreihen), die das Niveau der Sozialleistungsquote als abhängige Variable verwenden, wurden von Pampel/Williamson (1988) und (1989), Hicks/Swank (1992), Hicks/Misra (1993), Huber/Ragin/Stephens (1993), Lindert (1996), Swank (1996), Rodrik (1997), M. Schmidt (1997), Hicks/Kenworthy (1998), Hicks (1999), Kittel/Obinger/Wagschal (2000), Vaubel (2000), Garrett/Mitchell (2001), Huber/Stephens (2001), Castronova (2002), Kittel/Obinger (2002), Swank (2002a) und (2002b) und Dreher (2004) durchgeführt.

Tabelle 4.4: Studien zur Höhe von Sozialleistungsquoten

Aufgeführt ist die Zahl der Studien, die überwiegend zu den angegebenen Ergebnissen kommen.

	Unabhängige Variablen:	Abhängige Variablen: Niveau der Sozialleistungen			Änderung der Sozialleistungen		
		positiv signifikant	negativ signifikant	insignifikant	positiv signifikant	negativ signifikant	insignifikant
1	**Arbeitslosigkeit**	16	0	3	8	0	1
2	**Bevölkerungsanteil alter Menschen**	22	0	3	6	0	2
3	**Föderalismus (z.T. in institut. Indizes)**	15	0	3	0	5	2
4	**Außenhandel**	8	3	8	0	2	5
5	**Kapitalmobilität**	0	1	8	1	0	2
6	**Offenheit für Finanzbewegungen (nach Quinn)**	2	0	0	1	0	1
7	**Jährliches Wirtschaftswachstum**	0	7	0	1	4	1
8	**BIP: Niveau bzw. längerfristiges -Wachstum**	13	2	5	0	2	5
9	**Arbeitnehmer außerhalb der Landwirtschaft**	2	0	0			
10	**Regierungsbeteiligung säkular-konserv. bzw. rechter Parteien**	0	0	1	0	3	0
11	**Regierungsbeteiligung linker Parteien**	11	0	14	3	0	6
12	**Regierungsbeteiligung christl.-demokr. Parteien**	10	0	7	2	0	2
13	**Gewerkschaftsmacht / Korporatismus**	6	0	3	1	0	2
14	**Sozialleistungs-Niveau am Anfang oder zuvor**	9	0	0	0	9	1

Ermittlung der Zahlen nach folgenden Prinzipien: Jede in Tabelle A1 im Anhang mit einem Strich getrennte Zeile zählt als eine Studie. Sind darin mehrere Regressionen enthalten, wird das Ergebnis derjenigen gewählt, die von den Autoren selbst im Text o.ä. präferiert wird. Werden mehrere oder (von mehreren) keine präferiert, gilt das Ergebnis als signifikant, wenn alle die gleichen Vorzeichen haben und mindestens zwei Fünftel signifikant sind, sonst gilt das Ergebnis als insignifikant. Bei Esping-Andersen (1990) werden nur Ergebnisse für 1977 einbezogen, bei Kittel/Obinger/Wagschal (2000) werden die Ergebnisse der 4 Querschnittsanalysen für die Teil-Zeiträume nicht berücksichtigt. Bei Zöllner (1963) werden die Ergebnisse für die Variablen, für die keine Signifikanzen vorliegen, nicht einbezogen. Bei Huber/Stephens (2001) sind die einzigen Ergebnisse für die Gewerkschaftsmacht und die Scz.quote des Vorjahrs in einer von den Autoren nichtpräferierten Regression, werden aber dennoch hier mitgezählt. Nicht einbezogen werden die Ergebnisse der Regressionen für die Nettosozialleistungsquote nach Adema.

Vorjahres-Wert ab. Die Änderung der Höhe sozialer Leistungen ist ein träger und sich meist langfristig vollziehender Prozess. Dies liegt zum einen an der Trägheit politischer Entscheidungsprozesse, der Notwendigkeit, bei politischen Entscheidungen Rücksicht auf vielfältige Interessen zu nehmen, und dem Widerstand, der Reformen sozialer Sicherungssysteme praktisch immer – entweder von den Beziehern sozialer Leistungen oder von den zur Finanzierung herangezogenen Gruppen – entgegengesetzt wird. In politischen Systemen, in denen Entscheidungen durch Einbeziehung vieler Interessen erschwert sind, besteht eine Tendenz zur Beibehaltung des Status quo. Zum anderen beruhen in vielen Ländern die Sozialleistungen auf Ansprüchen, die die Bezieher im Laufe von Jahrzehnten erworben haben und die unter den gesetzlichen Eigentumsschutz fallen (so vor allem bei der Rentenversicherung), sodass insbesondere Einschnitte in die Sozialleistungen kurzfristig unmöglich sind. Sozialpolitische Entscheidungen sind in hohem Maße pfadabhängig: Die Politiker finden im System der sozialen Sicherung alte gewachsene Strukturen vor, an denen sie nur graduelle Änderungen vornehmen können. Ein Beispiel dafür ist das deutsche umlagefinanzierte Rentensystem, welches nur durch den vergleichsweise kleinen Schritt der Riester-Rente ein wenig in Richtung Kapitaldeckung ergänzt wurde.

So ist es nicht verwunderlich, dass die Höhe der Sozialleistungen in statistisch hoch signifikanter Weise von der Höhe der Sozialleistungen im Vorjahr oder einem anderen früheren Zeitpunkt abhängt. In allen neun Studien, die diesen Zusammenhang untersuchen, ist die aktuelle Sozialleistungsquote hochsignifikant positiv korreliert mit ihrem früheren Wert (vgl. Tabelle 4.4, Zeile 14)[454]. Bei Kittel und Obinger beträgt das Bestimmtheitsmaß einer Regression über den Einfluss der Vorjahres-Quote auf die aktuelle Sozialleistungsquote über 97 Prozent. Das heißt, hier lässt sich die Varianz der Sozialleistungsquote zu über 97 Prozent allein mit der Sozialleistungsquote des Vorjahres erklären[455]. Da die Sozialleistungen in den vergangenen Jahrzehnten einem langsamen Trend nach oben folgten, ergibt sich das Problem der Nicht-Stationarität dieser Zeitreihen. So besteht die Gefahr, dass eine enge Korrelation mit anderen Größen ermittelt wird, die allein darauf zurückzuführen ist, dass diese anderen Größen ebenfalls mit einem längerfristigen Trend behaftet sind. Die Verwendung des Niveaus der Sozialleistungsquote in Zeitreihenuntersuchungen ist daher in hohem Maße

[454] Es handelt sich um die Studien von Pampel/Williamson (1988 bzw. 1989), M. Schmidt (1997), Kittel/Obinger/Wagschal (2000), Garrett/Mitchell (2001), Huber/Stephens (2001), Kittel/Obinger (2002), Siegel (2002), Swank (2002b) und Dreher (2004).
[455] Vgl. Kittel/Obinger (2002), S. 23.

problematisch. Kittel und Obinger empfehlen daher die Verwendung der Änderungen der Sozialleistungsquoten, um Einflüsse auf die Sozialpolitik zu messen[456].

Unproblematisch in Bezug auf die Frage der Nicht-Stationarität ist dagegen die Verwendung des Niveaus der Sozialleistungsquote als abhängige Variable in Querschnittsuntersuchungen, die nicht Unterschiede im Zeitverlauf, sondern Unterschiede zwischen Ländern zu erklären versuchen. Einige der hier betrachteten Studien sind solche Querschnittsstudien, die das Niveau der Sozialleistungsquote im internationalen Vergleich untersuchen[457].

Damit ist bereits die zweite Unterteilung der hier einbezogenen Studien angesprochen: Einige sind Querschnittsuntersuchungen, die Unterschiede zwischen den Ländern zu erklären versuchen. Diese können sich sowohl auf Niveaus als auch auf Änderungen der Sozialleistungen beziehen[458]. Andere Studien verwenden dagegen Zeitreihen und prüfen, von welchen Faktoren im Zeitverlauf die Sozialleistungsquote bzw. ihre Änderung abhängt.

Querschnittsstudien, die sich auf die Niveaus der Sozialleistungsquoten beziehen, haben zwar nicht das Problem möglicher Nicht-Stationarität der Daten. Sie sind jedoch aus zwei anderen Gründen für die hier zu beantwortende Frage problematisch.

Hier geht es vor allem um die Frage, ob sich der Prozess der Internationalisierung der Wirtschaft und der damit im Zeitverlauf zunehmende Systemwettbewerb negativ auf den Umfang staatlicher Sozialpolitik auswirken. Querschnittsstudien mit den Niveaus der Sozialleistungsquoten können zeigen, inwieweit Länder, die stärker im internationalen Wettbewerb stehen, eine andere Sozialpolitik betreiben als Länder, die weniger stark im internationalen Wettbewerb stehen. Sie geben damit einen wichtigen Anhaltspunkt für die Beantwortung der Frage dieser Arbeit. Allerdings sind sie mit dem Problem behaftet, dass die Sozialleistungsquoten verschiedener Länder oft schwer vergleichbar sind (vgl. Kapitel 2.2.1). Die internationalen Unterschiede bei der Besteuerung von Transfer-

---

456 Vgl. Kittel/Obinger (2002), S. 21-25.

457 Dies geschieht bei Zöllner (1963), Wilensky (1975), Esping-Andersen (1990), M. Schmidt (1997), Busch (1998) und (1999), Wagschal (2000), Vaubel (2000), Kemmerling (2001), Siegel (2002), sowie zu Ademas Nettosozialleistungsquoten in den Analysen von Kemmerling (2001) und von Kittel/Obinger (2002).

458 Querschnittsuntersuchungen zur Änderung der Sozialleistungsquoten finden sich bei Quinn (1997), Castles (1999), Wagschal (2000), Castles (2001), Kittel/Obinger (2002) und Siegel (2002).

einkommen oder unterschiedlich große Gewichte, die Steuervergünstigungen im Vergleich zu staatlichen Transfers gegeben werden, sind zwei Beispiele dafür, dass internationale Vergleiche von Sozialleistungsquoten nur bedingt als exakte Vergleiche des Umfangs staatlich organisierter Umverteilung zwischen verschiedenen Ländern geeignet sind. Neben diesem Problem der Vergleichbarkeit sind Querschnittsuntersuchungen auch deshalb nur bedingt für die Bearbeitung der hier interessierenden Frage geeignet, weil sie sich nicht auf die hier im Mittelpunkt stehende Veränderung im Zeitverlauf beziehen. Günstig ist deshalb auch bei Querschnittsuntersuchungen die Verwendung von *Änderungen* der Sozialleistungen als abhängige Variablen.

Die Entwicklung im Zeitverlauf wird in Zeitreihenanalysen direkt untersucht. Sie beziehen für dasselbe Land Daten für verschiedene Zeitpunkte ein, so dass die Veränderungen im Zeitverlauf innerhalb derselben Gebietskörperschaft direkter Untersuchungsgegenstand sind. Deshalb sind Zeitreihenanalysen die am besten geeigneten Instrumente zur Untersuchung der Frage nach den Folgen des Prozesses der Internationalisierung der Wirtschaft für die Sozialpolitik. Um die Zahl der Beobachtungen zu erhöhen, werden dabei in den hier einbezogenen Studien stets gepoolte Zeitreihen gebildet. Das heißt, dass Zeitreihen für mehrere Länder zusammengenommen und in einer Regressionsanalyse gemeinsam untersucht werden. Der dadurch entstehenden Panel-Struktur der Daten muss durch Anwendung geeigneter ökonometrischer Maßnahmen (z.B. der Einfügung von Dummy-Variablen für die einzelnen Länder) Rechnung getragen werden.

Aus all dem ergibt sich, dass Querschnittsstudien über Änderungen der Sozialleistungen und Analysen gepoolter Zeitreihen ebenfalls über Änderungen der Sozialleistungen die Verfahren sind, die sich zur empirischen Überprüfung der hier gestellten Frage am besten eignen[459].

Tabelle 4.4 gibt an, wie viele der hier einbezogenen Studien in Bezug auf die wichtigsten unabhängigen Variablen zu welchen Ergebnissen gekommen sind. Natürlich wäre es problematisch, die Frage, wie sich welche Faktoren auf die Höhe der Sozialleistungsquoten auswirken, durch die Mehrheit der Studien entscheiden zu lassen. Dennoch ergeben sich aus der Tabelle Anhaltspunkte.

---

[459] Regressionsanalysen für gepoolte Zeitreihen mit Änderungen der Sozialleistungsquoten als abhängigen Variablen wurden von Hicks/Misra (1993), Iversen (1996), Iversen/Cusack (2000), Kittel/Obinger/Wagschal (2000), Kittel/Obinger (2002) und Siegel (2002) durchgeführt.

Konvergenz

Es wurde bereits erwähnt, dass das Niveau der Sozialleistungsquote in einem engen statistischen Zusammenhang mit seinem eigenen Vorjahrswert steht. In zehn Studien wird untersucht, wie sich das Niveau der Sozialleistungsquoten auf die *Änderung* der Sozialleistungsquoten auswirkt. Neun Studien ermitteln einen signifikanten negativen Effekt: Je größer die Sozialleistungsquoten bereits sind, desto geringer fällt ihr Wachstum aus (vgl. Tabelle 4.4, Zeile 14)[460]. Der Druck zum Abbau eines Sozialstaates ist am größten, wo dieser den größten Umfang besitzt. Je größer der Umfang von Sozialausgaben ist, desto eher stoßen diese an ihre Grenzen. Daraus ließe sich eine Tendenz zur Konvergenz der Sozialleistungsquoten ableiten. Wenn eine solche Konvergenz dennoch nicht eingetreten ist, muss dies an entgegenstehenden Einflussfaktoren liegen.

Wirtschaftlicher Entwicklungsstand

Viele Studien gehen der Frage nach, inwieweit sich die Sozialleistungsquote durch den wirtschaftlichen Entwicklungsstand eines Landes erklären lässt.

In zwei Querschnittsanalysen (einer älteren für das Jahr 1957 und einer neueren für 1989) wird ein signifikant positiver Zusammenhang des Bevölkerungsanteils von Arbeitnehmern außerhalb der Landwirtschaft und Sozialleistungsquoten festgestellt[461] (vgl. Tabelle 4.4, Zeile 9). Damit erscheint der Sozialstaat als Produkt der industriellen Arbeitsgesellschaft mit einem hohen Anteil unselbstständig Beschäftigter. Beide Studien erfassen eine große Zahl von Ländern, einschließlich sozialistischer Staaten. Im Kapitel 2.4.1 wurde bereits gesagt, dass dieser Zusammenhang vor allem Unterschiede zwischen Ländern auf stark divergierenden Entwicklungsniveaus erklären kann, bei den Unterschieden zwischen den reichen westlichen Industrieländern aber insignifikant wird.

Unübersichtlich werden die Ergebnisse, wenn man den wirtschaftlichen Entwicklungsstand mit der Höhe oder dem langfristigen Wachstum einer Größe der volkswirtschaftlichen Gesamtrechnung (wie dem realen Bruttoinlandsprodukt pro Kopf der Bevölkerung) misst (vgl. Tabelle 4.4, Zeile 8). In vier Studien werden Querschnittsanalysen für den Zusammenhang zwischen dem Niveau des Bruttoinlandsprodukts pro Kopf und dem Niveau der Sozialleistungsquote durchgeführt, die teilweise einen positiven Zusammenhang ermitteln, obgleich

---

460 Allein bei Quinn (1997), der einen sehr langfristigen Zusammenhang untersucht, ist das Ergebnis insignifikant.

461 Vgl. Zöllner (1963); M. Schmidt (1997).

in zwei Studien das Ergebnis nicht signifikant ist[462]. Demnach hätten reichere Länder tendenziell höhere Sozialleistungsquoten.

Signifikant positive Zusammenhänge werden auch in den meisten Analysen mit gepoolten Zeitreihen mit dem Niveau der Sozialleistungsquote als abhängiger Variablen ermittelt. So kommt in Tabelle 4.4 in der Zeile 8 die Zahl von 13 Studien zu Stande, die einen signifikanten positiven Zusammenhang von Bruttoinlandsprodukt pro Kopf und Sozialleistungsquote ermitteln. Es ist allerdings wahrscheinlich, dass diese Ergebnisse auch dadurch entstehen, dass beide Größen trendmäßig nach oben gehen, sodass hier die fehlende Stationarität beider Zeitreihen zu falschen Schlüssen führen kann.

Untersuchungen mit der Änderung der Sozialleistungsquote als abhängiger Variablen stellen dagegen teilweise eine negative Korrelation der Änderung der Sozialleistungsquote und des langfristige Wirtschaftswachstums fest. Das langfristige Wirtschaftswachstum wird dabei meistens mit den durchschnittlichen Wachstumsraten längerer Zeiträume gemessen. Demnach würde ein hoher Wachstumstrend mit einer schwächeren Zunahme der Sozialleistungen einhergehen. Diese Ergebnisse sind jedoch zum größten Teil insignifikant.

Somit lassen sich kaum robuste Schlussfolgerungen zum Zusammenhang zwischen langfristigem Wirtschaftswachstum und Entwicklung der Sozialleistungsquoten ziehen.

Konjunktur

Gut bestätigt ist hingegen der negative Zusammenhang von kurzfristiger konjunktureller Lage und Sozialleistungsquote (vgl. Tabelle 4.4, Zeile 7). Die meisten ökonometrischen Untersuchungen bestätigen den Zusammenhang, wie er im Kapitel 2.2.2 besprochen wurde.

Sozialpolitischer Bedarf (Arbeitslosigkeit, alte Menschen)

Die Entwicklung der Sozialleistungsquoten ist in der großen Mehrheit der Studien signifikant positiv abhängig vom sozialpolitischen Bedarf, also der Größe der auf Sozialleistungen angewiesenen Bevölkerungsgruppen, gemessen anhand der Arbeitslosenquote und dem Bevölkerungsanteil alter Menschen bzw. anhand

---

[462] Signifikant ist das Ergebnis bei Wilensky (1975) und bei Busch (1998)/(1999). Insignifikant ist das Ergebnis bei Esping-Andersen (1990) und bei Kemmerling (2001).

der Änderungen dieser beiden Quoten (vgl. Tabelle 4.4, Zeilen 1 und 2). Je größer der Bevölkerungsanteil alter Menschen und je höher die Arbeitslosenquote ist, desto größer ist die Sozialleistungsquote. Dieser Zusammenhang könnte auch darauf zurückzuführen sein, dass sowohl die Altenquote als auch die Sozialleistungsquote und in vielen Ländern auch die Arbeitslosigkeit einem wachsenden Trend folgten. Allerdings bestätigt sich der positive Zusammenhang auch bei Untersuchung der Änderungen: Je stärker der Bevölkerungsanteil alter Menschen zunimmt und je stärker die Arbeitslosenquote steigt, desto mehr vergrößert sich die Sozialleistungsquote. Fast alle Studien, die dies untersuchen, bestätigen dieses Ergebnis[463]. Wenige Regressionsanalysen kommen zu insignifikanten Ergebnissen. Dies ist zum Teil dadurch erklärbar, dass diese Studien Zusammenhänge zwischen dem *Niveau* der Arbeitslosen- bzw. Altenquote und der *Änderung* Sozialleistungen untersuchen, wodurch die Modellspezifikation unsystematisch wird (so bei Iversen (1996) und bei Siegel (2002)).

Im Ganzen bleibt festzuhalten, dass die Sozialleistungsquoten also nach überwältigender Evidenz vieler Studien positiv von der Arbeitslosenquote und dem Bevölkerungsanteil alter Menschen abhängen.

Politische Parteien und Gewerkschaften

Viele Studien zur Beeinflussung der Sozialpolitik werden von Politikwissenschaftlern durchgeführt, die die Bedeutung politischer Parteien für die Sozialpolitik untersuchen. Nach der Vermutung vieler Politikwissenschaftler sind es vor allem linke (sozialdemokratische, sozialistische und kommunistische) und christlich-demokratische Parteien, die eine Expansion des Sozialstaats betreiben. Demgegenüber seien es überwiegend liberale Parteien und konservative Parteien ohne religiöse Ausrichtung, die den Sozialstaat reduzieren. Folglich wird in vielen Studien untersucht, inwieweit die Stärke linker und christlich-demokratischer Parteien sich auf die Sozialleistungsquote auswirkt. Einige Studien untersuchen auch die Wirkung der Stärke säkular-konservativer Parteien. Die Stärke der Parteien wird dabei oft mit dem Anteil der Parteien an den Mitgliedern der Regierung oder auch des Parlaments gemessen.

---

[463] Zwei Studien kommen trotz etwas anderer Spezifikation auch zu diesen Ergebnissen: Wagschal (2000) untersucht den Zusammenhang der Seniorenquote des Jahres 1995 mit der Änderung der Sozialleistungsquote im Zeitraum 1980 bis 1995. Bei Kittel/Obinger (2002) wird der Zusammenhang zwischen der Seniorenquote des Vorjahrs und der jährlichen Änderung der Sozialleistungsquote im Folgejahr untersucht.

Eine Variable „Stärke linker Parteien" ist problematisch, weil zunächst eine sinnvolle Definition „linker" Parteien zu liefern ist. Naheliegend wäre es, eine Partei als „links" einzustufen, wenn sie die Sozialleistungen ausweitet. Dann würde aber der empirische Test notwendigerweise zu einem positiven signifikanten Zusammenhang kommen, indem er lediglich bestätigt, was als Definition hineingesteckt wurde. Es muss also eine Definition für „linke" Parteien gefunden werden, die nicht auf die sozialpolitische Ausrichtung Bezug nimmt. In der Praxis werden Parteien als „links" eingestuft, wenn sie aus einer bestimmten politischen Tradition sozialdemokratischer und sozialistischer Politikkonzeptionen stammen. Somit würden die britische Labour Party oder die deutsche Sozialdemokratie auch dann noch als links gelten, wenn sie Einschnitte im Sozialbereich unterstützen.

Die leichte Mehrzahl der Untersuchungen bestätigt die Ausgangsvermutung: Die Regierungsbeteiligung linker und christlich-demokratischer Parteien wirkt sich auf die Sozialleistungsquoten erhöhend aus, starke rechte bzw. säkular-konservative Parteien bewirken eher niedrigere Sozialleistungsquoten (vgl. Tabelle 4.4, Zeilen 10 bis 12). Allerdings ist dieses Ergebnis nicht bei allen Modellspezifikationen robust. Eine große Zahl von Studien kann in Bezug auf diese politischen Variablen nur insignifikante Ergebnisse ermitteln.

Im Kapital 2.4.3 wurde dargestellt, dass nach vielen politikwissenschaftlichen Ansätzen vor allem der Einfluss der Gewerkschaften und ihre Integration im Rahmen korporatistischer Strukturen eine Expansion sozialer Leistungen begünstigen. Dies wird anhand der hier einbezogenen Studien weitgehend bestätigt (vgl. Tabelle 4.4, Zeile 13). Abweichungen ergeben sich besonders bei Studien, die sich auf die Änderungen der Sozialleistungsquoten beziehen. Korporatistische Länder haben meist höhere Sozialleistungsquoten als eher marktorientierte Länder, neigten aber in den letzten Jahrzehnten nicht signifikant stärker zu einer noch weitergehenden Erhöhung der Sozialleistungen.

Systemwettbewerb innerhalb der Staaten: Föderalismus

Die Auswirkungen des Systemwettbewerbs können auf innerstaatlicher und internationaler Ebene untersucht werden. Die Vermutung, dass in föderal organisierten Staaten ein Systemwettbewerb zwischen den dezentralen Gebietskörperschaften die Sozialpolitik erschwert (insoweit sie dezentral durchgeführt wird), lässt sich analog zur entsprechenden These bezüglich des internationalen Wettbewerbs begründen. Haben Gebietskörperschaften eines Bundesstaats die Zuständigkeit für Steuer- und Sozialpolitik, dann können Steuern, Abgaben und Sozialleistungen zwischen den Gebietskörperschaften variieren. Transfereinkommensbezieher könnten durch Umzug innerhalb des Bundesstaates ihre Einkommenssituation verbessern. Ebenso könnten Steuerzahler sich dort ansiedeln, wo die Steuern niedrig sind. So könnte innerhalb föderaler Gemeinwesen mit Sozialkürzungen ein Abschreckungswettbewerb gegen Sozialleistungsempfänger und mit Steuersenkungen ein Wettbewerb um die Anwerbung wohlhabender Bürger entbrennen.

Zusätzlich wird gelegentlich argumentiert, in föderalistisch organisierten Staaten sei die politische Macht auf viele Kräfte mit unterschiedlichen Interessen verteilt, die Gebietskörperschaften seien oft durch zweite Parlamentskammern an der Gesetzgebung beteiligt, sodass die Einführung von Sozialgesetzen erschwert sei. Auch aus diesem Grund sei zu erwarten, dass föderal organisierte Staaten niedrigere Sozialleistungsquoten haben.

Diese Vermutung wird in einigen Studien bestätigt[464]. So belegen 15 Studien einen signifikant negativen Zusammenhang von Föderalismus und Höhe der Sozialleistungen und fünf Studien einen signifikant negativen Zusammenhang von Föderalismus und Änderung der Sozialleistungen (vgl. Tabelle 4.4, Zeile 3). Der gegenteilige Zusammenhang wurde in keiner Studie mit signifikanten Ergebnissen ermittelt. Wenige Untersuchungen kamen zu dem Ergebnis, der Zusammenhang sei lediglich insignifikant.

Kirchgässner, Pommerehne und Feld versuchen dagegen, für die Schweiz zu belegen, dass der Wettbewerb zwischen den Kantonen nicht zum Abbau des Sozialstaates führt. Kirchgässner und Pommerehne zeigen mit einer Inzidenz-Analyse, dass in der Schweiz die Bezieher niedriger Einkommen im hohen Maße von der staatlichen Politik profitieren. Eine Untersuchung der Einkommensverteilung ergibt, dass 1977 in der Schweiz durch die staatliche Steuer- und Sozialpolitik der Gini-Koeffizient der Sekundärverteilung um 0,108 Einheiten niedriger lag als der Gini-Koeffizient der Primärverteilung[465]. Die Einkommensverteilung war demnach nach staatlicher Umverteilung deutlich gleichmäßiger

[464] Der Föderalismus wird dabei getestet anhand verschiedener Indizes zur Messung des Zentralismus bzw. der Zahl der „Vetospieler“ im politischen System oder anhand eines Föderalismus-Dummys.

[465] Vgl. Kirchgässner/Pommerehne (1996), S. 361-366; auch Feld/Kirchgässner (1995), S. 567.

als zuvor. Feld ergänzt dies durch einen neueren Wert[466]. Demnach lag die Differenz der Gini-Koeffizienten zwischen Primär- und Sekundärverteilung 1992 in der Schweiz sogar bei 0,114, sodass also die umverteilende Wirkung staatlicher Aktivität im Vergleich zu 1977 zugenommen hat.

Die Differenz zwischen den Gini-Koeffizienten der Primärverteilung und der Sekundärverteilung stellt ein umfassendes Maß für die Verteilungseffekte staatlicher Politik dar. Leider sind die erforderlichen Gini-Koeffizienten nur für sehr wenige Länder und auch für diese weder in vergleichbarer Form noch in längeren Zeitreihen verfügbar. Feld, Kirchgässner und Pommerehne können zwar für die Schweiz belegen, dass der Sozialstaat nicht zusammengebrochen ist. Jedoch bleibt unklar, was die Ursache dafür ist und ob nicht vom Wettbewerb der Kantone Druck auf die Sozialleistungen ausgeht, der möglicherweise bislang durch andere entgegenstehende Faktoren kompensiert wurde. Wenn Feld die Gini-Differenzen von 1977 und 1992 vergleicht, dann ist zu bedenken, dass die Schweiz sich 1977 in einem Wirtschaftsaufschwung mit 2,4 Prozent Wachstum befand, während 1992 in der Schweiz eine Rezession mit einem Rückgang des Bruttoinlandprodukts um 0,1 Prozent herrschte[467]. Es ist plausibel, dass in einer Phase wirtschaftlicher Schwäche mit eventuell steigenden Arbeitslosenzahlen die umverteilende Aktivität des Staates zunimmt – zusätzlich zu einem möglicherweise die Sozialpolitik beschränkenden Wettbewerb der politischen Gebietskörperschaften. Erforderlich wäre es, solche Effekte zu berücksichtigen und unter Einbeziehung geeigneter Kontrollvariablen die Frage zu beantworten, ob der Systemwettbewerb der Kantone zur Reduzierung staatlich organisierter Umverteilung in der Schweiz beiträgt. Die Studien, die unter Einbeziehung mehrerer Länder und mehrerer Kontrollvariablen die Auswirkung föderaler Strukturen untersucht haben, kommen jedoch überwiegend zu dem Ergebnis, dass der Föderalismus eher beschränkend auf die sozialpolitische Aktivität des Staates wirkt (vgl. oben).

Systemwettbewerb zwischen den Staaten: Außenhandel und internationale Kapitalbewegungen

Das Thema dieser Arbeit ist die Frage, wie sich der internationale Systemwettbewerb auf die sozialstaatliche Umverteilung auswirkt. Deshalb sind die

466 Vgl. Feld (2000c), S. 150 ff.
467 Quelle: World Bank (2003).

Ergebnisse bisheriger Studien zur Wirkung der internationalen Wirtschaftsbeziehungen auf die Sozialleistungen hier besonders wichtig.

Der internationale Systemwettbewerb kommt im Wesentlichen durch internationale Kapitalbewegungen und internationalen Handel zu Stande. In einigen Studien wird untersucht, wie sich die internationale Kapitalmobilität auf die Höhe der Sozialleistungsquoten auswirkt (vgl. Tabelle 4.4, Zeile 5). Dabei werden unterschiedliche Indikatoren zur Messung der Kapitalmobilität verwendet. Einige Autoren verwenden Dummyvariablen bzw. Indizes, die das Ausmaß staatlicher Kapitalverkehrsbeschränkungen messen[468]. Andere messen die Kapitalmobilität mit den tatsächlich stattfindenden Kapitalbewegungen, gemessen zum Beispiel durch die Summe der Direktinvestitionszu- und -abflüsse eines Landes[469]. Letzteres Maß erscheint sinnvoller, da Kapitalverkehrsbeschränkungen nur einer von vielen Faktoren sind, die die Kapitalmobilität bestimmen. Die Ergebnisse fast aller dieser Studien sind insignifikant. Die Ausnahmen (Quinn (1997) und Vaubel (2000)) verwenden beide Kapitalverkehrs-Indizes und errechnen dabei gegensätzliche Resultate. Im Ganzen lässt sich jedenfalls aus den bestehenden Studien keine Einschränkung der Sozialleistungsquote durch die Kapitalmobilität erkennen.

Für den Systemwettbewerb auf internationaler Ebene ist auch der Außenhandel (und damit der internationale Wettbewerb um Absatzmärkte) relevant. Viele Studien untersuchen die Beeinflussung sozialer Leistungen durch den Grad der Beteiligung eines Landes am internationalen Handel (vgl. Tabelle 4.4, Zeile 4). Dabei wird üblicherweise der Offenheitsgrad im Handel (die Summe aus Exporten und Importen in Prozent des Bruttoinlandsproduktes) als Indikator verwendet.

Die Ergebnisse der Studien zu diesem Punkt sind in hohem Maße widersprüchlich. In den Studien, die das Niveau der Sozialleistungsquote untersuchen, sind signifikant positive, signifikant negative und auch insignifikante Ergebnisse zu finden. Die Studien, die die Änderungen der Sozialleistungsquote zu erklären versuchen, geben ein deutlich anderes Bild: Hier ermittelt keine Studie eine signifikante positive Beeinflussung der Entwicklung der Sozialleistungen durch die Beteiligung am internationalen Handel. In zwei Untersuchungen wird ein signifikant negativer Zusammenhang ermittelt, fünf Studien geben keine signifikan-

---

[468] Solche Indizes oder Dummys bzw. deren Änderungen verwenden Iversen (1996), Quinn (1997), Rodrik (1997), Iversen/Cusack (2000) und Vaubel (2000).

[469] Solche Daten werden von Swank (1996), Garrett/Mitchell (2001), Huber/Stephens (2001) und Swank (2002a) und (2002b) benutzt.

ten Ergebnisse. Solche deutlichen Unterschiede zwischen den Modellen zu den Niveaus und den Modellen zu den Änderungen der Sozialleistungen sind sonst kaum zu finden. Die Vermutung ist naheliegend, dass diese Unterschiede auf die verschiedenen Modellspezifikationen zurückzuführen sind. Einige Argumente sprechen dafür, dass in den meisten hier zitierten Studien unangemessene Modellspezifikationen verwendet werden.

Das erste Argument bezieht sich auf die Einbeziehung zeitlicher Dynamik in den Analysen. Die meisten Studien verwenden die *Niveaus* der Sozialleistungen als abhängige Variable. Es besteht der Verdacht, dass hier signifikante positive Ergebnisse zu Stande kommen, weil Regressionsanalysen mit zwei nicht-stationären Zeitreihen durchgeführt werden: Sowohl die Sozialleistungsquote als auch der Offenheitsgrad folgten in der Vergangenheit einem langfristigen steigenden Trend nach oben. Ein signifikanter positiver Zusammenhang beider Größen kann sich bereits allein aus diesem Grund ergeben. Eine Möglichkeit, mit diesem Problem umzugehen, ist die Einfügung des Vorjahreswertes der Sozialleistungsquote als zusätzliche erklärende Variable in dem Modell. Eine weitere Möglichkeit besteht darin, Regressionen statt mit Niveaus mit Änderungen der jeweiligen Variablen durchzuführen.

Ein zweiter Einwand bezieht sich auf die Einbeziehung bzw. Nicht-Einbeziehung von Kapitalbewegungen in den verschiedenen Regressionsanalysen. Es ist plausibel, dass die Offenheit eines Landes für internationale Kapitalbewegungen und die Offenheit für internationale Handelsströme stark miteinander korreliert sind. Wird bei einer Regressionsanalyse nur der Außenhandel einbezogen, dann ist in dem zugehörigen Ergebnis teilweise auch die Wirkung der Kapitalmobilität versteckt. Dem Offenheitsgrad im Außenhandel könnte irrtümlich ein Effekt zugeschrieben werden, der in Wirklichkeit von der Kapitalmobilität ausgeht.

Die Ergebnisse zur Wirkung der Kapitalmobilität ergeben kein einheitliches Bild über deren Bedeutung für den Sozialstaat. Die Studien zur Beeinflussung der Steuern und der Sozialleistungen durch den internationalen Kapitalverkehr haben – wie gesagt – bei Verwendung unterschiedlicher Indikatoren fast nur insignifikante Resultate. Somit könnte das Ergebnis für den Außenhandel insignifikant werden, wenn die Kapitalmobilität nicht berücksichtigt wird.

Ein weiterer Einwand gegen einige Studien – der sich sowohl auf die Untersuchung der Handelsoffenheit als auch der Kapitalmobilität bezieht – ist ihre kurzfristige Orientierung. Oft werden zur Untersuchung Jahresdaten herangezogen, sodass geprüft wird, wie sich jährliche Werte bzw. Änderungen des Offenheitsgrades auf jährliche Werte bzw. Änderungen der Sozialleistungsquoten auswirken. Da jedoch sozialpolitische Entscheidungen Zeit benötigen, dürfte eine solche kurzfristige Reaktion nicht den realen Verhältnissen angemessen sein. Die sozialpolitischen Entscheidungen dürften weniger auf kurzfristige Schwankungen des Offenheitsgrades reagieren als vielmehr auf seine mittelfristige Entwicklung über mehrere Jahre hinweg.

Die meisten Studien, die einen positiven Zusammenhang von Offenheitsgrad und Sozialleistungen ermitteln, untersuchen allein die Niveaus beider Variablen ohne Einbeziehung von verzögerten Variablen und von Indikatoren für Kapitalmobilität[470]. Die Studien, die sowohl die zeitliche Dynamik (mit verzögerten Variablen oder durch Untersuchung der Änderungen) als auch die Kapitalmobilität einbeziehen, kommen zu uneinheitlichen Ergebnissen.

Im Kapitel 4.2.3 wird in einer eigenen Studie der Zusammenhang zwischen Änderungen von Indikatoren der Internationalisierung in etwas längeren Zeiträumen und der Änderung der Sozialleistungsquote untersucht.

Beeinflussung der Sozialleistungen pro Kopf

Die Tabelle 4.4 gibt einen kurzen Überblick über die vielen Studien zur Beeinflussung der Sozialleistungsquoten. Nur wenige Studien haben dagegen die Beeinflussung der Sozialleistungen je Leistungsempfänger untersucht.

Die bereits erwähnte Studie von Peterson und Rom untersucht nicht nur die Auswirkungen sozialer Leistungen auf Wanderungsbewegungen der Menschen (vgl. Kapitel 4.2.1.b), sondern auch den umgekehrten Zusammenhang, die Beeinflussung der Sozialpolitik durch Mobilität. Genauer gesagt untersuchen Peterson und Rom die Auswirkung der Anwesenheit potenzieller Bezieher von Sozialleistungen auf deren Höhe. Sie überprüfen für die 70-er und 80- Jahre den Zusammenhang zwischen dem Anteil armer Menschen in einem US-Bundesstaat und der Änderung der Sätze der Sozialleistung AFDC in diesem Bundesstaat in den folgenden fünf Jahren[471]. Der Zusammenhang ist durchweg signifikant negativ: Bundesstaaten mit hohem Anteil armer Menschen neigten dazu, die Sätze der Sozialleistungen zu senken.

---

[470] Dies betrifft die Studien von Hicks/Swank (1992), Huber/Ragin/Stephens (1993), M. Schmidt (1997), Hicks (1999), Vaubel (2000), Kemmerling (2001) und Castronova (2002). Pampel/Williamson (1988) und (1989) kommen mit einer ähnlichen Spezifikation zu einem insignifikanten Ergebnis.

[471] Vgl. Peterson/Rom (1989), Peterson/Rom (1990), S. 58-83.

Der Wettbewerb zwischen den einzelnen Bundesstaaten in den USA, der hier ein Abschreckungswettbewerb gegen Transfereinkommensbezieher ist, ist für Peterson und Rom die Erklärung für die seit 1970 stattfindende Absenkung der AFDC-Leistungen in den US-amerikanischen Bundesstaaten. Sozialleistungen, die in den USA auf Bundesebene eingeführt wurden und deren Ausgestaltung für die gesamte USA einheitlich geregelt ist, wurden dagegen nicht abgebaut[472]. Ihre Untersuchung stützt damit die Vermutung, dass der Systemwettbewerb zur Reduzierung sozialer Leistungen pro Empfänger beiträgt.

Huber und Stephens (2001) verwenden in einer Regression eine ähnliche Größe wie die standardisierten Sozialleistungsquoten, indem sie den Quotienten aus den Renten in Prozent des Bruttoinlandsprodukts und dem Bevölkerungsanteil alter Menschen bilden. Diese „standardisierte Rente" ist in 16 Industrieländern zwischen 1960 und 1985 positiv abhängig von der Stärke linker und christlich-demokratischer Parteien und von der Arbeitslosenquote. Für den Bevölkerungsanteil alter Menschen wird hingegen ein insignifikant negatives Ergebnis ermittelt[473].

In Querschnittsanalysen zur Änderung der durchschnittlichen Arbeitslosenunterstützung in längeren Zeiträumen kommen Huber und Stephens zu dem Ergebnis, dass diese in den 80-er Jahren negativ von der Höhe der Arbeitslosigkeit abhingen: Je größer die Arbeitslosenquote, desto kleiner die Transfereinkommenssätze je Arbeitslosen. Für andere Zeiträume sind die Zusammenhänge uneindeutig[474].

Auch Iversen (2001) untersucht die Änderung der durchschnittlichen Lohnersatzleistung an einen typischen Arbeitlosen für 15 OECD-Länder zwischen 1961 und 1993. Diese hängt signifikant negativ von der Höhe und der Änderung des Offenheitsgrades im Außenhandel ab. Auf die Höhe der Arbeitslosigkeit reagiert die Arbeitslosenunterstützung hier nur insignifikant.

Fazit

Zusammengefasst lassen sich aus den bisherigen Studien folgende Schlüsse ziehen: Die Sozialleistungsquoten sind stark pfadabhängig, steigen aber umso weniger, je höher sie bereits sind. Es scheint „Sättigungsgrenzen" für den Gesamtumfang des Sozialbudgets zu geben. Die Sozialleistungsquoten hängen signifi-

---

472 Vgl. Peterson/Rom (1989), S. 725; Peterson (1995), S. 109 ff., 126-128.

473 Vgl. Huber/Stephens (2001), insbes. S. 76.

474 Vgl. Huber/Stephens (2001), S. 218.

kant positiv vom sozialpolitischen Bedarf (dem Bevölkerungsanteil alter Menschen und der Arbeitslosigkeit) ab. Die Zusammenhänge mit der langfristigen Entwicklung einer Volkswirtschaft sind uneindeutig, mit der kurzfristigen Konjunkturentwicklung besteht jedoch ein signifikant negativer Zusammenhang. Linke und christlich-demokratische Parteien neigen eher zur Erhöhung der Sozialleistungsquoten, obwohl dieses Ergebnis nicht sehr robust ist. Je föderalistischer ein Staat ist, desto niedriger sind seine Sozialleistungsquoten, ein interner Systemwettbewerb scheint den Sozialstaat unter Druck zu setzen. Für den Systemwettbewerb nach außen sind die Ergebnisse weniger klar: Für internationale Kapitalbewegungen lässt sich überhaupt kein signifikanter Effekt feststellen. Beim internationalen Handel liegen widersprüchliche Ergebnisse vor. Jedoch bestehen gegen die meisten Studien, die den internationalen Wettbewerb untersuchen, gravierende methodische Einwände. Für die Höhe der Sozialleistungen je Leistungsempfänger liegen nur sehr wenige Studien mit teilweise widersprüchlichen Ergebnissen vor.

4.2.3. Empirische Studie zur Beeinflussung der Sozialleistungsquote

In einer eigenen Studie wird nun untersucht, wie die Sozialtransfer- bzw. Sozialleistungsquoten (als Maß des gesamtwirtschaftlichen Aufwands für soziale Zwecke) und die standardisierten Sozialleistungsquoten (als Maß der Sozialleistungen je Empfänger) von verschiedenen Faktoren abhängig sind. Es werden gepoolte Zeitreihen für mehrere Industrieländer in den letzten Jahrzehnten gebildet. Um das Problem der Nicht-Stationarität zu vermeiden, werden für die meisten Variablen die Änderungen verwendet.

a) Durchführung der Studie

In dem Modell werden folgende Variablen verwendet.

Sozialtransferquote / Sozialleistungsquote: Die erste zu erklärende Variable des Modells ist die jährliche Änderung der Höhe der Sozialtransfers bzw. Sozialleistungen in Relation zum Bruttoinlandsprodukt. Während die Sozialtransfers nur die finanziellen Leistungen des Sozialstaats enthalten (also zum Beispiel nicht die Dienstleistungen des Gesundheitswesens), enthalten die Sozialleistungen den Wert aller finanziellen, Sach- und Dienstleistungen des Sozialstaats. Verwendet werden Daten aus den OECD Historical Statistics 1970-2000 für die Sozialtransferquote und aus der OECD/SOCX-Datenbank für die Sozialleistungsquote. Für beide abhängigen Variablen werden eigene Regressionen durchgeführt.

Standardisierte Sozialtransferquoten / Sozialleistungsquoten: Zusätzlich werden hier erstmals die gleichen Regressionsanalysen auch für die jährlichen Änderungen der standardisierten Sozialtransfer- und Sozialleistungsquoten durchgeführt, welche mit Zahlen aus den selben Daten-Quellen berechnet werden. Entsprechend der Definition im Kapitel 2.2.2 messen die standardisierten Sozialquoten näherungsweise die Höhe der Sozialleistungen pro Leistungsempfänger in Relation zum Bruttoinlandsprodukt. Sie zeigen tendenziell, wie stark die Bezieher sozialer Leistungen am Wohlstand einer Gesellschaft beteiligt werden. Somit werden zwei Gruppen von Regressionen durchgeführt: In der ersten Gruppe sind die Änderungen der Sozialquoten, in der zweiten Gruppe die Änderungen der standardisierten Sozialquoten die zu erklärenden Variablen.

Mit zwei Indikatoren wird untersucht, inwieweit die Sozialleistungen vom Bedarf, d.h. von der Zahl der auf Sozialleistungen angewiesenen Menschen in der Gesellschaft, abhängen, mit der Arbeitslosenquote und der Altenquote.

Arbeitslosenquote: Obwohl in den OECD-Ländern nur ein kleiner Teil der Sozialleistungen der Funktionsgruppe „Unterstützung von Arbeitslosen" zugeordnet wird, wird diese Größe einbezogen. Auch hier ist die Variable die Änderung der Quote in dem betreffenden Jahr. Verwendet werden Daten aus den OECD Historical Statistics 1970-2000.

Altenquote: Da die alten Menschen die größte Empfängergruppe für Sozialleistungen darstellen, kann der Anteil von Menschen im Alter ab 65 Jahren ein wichtiger Erklärungsfaktor für die Sozialleistungsquote sein. Dabei wird die relative Änderung der Altenquote in dem jeweiligen Jahr als Variable eingesetzt. Verwendet werden Daten aus den World Development Indicators 2003 der Weltbank[475].

---

[475] Davon abweichend stammen die Zahlen für die Altenquote in der Bundesrepublik Deutschland bis 1990 vom Statistischen Bundesamt (1992), Tabelle 3.8.2.

Die Beeinflussung der Sozialleistungen durch den internationalen Wettbewerb wird mit zwei Größen einbezogen, dem Offenheitsgrad im Außenhandel und den Direktinvestitionen.

Außenhandel: Als Indikator für die Beteiligung eines Landes am internationalen Wettbewerb auf Gütermärkten gilt die Summe aus Importen und Exporten in Prozent des Bruttoinlandsprodukts. Da der Systemwettbewerb Zeit benötigt, kann jedoch nicht die jeweils aktuelle Quote herangezogen werden. Außerdem unterlag der Offenheitsgrad im Handel (wie im Kapitel 3.4.3 gezeigt wurde) in der Vergangenheit kurzfristigen Schwankungen, die durch die Entwicklung der Ölpreise ausgelöst wurden. Aus diesen Gründen wird der Durchschnitt der vorangegangenen fünf Jahre verwendet. Wieder wird die Änderung dieser Quote als unabhängige Variable genutzt. Die Daten sind den World Development Indicators 2003 der Weltbank entnommen.

Direktinvestitionen: Um zu messen, wie intensiv ein Land am internationalen Wettbewerb um Investitionen beteiligt ist, wird ein Indikator gebildet, der dem Offenheitsgrad beim Außenhandel entspricht. Er entsteht durch die Summe aus Direktinvestitionszuflüssen und -abflüssen in Prozent des Bruttoinlandsprodukts. Auch hier wird der Durchschnitt der fünf vorangegangenen Jahre gebildet. Dies ist bei Direktinvestitionen notwendig, da die Direktinvestitionsflüsse konjunkturellen Schwankungen unterliegen. Es ist jedoch unplausibel, dass die Sozialpolitik, die langfristig orientiert ist und durch oft langwierige Gesetzgebungsverfahren zu Stande kommt, sich an konjunkturbedingten Schwankungen der Direktinvestitionen orientiert. Auch hier wird die relative Änderung der Quote als unabhängige Variable verwendet. Die Daten stammen aus Statistiken der UNCTAD/DITE[476].

Auf eine gesonderte Einbeziehung von Bevölkerungswanderungen wird verzichtet, da diese bisher ein geringes Gewicht haben und brauchbare Daten nur für sehr wenige Länder verfügbar sind.

Das Bruttoinlandsprodukt wird mit zwei Variablen zur Erklärung der Sozialleistungen herangezogen. Dahinter steht die Vermutung, dass es langfristig positiv, kurzfristig aber negativ auf die Sozialleistungsquote einwirkt.

Bruttoinlandsprodukt – Trend: Auch hier wird getestet, ob und wie die Sozialleistungen vom langfristigen Trend des Bruttoinlandsproduktes abhängig sind.

[476] Vgl. United Nations Conference on Trade and Development (UNCTAD) / Division on Investment, Technology and Enterprise Development (DITE) (2004).

Dazu wird der Durchschnitt der Höhe des Bruttoinlandsproduktes pro Kopf der Bevölkerung in US-Dollar-Preisen des Jahres 1995 über die vorangegangenen fünf Jahre ermittelt. Auch hier wird als unabhängige Variable die Veränderung verwendet. Die Werte der Variablen werden mit Daten aus den World Development Indicators 2003 der Weltbank berechnet.

Bruttoinlandsprodukt – Zyklus: Zu prüfen ist die Hypothese, dass der Staat in Konjunkturkrisen prozentual mehr für soziale Zwecke aufwendet. Die Konjunkturschwankungen werden durch die jährliche Veränderung des Bruttoinlandsprodukts pro Kopf der Bevölkerung in US-Dollar-Preisen von 1995 gemessen. Die Daten stammen aus den World Development Indicators 2003 der Weltbank.

Weitere Kontrollvariablen sind die Regierungsbeteiligungen politischer Parteien. Diese werden mit dem prozentualen Anteil der jeweiligen Parteigruppen an der Zahl der Regierungsmitglieder im Vorjahr gemessen[477]. Die Pfadabhängigkeit der Sozialpolitik kommt dadurch zu Stande, dass politische Parteien, wenn sie neu an die Regierung kommen, stets ein fertiges Sozialsystem vorfinden, das sie meistens nur graduell einer Änderung unterziehen können. Deshalb ist zu erwarten, dass die Regierungsbeteiligung einer Sozialstaatspartei nicht sofort zu einer hohen Sozialleistungsquote führt, sondern lediglich leicht zeitversetzt zu einer Erhöhung. Aus diesem Grund werden die Partei-Variablen nicht als Änderungen, sondern als Niveaus der Regierungsanteile im Vorjahr eingebaut.

Linke Parteien: Als „linke“ Parteien gelten hier sozialdemokratische, sozialistische und kommunistische Parteien. Dazu gehören somit beispielsweise die deutsche SPD, die französischen Sozialisten oder die britische Labour Party. Auch kommunistische Parteien werden hier mitgezählt, da auch sie zeitweise an Regierungen westlicher Länder beteiligt waren, wie beispielsweise kommunistische Parteien in Frankreich oder Italien.

Christlich-demokratische Parteien: Als christlich-demokratisch gelten solche bürgerlichen oder konservativen Parteien, die in ihrer Politik Bezug auf die

[477] Die Daten dazu stammen im Wesentlichen von M. Schmidt (2003). Da Schmidts mir zur Verfügung gestellte Datei nur christlich-demokratische und sozialdemokratische Parteien erfasst, wurden zur Ermittlung des Anteil anderer (v.a. kommunistischer) linker Parteien zusätzlich folgende weitere Quellen hinzugezogen: Finnish Government (2003), Fischer-Weltalmanach (1998), (2000) und (2001), König/Bräuninger (1999), Projects Group (2003), Safran (1993) und Schnapp (2003).

christliche Religion nehmen. Dazu gehören beispielsweise die deutsche CDU/CSU, die niederländische CDA oder die italienische Democrazia Cristiana und deren Nachfolgeparteien.

Für säkular-konservative und liberale Parteien werden keine eigenen Variablen einbezogen, da sich der Effekt ihrer Regierungsbeteiligung aus den Ergebnissen für Linksparteien und christlich-demokratische Parteien ergibt. Zu den säkular-konservativen Parteien werden zum Beispiel die französischen Gaullisten, die britischen Konservativen, die italienische Forza Italia oder die US-amerikanischen Republikaner gezählt. Als liberale Parteien gelten beispielsweise die kanadischen Liberalen oder die US-amerikanischen Demokraten.

Niveau der Sozialquoten im Vorjahr: In jeder Regression wird auch die Auswirkung des Niveaus der Sozialleistungen im Vorjahr auf die Veränderung der Sozialleistungen untersucht. Deshalb werden die Vorjahres-Niveaus der Sozialtransfer- bzw. Sozialleistungsquoten bzw. deren standardisierte Werte als unabhängige Variablen eingefügt.

Länder-Dummy-Variablen: Wenn gepoolte Zeitreihen gebildet werden, sodass die Zeitreihen aus mehreren Ländern zusammengefasst und in einer gemeinsamen Regression bearbeitet werden, dann ist die Einbeziehung von Dummy-Variablen für jedes einzelne Land sinnvoll. Das heißt es wird für jedes Land eine unabhängige Variable verwendet, die nur die Werte Null und Eins annehmen kann. Sie hat den Wert Eins, wenn die jeweilige Beobachtung aus dem betreffenden Land stammt und den Wert Null, wenn es eine Beobachtung aus einem anderen Land ist[478]. Mit den Länder- Dummy-Variablen werden alle länderspezifischen Unterschiede der Änderungen der Sozialquoten erfasst. So wirken sich viele länderspezifische Faktoren auf die Entwicklung der Sozialpolitik aus, die durch die Länder-Dummy-Variablen summarisch aufgefangen werden.

Im Mittelpunkt dieser Studie stehen jedoch die Zeitreihen-Eigenschaften der Daten, das heißt die Beeinflussung der Sozialleistungsquoten durch verschiedene Faktoren im Zeitverlauf. Der Systemwettbewerb ist ein im Zeitverlauf stattfindender Prozess, an dem Länder zeitweise stärker, zeitweise schwächer teilnehmen. Die hier entscheidende zu prüfende Frage ist nicht, ob Länder, die

[478] Anders ausgedrückt: Es wird für jedes Land eine eigene Konstante (ein eigener Y-Achsen-abschnitt) geschätzt.

stärker im internationalen Wettbewerb stehen, sozialer sind als Länder, die von den Weltmärkten stärker getrennt sind. Stattdessen ist die zu prüfende Frage, ob im Zeitverlauf mit zunehmender Weltmarktintegration eines Landes mit einem Abbau sozialer Leistungen in diesem Land zu rechnen ist.

Keine eigenen Variablen werden für politische Strukturen wie Föderalismus, Grad des Korporatismus oder Staatsaufbau einbezogen. Diese Faktoren sind zwar nach den Ergebnissen vieler Untersuchungen für die Sozialpolitik relevant. Sie unterliegen jedoch fast keinen Änderungen im Zeitverlauf. Deshalb dürften sie für das Niveau der Sozialquoten in verschiedenen Ländern wichtig sein, nicht aber für ihre Veränderungen im Zeitverlauf. Sie sind deshalb in einer zeitliche Änderungen untersuchenden Analyse nicht einzubeziehen. Insoweit diese Faktoren dennoch Einfluss auf die Änderungen nehmen (etwa wenn sie mit sehr großer zeitlicher Trägheit wirken), werden sie durch die verwendeten Länder-Dummy-Variablen mit aufgefangen.

Der Regression liegen gepoolte Zeitreihen zu Grunde. In den Regressionsanalysen, die sich auf die Sozialtransferquote nach den OECD Historical Statistics beziehen, werden Daten für die Länder Australien, Österreich, Kanada, Dänemark, Finnland, Frankreich, die alte Bundesrepublik Deutschland, Italien, Japan, die Niederlande, Norwegen, Portugal, Schweden, Spanien, das Vereinigte Königreich und die USA für die Jahre 1976 bis 2000 verwendet. Bei den Regressionen zu Sozialleistungsquoten nach der OECD-Datenbank SOCX werden Daten für die Länder Australien, Kanada, Dänemark, Finnland, Frankreich, Italien, Japan, die Niederlande, Neuseeland, Portugal, Spanien, Schweden, das Vereinigte Königreich und die USA für die Jahre 1981 bis 1999 verwendet. Für einige Länder liegen nicht alle Daten für die gesamten Zeiträume vor, sodass die Zahl der Beobachtungen sich verringert. Insgesamt gehen bei den Regressionen mit Daten aus den OECD Historical Statistics 379 Beobachtungen, bei den Regressionen mit Daten nach OECD/SOCX 256 Beobachtungen in die Analyse ein. Die Auswahl der Länder und Zeiträume richtete sich im Wesentlichen nach der Verfügbarkeit brauchbarer Daten.

Um das Problem der Heteroskedastizität und der Autokorrelation der Residuen zwischen Ländern zu beheben, ist es seit einigen Jahren üblich, in solchen Modellen „Panel-Corrected Standard Errors" nach Beck/Katz zu berechnen und bei der Ermittlung der t-Statistiken und Signifikanzen zu verwenden, was auch hier geschieht[479]. Dies führt jedoch zu der Konsequenz, dass bei den Regressionen für die Daten nach OECD/SOCX Norwegen, Österreich und die alte Bundesrepublik Deutschland herausgenommen werden müssen, da für diese Länder nur für kürzere Teil-Zeiträume Daten vorliegen, für die Ermittlung der Panel Corrected Standard Errors jedoch eine größere Zahl von gemeinsam für alle Länder vorliegende Beobachtungsjahren erforderlich ist.

Es gibt verschiedene andere Möglichkeiten, mit eventuell auftretenden Problemen innerhalb von Regressionsanalysen umzugehen. So kann zur Korrektur möglicher Autokorrelation der Residuen innerhalb der Zeitreihen einzelner Länder zusätzlich (zum Verfahren mit Panel-Corrected Standard Errors) das Prais-Winsten-Verfahren angewendet werden. Auch können Modelle mit gepoolten Zeitreihen mithilfe der Verallgemeinerten Methode der kleinsten Quadrate (FGLS) geschätzt werden. Auch eine zusätzliche Überprüfung der Ergebnisse durch Anwendung der gewöhnlichen Methode der kleinsten Quadrate (OLS) ohne Panel-Corrected Standard Errors kann sinnvoll sein. Alle hier durchgeführten Regressionen werden zusätzlich auch mit diesen Verfahren durchgeführt. Jedoch kommen auch diese – hier nicht wiedergegebenen – Regressionen im Ganzen zu den gleichen Ergebnissen, sodass die Resultate als robust gegenüber Variationen der Schätztechnik gelten können.

Bei den Regressionen mit den Sozialtransferquoten treten sieben Einzelbeobachtungen mit Ausreißer-Werten auf. So weisen die OECD Historical Statistics für die Niederlande 1995 einen Rückgang der Sozialtransferquote um über 10 Prozentpunkte aus. Dieser unrealistische (und mit den anderen Statistiken nicht übereinstimmende) Wert kommt vermutlich durch eine Umstellung der statistischen Erfassung zu Stande. Solche einflussreichen Ausreißer können das Gesamtergebnis verzerren und führen dazu, dass die Residuen nicht normalverteilt sind. Zur Lösung des Problems werden in den Regressionen Dummyvariablen für diese Einzelbeobachtungen eingefügt, die solche vermuteten einmaligen Spezialeffekte auffangen[480].

b) Ergebnisse der Regressionsanalysen und einige Erklärungen

Die Tabelle 4.5 gibt einen Überblick über die Ergebnisse der Regressionsanalysen über die Beeinflussung der Sozialtransfer- bzw. Sozialleistungsquoten

[479] Vgl. Beck/Katz (1995).

[480] Dies betrifft folgende Beobachtungen: Dänemark 1994, Frankreich 1978, Italien 1980, Japan 1990, Niederlande 1995, Norwegen 1978, Spanien 1995.

durch verschiedene Faktoren. In wesentlichen Erkenntnissen stimmen die Analysen der Änderungen der Sozialtransferquote (nach OECD Historical Statistics) und der Sozialleistungsquote (nach OECD/SOCX) miteinander überein.

Es zeigt sich, dass die Änderung der Arbeitslosenquote einen signifikant positiven Einfluss auf die Änderung der Sozialtransferquote ausübt, der bei der Sozial*leistungs*quote hier jedoch nicht nachweisbar ist. Die Arbeitslosigkeit scheint sich vor allem auf den Umfang finanzieller Sozialleistungen (die in der Sozialtransferquote erfasst werden) erhöhend auszuwirken, während sich dies abschwächt, wenn man soziale Sachleistungen mit einbezieht (wie dies bei der Sozialleistungsquote geschieht). Der positive Zusammenhang von Arbeitslosenquote und Sozialleistungsquote wird bereits in den meisten früheren Studien ermittelt und hier also für die finanziellen Sozialleistungen bestätigt. Dies überrascht angesichts der Tatsache, dass der Anteil der Arbeitslosenunterstützung an der Gesamtheit der Sozialleistungen eher gering ist. Jedoch kann wachsende Arbeitslosigkeit auch die Inanspruchnahme anderer Sozialleistungen steigern, wenn Arbeitslose zum Beispiel andere Sozialleistungen bekommen (Wohngeld, Sozialhilfe) oder mit der ausgewiesenen Arbeitslosigkeit auch die versteckte Arbeitslosigkeit zunimmt und versteckte Arbeitslose bereits Rente beziehen.

Einen Unterschied zu den Analysen anderer Autoren stellt das Ergebnis für die Altenquote dar: Die Änderung des Anteil älterer Menschen ist hier insignifikant für die Änderung der Sozialtransfer- und der Sozialleistungsquote, während fast alle früheren Studien, die diesen Faktor untersuchen, einen signifikant positiven Einfluss der Altenquote auf die Sozialleistungsquote ermitteln. Eine Erklärung liegt darin, dass die Änderung der Altenquote ein außerordentlich träger Prozess ist, der sich nur wenig in jährlichen Änderungsraten niederschlägt. Deshalb ist zu vermuten, dass signifikante Ergebnisse vor allem bei sehr langfristig angelegten Studien oder bei Ländervergleichen zu Stande kommen. So sind die meisten bisherigen Untersuchungen, die positive Zusammenhänge von Altenquote und Sozialleistungen schätzen, Studien zum Niveau der Sozialleistungen oder Studien über Änderungen in langen Zeiträumen. Siegel, der ebenfalls jährliche Änderungen beider Größen untersucht, kommt auch zu dem insignifikanten Ergebnis.

Die Beteiligung eines Landes am Außenhandel wirkt sich nicht sehr stark, aber signifikant negativ auf die Sozialtransfer- und Sozialleistungsquoten aus. Statistisch führt eine Erhöhung des Offenheitsgrades um 10 Prozentpunkte (also z.B. eine Erhöhung von Exporten und Importen um jeweils 5 Prozentpunkte des BIP)

Tabelle 4.5: Ergebnisse der Regressionsanalysen zur Beeinflussung der Sozialtransfer- bzw. Sozialleistungsquoten

Regression mit der Methode der kleinsten Quadrate unter Verwendung von Panel Corrected Standard Errors.

Unabhängige Variablen	Koeffizienten (in Klammern t-Statistiken)			
	Soz.transferquote nach OECD Hist. Statistics		Sozialleistungsquote nach SOCX	
Arbeitslosigkeit	0,1426***	(5,22)	0,0638	(1,31)
Alte Menschen	-2,5539	(-0,93)	-6,9442	(-1,30)
Außenhandel	-0.0596***	(-2,99)	-0,1448***	(-4,26)
Direktinvestitionen	-0,0575	(-0,44)	-0,1492	(-0,74)
BIP Trend	0,0001	(1,17)	0,0001	(0,33)
BIP Zyklus	-0,0009***	(-13,90)	-0.0011***	(-8,43)
Linke Parteien	0,0005	(0,65)	0,0028*	(1,96)
Chr.-dem. Parteien	0,0020	(1,07)	-0,0003	(-0,05)
Niveau im Vorjahr	-0.0558***	(-4,64)	-0,0985***	(-3,46)
Australien	0,8320***	(5,47)	2,0897***	(4,14)
Österreich	1,4568***	(5,11)		
Kanada	1.0843***	(5,88)	2,5721***	(4,60)
Dänemark	1,4237***	(5,56)	3,5498***	(3,85)
Finnland	1,5850***	(6,40)	3,5533***	(4,36)
Frankreich	1,4377***	(5,72)	3,3577***	(4,12)
BR Deutschland (alt)	1,1069***	(3,89)		
Italien	1,2410***	(4,27)	2,9495***	(3,95)
Japan	1,3913***	(5,74)	2,4319***	(4,40)
Niederlande	1,6178***	(4,37)	3,1556***	(3,58)
Neuseeland			2,2252***	(3,60)
Norwegen	1,4120***	(5,55)		
Portugal	0,9874***	(4,28)	2,3218***	(4,83)
Spanien	1,2785***	(4,94)	2,4801***	(3,98)
Schweden	1,5366***	(5,58)	3,5628***	(3,70)
Vereinigtes Königreich	1,1421***	(5,58)	2,9872***	(4,31)
USA	1,1337***	(6,26)	2,1000***	(4,47)
Dänemark 1994	2,8125***	(6,79)		
Frankreich 1978	-2,7674***	(-11,23)		
Italien 1980	-3,1676***	(-5,87)		
Japan 1990	-2,8303***	(-7,76)		
Niederlande 1995	-9,9760***	(-15,44)		
Norwegen 1978	-3,2643***	(-8,85)		
Spanien 1995	-3,7451***	(-7,08)		
R^2	0,7757		0,6090	
Beobachtungen:	379		256	

Signifikanzniveaus: (ohne)>0,1, *<0,1, **<0,05, ***<0,01.

zu einer Senkung Sozialleistungsquote (nach SOCX) um über 1,4 Prozentpunkte. Schwächer, aber ebenfalls signifikant negativ ist der Effekt in Bezug auf die Sozialtransferquote. Im Wettbewerb um Absatzmärkte gerät der Sozialstaat unter Druck.

Für den Standortwettbewerb, der anhand der Direktinvestitionsflüsse gemessen wird, ist das Ergebnis dagegen insignifikant. Dies bestätigt weitgehend die entsprechenden Ergebnisse früherer Untersuchungen. Demnach geht vom Wettbewerb um Investitionen bzw. Kapital kein einschränkender Effekt auf die Sozialleistungsquoten aus. Eine genauere Diskussion dieser Ergebnisse folgt im Kapitel 4.3.

Beide Ergebnisse unterstützen nicht die Kompensationshypothese, der zufolge der internationale Wettbewerb eine Erhöhung von Sozialleistungen bewirkt.

Für den längerfristigen Trend des Bruttoinlandsprodukts pro Kopf gibt es nur insignifikante Ergebnisse. Dagegen steht das aktuelle Wirtschaftswachstum in einem hochsignifikanten negativen Zusammenhang mit den Sozialquoten. Der negative Zusammenhang zwischen jährlichem Wachstum des Bruttoinlandsprodukts und der Sozialleistungsquote wird bereits von vielen Studien bestätigt und ist im Wesentlichen darauf zurückzuführen, dass kurzfristig bei konstanten Sozialleistungen und sinkendem Bruttoinlandsprodukt die Sozialleistungsquote rein formal steigen muss.

Für die Regierungsbeteiligung politischer Parteien konnten fast keine signifikanten Resultate festgestellt werden[481]. Dagegen wirkt das Niveau der Sozialquoten signifikant negativ auf die anschließenden Änderungen der Quoten. Je größer der Anteil der Sozialleistungen am Bruttoinlandsprodukt bereits ist, desto schwächer wird der politische Druck zu einer weiteren Erhöhung bzw. desto stärker wird der Druck zur Senkung der Sozialleistungen.

Die Länder- Dummy-Variablen messen die nicht weiter analysierten länderspezifischen Einflussfaktoren für die Änderungen der Sozialleistungs- bzw. Sozialtransferquoten, also solche länderspezifischen Einflüsse, die nicht bereits in den übrigen inhaltlichen unabhängigen Variablen erfasst sind. Die Regressionskoeffizienten für die Länder-Dummies sind durchgängig signifikant. Die Mittelwerte der Koeffizienten der Länder-Dummies liegen bei 1,2917 bzw. 3,0259. Daran gemessen ergeben sich überdurchschnittliche Koeffizienten bei Österreich, Dänemark, Finnland, Frankreich, den Niederlanden, Norwegen und

[481] Nur für die Regierungsbeteiligung linker Parteien wird ein leicht signifikant positiver Effekt auf die Sozialleistungsquote nach SOCX ermittelt.

Schweden. In diesen Ländern gab es demnach in den betrachteten Zeiträumen Einflüsse, die eine überdurchschnittliche Erhöhung (oder unterdurchschnittliche Senkung) der Sozialleistungsquoten unterstützten[482]. Es handelt sich bei diesen Ländern (mit Ausnahme Frankreichs) um die kleinen europäischen Länder mit hohem Grad an Korporatismus, die klassischerweise die am stärksten ausgebauten Sozialsysteme haben. Der Korporatismus scheint also nicht nur mit einem höheren Niveau der Sozialleistungsquote verbunden zu sein, sondern auch ihre Veränderungen im Zeitablauf positiv zu beeinflussen.

Die Tabelle 4.6 gibt einen Überblick über die Regressionsanalysen zur Beeinflussung der standardisierten Sozialleistungs- bzw. Sozialtransferquoten, also näherungsweise der Sozialleistungen pro Empfänger.

Sowohl die Änderung der Arbeitslosigkeit als auch die Änderung der Altenquote wirken sich hochsignifikant negativ auf die Änderungen der standardisierten Sozialquoten aus. Je stärker der Bedarf an Sozialleistungen zunimmt, desto eher werden die Leistungen je Empfänger gekürzt. Diese Ergebnisse bestätigen Erkenntnisse von Peterson/Rom und teilweise auch von Huber/Stephens: Erstere zeigen für die USA, dass die Sozialhilfe-(AFDC-)Sätze negativ auf die Zahl der Bedürftigen reagieren. Letztere ermitteln für die 80-er Jahre einen negativen Effekt der Arbeitslosigkeit auf die Höhe der Sätze der Arbeitslosenunterstützung.

Für den Außenhandel ergibt sich wieder ein negativer Einfluss, allerdings mit betragsmäßig etwas niedrigeren t-Statistiken. Für Direktinvestitionen gibt es auch hier kein signifikantes Ergebnis. Signifikante positive Effekte lassen sich jetzt für das langfristige Wirtschaftswachstum feststellen. Mit steigendem Wohlstand neigen Gesellschaften dazu, den einzelnen Sozialleistungsempfängern höhere Sätze zuzugestehen. Der negative Effekt der Konjunktur ist auch hier signifikant (wenn auch etwas schwächer als bei den Sozialleistungs- bzw. -transferquoten). Die Regierungsbeteiligung linker Parteien korreliert signifikant positiv mit der standardisierten Sozialleistungsquote. Sonst ist die Regierung bestimmter Parteien für die Änderung der standardisierten Sozialquoten insignifikant. Das Niveau der standardisierten Leistungen ist für deren Änderungen bei der Untersuchung der standardisierten Sozial*transfer*quoten insignifikant, bei

482 Unterdurchschnittlich sind die Regressionskoeffizienten der Länder-Dummies von Australien, Kanada, der Bundesrepublik Deutschland, Italien, Neuseeland, Portugal, Spanien, dem Vereinigte Königreich und den USA. In diesen Ländern müsste also der Druck zur Erhöhung der Sozialleistungen eher niedriger gewesen sein. Für Japan liegen die Koeffizienten der Dummy-Variablen einmal über und einmal unter dem Durchschnitt.

Tabelle 4.6: Ergebnisse der Regressionsanalysen zur Beeinflussung der standardisierten Sozialtransfer- bzw. Sozialleistungsquoten

Regression mit der Methode der kleinsten Quadrate unter Verwendung von Panel Corrected Standard Errors.

	Koeffizienten (in Klammern t-Statistiken)			
Unabhängige Variablen	**Standardisierte Soz.transferquote nach OECD Hist. Statistics**		**Standardisierte Sozialleistungsquote nach SOCX**	
Arbeitslosigkeit	-0,0140***	(-8,02)	-0,0250***	(-8,14)
Alte Menschen	-0,6785***	(-3,90)	-1,6235***	(-6,08)
Außenhandel	0,0026**	(-1,97)	-0,0074***	(-3,71)
Direktinvestitionen	-0,0098	(-1,13)	0,0025	(0,16)
BIP Trend	0,00002***	(2,83)	0,00002*	(1,66)
BIP Zyklus	-0,00005***	(-12,01)	-0,00006***	(-7,69)
Linke Parteien	0,00004	(0,77)	0,0002**	(2,33)
Chr.-dem. Parteien	-0.0001	(-0.71)	0,0002	(0,69)
Niveau im Vorjahr	-0,0105	(-0.61)	-0,1390***	(-3,92)
Australien	0,0267**	(2,23)	0,1696***	(4,34)
Österreich	0,0321	(1,53)		
Kanada	0,0308**	(2,06)	0,2031***	(4,85)
Dänemark	0,0290	(1,64)	0,2316***	(4,00)
Finnland	0,0431**	(2,37)	0,2511***	(4,47)
Frankreich	0,0288	(1,59)	0,2277***	(4,26)
BR Deutschland (alt)	0,0218	(1,17)		
Italien	0,0314*	(1,67)	0,1908***	(4,11)
Japan	0,0489***	(2,62)	0,1923***	(4,79)
Niederlande	0,0248	(0,85)	0,2327***	(3,60)
Neuseeland			0,2034***	(3,71)
Norwegen	0,0351**	(2,02)		
Portugal	0,0236	(1,41)	0,1764***	(5,11)
Spanien	0,0273	(1,51)	0,1677***	(4,49)
Schweden	0,0304	(1,62)	0,2281***	(3,84)
Vereinigtes Königreich	0,0254	(1,83)	0,1911***	(4,49)
USA	0,0300**	(2,07)	0,1586***	(4,49)
Dänemark 1994	0,1706***	(6,54)		
Frankreich 1978	-0,1753***	(-10,98)		
Italien 1980	-0,1951***	(-5,30)		
Japan 1990	-0,2477***	(-9,97)		
Niederlande 1995	-0,6164***	(-13,76)		
Norwegen 1978	-0,2245***	(-9,62)		
Spanien 1995	-0,1700***	(-4,57)		
R^2	0,7294		0,4717	
Beobachtungen:	379		256	

Signifikanzniveaus: (ohne)>0,1, *<0,1, **<0,05, ***<0,01.

der Untersuchung der standardisierten Sozial*leistungs*quoten (nach OECD/ SOCX) hingegen negativ signifikant.

Die Mittelwerte der Koeffizienten für die Länder-Dummy-Variablen liegen bei 0,0306 und 0,2172. Überdurchschnittliche Werte haben die Koeffizienten bei Österreich, Finnland und Norwegen[483]. Es sind wieder kleine korporatistische Länder Europas, in denen Kräfte zugunsten der Erhöhung der Sozialleistungen pro Person wirksam sind.

Zusammengefasst ist erkennbar, dass die Wirkungen, die der Außenhandel und die kurzfristige Konjunkturentwicklung auf die Gesamtheit aller Sozialleistungen (gemessen mit der Sozialleistungsquote) haben, sich abgeschwächt auf die Höhe der Leistungen pro Kopf übertragen. Dominant ist hier aber der starke negative Einfluss einer Zunahme des sozialpolitischen Bedarfs (in Gestalt zunehmender Arbeitslosigkeit und Alterung der Gesellschaft) auf die Änderung der Sozialleistung pro Person. Die Leistungen in Relation zum Bruttoinlandsprodukt, die der einzelne Empfänger erhält, sinken, wenn die Zahl der Empfänger zunimmt.

Die Sozialpolitik wird hier von zwei Seiten her untersucht. Die Sozialtransfer- bzw. Sozialleistungsquoten messen die Belastung der Volkswirtschaft mit den Kosten der sozialen Sicherung insgesamt. Denn sie geben im Kern wieder, welchen Anteil ihrer Produktion die Produktionsfaktoren ohne Gegenleistung zu sozialen Zwecken abtreten müssen (unabhängig davon, auf wie viele Empfänger diese Leistungen aufgeteilt werden). Je höher das Niveau dieser Größe bereits ist, desto schwieriger wird es, sie weiter zu erhöhen und noch eine zusätzliche Umverteilung durchzusetzen. Dies ist die Erkenntnis aus dem signifikant negativen Effekt des Niveaus der Sozialleistungsquote auf deren Änderung. Zusätzlich scheint die Beteiligung am internationalen Handel, also der Systemwettbewerb über die Absatzmärkte, begrenzend auf die Belastung der Produktionsfaktoren mit den Kosten des Sozialstaats zu wirken.

Der Druck zur Erhöhung der Sozialleistungsquote geht vor allem von der Zunahme des sozialpolitischen Bedarfs aus. Allerdings ist der Druck zur Erhöhung der Sozialleistungsquote bei wachsender Arbeitslosigkeit und zunehmender Zahl an alten Menschen schwächer als der umgekehrte Druck, bei wachsender Zahl von Bedürftigen die Leistungen pro Kopf zu senken.

---

[483] Bei Australien, der alten Bundesrepublik Deutschland, Neuseeland, Portugal, Spanien, dem Vereinigten Königreich und den USA sind die Werte unterdurchschnittlich. Bei Kanada, Dänemark, Frankreich, Italien, Japan, der Niederlande und Schweden sind die Werte je einmal überdurchschnittlich und unterdurchschnittlich.

Die zweite Seite des Sozialstaats, die hier untersucht wird, ist die Höhe der standardisierten Leistungen, also ein Maß für die Sozialleistungen pro Kopf der Leistungsempfänger in Relation zum Bruttoinlandsprodukt. Diese Größe gerät in signifikanter Weise unter Druck, wenn die Zahl der Leistungsempfänger zunimmt. Dieser Zusammenhang darf jedoch nicht als mathematischer Zusammenhang missverstanden werden. Denn nicht die Summe aller Sozialleistungen, sondern die Höhe der Leistung je Empfänger ist direkter Gegenstand der politischen Entscheidung. Dabei wird die Politik genötigt sein, das Niveau der Leistungen pro Empfänger zu senken, wenn bei wachsender Zahl der Bedürftigen die Finanzierungsmöglichkeiten nicht im gleichen Maße wachsen. Die Finanzierungsseite ist dabei mit der Sozialleistungsquote untersucht worden.

Man könnte also folgenden Wirkungszusammenhang schlussfolgern: Die Möglichkeiten zur Finanzierung des Sozialstaats stoßen an Grenzen. Diese Grenzen finden wir in den Einflussfaktoren, die das Wachstum der Sozialleistungsquoten bremsen. Die Grenzen werden immer enger, je höher die Kosten für Sozialleistungen bereits sind. Sie könnten in der Zahlungsbereitschaft der Inhaber der Produktionsfaktoren oder der Funktionstüchtigkeit der Märkte bestehen, die durch hohe Steuern und Sozialbeiträge belastet wird. Hinzu kommt der internationale Wettbewerb auf Absatzmärkten, der ebenfalls die Möglichkeiten zur Finanzierung sozialer Leistungen begrenzt. Ist der Umfang des Sozialbudgets von der Finanzierungsseite her begrenzt, dann führt die Zunahme der Zahl der Sozialleistungsempfänger vor allem dazu, dass auf den einzelnen immer weniger entfällt. Dies spiegelt sich in dem negativen Zusammenhang von Alten- und Arbeitslosenquote und standardisierter Sozialleistungsquote wieder. So hat sich die „einnahmenorientierte Ausgabenpolitik" im Bereich der Sozialleistungen bereits durchgesetzt. Entsprechend finden wir die Faktoren, die die Erhöhung der Sozialleistungsquoten abbremsen auch in der Regressionsanalyse für die standardisierten Sozialleistungsquoten als bremsende Faktoren wieder, wenn auch etwas weniger signifikant.

Positiv wirkt sich das langfristige Wirtschaftswachstum auf die Leistungen pro Kopf aus. Dies spricht für die Hypothese, dass Länder mit wachsendem Reichtum sozialer werden, den einzelnen Bedürftigen zunehmend am Wohlstand teilhaben lassen wollen. Allerdings scheint damit die Zahlungsbereitschaft für die Kosten des Sozialstaats nicht mitzuwachsen. Denn der positive Effekt des längerfristigen Wachstums ist nur bei der Höhe der standardisierten Sozialleistungen signifikant. In der Untersuchung der Änderungen der Sozialleistungsquote ist der Effekt insignifikant. Dies bestätigt die These, dass die Sozialleistungsquote (also die Finanzierungskosten) weniger von den standardisierten Sozialleistungen (den Leistungen pro Empfänger) her bestimmt wird, als umgekehrt die standardisierten Sozialleistungsquote von der Sozialleistungsquote bestimmt wird[484]. Nicht die wachsenden sozialpolitischen Forderungen und Bedürfnisse führen zur Ausweitung des Sozialbudgets, sondern umgekehrt führt die von der Finanzierungsseite her gegebene Begrenztheit des Sozialbudgets zur Einschränkung der Möglichkeit, sozialpolitische Forderungen zu erfüllen.

Bei diesen Überlegungen ist stets zu beachten, dass die normalen und die standardisierten Sozialleistungsquoten keine absoluten Größen, sondern immer Werte in Relation zum Bruttoinlandsprodukt sind. Wenn also die Zunahme des Bevölkerungsanteils der Bedürftigen zum Rückgang der standardisierten Sozialleistungsquoten führt, dann bedeutet dies, dass deren Sozialeinkommen weniger wachsen als das Bruttoinlandsprodukt. Die Transferempfänger werden am Wachstum unterproportional beteiligt. Eine absolute Senkung der Leistungen muss dies nicht notwendigerweise bedeuten.

4.3. Systemwettbewerb und Umverteilung: Erklärungen

Nach den Ergebnissen des vorangegangenen Kapitels geht vom internationalen Handel (und damit dem Wettbewerb um Absatzmärkte) ein stärkerer Druck auf die Sozialpolitik aus als von grenzüberschreitenden Investitionen. Dies stimmt mit den Ergebnissen der im Kapitel 4.2.2 b besprochenen empirischen Studien überein, nach denen die direkten Steuern zwar durch den internationalen Handel, nicht aber durch den internationalen Kapitalverkehr unter Druck geraten. Zugleich steht dies im Kontrast zu den Ergebnissen der in den Kapitel 4.2.1 a und c behandelten Studien, denen zufolge Steuern nicht nur kontraproduktiv bezogen auf den Exporterfolg, sondern auch abschreckend für Investitionen sind. Wie lassen sich diese Unterschiede erklären?

---

[484] Einen ähnlichen Zusammenhang findet man bei der Bedeutung der Regierung linker Parteien für die Sozialleistungsquote nach SOCX: Je stärker linke Parteien an der Regierung beteiligt sind, desto stärker werden die Leistungen je Empfänger erhöht (oder weniger stark gesenkt). Da die Finanzierungsspielräume dadurch nicht größer werden, überträgt sich dieser Effekt aber nur stark abgeschwächt auf die Sozialleistungsquote. Da der Zusammenhang von Linksparteien und Sozialquoten weniger signifikant ist und bei den Sozialtransferquoten nicht zu finden ist, kann er jedoch nicht ohne weiteres als robust gelten.

Wenn Steuern zwar abschreckend auf Direktinvestitionen wirken, im Wettbewerb um Direktinvestitionen aber dennoch nicht abgebaut werden, dann kann dies damit erklärt werden, dass der abschreckende Effekt der Steuern durch andere positive Standortfaktoren überkompensiert wird. Nach den im Kapitel 4.2.1 a zitierten empirischen Ergebnissen sind solche positiven Standortfaktoren vor allem die Größe von Absatzmärkten, in deren Nähe Unternehmen produzieren möchten. Die Marktnähe ist nach vielen Studien das dominante Motiv bei der Auswahl eines Landes als Investitionsstandort. Offenkundig werden dabei in relevantem Ausmaß Kosten, die durch eine Belieferung aus der Ferne und über Landesgrenzen hinweg entstehen (Handelskosten), eingespart. Diese Kosteneinsparung lässt sich als standortspezifische (Agglomerations-) Rente bezeichnen und kann grundsätzlich mit Steuern belegt werden, ohne dass es zur Abwanderung kommt. Die im Kapitel 4.1.4 behandelten Ansätze zur Agglomerationenbildung können diesen Vorgang theoretisch abbilden. Unternehmen, die auf Grund von Massenproduktionsvorteilen sich für einen oder wenige Standorte entscheiden, sparen Handelskosten, wenn sie sich am größten Absatzmarkt ansiedeln. Die dabei erzielte Kosteneinsparung kann vom Staat wirksam besteuert werden. Erst wenn die Steuern so hoch sind, dass sie den Kostenvorteil marktnaher Produktion mehr als aufwiegen, droht die Abwanderung. Damit wird zugleich klar, dass bei einem Rückgang der Handelskosten die Agglomerationsrenten kleiner werden und folglich auch die Möglichkeit der Kapitalbesteuerung eingeschränkt wird. Die große Bedeutung, die der Marktnähe in den empirischen Untersuchungen zur Standortwahl von Unternehmen ermittelt wurde, spricht dafür, dass die Handelskosten noch nicht so stark gesunken sind, dass die Kapitalbesteuerung unter starkem Druck steht. Diese Erklärung wird empirisch dadurch zusätzlich belegt, dass weder Kapitalsteuern noch Sozialleistungen mit der Kapitalmobilität robust und signifikant negativ korreliert sind.

Es ist wahrscheinlich, dass die Handelskosten in verschiedenen Wirtschaftssektoren sehr unterschiedlich sind und folglich in vielen Branchen marktnahe Produktion weniger bedeutsam ist. In Branchen, in denen die Handelskosten niedrig sind, erfolgt die Standortwahl nach anderen Kostenmotiven und werden die Absatzmärkte durch grenzüberschreitende Lieferungen versorgt. In diesen Fällen werden die Steuern der Unternehmen nicht durch eingesparte Handelskosten kompensiert. Infolgedessen müssen in Branchen, in denen die Produkte international gehandelt werden, Steuern zum Wettbewerbsnachteil werden. Deshalb geraten sie durch den Systemwettbewerb unter Druck. Je mehr die Handelskosten sinken, desto geringer werden die Agglomerationsrenten der Marktnähe und desto mehr gerät die Kapitalbesteuerung unter Druck. Die Studien, nach denen die Höhe von Kapitalsteuern und Sozialbeiträgen mit dem Umfang des internationalen Handels negativ korreliert ist (vgl. Kapitel 4.2.2. b), und die eigene Untersuchung, nach der die Sozialleistungsquote ebenfalls negativ mit dem Offenheitsgrad beim Handel korreliert ist, belegen dies empirisch.

Die meisten Direktinvestitionen sind absatzorientiert. Das heißt, dass dort investiert wird, wo die Absatzmärkte sind. Da meistens nicht nur Vertrieb und Kundendienst, sondern auch die Produktion in der Nähe der Märkte angesiedelt wird, ist die Annahme plausibel, dass auf vielen Märkten Unternehmen miteinander konkurrieren, deren Eigentümer zwar aus unterschiedlichen Ländern kommen können, aber im selben Land (dem Land des Absatzes) produzieren. In einem solchen Wettbewerb von Betrieben im Inland um Marktanteile auf dem inländischen Absatzmarkt sind Steuern irrelevant, weil alle Konkurrenten sie gleichermaßen zahlen müssen. Für absatzorientierte Direktinvestitionen, die dort stattfinden, wo die Märkte sind, stellen Steuern und Beiträge keinen negativen Standortfaktor dar, weil sie die Erfolgsaussichten im Vergleich zu Konkurrenzunternehmen nicht schmälern.

Anders beim internationalen Handel und damit beim Wettbewerb um internationale Absatzmärkte: Konkurrieren Unternehmen aus verschiedenen Ländern um Marktanteile zum Beispiel in Drittstaaten, dann sind in den Preisen ganz unterschiedliche direkte Steuern und Sozialbeiträge enthalten. Will eine Regierung inländische Produzenten hier unterstützen, dann kann sie durch eine Senkung von Steuern und Sozialbeiträgen deren preisliche Wettbewerbsfähigkeit auf internationalen Märkten erhöhen. Auch aus diesem Grund wirkt der internationale Handel stärker als Bremse für die Erhebung von Steuern (und als Beschränkung der sozialen Umverteilung) als der Wettbewerb um Direktinvestitionen[485].

Noch ein weiteres Argument setzt an der Absatzorientierung vieler Standortentscheidungen von Unternehmen an. Man könnte argumentieren, dass ein gut ausgebauter Sozialstaat die Nachfrage nach Gütern und Dienstleistungen stützt, indem er Einkommen schwerpunktmäßig zugunsten von Personengruppen mit hoher marginaler Konsumneigung umverteilt. Entsprechend könnte in Ländern mit hohem Niveau von Sozialleistungen die Nachfrage größer sein, sodass sich die Attraktivität als Standort für absatzorientierte Direktinvestitionen erhöht.

[485] Vgl. I. Kumpmann (2004), S. 142 f.

Der Sozialstaat wirkt demnach nicht abschreckend, sondern im Gegenteil anziehend auf Investitionen.

Die Absatzorientierung vieler Investitionen macht Volkswirtschaften mit hohem oder stark wachsendem Volkseinkommen als Unternehmensstandorte attraktiv. Allerdings ist fraglich, ob der Umfang des Sozialstaats wirklich einen großen Einfluss auf die Marktgröße hat. Vielmehr müssen auch andere Faktoren, die die Nachfrage beeinflussen, sowie angebotsseitige Faktoren einbezogen werden. Ob unter Einbeziehung solcher Faktoren tatsächlich von den Sozialleistungen eine relevante positive Wirkung auf das Wachstum und die Nachfrage ausgeht, müsste in einer eigenen Studie untersucht werden.

Die Erkenntnis, dass der internationale Wettbewerb um Absatzmärkte einen stärkeren Druck auf den Sozialstaat ausübt als der Wettbewerb um Kapital und Investitionen, leistet zugleich einen Beitrag zur Erklärung, warum der Sozialstaat im Zuge der bisherigen Globalisierung nicht wegkonkurriert wurde. Der viel diskutierte Prozess der Globalisierung besteht im Wesentlichen aus einer rasanten Zunahme internationaler Kapitalbewegungen. So kam es seit den 80-er Jahren zur spektakulären Zunahme internationaler Direktinvestitionen und internationaler Finanzkapitaltransaktionen (vgl. Kapitel 3.4.1 a). Demgegenüber nahm die Bedeutung des internationalen Handels relativ kontinuierlich und eher langsam zu (vgl. Kapitel 3.4.3). Entsprechend wuchs auch der Druck auf den Sozialstaat nur wenig, während die starke Zunahme der Kapitalbewegungen die Systeme der sozialen Sicherung weitgehend unbeeinträchtigt ließ.

Damit werden die empirischen Ergebnisse zum Zusammenhang von Systemwettbewerb und Umverteilung erklärt. Wie sind im Lichte dieser Erklärungen und Ergebnisse die theoretischen Ansätze des Kapitels 4.1 zu beurteilen?

Die im Kapitel 4.1.1 beschriebenen meist neoklassisch inspirierten Ansätze kommen zu dem Ergebnis, dass der Standortwettbewerb um mobile Produktionsfaktoren zum Abbau des Sozialstaats führt. Dafür fehlen bislang jedoch empirische Anhaltspunkte. Der Mangel dieser Modelle scheint vor allem darin zu bestehen, dass das Absatzmotiv für Direktinvestitionen und damit zusammenhängend die Möglichkeit externer Economies of Scale unterschätzt werden. Die Modelle der Neuen Wirtschaftsgeografie zur Agglomerationenbildung sind vermutlich realitätsnäher.

Die Theorie, wonach der Wettbewerb um Absatzmärkte eine Gefahr für die Erhebung von Steuern und damit für die Finanzierbarkeit sozialer Leistungen darstellt (vgl. Kapitel 4.1.2), scheint empirisch bestätigt zu werden. Dabei ist zu beachten, dass der internationale Warenverkehr noch kein Ausmaß erreicht hat, das den Umfang sozialer Leistungen effektiv bedroht. Eine weitere Zunahme der internationalen Warenströme kann jedoch in der Zukunft die Spielräume zur Erhebung von Steuern vermehrt einschränken.

Im Kapitel 4.1.2 wurde außerdem die Hypothese erwähnt, es könnte im Systemwettbewerb zur Umschichtung von den direkten zu den indirekten Steuern kommen, weil die indirekten Steuern (wenn sie nach dem Bestimmungslandprinzip erhoben werden) im Unterschied etwa zu Körperschaftsteuern oder Sozialbeiträgen die preisliche Wettbewerbsfähigkeit im Vergleich zu anderen Ländern nicht beeinträchtigen. Die Vermutung hat sich bislang nicht bewahrheitet. Eine Ursache könnte in der Zunahme des Steuerwettbewerbs bei indirekten Steuern durch das wachsende Gewicht des Versand- und Internethandels liegen. Ein anderes Argument erklärt, warum gerade bei der Finanzierung von Sozialleistungen keine umfassende Substitution von direkten Steuern und Sozialbeiträgen durch indirekte Steuern erfolgen kann. Ein großer Teil der sozialen Sicherungssysteme beruht in vielen Ländern auf der Schaffung von Leistungsansprüchen durch einkommensbezogene Beiträge. Vor allem die Lohnersatzleistungen wie Arbeitslosenunterstützung und Rente stehen meistens in einer engen Beziehung zu vorangegangenen Lohneinkommen und darauf entrichteten Steuern und Sozialbeiträgen. Eine Umstellung auf eine Finanzierung durch indirekte Steuern müsste mit der Abkehr von diesem Beitragsäquivalenzprinzip verbunden werden, würde also einen grundlegenden Systemwechsel bedingen. Dies wäre nicht nur im Rahmen der bestehenden eingefahrenen Strukturen außerordentlich schwer durchsetzbar, sondern würde zugleich gravierende Umstellungskosten verursachen, zumal noch bestehende Ansprüche aus dem bisherigen System zu befriedigen sind. Deshalb konnten die indirekten Steuern bislang keine umfassende Ersatzfunktion für direkte Steuern und Sozialbeiträge übernehmen.

Politikwissenschaftler sehen vor allem das Kräfteverhältnis zwischen gesellschaftlichen Interessengruppen infolge fortschreitender Internationalisierung der Wirtschaft zugunsten begehrter Gruppen mit Abwanderungsoption verschoben (Kapitel 4.1.3). Diese Hypothese kann zutreffen. Allerdings erweisen sich nach den empirischen Ergebnissen die Gewerkschaften, Interessengruppen und die korporatistischen Verhältnisse, in denen sie agieren, als vergleichsweise beständig. So wie der Korporatismus mit seiner Beteiligung der Gewerkschaften in der

Zeit sozialstaatlicher Expansion zu den treibenden Kräften gehörte, so wirken sie in Zeiten der Konsolidierung als Bremse. Abgesehen von Ausnahmefällen (wie den weitgehend entmachteten britischen Gewerkschaften) erscheinen korporatistische Strukturen in vielen Ländern, in denen sie traditionell eine wichtige Rolle spielten, auch heute nach wie vor intakt zu sein. Die Tatsache, dass in der empirischen Studie die Regressionskoeffizienten der Länder-Dummy-Variablen gerade der kleinen korporatistischen Staaten in Europa überdurchschnittliche Werte aufweisen, belegt dies empirisch.

Die Ansätze zur Agglomerationenbildung (Kapitel 4.1.4) leisten einen Beitrag zum Verständnis der Erhaltung des Sozialstaats trotz hoher internationaler Kapitalmobilität. Die Gründe wurden oben bereits genannt.

Die Kompensationshypothese (Kapitel 4.1.5) erscheint nicht ausreichend empirisch belegbar zu sein. Der Ruf nach sozialstaatlicher Kompensation außenwirtschaftlich bedingter Einkommensrisiken wird sich nur dort durchsetzen, wo er mit hinreichendem Einfluss der potenziell begünstigten Interessengruppen einhergeht. Deshalb können die vergleichsweise hohen Sozialleistungen in den kleinen offenen Volkswirtschaften Europas eher mit den dort herrschenden korporatistischen Strukturen als mit der wirtschaftlichen Offenheit allein erklärt werden.

Fünfter Teil: Schlussbetrachtung und Politik-Implikationen

Seit Jahren wird diskutiert, ob die Globalisierung der Wirtschaft eine Gefahr für den Bestand des Sozialstaats darstellt. Zur Beantwortung der Frage ist eine differenzierte Betrachtung der Globalisierung notwendig. Der internationale Kapitalverkehr, dessen sehr starke Zunahme seit Jahren das am meisten hervorstechende Charakteristikum der Globalisierung ist, hat keinen nachweisbaren Effekt auf den Sozialstaat. Der internationale Handel dagegen, der weniger stark zugenommen hat, wirkt dämpfend auf die Gesamthöhe der Sozialausgaben. Der internationale Handel ist jedoch nur ein Faktor unter vielen, die die Sozialleistungen bestimmen. Seine Wirkung war in der Vergangenheit nicht so stark, dass es zur allgemeinen Reduzierung des Gesamtumfangs der Sozialausgaben kam. Um die Entwicklung der Sozialausgaben zu verstehen, ist die Sozialpolitik im Spannungsfeld von sozialpolitischem Bedarf und vorhandenen Finanzierungsmöglichkeiten zu analysieren.

In den meisten Industrieländern ist der Bedarf an Absicherung durch staatliche Sozialleistungen in den letzten Jahrzehnten gewachsen. Ursache ist vor allem der wachsende Bevölkerungsanteil alter Menschen und in manchen Ländern die Zunahme der Arbeitslosigkeit. Die Zunahme des Bevölkerungsanteils alter Menschen wird voraussichtlich auch in der Zukunft anhalten.

Die gesetzlichen Regelungen bestimmen normalerweise nicht das Niveau des Sozialbudgets im Ganzen, sondern die Höhe der Sozialleistungen pro Person. Die Leistungen pro Person werden meistens entsprechend der Entwicklung der Löhne oder anderer Größen, die mit der Entwicklung des Bruttoinlandsprodukts eng korreliert sind, angepasst, sodass bei unveränderter Rechtslage der einzelne Sozialleistungsempfänger tendenziell einen konstanten Anteil am Volkseinkommen bzw. Bruttoinlandsprodukt erhält. Dieser Anteil kann mit der standardisierten Sozialleistungsquote in pauschaler Weise international und intertemporal vergleichbar gemacht werden[486]. Würde die Rechtslage und damit die standardisierte Sozialleistungsquote konstant bleiben, müsste die Zunahme des Bevölkerungsanteils potenzieller Sozialleistungsempfänger (z.B. alter Menschen) eine entsprechende Erhöhung des Sozialbudgets, gemessen anhand der (nicht standardisierten) Sozialleistungsquote, bewirken. Dem steht jedoch die begrenzte Zahlungsbereitschaft der produktiven Faktoren der Gesellschaft gegenüber. Diese ist in den letzten beiden Jahrzehnten nicht mit dem sozialpoliti-

[486] Zur Definition der standardisierten Sozialleistungsquote vgl. Kapitel 2.2.2.

schen Bedarf mitgewachsen. Die Sozialleistungsquote ist seit etwa zwanzig Jahren ungefähr konstant geblieben, sodass die standardisierten Sozialleistungsquoten sich schwach rückläufig entwickelt haben. Dies bedeutet, dass auf Grund von Gesetzesänderungen die Bezieher von Sozialleistungen nur unterproportional am Wachstum des Wohlstandes beteiligt werden. Die Sozialleistungsquote hat anscheinend zu Beginn der 80-er Jahre (der Zeit, seit der sie trendmäßig konstant geblieben ist) das Maximum dessen erreicht, was die Nettozahler zu tragen bereit sind. Zu den Ursachen der Begrenzung der Sozialleistungsquote gehören vermutlich interne Faktoren, die nicht auf den internationalen Wettbewerb zurückzuführen sind, wie die Grenzen, die die Funktionsfähigkeit der Märkte im Allgemeinen der sozialstaatlichen Expansion setzt[487]. Diese Grenzen werden nicht weiter, wenn die Zahl der Bedürftigen wächst. Dies ist das sozialpolitische Hauptproblem der alternden Industriegesellschaften.

Zu den Grenzen des Sozialstaats gehört auch der gewachsene Außenhandel, d.h. der Wettbewerb um Absatzmärkte, in dem die Systeme der sozialen Sicherung überwiegend als Kosten der Güteranbieter zu Buche schlagen. Der Effekt des Außenhandels ist nicht sehr stark. Auch ist der Außenhandel in den letzten Jahrzehnten zwar stärker gewachsen als die Produktion, im Vergleich zu den Kapitalströmen aber immer noch recht träge. Sinken jedoch in der Zukunft die Kosten des Handels weiter und verschärft sich dadurch der Wettbewerb um Absatzmärkte, dann kann dies die Sozialleistungen weiter unter Druck setzen. Je mehr der Außenhandel erleichtert wird, desto unwichtiger wird die räumliche Nähe der Produktion zu den Absatzmärkten und desto mehr werden die Unternehmen ihre Standorte nach Kostengesichtspunkten – zum Beispiel nach der Höhe der Steuern und Beiträge – wählen. Somit beschränkt die Zunahme des internationalen Handels die Möglichkeiten der Staaten, Unternehmen an der Quelle zu besteuern. Ist die Möglichkeit einer ersatzweisen Besteuerung immobiler Faktoren begrenzt, dann kann dies eine Senkung der Sozialausgaben erzwingen. Der internationale Handel kann über den mit ihm verbundenen Systemwettbewerb in der Zukunft zur Gefahr für die sozialen Sicherungssysteme werden.

[487] Diese Grenzen wurden im Kapitel 2.4.1 theoretisch diskutiert. Sie werden empirisch dadurch bestätigt, dass die Änderung der Sozialleistungsquote umso geringer ausfällt, je höher ihr Niveau bereits ist.

Ausgehend von dem Werturteil, dass ein sozialpolitisches Umverteilungssystem (in welcher konkreten Form auch immer) wünschenswert ist[488], stellt sich die folgende Frage: Wird bei einer weiteren Zunahme des internationalen Handels die Zeit kommen, in der es zur Erhaltung der Umverteilung notwendig sein wird, die Regierungen systematisch daran zu hindern, eine Reduzierung sozialer Sicherungssysteme als Wettbewerbsinstrument einzusetzen? Wird es notwendig werden, den Systemwettbewerb im Bereich der Sozialpolitik zu unterbinden?

Bei der Betrachtung der Sozialpolitik ist eine Differenzierung notwendig. So kann nicht jede Umverteilung mit den Argumenten aus Kapitel 2.1 als sinnvoll bewertet werden. Deshalb versprechen sich viele Sozialstaatskritiker vom internationalen Wettbewerb den Abbau solcher Umverteilungssysteme, die sich nicht aus den dort erörterten verteilungspolitischen Idealen oder zur Behebung eines Marktversagens auf Versicherungsmärkten herleiten lassen[489]. Diese Frage wurde am Ende von Kapitel 4.1.1 diskutiert: Der Systemwettbewerb (hier vor allem ausgelöst durch den Wettbewerb um Absatzmärkte) verengt die Spielräume zur Umverteilung unabhängig davon, ob diese gut oder schlecht begründet ist. Natürlich mischen sich in diese Diskussion immer auch grundsätzliche Meinungsunterschiede über das wünschenswerte Ausmaß der Sozialstaatlichkeit und die Interessenkonflikte zwischen Verteilungskoalitionen. Vermutlich können gut organisierte Gruppen angesichts verschärftem internationalen Wettbewerb ihre Transfereinkommen noch am besten verteidigen. Die gut organisierten Gruppen sind jedoch nicht notwendigerweise deckungsgleich mit den Zielgruppen, die der Sozialstaat auf Grund der Argumente des Kapitels 2.1 haben sollte. Es kann nicht ausgeschlossen werden, dass in der Zukunft der zunehmende internationale Wettbewerb um Absatzmärkte zum Problem auch für die als sinnvoll angesehene Umverteilung wird.

Der naheliegende und gelegentlich vorgeschlagene Ausweg läge in einer internationalen Koordination der Sozialpolitik. Eine internationale Zentralisierung oder Harmonisierung der Sozialpolitik würde den Systemwettbewerb zwischen Staaten in diesem Feld wirksam ausschalten. Insbesondere für die Europäische Union wird deshalb oft eine Harmonisierung der Sozialpolitik vorgeschlagen[490]. Mit einer Harmonisierung wäre die Gefahr eines Abbaus des Sozialstaats durch den Systemwettbewerb gebannt.

---

488 Vgl. Kapitel 2.1.
489 Vgl. zum Beispiel Siebert (1998), S. 59 f.
490 Vgl. Heise/Küchle (1996), S. 242 f.

Eine Fülle von Argumenten wird gegen den Vorschlag einer europäischen Harmonisierung der Sozialpolitik vorgebracht. So haben die verschiedenen europäischen Länder sehr unterschiedliche sozialpolitische Traditionen. Ähnlich der Argumentation Esping-Andersens wird darauf hingewiesen, dass sich die sozialen Sicherungssysteme der Länder nicht nur im Umfang des Sozialbudgets, sondern auch qualitativ beträchtlich unterscheiden. Beispielsweise beruhen die Sozialsysteme in Nordeuropa meistens auf dem Prinzip einer umfassenden Staatsbürgerversorgung, in Mitteleuropa dagegen eher auf dem Prinzip der Versicherung einzelner Statusgruppen. Eine europäische Harmonisierung würde solche nationalen Differenzen einebnen und so nationale Unterschiede der Präferenzen für bestimmte Sozialsysteme nicht mehr berücksichtigen[491].

Der Begriff der „nationalen Präferenzen" ist gerade in der Sozialpolitik sehr problematisch, da es bei der Umverteilung von Einkommen in der Regel innerhalb der Gesellschaften gegensätzliche Interessen gibt und keine national einheitliche Präferenz vorausgesetzt werden kann. Dennoch stößt jeder Versuch der Harmonisierung auf den hohen Grad an Pfadabhängigkeit der Sozialpolitik und kann daher faktisch nur schwer realisiert werden[492].

Durch eine Harmonisierung der Sozialpolitik würden die positiven Wirkungen des Systemwettbewerbs als Entdeckungsverfahren und als Mittel zur Begrenzung politischer Macht verschwinden. Es wäre nicht mehr möglich, die Ausgestaltung unterschiedlicher Sozialsysteme miteinander zu vergleichen und aus Fehlern und Erfolgen in anderen Ländern zu lernen[493].

In der Diskussion über die Folgen des Systemwettbewerbs wird deshalb immer wieder nach Lösungen gesucht, bei denen die Erhaltung der Umverteilung mit dem Systemwettbewerb als Entdeckungsverfahren vereinbar gemacht werden soll. So schlägt Busch vor, im Rahmen internationaler Koordination für die Länder (vom Entwicklungsstand abhängige länderspezifische) „Korridore" für Sozialleistungsquoten festzulegen, innerhalb dieser Vorgaben aber den nationalen Regierungen freie Hand bei der qualitativen Ausgestaltung der Sozialsysteme zu lassen[494]. Der Systemwettbewerb bezöge sich nur noch auf qualitative, nicht mehr auf quantitative Aspekte der Umverteilung. Problematisch ist

[491] Vgl. Boeri (2002), S. 3-8. Boeri identifiziert in der Tradition Esping-Andersens (1990) verschiedene Sozialstaats-Typen innerhalb der EU. Zu den Perspektiven einer europäischen Sozialpolitik angesichts der national sehr unterschiedlichen Sozialsysteme vgl. Zeddies (2003).

[492] Vgl. Boeri (2002), S. 9.

[493] Vgl. Oberender/Zerth (2001), S. 510, 523.

[494] Vgl. Busch (1998) und (1999).

dabei vor allem, dass die Höhe der Sozialleistungsquoten nach dem ökonomischen Entwicklungsstand und nicht nach dem sozialpolitischen Bedarf festgelegt wird. So müssten Länder mit einer geringen Altenquote dennoch die gleichen Sozialleistungsquoten haben wie Länder mit gleichem Entwicklungsstand, aber einer hohen Altenquote. Der Vorschlag greift zugleich tief in die nationale Zuständigkeit für die Sozialpolitik ein und dürfte innerhalb der EU deshalb kaum durchsetzbar sein.

Apolte schlägt vor, die Kapitalbesteuerung nach dem Wohnsitzlandprinzip durchzusetzen[495]. Die Einführung von Kontrollmitteilungen bei der Zinsbesteuerung innerhalb der Europäischen Union im Jahr 2005 geht in diese Richtung. Hintergrund ist die Erkenntnis, dass die Steuerzahler wesentlich immobiler sind als ihr Kapital. Die Auswahl eines Unternehmensstandortes wäre dann auch bei den Branchen, deren Güter international gehandelt werden, nicht mehr durch das Streben nach Steuerersparnis bestimmt, zugleich bliebe die Kapitaleinkommensbesteuerung erhalten. Die Besteuerung der Unternehmensgewinne nach dem Wohnsitzlandprinzip stößt an eine Grenze bei den nicht an die Anteilseigner ausgeschütteten Gewinnen. Diese können vermutlich nur an der Quelle besteuert werden, sodass sie potenziell im Systemwettbewerb herunterkonkurriert werden könnten. Der Vorteil des Wohnsitzlandprinzips besteht darin, dass es – anders als der Vorschlag von Busch – die Steuerautonomie der Staaten nur wenig antastet. Zugleich wird an Strukturelemente aktueller Steuersysteme angeknüpft, in denen das Wohnsitzlandprinzip oft bereits de jure gilt, aber vor allem durch die Steuerhinterziehung (angesichts eines Mangels an internationaler Zusammenarbeit der Steuerbehörden) in Frage gestellt wird.

Hans-Werner Sinn schlägt vor, die Körperschaftsteuern durch eine Cash-Flow-Steuer zu ersetzen[496]. Kern dieser Idee ist es, die steuerrechtliche Sofortabschreibung der Investitionen einzuführen. Dadurch würden nicht nur der Ersatz abgeschriebener Produktionsanlagen, sondern auch die Erweiterungsinvestitionen von der Steuer abgesetzt werden können. Umgekehrt würden jedoch Desinvestitionen, etwa die Verkaufserlöse bei der Auflösung von Produktionsstätten, besteuert. In der Folge könnten Unternehmen ihr Produktivkapital nur ins Ausland verlagern, wenn sie am bisherigen Standort dafür Steuern zahlen.

Auch bei den Sozialbeiträgen, die teilweise von den Arbeitgebern gezahlt werden, erzeugt der Außenhandel einen Druck zum Abbau. Soweit die Beiträge zu den Sozialsystemen vom Arbeitgeber zu tragen sind, kann ihre Erhöhung die

[495] Vgl. Apolte (1999), S. 37 f.
[496] Vgl. H.W. Sinn (1995), S. 244 f.

Wettbewerbsfähigkeit der inländischen Unternehmen gegenüber ausländischen Konkurrenten verschlechtern. Der internationale Handel kann deshalb die Möglichkeit der Erhebung von Sozialbeiträgen einschränken[497]. Eine nach dem Wohnsitzland erhobene Einkommensteuer erscheint der bessere Weg zur Beteiligung wohlhabender Kapitaleigentümer an den Kosten der Umverteilung zu sein.

Sollte der Druck, den der internationale Wettbewerb um Absatzmärkte auf die Sozialleistungen ausübt, in der Zukunft so stark zunehmen, dass er zur relevanten Gefährdung nicht nur der unerwünschten, sondern auch der erwünschten Umverteilung wird, stehen also eine Reihe von Möglichkeiten zur Verfügung, um das System der Umverteilung zu erhalten, ohne dass zu dem weitreichenden Mittel einer internationalen Harmonisierung gegriffen werden muss.

---

[497] Empirisch wurde dies von Swank (1998) belegt (vgl. Kapitel 4.2.2. b).

Tabelle A1: Ergebnisse von Studien zur Beeinflussung der Sozialleistungen durch verschiedene Faktoren

Positiver Einfluss: +, negativer Einfluss: –.
Signifikanzniveaus: (ohne) > 10 %, * < 10 %, ** < 5 %, *** < 1 %.

Studien	Abhängige Variablen	Länder und Zeiträume	Unabhängige Variablen												
			Arbeitslosigkeit	Bevölkerungsanteil alter Menschen	Föderalismus (z.T. in institut. Indizes)	Außenhandel	Kapitalmobilität	Offenheit für Finanztransaktionen	Jährliches Wachstum des BIP bzw. Einkommens	Längerfrist. Wachstum bzw. Pro-Kopf-Eink.	Sonstige Variablen	Regierungsbeteiligung linker Parteien	Regierungsbeteiligung christl.-dem. Parteien	Gewerkschaftsmacht / Korporatismus	Soz.-Niveau am Anfang od. zuvor
Zöllner (1963)	Soz.-quote nach ILO	Für nicht-landw. Arbeitn. Querschnittsanalyse für 33 Länder 1957	/+/ (Sig. nicht berechnet)	//+ (Sig. nicht berechnet)							Arbeitnehmer außerhalb der Landwirtschaft +***//				
Wilensky (1975)	Soz.-quote nach ILO	Bivariate Korrelationen für 60/14/22 Länder 1966		+**/ +**/ +**						+**/ +/ +**					

Fortsetzung nächste Seite

Fortsetzung Tabelle A1

Studien	Abhängige Variablen	Länder und Zeiträume	Unabhängige Variablen												
			Arbeitslosigkeit	Bevölkerungsanteil alter Menschen	Föderalismus (z.T. in institut. Indizes)	Außenhandel	Kapitalmobilität	Offenheit für Finanztransaktionen	Jährliches Wachstum des BIP bzw. Einkommens	Längerfrist. Wachstum bzw. Pro-Kopf-Eink.	Sonstige Variablen	Regierungsbeteiligung linker Parteien	Regierungsbeteiligung christl.-dem. Parteien	Gewerkschaftsmacht / Korporatismus	Soz.-Niveau am Anfang od. zuvor
Pampel/ Williamson (1988) und (1989)	Soz.-quote nach ILO	18 Länder, jedes 5. Jahr 1950-80	+**/ –	+***/ +**		+/ –				+***/ +	Rechte Parteien –/ –	–/ +		+/ –	/ +***
	Soz.-quote nach ILO	18 Länder, jedes 5. Jahr 1950-80			–/–***										
Esping-Andersen (1990)	Sozialleistungsquote	Bivariate Regressionen – Querschnittsanalysen für 1933/ 1950/ 1977		+/ +***/ +***						+/ –/ +		+/ +/ +	+/ +/ +		
*Hicks/ Swank (1992)	Soz.-quote mit ILO-Daten	18 Industrieländer 1960-1982	(+***)/ +***/	(+***)/ +***/ +***	(–***)/ –***/ –***	(+***)/ +***/				(+***)/ +***/ +***		(+**)/ +***/ +		+***	

Fortsetzung nächste Seite

Fortsetzung Tabelle A1

Studien	Abhängige Variablen	Länder und Zeiträume	Unabhängige Variablen												
			Arbeitslosigkeit	Bevölkerungsanteil alter Menschen	Föderalismus (z.T. in institut. Indizes)	Außenhandel	Kapitalmobilität	Offenheit für Finanztransaktionen	Jährliches Wachstum des BIP bzw. Einkommens	Längerfrist. Wachstum bzw. Pro-Kopf-Eink.	Sonstige Variablen	Regierungsbeteiligung linker Parteien	Regierungsbeteiligung christl.-dem. Parteien	Gewerkschaftsmacht / Korporatismus	Soz.-Niveau am Anfang od. zuvor
*Hicks/ Misra (1993)	Soz.-quote mit ILO-Daten	18 Länder 1960-82	+**	+***	–***					+**		+**		+***	
	Änderung der Soz.-quote mit ILO-Daten	18 Länder 1960-82 in der 2. Regression z.T. Teil-Zeiträume berücksichtigt	+***/ +***	+***/ +***	–***/ –***				+**/ nach 1974: +***			+**/ nach 1974: +***		+***	–***/ –***
*Huber/ Ragin/ Stephens (1993)	Soz. transferquote nach OECD	17 Industrieländer 1956-1988	+***/ +***/ +***/ +***	+***/ +***/ +***/ +	–***/ –/ –***/ –*	+/ +***/ +/ +***				+***/ +***/ +***/ +***		–*/ +***/ –**/ +***	+***/ +***/ +***/ +***		
	Soz.-quote mit ILO-Daten	17 Industrieländer 1956-1988	+***/ +***/ +***/ +***	+***/ +***/ +***/ +***	–***/ –**/ –***/ –**	+/ –/ +/ –				+***/ +***/ +***/ +***		+**/ +***/ +*/ +***	+***/ +***/ +***/ +***		

Fortsetzung nächste Seite

Fortsetzung Tabelle A1

Studien	Abhängige Variablen	Länder und Zeiträume	Unabhängige Variablen												
			Arbeitslosigkeit	Bevölkerungsanteil alter Menschen	Föderalismus (z.T. in institut. Indizes)	Außenhandel	Kapitalmobilität	Offenheit für Finanztransaktionen	Jährliches Wachstum des BIP bzw. Einkommens	Längerfrist. Wachstum bzw. Pro-Kopf-Eink.	Sonstige Variablen	Regierungsbeteiligung linker Parteien	Regierungsbeteiligung christl.-dem. Parteien	Gewerkschaftsmacht / Korporatismus	Soz.-Niveau am Anfang od. zuvor
Iversen (1996)	Änderung aller staatl. Transfers an private Haushalte	15 OECD-Länder 1961-93 11 jeweils 3-jährige Teilzeiträume	–			+ und +	+		–***	–	„Automatische Transfers" +***	–		–	–***
Lindert (1996)	Soz.-quote nach OECD-	19 Länder 1962-81 5 je 4-jährige Teilzeiträume		+***						–					
*Swank (1996)	Soz.-quote nach OECD-	15 Industrieländer 1965-1995/ 1965-1995/ 1979-1995/ 1979-95	+***/ +***/ +***/ +***	+***/ +***/ +**/ +**	–***/ –***/ –***/ –***	+/ +/ +/ +	+/ +/ +/ +		–***/ –***/ –***/ –***	+***/ +***/ +***/ +***		–/ –/ –/ –	–/ –/ –/ –	+**/ +***/ +***/ +***	

Fortsetzung nächste Seite

Fortsetzung Tabelle A1

Studien	Abhängige Variablen	Länder und Zeiträume	Unabhängige Variablen												
			Arbeitslosigkeit	Bevölkerungsanteil alter Menschen	Föderalismus (z.T. in institut. Indizes)	Außenhandel	Kapitalmobilität	Offenheit für Finanztransaktionen	Jährliches Wachstum des BIP bzw. Einkommens	Längerfrist. Wachstum bzw. Pro-Kopf-Eink.	Sonstige Variablen	Regierungsbeteiligung linker Parteien	Regierungsbeteiligung christl.-dem. Parteien	Gewerkschaftsmacht / Korporatismus	Soz.-Niveau am Anfang od. zuvor
(*) Quinn (1997)	Änderung der Soz.-quote nach IWF	Querschnittsanalyse für 30 Länder, 1974-89					+***			–					+
Rodrik (1997)	Soz.-quote nach OECD-	14 OECD-Länder 1966-91				–*/ –***	/+			–***/ –***					
M. Schmidt (1997)	Soz.-quote nach OECD	18 OECD-Länder 1960-92	+***/ +***	+***/ +***	–***/ –***	+**/			/–***			+***/ +**	+***/ +***		/+***
	Soz.-quote nach ILO	Querschnittsanalyse, 90 Länder 1989		+***	–*						Arbeitnehmer außerhalb der Landwirtsch. +**	+***			
Busch (1998) und (1999)	Soz.-quote nach Eurostat	Querschnittsanalyse, 11 EU-Länder 1993								+***					

Fortsetzung nächste Seite

Fortsetzung Tabelle A1

Studien	Abhängige Variablen	Länder und Zeiträume	Unabhängige Variablen												
			Arbeitslosigkeit	Bevölkerungsanteil alter Menschen	Föderalismus (z.T. in institut. Indizes)	Außenhandel	Kapitalmobilität	Offenheit für Finanztransaktionen	Jährliches Wachstum des BIP bzw. Einkommens	Längerfrist. Wachstum bzw. Pro-Kopf-Eink.	Sonstige Variablen	Regierungsbeteiligung linker Parteien	Regierungsbeteiligung christl.-dem. Parteien	Gewerkschaftsmacht / Korporatismus	Soz.-Niveau am Anfang od. zuvor
Hicks/ Kenworthy (1998)	Staatl. Transfers in % des BIP nach OECD Hist. Stat. im mehrjährig. Durchschnitt	18 Länder, jeweils Durchschnitte für 1960-67, 68-73, 74-79, 80-89 (N = 72 / 68)	+***/ +***	+***/ +***								–/ +	+***/ +***	+***/ +***	
*Castles (1999)	Soz.-quote (1993) minus Soz.-quote (1960) nach OECD	Querschnittsanalyse für 17 Länder 1960-1993.		+***////	/–***/ bzw. –**/ bzw. –***/ bzw. –**					/–***///	Rechte Reg.beteiligung 1960-1993 –***				
Hicks (1999)	Soz.-quote nach ILO	18 Länder 1960-1989	+***	+***	–***	+***				+***		–	–	+***	

Fortsetzung nächste Seite

Fortsetzung Tabelle A1

Studien	Abhängige Variablen	Länder und Zeiträume	Unabhängige Variablen												
			Arbeitslosigkeit	Bevölkerungsanteil alter Menschen	Föderalismus (z.T. in institut. Indizes)	Außenhandel	Kapitalmobilität	Offenheit für Finanztransaktionen	Jährliches Wachstum des BIP bzw. Einkommens	Längerfrist. Wachstum bzw. Pro-Kopf-Eink.	Sonstige Variablen	Regierungsbeteiligung linker Parteien	Regierungsbeteiligung christl.-dem. Parteien	Gewerkschaftsmacht / Korporatismus	Soz.-Niveau am Anfang od. zuvor
Iversen/ Cusack (2000)	Änderung aller staatlichen Transfers an Haushalte	15 Länder 1961-1993				– und +**	+ und +		–***		„Automatische Transfers“: +***	–/+		+	–***
Kittel/ Obinger/ Wagschal (2000)	Höhe der Soz.-quote nach ILO	18 Länder 1960-1989	(+***)/ –	(+***)/ +	(–***)/ –	(+***)/ +				(+***)/ –		(–**)/ –	(+***)/ +		/+***
	Änderung der Soz.-quote nach ILO	18 Länder 1960-1989 ohne / mit Perioden-Dummies	+***/ +	+**/ +*	– –	– –			–/ –***			–/ –	+/ +		

Fortsetzung nächste Seite

Fortsetzung Tabelle A1

Studien	Abhängige Variablen	Länder und Zeiträume	Unabhängige Variablen												
			Arbeitslosigkeit	Bevölkerungsanteil alter Menschen	Föderalismus (z.T. in institut. Indizes)	Außenhandel	Kapitalmobilität	Offenheit für Finanztransaktionen	Jährliches Wachstum des BIP bzw. Einkommens	Längerfrist. Wachstum bzw. Pro-Kopf-Eink.	Sonstige Variablen	Regierungsbeteiligung linker Parteien	Regierungsbeteiligung christl.-dem. Parteien	Gewerkschaftsmacht / Korporatismus	Soz.-Niveau am Anfang od. zuvor
Kittel/ Obinger/ Wagschal (2000) (Fortsetzung)	Durchschnittliche Soz.-quote nach ILO (bis 1989) bzw. OECD (1990-95)	18 Länder 4 Querschnittsanalysen 1960-69/ 70-79/ 80-89/ 90-95	–/ +**/ –/ +	–/ +/ –/ +**	–**/ –**/ –**/ +					+**/ +**/ –/ +		+/ –/ –**/ +	+**/ +/ –**/ +		+**/ +**/ +**/ +**
	Durchschnittliche Änderung der Soz.-quote nach ILO (bis 1989) bzw. OECD (1990-95)	18 Länder 4 Querschnittsanalysen 1960-69/ 70-79/ 80-89/ 90-95	–/ –/ +/ +**	+/ –/ +/ –	–/ –**/ +/ +**					–/ +/ +/ +**		+**/ –/ –/ +	+**/ –/ –/ –		–**/ –/ +/ –

Fortsetzung nächste Seite

Fortsetzung Tabelle A1

Studien	Abhängige Variablen	Länder und Zeiträume	Unabhängige Variablen												
			Arbeitslosigkeit	Bevölkerungsanteil alter Menschen	Föderalismus (z.T. in institut. Indizes)	Außenhandel	Kapitalmobilität	Offenheit für Finanztransaktionen	Jährliches Wachstum des BIP bzw. Einkommens	Längerfrist. Wachstum bzw. Pro-Kopf-Eink.	Sonstige Variablen	Regierungsbeteiligung linker Parteien	Regierungsbeteiligung christl.-dem. Parteien	Gewerkschaftsmacht / Korporatismus	Soz.-Niveau am Anfang od. zuvor
Vaubel (2000)	Sozialleistungsquote nach OECD, Durchschnitte für die jeweiligen Zeiträume	22 OECD-Länder Querschnittsanalyse für 1990-97			/ / –/ –/ –***/ –**/ –	+*/ / / +/ +/ –/ –	/ –/ / –/ –*/ –**/ –				Bevölkerungsdichte: //// +**/ +***	/ / / / +***/ +***/ +***/			
		22 OECD-Länder, kombinierte Zeitreihen-Querschnittsanalyse für 1984-1989, 1990-1995			–	+**	–				Bevölkerungsdichte: +	+***			

Fortsetzung nächste Seite

Fortsetzung Tabelle A1

Studien	Abhängige Variablen	Länder und Zeiträume	Unabhängige Variablen												
			Arbeitslosigkeit	Bevölkerungsanteil alter Menschen	Föderalismus (z.T. in institut. Indizes)	Außenhandel	Kapitalmobilität	Offenheit für Finanztransaktionen	Jährliches Wachstum des BIP bzw. Einkommens	Längerfrist. Wachstum bzw. Pro-Kopf-Eink.	Sonstige Variablen	Regierungsbeteiligung linker Parteien	Regierungsbeteiligung christl.-dem. Parteien	Gewerkschaftsmacht / Korporatismus	Soz.-Niveau am Anfang od. zuvor
Wagschal (2000)	Soz.-quote nach OECD	Querschnittsanalyse für 21 bzw. 23 OECD-Länder 1995		+***/ / +***/	/ –/ /					–***/ –**/ –*/ –***		/ +**/ /	/ +*/ /		
	Änderung der Soz.-quote 1980-95 nach OECD	21 bzw. 22 OECD-Länder, Querschnittsanalyse für 1980-95	/ / +***/ +***	+*/ / / +**	+/ / / +			/ –/ /		/ / –/		/ +/ /			–**/ / –***/ –***
Castles (2001)	Änderung der Soz.-quote 1984-97 nach OECD/ SOCX	19 OECD-Länder, Querschnittsanalyse für 1984-97	+***			–				–					–**

Fortsetzung nächste Seite

Fortsetzung Tabelle A1

Studien	Abhängige Variablen	Länder und Zeiträume	Unabhängige Variablen												
			Arbeitslosigkeit	Bevölkerungsanteil alter Menschen	Föderalismus (z.T. in institut. Indizes)	Außenhandel	Kapitalmobilität	Offenheit für Finanztransaktionen	Jährliches Wachstum des BIP bzw. Einkommens	Längerfrist. Wachstum bzw. Pro-Kopf-Eink.	Sonstige Variablen	Regierungsbeteiligung linker Parteien	Regierungsbeteiligung christl.-dem. Parteien	Gewerkschaftsmacht / Korporatismus	Soz.-Niveau am Anfang od. zuvor
Garrett/ Mitchell (2001)	Soz.-transferquote aus OECD Historical Statistics	18 Industrieländer 1961-1993	+***	+***		–***	–		–***			0	–		+***
Huber/ Stephens (2001)	Soz.-quote nach ILO	16 Industrieländer 1960-1985	+***/ (+***)/ (+***)/ (+***)/ (+***)/ (+***)	+***/ (+***)/ (+)/ (+)/ (+**)/ (+***)	–***/ (–***)/ (–)/ (–)/ (–***)/ (–*)	+/ (+)/ (–)/ (–)/ (–)/ (+)	–/ (–)/ (–)/ (–)/ (–)/ (–)			+***/ / / (+*)/ (+*)/ (+***)		+**/ (+)/ (+*)/ (+***)/ (+*)/	+***/ (+**)/ (+)/ (+***)/ (+***)/ (+*)	/ / / / /(+)	/ / / / (+**)/
	Soz.-transferquote nach OECD		+***	+***	–***	–	–			+**		+	+***		

Fortsetzung nächste Seite

Fortsetzung Tabelle A1

Studien	Abhängige Variablen	Länder und Zeiträume	Unabhängige Variablen												
			Arbeitslosigkeit	Bevölkerungsanteil alter Menschen	Föderalismus (z.T. in institut. Indizes)	Außenhandel	Kapitalmobilität	Offenheit für Finanztransaktionen	Jährliches Wachstum des BIP bzw. Einkommens	Längerfrist. Wachstum bzw. Pro-Kopf-Eink.	Sonstige Variablen	Regierungsbeteiligung linker Parteien	Regierungsbeteiligung christl.-dem. Parteien	Gewerkschaftsmacht / Korporatismus	Soz.-Niveau am Anfang od. zuvor
Kemmerling (2001)	Netto-Soz.-quote nach Adema	Bivariate Korrelationen: Querschnittsanalyse, 13 Länder 1995		+*		+				+		+			
	Soz.-quote nach OECD-Zahlen	Bivariate Korrelationen: Querschnittsanalyse, 13 Länder 1995		+*		+*				+		+**			
*Castro nova (2002)	Soz.-quote nach CWS (ILO)	19 Länder 1960-1994	+***	+**		+*					Ginikoeffizient –**	–		+	

Fortsetzung nächste Seite

Fortsetzung Tabelle A1

Studien	Abhängige Variablen	Länder und Zeiträume	Unabhängige Variablen												
			Arbeitslosigkeit	Bevölkerungsanteil alter Menschen	Föderalismus (z.T. in institut. Indizes)	Außenhandel	Kapitalmobilität	Offenheit für Finanztransaktionen	Jährliches Wachstum des BIP bzw. Einkommens	Längerfrist. Wachstum bzw. Pro-Kopf-Eink.	Sonstige Variablen	Regierungsbeteiligung linker Parteien	Regierungsbeteiligung christl.-dem. Parteien	Gewerkschaftsmacht / Korporatismus	Soz.-Niveau am Anfang od. zuvor
Kittel/ Obinger (2002)	Soz.-quote nach OECD (Tab. 3)	21 Industrieländer 1980-97	–	+**	–**	–***			–**			+**	+***		+***
	Jährliche Änderung der Soz.-quote nach OECD/ SOCX (Tab. 5, 7, 8, 10)	21 Industrieländer 1980-97/ 1980-97/ 1980-97/ 1980-97/ 1980-97/ 1982-97/ 1982-89/ 1990-97/ 1982-89/ 1990-97/ 1982-97/ 1982-89/ 1990-97	+***/ +***/ / +***/ +***/ +***/ +***/ +***/ +***/ +***/ +***/ +***/ +***	+***/ +***/ / +***/ +***/ +***/ +**/ +*/ +**/ +/ +***/ +**/ +*	–*/ / –/ –*/ –***/ –/ –*/ –/ –*/ –/ –*/ –***/ –	–**/ –/ / –**/ –***/ –/ –/ –/ –/ –/ –**/ –**/ –			+/ +/ / +*/ +/ +/ +/ +/ +/ +/ +/ +/ +*		Reg.-beteiligung konservativer Parteien ///// –**/ –/ –*/ ////	+/ / +*/ +/ –/ / / / +/ +/ +/ /	+**/ +/ +**/ +***/ / / / +*/ +/ / /		–***/ –***/ –***/ –***/ –***/ –***/ –***/ –**/ –***/ –***/ –***/ –***/ –**

Fortsetzung nächste Seite

Fortsetzung Tabelle A1

Studien	Abhängige Variablen	Länder und Zeiträume	Unabhängige Variablen												
			Arbeitslosigkeit	Bevölkerungsanteil alter Menschen	Föderalismus (z.T. in institut. Indizes)	Außenhandel	Kapitalmobilität	Offenheit für Finanztransaktionen	Jährliches Wachstum des BIP bzw. Einkommens	Längerfrist. Wachstum bzw. Pro-Kopf-Eink.	Sonstige Variablen	Regierungsbeteiligung linker Parteien	Regierungsbeteiligung christl.-dem. Parteien	Gewerkschaftsmacht / Korporatismus	Soz.-Niveau am Anfang od. zuvor
Kittel/ Obinger (2002) (Fortsetzung)	Durchschnittl. jährl. Änderung der Soz-quote im ganzen Zeitraum (Tab. 12)	Querschnittsanalyse für 21 Industrieländer 1980-1997	+*/ +*/ +**/ +*/ / / +*	+**/ +**/ +**/ +**/ / / +**		/ / / / / / –				/ / / / –**/ –**/	Reg.beteiligung konservativer Parteien –**/// –*/ /	/ +*/ / / / +**/ +	/ / –/ / / /		–***/ –***/ –***/ –***/ –***/ –***/ –***
	Netto-Soz.-quote nach Adema (Tabelle 13)	Querschnittsanalyse für 13 Länder 1995									Reg.beteiligung konservativer Parteien –//	/+/	//+		
Siegel (2002)	Änderung der Soz.-quote nach OECD	22 Länder 1980-1995	+***/ +***/ +***/ +***/ +***	+/ +/ +**/ +/ +	–***/ –**/ –/ –***/ –	–/ –/ –/ –*/ –**		+**/ +**/ +**/ +*/ +**	–*/ –*/ –**/ –**/ –***			+**/ +**/ +*/ +***/ +**/	+/ +/ +***/ +/ +***		–***/ –***/ –***/ –***/ –***

Fortsetzung nächste Seite

Fortsetzung Tabelle A1

Studien	Abhängige Variablen	Länder und Zeiträume	Unabhängige Variablen												
			Arbeitslosigkeit	Bevölkerungsanteil alter Menschen	Föderalismus (z.T. in institut. Indizes)	Außenhandel	Kapitalmobilität	Offenheit für Finanztransaktionen	Jährliches Wachstum des BIP bzw. Einkommens	Längerfrist. Wachstum bzw. Pro-Kopf-Eink.	Sonstige Variablen	Regierungsbeteiligung linker Parteien	Regierungsbeteiligung christl.-dem. Parteien	Gewerkschaftsmacht / Korporatismus	Soz.-Niveau am Anfang od. zuvor
Siegel (2002) (Fortsetzung)	Änderung der Soz.-quote nach OECD insgesamt im Zeitraum 1980-95	Querschnittsanalyse für 22 bzw. 19 Länder 1980-1995	+/ +*	+/ +	–*/ –					–/ –		+/ +			–***/ –***
	Niveau der Soz.-quote nach OECD 1995	Querschnittsanalyse für 22 bzw. 19 Länder	+/ +*	+/ +	–*/ –					–/ –		+/ +			+***/ +***
(*) Swank (2002a)	Soz.-quote nach OECD	16 europäische Länder 1979-1995	+*** / +***/ +***	+**/ + / +**		/ –(**) /	+ / /	+** / +** / +**	–*** / –*** / –***	+*** / +*** / +***		– / + / –	+ / – / +		

Fortsetzung nächste Seite

Fortsetzung Tabelle A1

Studien	Abhängige Variablen	Länder und Zeiträume	Unabhängige Variablen												
			Arbeitslosigkeit	Bevölkerungsanteil alter Menschen	Föderalismus (z.T. in institut. Indizes)	Außenhandel	Kapitalmobilität	Offenheit für Finanztransaktionen	Jährliches Wachstum des BIP bzw. Einkommens	Längerfrist. Wachstum bzw. Pro-Kopf-Eink.	Sonstige Variablen	Regierungsbeteiligung linker Parteien	Regierungsbeteiligung christl.-dem. Parteien	Gewerkschaftsmacht / Korporatismus	Soz.-Niveau am Anfang od. zuvor
*Swank (2002b)	Soz.-quote nach OECD	15 Länder 1965-93 im 4. Fall 1979-93	+*** / +*** / +*** / +*** / +***	+*** / +*** / +*** / +*** / +***	–*** / –*** / –*** / –*** / –***	+*/** / +*/** / +*/** / +*/** / +*/**	/ + / + / +(*) / –	+***	–*** / –*** / –*** / –*** / –***	+*** / +*** / +*** / +*** / +***		– / – / – / – / +	+ / + / + / + / –	+** / +** / +** / +** / +***	+*** / +*** / +*** / +*** / +***
Dreher (2004)	Soz.-quote nach OECD	25/27/29 Länder, Fünfjahres-Durchschnitte 1970-2000	+*** / +*** / +***	+ / – / –					–*** / –** (*)/ – (*)		Globalisierungsindex: – / – / Ökonom. Integration: –	– / + / +			/ +(**)/ +(*)

Bei Zöllner (1963) wurde für die Arbeitnehmerquote und bei Busch (1998/1999) für das BIP pro Kopf das Signifikanzniveau von mir selbst berechnet. Bei Studien, die keine oder ungenauere Signifikanzniveaus nennen, wird ersatzweise die t-Statistik verwendet: (ohne) < 1,75, * > 1,75, ** > 2,25, *** > 2,75 (dies betrifft die mit * markierten Studien). Bei der Studie von Wilensky (1975) wird nur unterschieden, ob das Signifikanzniveau kleiner als 5% ist oder nicht, da keine anderen Angaben vorhanden sind. Bei Zöllner (1963) wurden für Alte und Arbeitslose keine Regressionsanalysen gemacht. Bei Esping-Andersen und Kemmerling beruhen die Ergebnisse auf lauter bivariaten Regressionen. Unterschiedliche Ergebnisse nach **Schrägstrichen**: Unterschiedliche Ergebnisse bei unterschiedlichen Spezifikationen bzw. Anwendung unterschiedlicher Schätzverfahren. Ist vor oder nach einem Schrägstrich nichts eingetragen, wurde die entsprechende Größe in der Regression nicht als unabhängige Variable verwendet. **Angaben in Klammern** sind Ergebnisse von Regressionen, die von den Autoren nicht präferiert werden.

Tabelle A2: Spezifikationen der Studien zur Beeinflussung der Sozialleistungen durch verschiedene Faktoren

Studien	Abhängige Variablen	Länder und Zeiträume	Unabhängige Variablen												
			Arbeitslosigkeit	Bevölkerungsanteil alter Menschen	Föderalismus (z.T. in institut. Indizes)	Außenhandel	Kapitalmobilität	Offenheit für Finanztransaktionen	Jährliches Wachstum des BIP bzw. Einkommens	Längerfrist. Wachstum bzw. Pro-Kopf-Eink.	Sonstige Variablen	Regierungsbeteiligung linker Parteien	Regierungsbeteiligung christl.-dem. Parteien	Gewerkschaftsmacht / Korporatismus	Soz.-Niveau am Anfang od. zuvor
Zöllner (1963)	Soz.-quote nach ILO	Für nicht-landw. Arbeitn. Querschnittsanalyse für 33 Länder 1957	Arbeitslosenquote	Relation der Personen ab 65 zur Bevölkerung von 15 bis 65							Bevölkerungsanteil der nichtlandwirt. Arbeitnehmer (incl. Arbeitslose)				
Wilensky (1975)	Soz.-quote nach ILO	Bivariate Korrelationen für 60/14/22 Länder 1966		Bevölkerungsanteil der Menschen über 65						Pro-Kopf-BSP zu Faktorkosten					

Fortsetzung nächste Seite

Fortsetzung Tabelle A2

Studien	Abhängige Variablen	Länder und Zeiträume	Unabhängige Variablen												
			Arbeitslosigkeit	Bevölkerungsanteil alter Menschen	Föderalismus (z.T. in institut. Indizes)	Außenhandel	Kapitalmobilität	Offenheit für Finanztransaktionen	Jährliches Wachstum des BIP bzw. Einkommens	Längerfrist. Wachstum bzw. Pro-Kopf-Eink.	Sonstige Variablen	Regierungsbeteiligung linker Parteien	Regierungsbeteiligung christl.-dem. Parteien	Gewerkschaftsmacht / Korporatismus	Soz.-Niveau am Anfang od. zuvor
Pampel/ Williamson (1988) und (1989)	Soz.-quote nach ILO	18 Länder, jedes 5. Jahr 1950-80	Arbeitslosenquote	Bevölkerungsanteil der Menschen über 65		Offenheitsgrad				Bruttonationaleinkommen pro Kopf in konst. Preisen	Anteil rechter Parteien an den Parlamentssitzen aller Regierungsparteien kumuliert ab 1946	Anteil linker Parteien an den Parlamentssitzen aller Regierungsparteien kumuliert ab 1946		Anteil der Gewerkschaftsmitglieder an den Arbeitskräften X Zentralisierungsgrad der Gewerkschaften	Soz.-quote fünf Jahre zuvor
	Soz.-quote nach ILO	18 Länder, jedes 5. Jahr 1950-80			Anteil d. Zentralregierung an den Staatseinnahmen										

Fortsetzung nächste Seite

Fortsetzung Tabelle A2

Studien	Abhängige Variablen	Länder und Zeiträume	Unabhängige Variablen												
			Arbeitslosigkeit	Bevölkerungsanteil alter Menschen	Föderalismus (z.T. in institut. Indizes)	Außenhandel	Kapitalmobilität	Offenheit für Finanztransaktionen	Jährliches Wachstum des BIP bzw. Einkommens	Längerfrist. Wachstum bzw. Pro-Kopf-Eink.	Sonstige Variablen	Regierungsbeteiligung linker Parteien	Regierungsbeteiligung christl.-dem. Parteien	Gewerkschaftsmacht / Korporatismus	Soz.-Niveau am Anfang od. zuvor
Esping-Andersen (1990)	Sozialleistungsquote	Bivariate Regressionen – Querschnittsanalysen für 1933/ 1950/ 1977		Anteil alter Menschen an der Bevölkerung 1930/ 1950/ 1977						BIP pro Kopf 1933/ 1950/ 1977		Gewicht. Anteil linker Parteien an Parlaments- u. Reg.-sitzen 1918-33/ 1918-49/ 1950-76	Kathol. Bev.anteil / ebenso / Stärke katholischer Parteien im Parlament 1950-76		
*Hicks/ Swank (1992)	Soz.-quote mit ILO-Daten	18 Industrieländer 1960-1982	Arbeitslosenquote (t und t-1)	Altenquote in dem Jahr der letzten 5 Jahre mit stärkster Korrelation mit Soz.-ausgaben	Index zum Zentralismus des Staates	Offenheitsgrad des Vorjahres (t-1)				Natürl. Logarithmus des realen BIP pro Kopf im Vorjahr (t-1)		Dummy für führende Rolle linker Parteien in Regierung, Durchschnitt der Jahre t-4 bis t-1		Index zu Gewerkschaftsmitgliedschaft u. Zentralisierung v. Gewerkschaft u. Lohnverhdl.	

Fortsetzung nächste Seite

Fortsetzung Tabelle A2

Studien	Abhängige Variablen	Länder und Zeiträume	Unabhängige Variablen												
			Arbeitslosigkeit	Bevölkerungsanteil alter Menschen	Föderalismus (z.T. in institut. Indizes)	Außenhandel	Kapitalmobilität	Offenheit für Finanztransaktionen	Jährliches Wachstum des BIP bzw. Einkommens	Längerfrist. Wachstum bzw. Pro-Kopf-Eink.	Sonstige Variablen	Regierungsbeteiligung linker Parteien	Regierungsbeteiligung christl.-dem. Parteien	Gewerkschaftsmacht / Korporatismus	Soz.-Niveau am Anfang od. zuvor
*Hicks/ Misra (1993)	Soz.-quote mit ILO-Daten	18 Länder 1960-82	Arbeitslosenquote im Durchschnitt der Jahre t und t-1	Altenquote t-1 (Moving Average der Jahre t-5 bis t-1)	Index zum Zentralismus des Staates					Natürl. Logarithmus des realen BIP pro Kopf im Vorjahr (t-1)		Anteil linker Parteien an den Reg.-Portfolios im Durchschnitt der Jahre t-4 bis t-1		Index zu Gewerkschaftsmitgl. u. Zentralisierung von Gewerkschaft u. Lohnverhandlg.	
	Änderung der Soz.-quote mit ILO-Daten	18 Länder 1960-82 in der 2. Regression z.T. Teil-Zeiträume berücksichtigt	Änderung der Arbeitslosenquote im Durchschnitt der Jahre t und t-1	Niveau der Altenquote t-1 (Moving Average der Jahre t-5 bis t-1)	Änderung des Index zum Zentralismus des Staates				Änderung des natürl. Logarithmus des realen BIP pro Kopf im Vorjahr (t-1)			Änderung d. Anteils linker Parteien an den Reg.-Portfolios im Durchschnitt der Jahre t-4 bis t-1		Änderung des Gewerkschafts-Index	(Änderung der ?) Soz.-quote t-1

Fortsetzung nächste Seite

Fortsetzung Tabelle A2

Studien	Abhängige Variablen	Länder und Zeiträume	Unabhängige Variablen												
			Arbeitslosigkeit	Bevölkerungsanteil alter Menschen	Föderalismus (z.T. in institut. Indizes)	Außenhandel	Kapitalmobilität	Offenheit für Finanztransaktionen	Jährliches Wachstum des BIP bzw. Einkommens	Längerfrist. Wachstum bzw. Pro-Kopf-Eink.	Sonstige Variablen	Regierungsbeteiligung linker Parteien	Regierungsbeteiligung christl.-dem. Parteien	Gewerkschaftsmacht / Korporatismus	Soz.-Niveau am Anfang od. zuvor
*Huber/ Ragin/ Stephens (1993)	Soz. transferquote nach OECD	17 Industrieländer 1956-1988	Arbeitslosenquote	Altenquote	Index zum Einfluss v. Minderheiten mit Teil-Index zu Föderalismus	Offenheitsgrad				BIP pro Kopf in $		Anteil linker Parteien an den Parlamentssitzen aller Regierungsparteien	Anteil chr.-dem. Parteien an den Parlamentssitzen aller Regierungsparteien		
	Soz.-quote mit ILO-Daten	17 Industrieländer 1956-1988													

Fortsetzung nächste Seite

Fortsetzung Tabelle A2

Studien	Abhängige Variablen	Länder und Zeiträume	Unabhängige Variablen												
			Arbeitslosigkeit	Bevölkerungsanteil alter Menschen	Föderalismus (z.T. in institut. Indizes)	Außenhandel	Kapitalmobilität	Offenheit für Finanztransaktionen	Jährliches Wachstum des BIP bzw. Einkommens	Längerfrist. Wachstum bzw. Pro-Kopf-Eink.	Sonstige Variablen	Regierungsbeteiligung linker Parteien	Regierungsbeteiligung christl.-dem. Parteien	Gewerkschaftsmacht / Korporatismus	Soz.-Niveau am Anfang od. zuvor
Iversen (1996)	Änderung aller staatl. Transfers an private Haushalte	15 OECD-Länder 1961-93 11 jeweils 3-jährige Teilzeiträume	Arbeitslosigkeit der Vorperiode (t-1)			Offenheitsgrad der Vorperiode **und** aktuelle Änderung des Offenheitsgrades	Index für Kapitalmarktliberalisierung nach Quinn/ Inclan (1997) in der Vorperiode		„Unerwartetes Wachstum": Reales BIP-pro Kopf-Wachstum minus durchschnittl. BIP-pro-Kopf-Wachstum der Vorperiode	Pro-Kopf-Einkommen in konst. 1985-$ und Kaufkraftparitäten der Vorperiode	„Automat. Transfers": [(Transfers in % d.BIP /Bev.anteil der Alten u. Arbeitslosen) in t-1] X Änderung d. Bev.anteils d. Alten + Arbeitslosen	Index zum Anteil linker Parteien an den Kabinett-Portfolios in der Vorperiode		Index zur Zahl der Gewerkschaftsmitglieder und Zentralisierung v. Lohnverhandlungen (t-1)	Niveau der abhäng. Variable in der Vorperiode
Lindert (1996)	Soz.-quote nach OECD-	19 Länder 1962-81 5 je 4-jährige Teilzeiträume		Relation der über 65-jährigen zu den 20-64-jährigen						Natürl. Log. d. BIP pro Kopf d. 20-64-Jährigen konst. $					

Fortsetzung nächste Seite

Fortsetzung Tabelle A2

Studien	Abhängige Variablen	Länder und Zeiträume	Unabhängige Variablen												
			Arbeitslosigkeit	Bevölkerungsanteil alter Menschen	Föderalismus (z.T. in institut. Indizes)	Außenhandel	Kapitalmobilität	Offenheit für Finanztransaktionen	Jährliches Wachstum des BIP bzw. Einkommens	Längerfrist. Wachstum bzw. Pro-Kopf-Eink.	Sonstige Variablen	Regierungsbeteiligung linker Parteien	Regierungsbeteiligung christl.-dem. Parteien	Gewerkschaftsmacht / Korporatismus	Soz.-Niveau am Anfang od. zuvor
*Swank (1996)	Soz.-quote nach OECD-	15 Industrieländer 1965-1995/ 1965-1995/ 1979-1995/ 1979-95	Arbeitslosenquote	Altenquote	Index für Zwei-Kammer-System und Föderalismus	Offenheitsgrad	DI- Zu- + -Abflüsse in % des BIP im Durchschnitt der vorangegangenen 3 Jahre **Bzw:** im 4. Fall Kap.zufluss mit Krediten und Portfoliokapital auf internat. Kapitalmärkten in % des BIP		Reales BIP-Wachstum im Vorjahr (t-1)	BIP pro Kopf in konstanten 1985-$		Jährlicher Anteil linker Parteien an den Kabinetts-Portfolios	Jährlicher Anteil christl.-dem. Parteien an den Kabinetts-Portfolios	Index zur Zahl der Gewerkschaftsmitglieder und Zentralisierung von Gewerkschaften und Lohnverhandlungen	

Fortsetzung nächste Seite

Fortsetzung Tabelle A2

Studien	Abhängige Variablen	Länder und Zeiträume	Unabhängige Variablen												
			Arbeitslosigkeit	Bevölkerungsanteil alter Menschen	Föderalismus (z.T. in institut. Indizes)	Außenhandel	Kapitalmobilität	Offenheit für Finanztransaktionen	Jährliches Wachstum des BIP bzw. Einkommens	Längerfrist. Wachstum bzw. Pro-Kopf-Eink.	Sonstige Variablen	Regierungsbeteiligung linker Parteien	Regierungsbeteiligung christl.-dem. Parteien	Gewerkschaftsmacht / Korporatismus	Soz.-Niveau am Anfang od. zuvor
(*) Quinn (1997)	Änderung der Soz.-quote nach IWF	Querschnittsanalyse für 30 Länder, 1974-89					Änderung des Quinn-CAPITAL-Index 1973-88: (rechtl.. Schranken der Finanztransaktionen für Kapitalbewegungen)			Wachstum des realen Pro-Kopf-BIP 1974-1989					Soz.-quote 1973
Rodrik (1997)	Soz.-quote nach OECD-	14 OECD-Länder 1966-91				Offenheitsgrad im Vorjahr (t-1)	Dummyvariable für Kapitalverkehrsbeschränkungen			BIP pro Kopf					

Fortsetzung nächste Seite

Fortsetzung Tabelle A2

Studien	Abhängige Variablen	Länder und Zeiträume	Unabhängige Variablen												
			Arbeitslosigkeit	Bevölkerungsanteil alter Menschen	Föderalismus (z.T. in institut. Indizes)	Außenhandel	Kapitalmobilität	Offenheit für Finanztransaktionen	Jährliches Wachstum des BIP bzw. Einkommens	Längerfrist. Wachstum bzw. Pro-Kopf-Eink.	Sonstige Variablen	Regierungsbeteiligung linker Parteien	Regierungsbeteiligung christl.-dem. Parteien	Gewerkschaftsmacht / Korporatismus	Soz.-Niveau am Anfang od. zuvor
M. Schmidt (1997)	Soz.-quote nach OECD	18 OECD-Länder 1960-92	Arbeitslosenquote	Altenquote	Schmidt-Index (enthält zu 1/5 Föderalismus)	Offenheitsgrad (in 2. Regression nicht einbezogen)			(Reales jährl. BIP-Wachstum)			Anteil linker Parteien an den Regierungsmitgliedern	Anteil der Parteien der Mitte an den Regierungsmitgliedern		(Soz.-quote im Vorjahr)
	Soz.-quote nach ILO	Querschnittsanalyse, 90 Länder 1989		Altenquote 1989	Föderalismus-Dummy						Bev.-Anteil d. Lohnempfänger außerhalb der Landwirtsch. 1989	Starke linke oder mittlere Parteien			
Busch (1998) und (1999)	Soz.-quote nach Eurostat	Querschnittsanalyse, 11 EU-Länder 1993								BIP pro Kopf in Kaufkraftstandards					

Fortsetzung nächste Seite

Fortsetzung Tabelle A2

Studien	Abhängige Variablen	Länder und Zeiträume	Unabhängige Variablen												
			Arbeitslosigkeit	Bevölkerungsanteil alter Menschen	Föderalismus (z.T. in institut. Indizes)	Außenhandel	Kapitalmobilität	Offenheit für Finanztransaktionen	Jährliches Wachstum des BIP bzw. Einkommens	Längerfrist. Wachstum bzw. Pro-Kopf-Eink.	Sonstige Variablen	Regierungsbeteiligung linker Parteien	Regierungsbeteiligung christl.-dem. Parteien	Gewerkschaftsmacht / Korporatismus	Soz.-Niveau am Anfang od. zuvor
Hicks/ Kenworthy (1998)	Staatl. Transfers in % des BIP nach OECD im mehrjährig. Durchschnitt	18 Länder, jeweils Durchschnitte 1960-67 68-73, 74-79, 80-89 (N = 72 / 68)	Arbeitslosenquote	Altenquote								Durchschnittl. jährl. Anteil linker Parteien an der Regierung	Durchschnittl. jährl. Anteil christl.-dem. Parteien an der Regierung	Umfassender Korporatismus-Index	
***Castles (1999)**	Soz.-quote (1993) minus Soz.-quote (1960) nach OECD	Querschnittsanalyse für 17 Länder 1960-1993.		Änderung der Altenquote 1960-1993	Föderalismus-Dummy **bzw.** Index von Huber et. al. u. Schmidt **bzw.** Steuer-Anteil d. Region. **bzw** Einnahmen-Anteil d. Zentralreg.					Durchschnittl. BIP-Wachstumsrate 1960-1992	Anteil rechter Parteien an der Regierung 1960-1993				

Fortsetzung nächste Seite

Fortsetzung Tabelle A2

Studien	Abhängige Variablen	Länder und Zeiträume	Unabhängige Variablen												
			Arbeitslosigkeit	Bevölkerungsanteil alter Menschen	Föderalismus (z.T. in institut. Indizes)	Außenhandel	Kapitalmobilität	Offenheit für Finanztransaktionen	Jährliches Wachstum des BIP bzw. Einkommens	Längerfrist. Wachstum bzw. Pro-Kopf-Eink.	Sonstige Variablen	Regierungsbeteiligung linker Parteien	Regierungsbeteiligung christl.-dem. Parteien	Gewerkschaftsmacht / Korporatismus	Soz.-Niveau am Anfang od. zuvor
Hicks (1999)	Soz.-quote nach ILO	18 Länder 1960-1989	Arbeitslosenquote (Durchschnitt von t und t-1)	Bevölkerungsanteil der Menschen über 65 (Durchschnitt von t und t-1)	Vetospieler-Index nach Huber/ Ragin/ Stephens (1993)	Offenheitsgrad (t-1)				Log. des BIP pro Kopf (Durchschnitt von t und t-1)		Anteil linker Parteien an den Reg.sitzen im Durchschnitt der 4 Jahre zuvor	Anteil chr.-dem. Parteien an den Reg.sitzen im Durchschn. d. 4 Jahre zuvor	Durchschnitt zweier Indizes zu Gewerkschaften und Korporatismus	
Iversen/ Cusack (2000)	Änderung aller staatlichen Transfers an Haushalte	15 Länder 1961-1993				Offenheitsgrad und Änderung des Offenheitsgrades	Index für Kapitalmarktliberalisierung und Änderung dieses Index		„Unerwartetes Wachstum": Wachstum minus durchschnittl. Wachstum der vergangenen 3 Jahre		„Automatische Transfers": Transferrate pro Person d. Vorjahrs X Änd. d. Bev.-Anteils d. Alten u. Arbeitslos.	Index zur Messung der politischen Richtung der Regierung / Änderung des Index		Index zur Zahl der Gewerkschaftsmitglieder und Zentralisierung von Lohnverhandlungen	Niveau der staatlichen Transfers an Haushalte (t-1)

Fortsetzung nächste Seite

Fortsetzung Tabelle A2

Studien	Abhängige Variablen	Länder und Zeiträume	Unabhängige Variablen												
			Arbeitslosigkeit	Bevölkerungsanteil alter Menschen	Föderalismus (z.T. in institut. Indizes)	Außenhandel	Kapitalmobilität	Offenheit für Finanztransaktionen	Jährliches Wachstum des BIP bzw. Einkommens	Längerfrist. Wachstum bzw. Pro-Kopf-Eink.	Sonstige Variablen	Regierungsbeteiligung linker Parteien	Regierungsbeteiligung christl.-dem. Parteien	Gewerkschaftsmacht / Korporatismus	Soz.-Niveau am Anfang od. zuvor
Kittel/ Obinger/ Wagschal (2000)	Höhe der Soz.-quote nach ILO	18 Länder 1960-1989	Arbeitslosenquote	Altenquote	Index zum polit. System, mit Teil-Index für Föderalismus	Offenheitsgrad				Pro-Kopf-Einkommen in 1000 $		Anteil linker Minister in der Regierung	Anteil chr.-dem. Minister in der Regierung		Höhe der Soz.-quote im Vorjahr
	Änderung der Soz.-quote nach ILO	18 Länder 1960-1989 ohne / mit Perioden-Dummies	Änderung der Arbeitslosenquote	Änderungsrate der Altenquote		Änderungsrate des Offenheitsgrades			Wachstumsrate des Pro-Kopf-Einkommens						

Fortsetzung nächste Seite

Fortsetzung Tabelle A2

Studien	Abhängige Variablen	Länder und Zeiträume	Unabhängige Variablen												
			Arbeitslosigkeit	Bevölkerungsanteil alter Menschen	Föderalismus (z.T. in institut. Indizes)	Außenhandel	Kapitalmobilität	Offenheit für Finanztransaktionen	Jährliches Wachstum des BIP bzw. Einkommens	Längerfrist. Wachstum bzw. Pro-Kopf-Eink.	Sonstige Variablen	Regierungsbeteiligung linker Parteien	Regierungsbeteiligung christl.-dem. Parteien	Gewerkschaftsmacht / Korporatismus	Soz.-Niveau am Anfang od. zuvor
Kittel/ Obinger/ Wagschal (2000) (Fortsetzung)	Durchschnittl. Soz.-quote nach ILO (bis 1989) bzw. OECD (1990-95)	18 Länder 4 Querschnitts analysen 1960-69/ 70-79/ 80-89/ 90-95	Durchschnittl. jährl. Arbeitslosenquote	Durchschnittl. jährl. Altenquote	Index zum polit System, mit Teil-Index für Föderalismus					Durchschnittl. jährl. Pro-Kopf-Einkommen in 1000 $		Anteil linker . Minister in der Regierung	Anteil chr.-dem. Minister in der Regierung		Höhe der Soz.-quote in der Vor-Dekade
	Durchschnittliche Änderung der Soz.-quote nach ILO (bis 1989) bzw. OECD (1990-95)	18 Länder 4 Querschnitts analysen 1960-69/ 70-79/ 80-89/ 90-95	Durchschnittl. jährl. Änderung der Arbeitslosenquote	Durchschnittl. jährl. Änderungsrate der Altenquote						Durchschnittl. jährl. Wachstumsrate					Höhe der Soz.-quote in der Vor-Dekade

Fortsetzung nächste Seite

Fortsetzung Tabelle A2

Studien	Abhängige Variablen	Länder und Zeiträume	Unabhängige Variablen												
			Arbeitslosigkeit	Bevölkerungsanteil alter Menschen	Föderalismus (z.T. in institut. Indizes)	Außenhandel	Kapitalmobilität	Offenheit für Finanztransaktionen	Jährliches Wachstum des BIP bzw. Einkommens	Längerfrist. Wachstum bzw. Pro-Kopf-Eink.	Sonstige Variablen	Regierungsbeteiligung linker Parteien	Regierungsbeteiligung christl.-dem. Parteien	Gewerkschaftsmacht / Korporatismus	Soz.-Niveau am Anfang od. zuvor
Vaubel (2000)	Sozialleistungsquote nach OECD, Durchschnitte für die jeweiligen Zeiträume	22 OECD-Länder Querschnittsanalyse für 1990-97			Föderalismus-Dummy	Importquote	Index für Kapitalverkehrsbeschränkungen nach OECD				Bevölkerungsdichte	Anteil linker Parteien an den Kabinettssitzen 1950-1990			
		22 OECD-Länder, kombinierte Zeitreihen-Querschnittsanalyse für 1984-1989, 1990-1995										Index für die vorangegangenen 25 Jahre nach M. Schmidt			

Fortsetzung nächste Seite

Fortsetzung Tabelle A2

Studien	Abhängige Variablen	Länder und Zeiträume	Unabhängige Variablen												
			Arbeitslosigkeit	Bevölkerungsanteil alter Menschen	Föderalismus (z.T. in institut. Indizes)	Außenhandel	Kapitalmobilität	Offenheit für Finanztransaktionen	Jährliches Wachstum des BIP bzw. Einkommens	Längerfrist. Wachstum bzw. Pro-Kopf-Eink.	Sonstige Variablen	Regierungsbeteiligung linker Parteien	Regierungsbeteiligung christl.-dem. Parteien	Gewerkschaftsmacht / Korporatismus	Soz.-Niveau am Anfang od. zuvor
Wagschal (2000)	Soz.-quote nach OECD	Querschnittsanalyse für 21 bzw. 23 OECD-Länder 1995		Durchschnittliche Altenquote 1960-1995	Index nach Huber/ Ragin/ Stephens (1993)					Durchschnittl. Wachstum 1960-1995		Kabinettsanteil soz.-demokr. Parteien im Durchschnitt 1945-1995	Kabinettsanteil chr.-dem. Parteien Durchschnitt 1945-95		
	Änderung der Soz.-quote 1980-95 nach OECD	21 bzw. 22 OECD-Länder, Querschnittsanalyse für 1980-95	Änderung d. Arbeitslosenquote (1994 – Durchschnitt 1980-89)	Altenquote 1995	Index nach Huber/ Ragin/ Stephens (1993)			Quinn-Index zur rechtl. Offenheit für Finanzbewegungen 1980-93							Niveau der Soz.-quote 1980
Castles (2001)	Änderung der Soz.-quote 1984-97 nach OECD/ SOCX	19 OECD-Länder, Querschnittsanalyse für 1984-97	Änderung der Arbeitslosigkeit 1984-1997			Offenheitsgrad 1984				Durchschnittliche BIP-Wachstumsrate 1984-97					Niveau der Soz.-quote 1984

Fortsetzung nächste Seite

Fortsetzung Tabelle A2

Studien	Abhängige Variablen	Länder und Zeiträume	Unabhängige Variablen												
			Arbeitslosigkeit	Bevölkerungsanteil alter Menschen	Föderalismus (z.T. in institut. Indizes)	Außenhandel	Kapitalmobilität	Offenheit für Finanztransaktionen	Jährliches Wachstum des BIP bzw. Einkommens	Längerfrist. Wachstum bzw. Pro-Kopf-Eink.	Sonstige Variablen	Regierungsbeteiligung linker Parteien	Regierungsbeteiligung christl.-dem. Parteien	Gewerkschaftsmacht / Korporatismus	Soz.-Niveau am Anfang od. zuvor
Garrett/ Mitchell (2001)	Soz.-transferquote aus OECD Historical Statistics	18 Industrieländer 1961-1993	Arbeitslosenquote	Bevölkerungsanteil d. Menschen über 65 und unter 15 Jahren		Offenheitsgrad	DI- Zu- und -abflüsse in % des BIP		Wachstumsrate des BIP pro-Kopf-			Anteil linker Parteien an den Kabinetts-Portfolios	Anteil chr.-dem. Parteien an den Kabinetts-Portfolios		Soz.-quote im Vorjahr (t-1)
Huber/ Stephens (2001)	Soz.-quote nach ILO	16 Industrieländer 1960-1985	Arbeitslosenquote	Altenquote	Veto-Punkte nach Huber/ Ragin/ Stephens Index	Offenheitsgrad	DI-Abflüsse in % des BIP			BIP pro Kopf in konst. $		Anteil linker Parteien an den Parlamentssitzen aller Regierungsparteien	Anteil christl.-dem. Parteien an den Parlamentssitzen aller Regierungsparteien	Index nach Lehmbruch zur Integration von Arbeiterorganisationen in die Politik	Soz.-quote t-5
	Soz.-transferquote nach OECD														

Fortsetzung nächste Seite

Fortsetzung Tabelle A2

Studien	Abhängige Variablen	Länder und Zeiträume	Unabhängige Variablen												
			Arbeitslosigkeit	Bevölkerungsanteil alter Menschen	Föderalismus (z.T. in institut. Indizes)	Außenhandel	Kapitalmobilität	Offenheit für Finanztransaktionen	Jährliches Wachstum des BIP bzw. Einkommens	Längerfrist. Wachstum bzw. Pro-Kopf-Eink.	Sonstige Variablen	Regierungsbeteiligung linker Parteien	Regierungsbeteiligung christl.-dem. Parteien	Gewerkschaftsmacht / Korporatismus	Soz.-Niveau am Anfang od. zuvor
Kemmerling (2001)	Netto-Soz.-quote nach Adema	Bivariate Korrelationen: Querschnittsanalyse, 13 Länder 1995		Veränd. d. Relation des Anteils d. Menschen >65 zu den Menschen zwischen 15 und 65 1960-1994		Offenheitsgrad				BIP pro Kopf		Anteil linker und christdemokratischer Parteimitglieder an den Regierungsmitgliedern			
	Soz.-quote nach OECD-Zahlen	Bivariate Korrelationen: Querschnittsanalyse, 13 Länder 1995													
*Castronova (2002)	Soz.-quote nach CWS (ILO)	19 Länder 1960-1994	Arbeitslosenquote	Altenquote		Offenheitsgrad					Gini-Koeffizient nach Deininger/Squire	Stimmenanteil linker Parteien bei Wahlen		Anteil der Gewerkschaftsmitglieder an den Beschäftigten	

Fortsetzung nächste Seite

Fortsetzung Tabelle A2

Studien	Abhängige Variablen	Länder und Zeiträume	Unabhängige Variablen												
			Arbeitslosigkeit	Bevölkerungsanteil alter Menschen	Föderalismus (z.T. in institut. Indizes)	Außenhandel	Kapitalmobilität	Offenheit für Finanztransaktionen	Jährliches Wachstum des BIP bzw. Einkommens	Längerfrist. Wachstum bzw. Pro-Kopf-Eink.	Sonstige Variablen	Regierungsbeteiligung linker Parteien	Regierungsbeteiligung christl.-dem. Parteien	Gewerkschaftsmacht / Korporatismus	Soz.-Niveau am Anfang od. zuvor
Kittel/ Obinger (2002)	Soz.-quote nach OECD (Tab. 3)	21 Industrieländer 1980-97	Arbeitslosenquote (t-1)	Niveau der Altenquote im Vorjahr (t-1)	Index f. Zwei-Kammer-System und Föderalismus (1971-1996)	Niveau des Offenheitsgrades im Vorjahr (t-1)			BIP-Wachstum des Vorjahres (t-1)			Anteil linker (einschl. grüner) Parteien an der Regierung im Vorjahr (t-1)	Anteil christl.-dem. Parteien an der Regierung im Vorjahr (t-1)		Höhe der Soz.-quote im Vorjahr (t-1)
	Jährliche Änderung der Soz.-quote nach OECD/ SOCX (Tab. 5, 7, 8, 10)	21 Industrieländer 1980-97/ 1980-97/ 1980-97/ 1980-97/ 1980-97/ 1982-97/ 1982-89/ 1990-97/ *1982-89/* *1990-97/* 1982-97/ 1982-89/ 1990-97	Änderung der Arbeitslosenquote	Niveau der Altenquote im Vorjahr (t-1)		Niveau des Offenheitsgrades im Vorjahr (t-1)			BIP-Wachstum des Vorjahres (t-1)		Anteil säkular-konservativer Parteien an der Regierung im Vorjahr	Anteil linker (einschl. grüner) Parteien an der Regierung im Vorjahr (t-1)	Anteil christl.-dem. Parteien an der Regierung im Vorjahr (t-1)		Höhe der Soz.-quote im Vorjahr (t-1)

Fortsetzung nächste Seite

Fortsetzung Tabelle A2

Studien	Abhängige Variablen	Länder und Zeiträume	Unabhängige Variablen												
			Arbeitslosigkeit	Bevölkerungsanteil alter Menschen	Föderalismus (z.T. in institut. Indizes)	Außenhandel	Kapitalmobilität	Offenheit für Finanztransaktionen	Jährliches Wachstum des BIP bzw. Einkommens	Längerfrist. Wachstum bzw. Pro-Kopf-Eink.	Sonstige Variablen	Regierungsbeteiligung linker Parteien	Regierungsbeteiligung christl.-dem. Parteien	Gewerkschaftsmacht / Korporatismus	Soz.-Niveau am Anfang od. zuvor
Kittel/ Obinger (2002) (Fortsetzung)	Durchschnittl. jährl. Änderung der Sozquote im ganzen Zeitraum (Tab. 12)	Querschnittsanalyse für 21 Industrieländer 1980-1997	Änderung der Arbeitslosenquote (Durchschnitt 1980-1997)	Niveau der Altenquote (Durchschnitt 1980-1997)		Niveau des Offenheitsgrades (Durchschnitt 1980-97)				BIP-Wachstum (Durchschnitt 1980-1997)	Anteil säkular-konservativer Parteien an der Regierung (Durchschnitt 1980-97)	Anteil linker (einschl. grüner) Parteien an der Regierung (Durchschnitt 1980-1997)	Anteil christl.-dem. Parteien an der Regierung (Durchschnitt 1980-1997)		log. Höhe der Soz.-quote 1980
	Netto-Soz.-quote nach Adema (Tabelle 13)	Querschnittsanalyse für 13 Länder 1995									Anteil säkular-konservativer Parteien an der Regierung (1945-1995)	Anteil linker (einschl. grüner) Parteien an der Regierung (1945-1995)	Anteil christl.-dem. Parteien an der Regierung (1945-1995)		

Fortsetzung nächste Seite

Fortsetzung Tabelle A2

Studien	Abhängige Variablen	Länder und Zeiträume	Unabhängige Variablen												
			Arbeitslosigkeit	Bevölkerungsanteil alter Menschen	Föderalismus (z.T. in institut. Indizes)	Außenhandel	Kapitalmobilität	Offenheit für Finanztransaktionen	Jährliches Wachstum des BIP bzw. Einkommens	Längerfrist. Wachstum bzw. Pro-Kopf-Eink.	Sonstige Variablen	Regierungsbeteiligung linker Parteien	Regierungsbeteiligung christl.-dem. Parteien	Gewerkschaftsmacht / Korporatismus	Soz.-Niveau am Anfang od. zuvor
Siegel (2002)	Änderung der Soz.-quote nach OECD	22 Länder 1980-1995	Änderung der Arbeitslosenquote	Änderung der Altenquote	Vetospielerindex nach M Schmidt (enthält Föderalismus)	Offenheitsgrad		Quinn-Index zur rechtl. Offenheit für Finanzbewegungen	Wirtschaftswachstumsraten			Anteil soz.-dem. Parteien (ohne Labour) an den Kabinettssitzen	Anteil christl-demokr. Parteien an den Kabinettssitzen		Niveau der Soz.-quote der Vorperiode
	Änderung der Soz.-quote nach OECD insgesamt im Zeitraum 1980-95	Querschnittsanalyse für 22 bzw. 19 Länder 1980-1995	Differenz Al.quote (1995) – Al.quote (1980)	Altenquote im Durchschnitt der Jahre 1980-1995	Vetospielerindex nach M. Schmidt (enthält Föderalismus)					Wirtschaftswachstum im Durchschnitt der Jahre 1980-1995		Kabinettssitzanteile Soz.-Dem ohne Labour im Durchschnitt der Jahre 1980-1995			Niveau der Soz.-quote im Jahr 1980

Fortsetzung nächste Seite

Fortsetzung Tabelle A2

Studien	Abhängige Variablen	Länder und Zeiträume	Unabhängige Variablen												
			Arbeitslosigkeit	**Bevölkerungsanteil alter Menschen**	**Föderalismus (z.T. in institut. Indizes)**	**Außenhandel**	**Kapitalmobilität**	**Offenheit für Finanztransaktionen**	**Jährliches Wachstum des BIP bzw. Einkommens**	**Längerfrist. Wachstum bzw. Pro-Kopf-Eink.**	**Sonstige Variablen**	**Regierungsbeteiligung linker Parteien**	**Regierungsbeteiligung christl.-dem. Parteien**	**Gewerkschaftsmacht / Korporatismus**	**Soz.-Niveau am Anfang od. zuvor**
Siegel (2002) (Fortsetzung)	Niveau der Soz.-quote nach OECD 1995	Querschnittsanalyse für 22 bzw. 19 Länder	Differenz Al.quote (1995) – Al.quote (1980)	Altenquote im Durchschnitt der Jahre 1980-1995	Vetospielerindex nach M. Schmidt (enthält Föderalismus)					Wirtschaftswachstum im Durchschnitt der Jahre 1980-1995		Kabinettsanteile Soz.-Dem. ohne Labour Durchschnitt 1980-95			Niveau der Soz.-quote im Jahr 1980
(*) Swank (2002a)	Soz.-quote nach OECD	16 europäische Länder 1979-1995	Arbeitslosenquote (t-1)	Bevölkerungsanteil der Menschen über 65 (t-1)		Offenheitsgrad gegenüber: europ. Ländern / außereur. Industrieländern / Entwicklungsländern	DI- Zu- und -abflüsse in % des BIP bzw. Kredite auf internat. Kapitalmärkten (beides 3-Jahres-Moving Average)	Quinn-Index zur rechtl. Offenheit für Finanzbewegungen	Jährliche Wachstumsrate	BIP pro Kopf in konstanten internationalen Preisen		Anteil linker Parteien an der Regierung	Anteil christlich-demokratischer Parteien an der Regierung		

Fortsetzung nächste Seite

Fortsetzung Tabelle A2

Studien	Abhängige Variablen	Länder und Zeiträume	Unabhängige Variablen												
			Arbeitslosigkeit	**Bevölkerungsanteil alter Menschen**	**Föderalismus (z.T. in institut. Indizes)**	**Außenhandel**	**Kapitalmobilität**	**Offenheit für Finanztransaktionen**	**Jährliches Wachstum des BIP bzw. Einkommens**	**Längerfrist. Wachstum bzw. Pro-Kopf-Eink.**	**Sonstige Variablen**	**Regierungsbeteiligung linker Parteien**	**Regierungsbeteiligung christl.-dem. Parteien**	**Gewerkschaftsmacht / Korporatismus**	**Soz.-Niveau am Anfang od. zuvor**
***Swank (2002b)**	Soz.-quote nach OECD	15 Länder 1965-1993, im letzten Fall 1979-93	Arbeitslosenquote (t-1)	Bevölkerungsanteil der Menschen über 65 (t-1)	Zwei Indizes zum Grad der Dezentralisierung	Offenheitsgrad (t-1)	/ Kapital-Zu- und –Abflüsse in % d. BIP, (3-Jahres-Moving-Average) / dasselbe/ Kredite auf internat. Kap.-märkten (3-Jahres-Moving-Average) / Zinsdifferenzen zu internat. Märkten	Quinn-Index zur rechtl. Offenheit für Finanzbewegungen	Jährliche Wachstumsrate (t-1)	BIP pro Kopf in konstanten internationalen Preisen		Anteil linker Parteien an der Regierung	Anteil christlich-demokratischer Parteien an der Regierung	Index zur Zahl d. Gewerkschaftsmitgl. u. Macht v. zentralen Gewerkschaften	Sozialleistungsquote im Vorjahr

Fortsetzung nächste Seite

Fortsetzung Tabelle A2

Studien	Abhängige Variablen	Länder und Zeiträume	Unabhängige Variablen												
			Arbeitslosigkeit	Bevölkerungsanteil alter Menschen	Föderalismus (z.T. in institut. Indizes)	Außenhandel	Kapitalmobilität	Offenheit für Finanztransaktionen	Jährliches Wachstum des BIP bzw. Einkommens	Längerfrist. Wachstum bzw. Pro-Kopf-Eink.	Sonstige Variablen	Regierungsbeteiligung linker Parteien	Regierungsbeteiligung christl.-dem. Parteien	Gewerkschaftsmacht / Korporatismus	Soz.-Niveau am Anfang od. zuvor
Dreher (2004)	Soz.-quote nach OECD	25/27/29 Länder, Fünfjahres-Durchschnitte 1970-2000	Arbeitslosenquote	Bevölkerungsanteil der Menschen über 65 und unter 15					Jährliche Wachstumsrate		a) Index f. polit., ökonom. und kultur. Globalisierung/ b) Index für ökonom. Globalisierung	Dummy für linke Regierung			Sozialleistungsquote im Vorjahr

Fortsetzung nächste Seite

Literaturverzeichnis

Adema, Willem (2001): Net Social Expenditure, 2nd Edition, OECD Labour Market and Social Policy Occasional Papers No. 52.

Ders. (2002): Taxing Benefits, in: OECD Observer, 15. März 2002.

Adorno, Theodor W. (1961): Zur Logik der Sozialwissenschaften. Korreferat zu Karl Popper, in: Adorno, Theodor W. u.a.: Der Positivismusstreit in der deutschen Soziologie, München 1993, S. 125-142.

Akerlof, George A. (1970): The Market for "Lemons": Quality Uncertainty and the Market Mechanism, in: The Quartely Journal of Economics 84, No. 3, S. 488-500.

Alesina, Alberto / Perotti, Roberto (1996): Income Distribution, Political Instability, and Investment, in: European Economic Review 40, S. 1203-1228.

Altshuler, Rosanne / Goodspeed, Tomothy J. (2003): Follow the Leader? Evidence on European and U.S. Tax Competition, Department of Economics, Rutgers, the State University of New Jersey, Working Paper 2004,07.

Altshuler, Rosanne / Grubert, Harry (2004): Taxpayer Responses to Competitive Tax Policies and Tax Policy Responses to Competitive Taxpayers: Recent Evidence, Paper für eine Präsentation der International Tax Policy Forum / American Enterprise Institute Conference on "Competition vs. Cooperation in Global Tax Policy" Dezember 2003.

Apolte, Thomas (1999): Chancen und Risiken nationaler Wirtschaftspolitik bei hoher Kapitalmobilität, in: Apolte, Thomas / Caspers, Rolf / Welfens, Paul J.J. (Hrsg.): Standortwettbewerb, wirtschaftspolitische Rationalität und internationale Ordnungspolitik, Baden-Baden, S. 21-44.

Arrow, Kenneth J. (1963): Uncertainty and the Welfare Economics of Medical Care, in: The American Economic Review 53, No. 5, S. 941-973.

Bach, Stefan / Scheremet, Wolfgang / Seidel, Bernhard / Teichmann, Dieter (2001): Internationale Entwicklungstendenzen nationaler Steuersysteme – von der direkten zur indirekten Besteuerung? Deutsches Institut für Wirtschaftsforschung Sonderheft 172, Berlin.

Bahmani-Oskooee, Mohsen / Brooks, Taggert J. (1999): Cointegration Approach to Estimating Bilateral Trade Elasticities Between U.S. and her Trading Partners, in: International Economic Journal 13, No. 4, S. 119-128.

Bahmani-Oskooee, Mohsen / Niroomand, Farhang (1998): Long-run price elasticities and the Marshall-Lerner condition revisited, in: Economic Letters 61, S. 101-109.

Balassa, Bela (1962): Recent Developments in the Competitiveness of American Industry and Prospects for the Future, in: Joint Economic Committee (Hrsg.): Factors Affecting the United States Balance of Payment, Washington, S. 27-54.

Baldwin, Richard E. / Krugman, Paul (2004): Agglomeration, Integration and Tax Harmonisation, in: European Economic Review 48, S. 1-23.

Bank für Internationalen Zahlungsausgleich (BIZ) (1997): 67. Jahresbericht. Basel.

Dieselbe (1999): 69. Jahresbericht. Basel.

Barr, Nicholas (1998): The Economics of the Welfare State. Third Edition, Oxford, New York.

Bayoumi, Tamin A. / Rose, Andrew K. (1993): Domestic Savings and Intra-National Capital Flows, in: European Economic Review 37, S. 1197-1202.

Beck, Nathaniel / Katz, Jonathan N. (1995): What to do (and not to do) with time-series cross-section data, in: American Political Science Review 89 (3), S. 634-647.

Bénassy-Quéré, Agnés / Fontagné, Lionel / Lahrèche-Révil, Amina (2000): Foreign Direct Investment and the Prospects for Tax Co-Ordination in Europe, CEPII Document de travail No 2000-06.

Bentham, Jeremy (1789/1823): An Introduction to the Principles of Morals and Legislation. Herausgegeben von L. J. Lafleur, New York 1948. (Erstveröffentlichung 1789, Nachdruck der Auflage von 1823)

Berg, Hartmut (1999): Wettbewerbspolitik, in: Vahlens Kompendium der Wirtschaftstheorie und Wirtschaftspolitik. Band 2, 7. Auflage, München, S. 299-362.

Berthold, Norbert (1994/95): Internationale Wettbewerbsfähigkeit – was sagt die ökonomische Theorie? In: Kantzenbach, Erhard / Mayer, Otto G. (Hrsg.): Deutschland im internationalen Standortwettbewerb, Baden-Baden, S. 77-88.

Ders. (1997): Der Sozialstaat im Zeitalter der Globalisierung, Tübingen.

Berthold, Norbert / Hilpert, Jörg (1998): Sozialstandards unter globalem Druck: Erhalten, senken, erhöhen? Referat im Wirtschaftspolitischen Ausschuss des Vereins für Socialpolitik.

Berthold, Norbert / Neumann, Michael (2001): Sozialsysteme im Wettbewerb – das Ende der Umverteilung? Wirtschaftswissenschaftliche Beiträge des Lehrstuhls für Volkswirtschaftslehre, Wirtschaftsordnung und Sozialpolitik der Universität Würzburg Nr. 41.

Berthold, Norbert / Thode, Eric (1998): Globalisierung – Drohendes Unheil oder schöpferische Kraft für den Sozialstaat?, in: Knappe, Eckhard / Berthold, Norbert (Hrsg.): Ökonomische Theorie der Sozialpolitik. Bernhard Külp zum 65. Geburtstag, Heidelberg, S. 329-360.

Beyfuß, Jörg (1992): Ausländische Direktinvestitionen in Deutschland. Bestandsaufnahme und Ergebnisse einer Unternehmensbefragung, Beiträge zur Wirtschafts- und Sozialpolitik 205, Institut der deutschen Wirtschaft, Köln.

Beyfuß, Jörg / Eggert, Jan (2000): Auslandsinvestitionen der deutschen Wirtschaft und ihre Arbeitsplatzeffekte. Aktuelle Trends, Ergebnisse einer Unternehmensbefragung und die Bedeutung der staatlichen Förderung, Beiträge zur Wirtschafts- und Sozialpolitik 258, Institut der deutschen Wirtschaft, Köln.

Beyfuß, Jörg / Kitterer, H.-J. (1990): Deutsche Direktinvestitionen im Ausland. Bestandsaufnahme und Ergebnisse einer Unternehmensbefragung, Beiträge zur Wirtschafts- und Sozialpolitik 181, Institut der deutschen Wirtschaft, Köln.

Blankart, Charles Beat (1983): Warum wächst der Sozialstaat? Eine institutionelle Erklärung, in: Koslowski, Peter / Kreuzer, Philipp / Löw, Reinhard (Hrsg.): Chancen und Grenzen des Sozialstaats. Staatstheorie – Politische Ökonomie – Politik, Tübingen, S. 154-160.

Boeri, Tito (2002): Does Europe Need a Harmonised Social Policy? Paper prepared for the Conference on "Competition of Regions and Integration in EMU", 30th Economics Conference of the Austrian National Bank, Vienna.

Bohnen, Alfred (1964): Die utilitaristische Ethik als Grundlage der modernen Wohlfahrtsökonomik, Göttingen.

Bohnet, Armin / Schratzenstaller, Margit (2001): Gewinner und Verlierer der Globalisierung aus (intra-)nationaler Sicht, in: List Forum für Wirtschafts- und Finanzpolitik 27, Heft 1, S. 1-21.

Börsch-Supan, Axel (1998): Zur deutschen Diskussion eines Übergangs vom Umlage- zum Kapitaldeckungsverfahren in der gesetzlichen Rentenversicherung, in: Finanzarchiv N.F., Bd. 55, S. 400-428.

Borchardt, Knut / Fikentscher, Wolfgang (1957): Wettbewerb, Wettbewerbsbeschränkung, Marktbeherrschung, Stuttgart.

Boss, Alfred (2003): Steuerharmonisierung oder Steuerwettbewerb? Kieler Arbeitspapier Nr. 1178, Institut für Weltwirtschaft, Kiel.

Boyd, Derick / Caporale, Guglielmo / Smith, Ron (2001): Real Exchange Rate Effects on the Balance of Trade: Cointegration and the Marshall-Lerner Condition, in: International Journal of Finance and Economics 6, No. 3, S. 187-200.

Boylan, T.A. / Cuddy, M.P. / O'Muircheartaigh, I. (1980): The Functional Form of the Aggregate Import Demand Equation. A Comparison of Three European Economies, in: Journal of International Economics 10, S. 561-566.

Brandt, Richard B. (1992): Utilitarianism and Welfare Legislation, in: Brandt, Richard B.: Morality, Utilitarianism, and Rights, Cambridge, Mass, S. 370-387.

Brandis, Dirk (1980): Typologie von Einflussfaktoren für private Direktinvestitionen im Ausland, Frankfurt am Main.

Bretschger, Lucas / Hettich, Frank (2000): Globalisation, Capital Mobility and Tax Competition: Theory and Evidence for OECD Countries, Diskussionspapier 07/2000 der Ernst-Moritz-Arndt-Universität Greifswald.

Buettner, Thiess (2002): The Impact of Taxes and Public Spending on the Location of FDI: Evidence from FDI-Flows within Europe, ZEW Discussion Paper No. 02-17, Mannheim.

Bundesministerium für Gesundheit und Soziale Sicherung (2004): Statistisches Taschenbuch 2004. Arbeits- und Sozialstatistik.

Busch, Klaus (1998): Das Korridormodell: ein Konzept zur Weiterentwicklung der EU-Sozialpolitik, in: Internationale Politik und Gesellschaft 2/98, S. 147-156.

Ders. (1999): Europäisierung des Sozialsystems? Vortrag, gehalten am 1. Juni 1999 im Rahmen des Forschungskolloquiums Europäische Integration an der Universität Hannover, veröffentlicht im Internet: http://www.soz.uni-hannover.de/eu/busch.htm (Zugriff am 07.06.2001).

Cameron, David R. (1978): The Expansion of the Public Economy: A Comparative Analysis, in: The American Political Science Review 72, S. 1243-1261.

Carell, Erich (1972): Allgemeine Volkswirtschaftslehre, 14. Auflage, Heidelberg.

Carey, David / Rabesona, Josette (2002): Average Effective Tax Rates on Capital, Labour and Consumption, CESifo Workshop on "Measuring the Tax Burden on Capital and Labour", München.

Castles, Francis G. (1999): Decentralization and the post-war political economy, in: European Journal of Political Research 36, S. 27-53.

Ders. (2001): On the Political Economy of Recent Public Sector Development, in: Journal of European Social Policy 11 (3), S. 195-211.

Castles, Francis G. / Mitchell, Deborah (1993): Worlds of Welfare and Families of Nations, in: Castles, Francis G. (ed.): Families of Nations, Aldershot, Brookfield, Hong Kong, Singapore, Sydney, S. 93-128.

Castronova, Edward (2002): Income Risk and Social Spending: Empirical Estimates, in: Schmollers Jahrbuch 122, S. 327-349.

Cebula, Richard J. / Koch, James V. (1989): Welfare Policies and Migration of the Poor in the United States: An Empirical Note, in: Public Choice 61, S. 171-176.

Chakrabarti, Avik (2001): The Determinants of Foreign Direct Investment: Sensitivity Analysis of Cross-Country Regressions, in: Kyklos 54, H. 1, S. 89-114.

Clostermann, Jörg (1996): Der Einfluß des Wechselkurses auf die deutsche Handelsbilanz. Diskussionspapier 7/96, Volkswirtschaftliche Forschungsgruppe der Deutschen Bundesbank, Frankfurt am Main.

Cox, Helmut / Hübener, Harald (1981): Wettbewerb. Einführung in die Wettbewerbstheorie und Wettbewerbspolitik, in: Cox, Helmut / Jens, Uwe / Markert, Kurt (Hrsg.): Handbuch des Wettbewerbs. Wettbewerbstheorie, Wettbewerbspolitik, Wettbewerbsrecht, München, S. 1-48.

Cummins, Jason G. / Hubbard, R. Glenn (1995): The Tax Sensitivity of Foreign Direct Investment: Evidence from Firm-Level Panel Data, in: Feldstein, Martin / Hines, James R. / Hubbard, R. Glenn (Hrsg.): The Effects of Taxation on Multinational Corporations. Chicago, S. 123-147.

Dahl, Robert / Tufte, Edward (1973): Size and Democracy. Stanford.

De Grauwe, Paul / Polan, Magdalena (2003): Globalisation and Social Spending. CESifo Working Paper No. 885.

De Mooij, Ruud / Ederveen, Sief (2003): Taxation and Foreign Direct Investment: A Synthesis of Empirical Research, in: International Tax and Public Finance 10, S. 673-693.

Deutsche Bundesbank (1994): Reale Wechselkurse als Indikatoren der internationalen Wettbewerbsfähigkeit, in: Monatsbericht Mai 1994, Frankfurt am Main, S. 47-60.

Dieselbe (1996): Monatsbericht März 1996, Frankfurt am Main.

Dieselbe (1997a): Zur Problematik internationaler Vergleiche von Direktinvestitionsströmen, in: Monatsbericht Mai 1997, Frankfurt am Main, S. 79-86.

Dieselbe (1997b): Entwicklung und Bestimmungsgründe grenzüberschreitender Direktinvestitionen, in: Monatsbericht August 1997, Frankfurt am Main, S. 63-82.

Deutscher Bundestag (2002): Bürgerschaftliches Engagement: auf dem Weg in eine zukunftsfähige Bürgergesellschaft. Bericht der Enquetekommission „Zukunft des bürgerschaftlichen Engagements“, Bundestags-Drucksache 14/8900.

Deutsches Institut für Wirtschaftsforschung (DIW) (1992): Saldo der Direktinvestitionen: Kein Indikator für Standortschwäche, in: DIW Wochenbericht 14/92, S. 170-173.

Devereux, Michael P. / Freeman, H (1995): The Impact of Tax on Foreign Direct Investment: Empirical Evidence and the Implications for Tax Integration Schemes, in: International Tax and Public Finance 2, S. 85-106.

Devereux, Michael P. / Griffith, Rachel (1998): Taxes and the Location of Production: Evidence from a Panel of US Multinationals, in: Journal of Public Economics 68, S. 335-367.

Dieselben (2003): Evaluating Tax Policy for Location Decisions, in: International Tax and Public Finance 10, S. 107-126.

Dieckheuer, Gustav (1995). Internationale Wirtschaftsbeziehungen, 3. Auflage, München.

Döhrn, Roland / Radmacher-Nottelmann, Nils A. (2000): A Database on the Globalization of German Manufacturing Companies: Conceptions and some Results, RWI-Papiere Nr. 69, Essen.

Dornbusch, Rudiger (1991): National Saving and International Investment: Comment (zu Feldstein/Bacchetta), in D. Bernheim and J. Shoven (eds.) National Saving and Economic Performance Chicago: University of Chicago Press, S. 220-226.

Ders. (1996): The Effectiveness of Exchange-Rate Changes, in: Oxford Review of Economic Policy 12, No. 3, S. 26-38.

Dreher, Axel (2004): Der Einfluss der Globalisierung auf die Steuer- und Sozialpolitik – eine empirische Analyse für die OECD-Länder, in: Ohr, Renate (Hrsg.): Globalisierung - Herausforderung an die Wirtschaftspolitik, Berlin, S. 75-96.

Eckel, Carsten (2000): Verteilungswirkungen der Globalisierung. Folgen für den Arbeitsmarkt. Wiesbaden.

Esping-Andersen, Gøsta (1990): The Three Worlds of Welfare Capitalism, Cambridge.

Eucken, Walter (1952/1990): Grundsätze der Wirtschaftspolitik. Sechste Auflage 1990 (erste Auflage 1952), Tübingen.

Europäische Kommission (1998): Soziale Sicherheit in Europa 1997, Luxemburg.

Dieselbe (2004): Taxation of Savings Income. Im Internet unter: http://europa.eu.int/comm/taxation_customs/taxation/personal_tax/savings_tax/index_en.htm (zugegriffen am 07.12.2004).

Europäische Zentralbank (2003): Entwicklung der internationalen Preis- und Kostenwettbewerbsfähigkeit des Euro-Währungsgebiets, in: Monatsbericht August 2003, Frankfurt am Main, S. 75-84.

Dieselbe (2004): Statistics, MB-Ch.8-Exchange ratesMB-Ch.8. Im Internet unter: http://www.ecb.int/stats/eurofxref/ (zugegriffen am 16.03.2004).

EUROSTAT (2000a): Jahrbuch 2000. Europa im Blick der Statistik, Luxemburg.

Dasselbe (2000b): Porträt der Wirtschaft der Europäischen Union 1999, Luxemburg.

Dasselbe (2000c): Europäische Sozialstatistik. Sozialschutz. Einnahmen und Ausgaben 1980-1998, Luxemburg.

Fagerberg, Jan (1988): International Competitiveness, in: The Economic Journal 98 (Juni 1988), S. 355-374.

Falzoni, Anna M. (2000): Statistics on Foreign Direct Investment and Multinational Corporations: A Survey. Centre for Economic Policy Research (CEPR), London, im Internet unter: http://www.cepr.org/RESEARCH/Networks/FDIMC/Papers/Data.pdf (zugegriffen am 22.04.2004).

Fehn, Rainer (2001): Institutioneller Wettbewerb und Soziale Sicherungssysteme in Europa. Wirtschaftswissenschaftliche Beiträge des Lehrstuhls für Volkswirtschaftslehre, Wirtschaftsordnung und Sozialpolitik der Universität Würzburg Nr. 45.

Feld, Lars P. (2000a): Steuerwettbewerb und seine Auswirkungen auf Allokation und Distribution: Ein Überblick und eine empirische Studie für die Schweiz, Beiträge zur Finanzwissenschaft, Tübingen.

Ders. (2000b): Fiskalischer Wettbewerb und Einkommensumverteilung, in: Perspektiven der Wirtschaftspolitik 1, Heft 2, S. 181-198.

Ders. (2000c): Tax Competition and Income Redistribution: An Empirical Analysis for Switzerland, in: Public Choice 105, S. 125-164.

Feld, Lars P. / Kirchgässner, Gebhard (1995): Fiskalischer Wettbewerb in der EU: Wird der Wohlfahrtsstaat zusammenbrechen? In: Wirtschaftsdienst 1995/X, S. 562-568.

Felderer, Bernhard / Homburg, Stefan (1991): Makroökonomik und neue Makroökonomik. 5. Auflage, Berlin u.a.

Feldstein, Martin (1974): Social Security, Induced Retirement and Aggregate Capital Accumulation, in: Journal of Political Economy 82, No. 5, S. 905-926.

Ders. (1994a): The Effects of Outbound Foreign Direct Investment on the Domestic Capital Stock, NBER Working Paper No. 4668, Cambridge MA.

Ders. (1994b): Tax Policy and International Capital Flows, in: Weltwirtschaftliches Archiv 130, S. 675-697.

Ders. (1996): Social Security and Saving: New Time series Evidence, in: National Tax Journal 49, No. 2, S. 151-164.

Feldstein, Martin / Bacchetta, Philippe (1991): National Saving and International Investment, in: Bernheim, B. Douglas / Shoven, John B. (Hrsg.): National Saving and Economic Performance, Chicago, S. 201-220.

Feldstein, Martin / Horioka, Charles (1980): Domestic Saving and International Capital Flows, in: The Economic Journal 90, S. 314-329.

Ferrera, Maurizio (1996): The 'Southern Model' of Welfare in Social Europe, in: Journal of European Social Policy 6 (1), S. 17-37.

Filc, Wolfgang (1978): Methodische Aspekte der Ermittlung der internationalen Wettbewerbsfähigkeit eines Landes, Berlin.

Finnish Government (2003): Finnish Government's web service, im Internet unter: http://www.valtioneuvosto.fi/vn/liston/base.lsp?r=665&k=en (Zugegriffen am 15.04.2003).

Fischer-Weltalmanach (1998), (2000) und (2001), S.-Fischer-Verlag, Frankfurt a.M.

Flora, Peter (1986): Introduction, in: Flora, Peter (Hrsg.): Growth to Limits, Band 1, S. XI-XXXVI.

Flora, Peter / Alber, Jens (1981), Modernization, Democratization and the Development of Welfare States in Western Europe, in: Flora, Peter /Heidenheimer, Arnold J. (eds.), The Development of Welfare States in Europe and America, New Brunswick, London, S. 37-80.

Fox, Sharon E. (1996): The Influence of Political Conditions on Foreign Firm Location Decisions in the American States (1974-1989), in: Political Research Quarterly 49, No. 1, S. 51-75.

Frenkel, Jacob A. / Razin, Assaf / Sadka, Efraim (1991): International Taxation in an Integrated World, Cambridge Mass., London.

Frerich, Johannes (1996): Sozialpolitik. Das Sozialleistungssystem der Bundesrepublik Deutschland. Darstellung, Probleme und Perspektiven der Sozialen Sicherung, dritte Auflage, München, Wien.

Fuest, Clemens (2000): Wird der Sozialstaat ein Opfer des Steuerwettbewerbs? In: Aufderheide, Detlef / Dabrowski, Martin (Hrsg.): Internationaler Wettbewerb – nationale Sozialpolitik? Wirtschaftsethische und moralökonomische Perspektiven der Globalisierung, Berlin, S. 63-82.

Fuest, Winfried / Huber, Bernd (1999): Steuern als Standortfaktor im internationalen Wettbewerb, Beiträge zur Wirtschafts- und Sozialpolitik 252, Institut der deutschen Wirtschaft, Köln.

Fujita, Masahisa / Krugman, Paul / Venables, Anthony J. (1999) : The Spatial Economy, Cambridge MA, London.

Galbraith, John Kenneth (1976): The Affluent Society, Third Edition, Revised, Thetford, Norfolk.

Garrett, Geoffrey (1998a): Partisan Politics in the Global Economy, Cambridge, New York, Melbourne.

Ders. (1998b): Global Markests and National Politics: Collision Course or Virtuous Circle?, in: International Organisation 52, 4, S. 787-824.

Garrett, Geoffrey / Mitchell, Deborah (2001): Globalization, Government Spending and Taxation in the OECD, in: European Journal of Political Research 39, S. 145-177.

Gehrig, Thomas (1996): Zum Wettbewerb der Standorte, ifo Studien 42, S. 5-16.

Gerken, Lüder (1999): Der Wettbewerb der Staaten, Tübingen.

Giersch, Herbert (1989): Anmerkungen zum weltwirtschaftlichen Denkansatz, in: Weltwirtschaftliches Archiv 125, S. 1-16.

Goldstein, Morris (1998): The Asian Financial Crisis: Causes, Cures, and Systemic Implications, Washington.

Goos, Elisabeth / Schmid, Josef (1999): Die US-Amerikanische Welfare-Reform, WIP Occasional Paper Nr. 8 –1999, Eberhard-Karls-Universität Tübingen, Institut für Politikwissenschaft.

Gordon, Roger H. / Bovenberg, A. Lans (1996): Why Is Capital So Immobile Internationally? Possible Explanations and Implications for Capital Income Taxation, in: The American Economic Review 86, No. 5, S. 1057-1075.

Gorter, Joeri / Parikh, Ashok (2003): How Sensitive is FDI to Differences in Corporate Income Taxation within the EU?, in: De Economist 151, No. 2, S. 193-204.

Gottschalk, Peter / Smeeding, Timothy M. (1999): Empirical Evidence on Income Inequality in Industrialized Countries. Luxembourg Income Study Working Paper No. 154, Syracuse, New York 1997, überarbeitet 1998 und 1999.

Gough, Ian (1979): The Political Economy of the Welfare State, London, Basingstoke.

Gramlich, Edward M. / Laren, Deborah S. (1984): Migration and Income Redistribution Resposibilities, in: The Journal of Human Resources XIX, 4, S. 489-511.

Graser, Alexander (2002): Sozialpolitik in einer wachsenden EU. Zum Konflikt von Marktintegration, Wohlfahrtsstaatlichkeit und Subsidiarität, in: Blätter für deutsche und internationale Politik 3/2002.

Groebel, Annegret (1989): Verteilungspolitik. Arbeits- und Sozialordnung, München.

Gropp, Reint / Kostial, Kristina (2000): The Disappearing Tax Base: Is Foreign Direct Investment (FDI) Eroding Corporate Income Taxes?, IMF Working Paper WP/00/173.

Grubert, Harry / Mutti, John (1991): Taxes, Tarriffs and Transfer Pricing in Multinational Corporate Decision Making, in: The Review of Economics and Statistics 73, No. 2, S. 285-293.

Dieselben (2000): Do Taxes Influence Where US Corporations Invest?, in: National Tax Journal 53, S. 825-839.

Hatemi-J, Abdulnasser / Irandoust, Manuchehr (2003): Exchange Rates and the Marshall-Lerner Condition: Evidence from Trade Flows between Sweden and Germany, in: Applied Economics Quarterly 49, No. 1, S. 65-73.

Hatzichronoglou, Thomas (1996): Globalisation and Competitiveness: Relevant Indicators, OECD: STI Working Papers 1996/5, Paris.

Haufler, Andreas (1999): Prospects for Co-ordination of Corporate Taxation and the Taxation of Interest Income in the EU, in: Fiscal Studies 20, No. 2, S. 133-153.

Heinemann, Friedrich (1999): Steuerpolitik im EU-Binnenmarkt: Harmonisierung oder Wettbewerb?, in: Internationale Politik und Gesellschaft 2/99, S. 179-186.

Heise, Arne / Küchle, Hartmut (1996): Globalisierung, Sozialkonkurrenz und Europäische Integration, in: WSI Mitteilungen 4/1996, S. 237-244.

Hemmer, Hans-Rimbert (1988): Wirtschaftsprobleme der Entwicklungsländer, 2. Auflage, München.

Herdzina, Klaus (1999): Wettbewerbspolitik, 5. Auflage, Stuttgart.

Hicks, Alexander (1999): Social Democracy and Welfare Welfare Capitalism. A Century of Income Security Politics, Ithaca, London.

Hicks, Alexander M. / Swank, Duane H. (1992): Politics, Institutions, and Welfare Spending in Industrialized Democracies, 1960-82, in: The American Political Science Review 86, S. 658-674.

Hicks, Alexander / Misra, Joya (1993): Two Perspectives on the Welfare State, in: American Journal of Sociology 99, 3, S. 668-710.

Hicks, Alexander / Kenworthy, Lane (1998): Cooperation and Political Economic Performance in Affluent Democratic Capitalism, in: American Journal of Sociology 103, 6, S. 1631-1672.

Hines, James R. (1996): Altered States: Taxes and the Location of Foreign Direct Investment in America, in: The American Economic Review 86, No. 5, S. 1076-1094.

Hines, James R. / Rice, Eric M. (1994): Fiscal Paradise : Foreign Tax Heavens and American Business, in: Quarterly Journal of Economics 109, No. 1, S. 149-182.

Hirschman, Albert O. (1958): The Strategy of Economic Development, New Haven.

Ders. (1970/1974): Abwanderung und Widerspruch. Reaktionen auf Leistungsabfall bei Unternehmungen, Organisationen und Staaten, übersetzt von Leonard Walentik, Tübingen 1974 (Original: Exit, Voice and Loyalty, Cambridge/Mass. 1970).

Hogendorn, Christiaan (1998): Capital Mobility in Historical Perspective, in: Journal of Policy Modeling 20 (2), S. 141-161.

Homburg, Stefan (2000): Ein Schnellkurs in Sachen Rentenreform, in: Perspektiven der Wirtschaftspolitik 1, Heft 4, S. 379-382.

Hoppmann, Erich (1968): Zum Problem einer wirtschaftspolitisch praktikablen Definition des Wettbewerbs, in: Schneider, Hans K. (Hrsg.): Grundlagen der Wettbewerbspolitik, Schriften des Vereins für Socialpolitik Band 48, Berlin.

Houthakker, H.S. / Magee, Stephen P. (1969): Income and Price Elasticities in World Trade, in: The Review of Economics and Statistics 51, No. 2, S. 111-125.

Huber, Evelyne / Ragin, Charles / Stephens, John D. (1993): Social Democracy, Christian Democracy, Constitutional Structure, and the Welfare State, in: American Journal of Sociology 99, 3, S. 711-749.

Huber, Evelyne / Stephens, John D. (2001): Development and Crisis of the Welfare State. Chicago, London.

Hufbauer, Gary (1991): World Economic Integration: The Long View, in: International Economic Insights May/June 1991, S. 26-27.

Hume, David (1739/40): A Treatise of Human Nature. Book III: Of Morals, in: Hume, David: The Philosophical Works, herausgegeben von Th. H. Green und Th. H. Grose, Aalen 1964, Vol. 2. (Originalveröffentlichung 1739/40).

Ders. (1751/77): An Enquiry concerning the Principles of Morals, in: Hume, David: The Philosophical Works, herausgegeben von Th. H. Green und Th. H. Grose, Aalen 1964, Vol. 4, S. 167-287. (Originalveröffentlichung 1751/77).

Hummel, Marlies (1996): Stärken und Schwächen Deutschlands im internationalen Wettbewerb um Einkommen und Arbeitsplätze, in: ifo Schnelldienst Nr. 3, 47. Jahrgang, S. 3-18.

Hüther, Michael (1999): Institutioneller Wettbewerb und Verteilungspolitik, in: Jahrbuch für Wirtschaftswissenschaften 50, S. 91-108.

International Labour Office (1996): The Cost of Social Security. Nineteenth International Inquiry, 1994-1996. Comparative Tables, Genf.

Iversen, Torben (1996) : The Dynamics of Welfare State Expansion : Trade Openness, De-industrialization, and Partisan Politics, in: Pierson, Paul (Hrsg.): The New Politics of the Welfare State, Oxford, S. 45-79.

Iversen, Torben / Cusack, Thomas (2000): The Causes of Welfare State Expansion. Deindustrialization or Globalization?, in: World Politics 52, S. 313-349.

Jarchow, Hans-Joachim / Rühmann, Peter (1994): Monetäre Außenwirtschaft. I. Monetäre Außenwirtschaftstheorie, 4. Auflage, Göttingen.

Jost, Thomas (1997): Direktinvestitionen und Standort Deutschland, Diskussionspapier 2/97, Volkswirtschaftliche Forschungsgruppe der Deutschen Bundesbank, Frankfurt.

Kaldor, Nicholas (1939): Welfare Propositions of Economics and Interpersonal Comparisons of Utility, in: Economic Journal 49, 195, S. 549-552.

Ders (1978): The Effect of Devaluations on Trade in Manufactures, in: N. Kaldor: Further Essays on Applied Economics, London, S. 99-116.

Kant, Immanuel (1785): Grundlegung zur Metaphysik der Sitten, Stuttgart 1984 (Originalveröffentlichung 1785).

Kantzenbach, Erhard (1967): Die Funktionsfähigkeit des Wettbewerbs, 2. Auflage, Göttingen 1967.

Ders. (1993): Der Wirtschaftsstandort Deutschland im internationalen Wettbewerb, in: Wirtschaftsdienst 1993/XII, S. 625-632.

Katzenstein, Peter (1985): Small States in World Markets, Ithaka, London.

Kemmerling, Achim (2001): Die Messung des Sozialstaates. Beschäftigungspolitische Unterschiede zwischen Brutto- und Nettosozialleistungsquote, Discussion Paper FS I 01 – 201, Wissenschaftszentrum Berlin für Sozialforschung.

Kim, Sangho (1992): Gesetzliche Rentenversicherung und Ersparnisbildung der privaten Haushalte in der Bundesrepublik Deutschland von 1962 bis 1988, in: Zeitschrift für die gesamte Versicherungswirtschaft 81, S. 555-577.

Kind, Hans Jarle / Knarvik, Karen Helene Midelfart / Schjelderup, Guttorm (2000): Competing for Capital in a „Lumpy“ World, CESifo Working Paper No. 252, München.

Kirchgässner, Gebhard / Pommerehne, Werner W. (1996): Tax harmonisation and tax competition in the European Union: Lessons from Switzerland, in: Journal of Public Economics 60, S. 351-371.

Kittel, Bernhard / Obinger, Herbert (2002): Political Parties, Institutions, and the Dynamics of Social Expenditure in Times of Austerity, Max-Planck-Institut für Gesellschaftsforschung Discussion Paper 02/1, Köln.

Kittel, Bernhard / Obinger, Herbert / Wagschal, Uwe (2000): Die gezügelten Wohlfahrtsstaaten im internationalen Vergleich: Politisch-institutionelle Faktoren der Entstehung und Entwicklungsdynamik, in: Obinger, Herbert / Wagschal, Uwe (Hrsg.): Der gezügelte Wohlfahrtsstaat. Sozialpolitik in reichen Industrienationen, Frankfurt, New York, S. 329-364.

Kiwit, Daniel / Voigt, Stefan (1998): Grenzen des institutionellen Wettbewerbs, in: Schenk, Karl-Ernst / Schmidtchen, Dieter / Streit, Manfred E. / Vanberg, Viktor (Hrsg.): Jahrbuch für Neue Politische Ökonomie. 17. Band: Globalisierung, Systemwettbewerb und nationalstaatliche Politik, Tübingen, S. 313-337.

Klein, Rudolf / O'Higgins, Michael (1988): Defusing the Crisis of the Welfare State: A New Interpretation, in: Marmor, Theodore R. / Mashaw, Jerry L. (Hrsg.): Social Security: Beyond the Rhetoric of Crisis, S. 203-225

Kleinewefers Lehner, Anne (1998): Kapitalmobilität in der Europäischen Union, in: Quartalsheft 1/1998 der Schweizerischen Nationalbank, S. 49-54.

Koechlin, Timothy (1992): The determinants of the location of USA direct foreign investment, in: International Review of Applied Economics 6, S. 203-216.

Köddermann, Ralf (1996): Sind Löhne und Steuern zu hoch?, in: ifo Schnelldienst 20/96.

Köddermann, Ralf / Wilhelm, Markus (1996): Umfang und Bestimmungsgründe einfließender und ausfließender Direktinvestitionen ausgewählter Industrieländer – Entwicklungen und Perspektiven, ifo-Studien zur Strukturforschung Nr. 24, München.

Köhler-Töglhofer, Walpurga (2001): Probleme der Besteuerung von grenzüberschreitenden Kapitaleinkommen, in: Berichte und Studien 2, Österreichische Nationalbank, S. 173-207.

König, Thomas / Bräuninger, Thomas (1999): Finnland auf dem Weg zum Mehrparteiensystem?, in: Politische Vierteljahresschrift 1/1999, S. 40-64, Wiesbaden, Tabelle 2, im Internet unter: www.uni-konstanz.de/FuF/Verwiss/koenig/Publikationen/ Koenig-Braeun_PVS_99.pdf (zugegriffen am 15.04.2003).

Körner, Heiko (1999): Die deutsche Wirtschaftspolitik in der Globalisierungsfalle?, in: Wirtschaftsdienst 79, S. 598-604.

Korpi, Walter (1983): The Democratic Class Struggle, London u.a.

Krelle, Wilhelm (1961): Preistheorie. Erste Auflage, Tübingen.

Krogstrup, Signe (2004): Are Corporate Tax Burdens Racing to the Bottom in the European Union?, EPRU Working Paper 2004-04, University of Copenhagen.

Kromphardt, Jürgen / Bathe, Oliver (1997): Direktinvestitionen – Ein Indikator für die internationale Wettbewerbsfähigkeit? In: Helmstädter, Ernst / Poser, Günter / Ramser, Hans-Jürgen (Hrsg.): Beiträge zur angewandten Wirtschaftsforschung. Festschrift für Karl Heinrich Oppenländer, Berlin.

Krugman, Paul (1979): A Model of Balance-of-Payment Crises, in: Journal of Money, Credit, and Banking 11, S. 311-325.

Ders. (1991): Increasing Returns and Economic Geography , in: The Journal of Political Economy 99, No. 3, S. 483-499.

Ders. (1994): Competitiveness – a Dangerous Obsession, in: Foreign Affairs 73, 2, S. 28-44.

Ders. (1995): Technology, Trade, and Factor Prices, NBER Working Paper No. 5355, Cambridge MA, National Bureau of Economic Research.

Ders. (1996): Making Sense of the Competitiveness Debate, in: Oxford Review of Economic Policy 12, No. 3, S. 17-25.

Kucera, Gustav (1996): Wirtschaftstheoretische Grundlagen der gegenwärtigen Standortdebatte, in: König, Wolfgang / Kucera, Gustav (Hrsg.): Standort Deutschland – Handwerksrelevante Aspekte und Standortprobleme des Handwerks, Göttingen, S. 25-42.

Külp, Bernhard (1973): Die Rolle der Einkommensverteilung innerhalb der Wohlfahrtstheorie, in: Külp, Bernhard / Stützel, Wolfgang (Hrsg.): Beiträge zu einer Theorie der Sozialpolitik. Festschrift für Elisabeth Liefmann-Keil, Berlin, S. 99-129.

Ders. (1975): Umverteilung zugunsten der nicht ganz Armen und zu Lasten der nicht ganz Reichen?, in: Dürr, Ernst / Jöhr, Walter Adolf / Rothschild, Kurt W. (Hrsg.): Beiträge zur Wirtschafts- und Gesellschaftspolitik. Festschrift für Theodor Pütz, Berlin, S. 227-241.

Ders. (1994): Verteilung. Theorie und Politik, 3. neu bearbeitete Auflage, Stuttgart, Jena.

Külp, Bernhard / Knappe, Eckhard (1984): Wohlfahrtsökonomik I. Die Wohlfahrtskriterien. 2. Auflage, Düsseldorf.

Kumpmann, Ingmar (2004): Der Sozialstaat im Systemwettbewerb, in: Ohr, Renate (Hrsg.): Globalisierung – Herausforderung an die Wirtschaftspolitik, Berlin, S. 125-146.

Kumpmann, Karl (1919): Die neuere Entwicklung der sozialen Fragen, Tübingen.

Ders. (1924): Sozialversicherung oder Sozialversorgung?, in: Kölner Sozialpolitische Vierteljahresschrift 3, Heft 3, S. 5-30.

Ders. (1929): Kapitalismus und Sozialismus, Zur Lehre von den Wirtschaftsperioden, Essen.

Lapp, Susanne / Scheide, Joachim / Solveen, Ralph (1995): Determinants of Exports in the G7-Countries, Kieler Arbeitspapiere Nr. 707, Institut für Weltwirtschaft an der Universität Kiel.

Lerner, Abba P. (1947): The Economics of Control. Principles of Welfare Economics, New York.

Lijphart, Arend (1999): Patterns of Democracy. Government Forms and Performance in Thirty-Six Countries, New Haven, London.

Lindert, Peter H. (1996): What Limits Social Spending?, in: Explorations in Economic History 33, S. 1-34

Luhmann, Niklas (1995): Politik und Wirtschaft, in: Merkur 49, Heft 7, S. 573-581.

Mackenroth, Gerhard (1952): Die Reform der Sozialpolitik durch einen deutschen Sozialplan, in: Schriften des Vereins für Sozialpolitik, NF Bd. 4, Berlin, S. 39-76 (-89).

Manow, Philip (1999): Sozialstaatliche Kompensation außenwirtschaftlicher Öffnung? In: Busch, Andreas (Hrsg.): Nationaler Staat und internationale Wirtschaft: Anmerkungen zum Thema Globalisierung, Baden-Baden, S. 197-222.

Marx, Karl (1875): Kritik des Gothaer Programms, in: Marx, Karl / Engels, Friedrich: Werke. Band 19, Berlin 1972, S. 11-32 (Originalveröffentlichung 1875).

Meinert, Gabriele (1999): Ursachen von Währungskrisen. Eine Verknüpfung theoretischer Ansätze mit der Analyse bedeutender Währungsunruhen der Post-Bretton-Woods-Ära, Diskussionsbeiträge aus dem Institut für Volkswirtschaftslehre der Universität Hohenheim Nr. 174, Stuttgart.

Meinhardt, Volker (2001): Wirkungszusammenhänge von Systemwettbewerb und nationaler Sozialpolitik, in: Müller, Walter (Hrsg.): Regeln für den europäischen Systemwettbewerb: Steuern und soziale Sicherungssysteme, S. 287-305.

Mendoza, Enrique G. / Razin, Assaf / Tesar, Linda L. (1994): Effective Tax Rates in Macroeconomics. Cross-Country Estimates of Tax Rates on Factor Incomes and Consumption, in: Journal of Monetary Economics 34, S. 297-323.

Meurers, Martin (2003): Angebot und Nachfrage im Außenhandel. Theoretische Überlegungen und eine Kointegrationsanalyse für Deutschland, ifo Beiträge zur Wirtschaftsforschung 13, München.

Mill, John Stuart (1825): The Corn Laws, in: Essays on Economics and Society. Collected Works of John Stuart Mill, Vol IV, London 1967 (Erstveröffentlichung 1825), S. 45-70.

Mishra, Ramesh (1993): Social Policy in the Postmodern World, in: Jones, Catherine (Hrsg.): New Perspectives on the Welfare State in Europe, London, New York, S. 18-40.

Molitor, Bruno (1987): Soziale Sicherung, München.

Möller, Herbert / Jarchow, Hans-Joachim (1990): Demand and Supply Functions for West German Exports, in: Jahrbücher für Nationalökonomie und Statistik Band 207/6, S. 529-538.

Monopolkommission (1998): Systemwettbewerb. Sondergutachten der Monopolkommission gemäß § 246 Abs. 5 GWB, Baden-Baden.

Murray, Tracy / Ginman, Peter J. (1976): An Empirical Examination of the Traditional Aggregate Import Demand Model, in: The Review of Economics and Statistics 58, No. 1, S. 75-80.

Musgrave, Richard A. (1971): Economics of Fiscal Federalism, in: Nebraska Journal of Economics and Business 10, No. 4, S. 3-13.

Musgrave, Richard A. / Musgrave, Peggy B. / Kullmer, Lore (1975/1990): Die öffentlichen Finanzen in Theorie und Praxis, 1. Band, 5. Auflage 1990, Tübingen. (1. Auflage 1975)

Mussler, Werner / Wohlgemuth, Michael (1995): Institutionen im Wettbewerb – Ordnungstheoretische Anmerkungen zum Systemwettbewerb in Europa, in: Streit, Manfred E. / Oberender, Peter (Hrsg.): Europas Arbeitsmärkte im Integrationsprozeß, Baden-Baden, S. 9-45.

Myrdal, Gunnar (1957): Economic Theory and Under-Developed Regions, London.

Neumann, Lothar F. / Schaper, Klaus (1998): Die Sozialordnung der Bundesrepublik Deutschland, vierte Auflage, Frankfurt a.M.

Neumann, Manfred J.M. (1998): Ein Einsteig in die Kapitaldeckung der gesetzlichen Renten ist das Gebot der Stunde, in: Wirtschaftsdienst 1998/V, S. 259-264.

Nienhaus, Volker (1998): Geschichte, Institutionen und Strategien der Europäischen Union, in: Klemmer, Paul (Hrsg.): Handbuch Europäische Wirtschaftspolitik, München, S. 1-139.

Oates, Wallace E. (1972): Fiscal Federalism, New York.

Ders. (1999): An Essay on Fiscal Federalism, in: Journal of Economic Literature 37, S. 1120-1149.

Oberender, Peter / Zerth, Jürgen (2001): Europäische Sozialpolitik: Anforderungen in einem zunehmend integrierten Europa, in: Ohr, Renate / Theurl, Theresia (Hrsg.): Kompendium Europäische Wirtschaftspolitik, München, S. 501-534.

Obinger, Herbert / Wagschal, Uwe (2000): Ökonomie, Institutionen und Politik: Determinanten der gebremsten Wohlfahrtsstaaten im Überblick, in: Obinger, Herbert / Wagschal, Uwe (Hrsg.): Der gezügelte Wohlfahrtsstaat. Sozialpolitik in reichen Industrienationen, Frankfurt, New York, S. 365-390.

Obstfeld, Maurice (1986a): Capital Mobility in the World Economy: Theory and Measurement, in: Carnegie-Rochester Coference Series on Public Policy 24, S. 55-104.

Ders. (1986b): Rational and Self-fulfilling Balance-of-Paymernts Crises, in: The American Economic Review 76, No. 1, S. 72-81.

Ders. (1996): Models of Currency Crises with Self-fulfilling Features, in European Economic Review 40, S. 1037-1047.

O'Connor, James (1973): The Fiscal Crisis of the State, New York.

OECD (2001a): OECD Historical Statistics 1970-2000 auf CD-ROM.

Dieselbe (2001b): OECD Social Expenditure Database (SOCX) 1980/1998. Im Internet:
http://www.oecd.org/statisticsdata/0,2643,en_2649_34635_1_119656_1_1_1,00.html (Zugriff 18.09.2004)

Dieselbe (2001c): OECD Economic Outlook No. 68 on CD-ROM.

Offe, Claus (1981): Some Contradictions of the Modern Welfare State. Zuerst in: Praxis International 1, No. 3 (Oktober 1981), hier zitiert nach: Claus Offe: Contradictions of the Welfare State, herausgegeben von John Keane, Hutchinson 1984.

Ohr, Renate (1999): Internationale Wettbewerbsfähigkeit einer Volkswirtschaft: Zur Aussagefähigkeit ausgewählter Indikatoren, in: Hartmut Berg (Hrsg.): Globalisierung der Wirtschaft: Ursachen – Formen – Konsequenzen, Berlin, S. 51-67.

Dieselbe (2001): Internationale Währungsbeziehungen. Entwicklungstrends, Krisenpotentiale und wirtschaftspolitische Optionen, Frankfurt a.M.

Ohr, Renate / Schmidt, André (2001): Europäische Geld- und Währungspolitik, in: Ohr, Renate / Theurl, Theresia (Hrsg.): Kompendium Europäische Wirtschaftspolitik, München, S. 417-466.

Okun, Arthur M. (1975): Equality and Efficiency. The Big Tradeoff, Washington DC.

Olson, Mancur (1965): The Logic of Collective Action. Public Goods and the Theory of Groups, Cambridge, Massachusetts.

Ders. (1982): The Rise and Decline of Nations. Economic Growth, Stagflation, and Social Rigidities, New Haven, London.

OPEC (2002): Organization of the Petrolium Exporting Countries Annual Statistical Bulletin 2002, Wien.

Oppenländer, Karl Heinrich (1980): Motive für deutsche Direktinvestitionen im Ausland, in: Huhle, Fritz (Hrsg.): Weltwirtschaft in Forschung, Lehre und Praxis, Frankfurt, S. 185-200.

Orlowski, Dieter (1982): Die internationale Wettbewerbsfähigkeit einer Volkswirtschaft. Konzeptionelle Grundlagen und empirische Messung einer wirtschaftspolitischen Zielgröße, Göttingen.

Ott, Alfred E. (1959): Marktform und Verhaltensweise, Stuttgart.

Pampel, Fred C. / Williamson, John B. (1988): Welfare Spending in Advanced Industrial Democracies, 1950-1980, in: The American Journal of Sociology, Vol. 93, No. 6, S. 1424-1456.

Dieselben (1989): Age, Class, Politics, and the Welfare State, Cambridge 1989.

Pauly, Mark V. (1973): Income Redistribution as a Local Public Good, in: Journal of Public Economics 2, S. 35-58.

Peterson, Paul E. (1995): The Price of Federalism, Washington, D.C.

Peterson, Paul E. / Rom, Mark (1989): American Federalism, Welfare Policy, and Residential Choices, in: American Political Sciences Review 83, No. 3, S. 711-728.

Dieselben (1990): Welfare Magnets. A New Case for a National Standard, Washington, D.C.

Pierson, Paul (1996): The New Politics of the Welfare State, in: World Politics 48, S. 143-179. Zitiert nach Pierson, Christopher / Castles, Francis G. (Hrsg.): The Welfare State. A Reader, Cambridge 2000.

Pigou, Arthur Cecil (1924): The Economics of Welfare, 2. Auflage, London.

Pitlik, Hans (1997): Demokratische Regimes im Systemwettbewerb: Führt die Staatenkonkurrenz zu einem ruinösen Deregulierungswettlauf?, Diskussionsbeiträge aus dem Institut für Volkswirtschaftslehre der Universität Hohenheim Nr. 138, Stuttgart.

Ders. (1999): Internationaler Ordnungswettbewerb und nationaler Umverteilungskampf, in: List Forum für Wirtschafts- und Finanzpolitik 25, Heft 1, S. 12-22.

Pius XI. (1931): Enzyklika Quadragesimo Anno. Im Internet unter: http://www.vatican.va/holy_father/pius_xi/encyclicals/documents/hf_p-xi_enc_19310515_quadragesimo-anno_en.html (zugegriffen am 1. April 2004).

Piven, Frances Fox (1991): The Decline of Labor Parties: An Overview, in: Piven, Frances Fox (Hrsg.): Labor Parties in Post-Industrial Societies, Cambridge, S. 1-19.

Piven, Frances Fox / Cloward, Richard A. (1971): Regulating the Poor. The Functions of Public Welfare, London.

Polanyi, Karl (1944): The Great Transformation, Boston.

Porter, Michael E. (1990a): What is National Competitiveness?, in: Harvard Business Review March-April 1990, S. 84 f.

Ders. (1990b): The Competitive Advantage of Nations, New York.

Preuße, Heinz Gert (2000): Sechs Jahre Nordamerikanisches Freihandelsabkommen (NAFTA) – Eine Bestandsaufnahme. Tübinger Diskussionsbeitrag Nr. 183, Tübingen.

Projects Group (2003): The Government Crisis News, The latest information as it breaks. Computer Centre, University Dublin. Im Internet unter: http://slarti.ucd.ie/election (Zugriff am 15.04.2003).

Pryor, Frederic L. (1968): Public Expenditures in Communist and Capitalist Nations, London.

Quante, Peter (1957): Grundsätze der Versorgung, Versicherung und Fürsorge, in: Boettcher, Eric (Hrsg.): Sozialpolitik und Sozialreform, Tübingen, S. 227-244.

Quinn, Dennis (1997): The Correlates of Change in International Financial Regulation, in: American Political Science Review 91, No. 3, S. 531-551.

Rawls, John (1971): A Theory of Justice, London, Oxford, New York 1973 (Originalveröffentlichung 1971).

Richter, Wolfram F. (2001): Institutioneller Wettbewerb und die Regelung der Zuständigkeit von Institutionen für Personen, in: Franz, Wolfgang / Hesse, Helmut / Ramser, Hans Jürgen / Stadler, Manfred (Hrsg.): Wirtschaftspolitische Herausforderungen an der Jahrhundertwende, Tübingen, S. 503-517.

Rieger/Leibfried (1997): Die sozialpolitischen Grenzen der Globalisierung, in: Politische Vierteljahresschrift 38, Heft 4, S. 771-796.

Robinson, Joan (1937/1947): Beggar-my-Neighbour Remedies for Unemployment, in: J. Robinson: Essays in the Theory of Employment. 2. Auflage, Oxford 1947, S. 156-170. (1. Auflage 1937).

Rodrik, Dani (1997): Has Globalization Gone too Far? Washington D.C.

Ders. (1998): Why Do More Open Economies Have Bigger Governments?, in: The Journal of Political Economy 106,5, S. 997-1032.

Rose, Klaus / Sauernheimer, Karlhans (1999): Theorie der Außenwirtschaft, 13. Auflage, München.

Rose, Richard (1990): Inheritance Before Public Policy, in: Journal of Theoretical Politics2, S. 263-291.

Rose, Richard / Davies, Pillip L. (1994): Inheritance in Pubic Policy: Change without Choice in Britain, New Haven, London.

Rothschild, Michael / Stiglitz, Joseph (1976): Equilibrium in Competitive Insurance Markets: An Essay on the Economics of Imperfect Information, in: The Quarterly Journal of Economics 90, No. 4, S. 629-649.

Ruggie, John Gerard (1982): International Regimes, Transactions and Change: Embedded Liberalism in the Postwar Economic Order, in: International Organization 36, No. 2, S. 379-415.

Sachverständigenrat zur Begutachtung der gesamtwirtschaftlichen Entwicklung (1995): Im Standortwettbewerb. Jahresgutachten 1995/96, Stuttgart.

Safran, William (1993): France, in: M. Donald Hancock, David P. Conradt, B. Guy Peters, William Safran, Raphael Zariski: Politics in Western Europe, Houndmills u.a., S. 95-179. Table 7.2.

Sakowsky, Dagmar / Ahrens, Joachim (1998): Perspektiven für die Ordnungspolitik in Europa, in: Farmer, Karl / Wohltmann, Hans-Werner (Hrsg.): Quantitative Wirtschaftspolitik in offenen Volkswirtschaften: Theoretische Ansätze und aktuelle Entwicklungen. Festschrift zum 65. Geburtstag von Helmut Kuhn, Münster, S. 57-79.

Salamon, Lester M. / Anheier, Helmut K. und Mitarbeiter (1999): Der Dritte Sektor. Aktuelle internationale Trends. The Johns Hopkins Comparative Nonprofit Sector Project, Phase II, Gütersloh.

Samuelson, Paul A. (1950) : Evaluation of Real National Income, in: Oxford Economic Papers, Vol. II, No. 1, S. 1-21.

Schäfer, Wolf (2001): Europa in der Globalisierung, in: Wirtschaftsdienst 2001/I, S. 30-37.

Scharpf, Fritz W. (1998): Globalisierung als Beschränkung der Handlungsmöglichkeiten nationalstaatlicher Politik, in: Schenk, Karl-Ernst / Schmidtchen, Dieter / Streit, Manfred E. / Vanberg, Viktor (Hrsg.): Jahrbuch für Neue Politische Ökonomie. 17. Band: Globalisierung, Systemwettbewerb und nationalstaatliche Politik, Tübingen, S. 41-66.

Scharrer, Hans-Eckart / Shams, Rasul (1999/2000): Die regionalen Wirtschaftszusammenschlüsse EU, NAFTA, MERCORUR und ASEAN, in: Jahrbuch für internationale Politik 24, S. 101-114.

Schmähl, Winfried (1998): Kapitalmarktorientierte Reform der gesetzlichen Rentenversicherung – der Stein der Weisen?, in: Wirtschaftsdienst 1998/V, S. 264-267.

Ders. (2000): Alterssicherung in Deutschland an der Jahrtausendwende – Konzeptionen, Maßnahmen und Wirkungen, in: Deutsche Rentenversicherung 1-2/2000, S. 50- 71.

Schmidt, André (1998): Ordnungspolitische Perspektiven der europäischen Integration im Spannungsfeld von Wettbewerbs- und Industriepolitik, Frankfurt a.M.

Schmidt, Ingo (Göttingen) (1995): Von der Standortkonkurrenz zur internationalen Regulation? in: PROKLA, Zeitschrift für kritische Sozialwissenschaft Heft 99, 25. Jahrgang, Nr. 2, S. 271-290.

Schmidt, Ingo (Hohenheim) (1999): Wettbewerbs- und Kartellrecht, 6. Auflage, Stuttgart.

Schmidt, Manfred G. (1997): Determinants of Social Expenditure in Liberal Democracies: The Post World War II Experience, in: Acta politica 32, S. 153-173.

Ders. (2003): Datei zur parteipolitischen Zusammensetzung von Regierungen der OECD-Staaten, unveröffentlicht, freundlicherweise von Herrn Schmidt bzw. Herrn Marius Busemeyer zur Verfügung gestellt.

Schnapp, Kai Uwe (2003): Anhang zum Codeplan, im Internet unter: www.politik.uni-halle.de/schnapp/lehre/M1/SkripteFolien/D_Inhalt_Beobachtung/7_InhaltsanaUebg1Mat/codingreport.doc (Zugriff am 14.04.2003).

Schwarz, Gerhard (1996): Competition Among Systems – An Ordo Liberal View, in: Libertarians and Liberalism. Essays in Honour of Gerard Radnitzky, Aldershot, Brookfield USA, Singapore, Sydney.

Senhadji, Abdelhak (1998): Time-Series Estimation of Structural Import Demand Equations: A Cross-Country Analysis. IMF Staff Papers Vol. 45, No. 2, S. 236-267.

Senti, Richard (1994) Die neue Welthandelsordnung. Ergebnisse der Uruguay-Runde, Chancen und Risiken, in: ORDO Jahrbuch 45, S. 301-314.

Siebert, Horst (1994): Geht den Deutschen die Arbeit aus? Wege zu mehr Beschäftigung, München.

Ders. (1998): Disziplinierung der nationalen Wirtschaftspolitik durch die internationale Kapitalmobilität, in: Duwendag, Dieter (Hrsg.): Finanzmärkte im Spannungsfeld von Globalisierung, Regulierung und Geldpolitik, Berlin.

Siebert, Horst / Koop, Michael (1993): Institutional Competition Versus Centralization: Quo Vadis Europe? In: Oxford Review of Economic Policy, Vol. 9, No. 1, S. 15-30.

Siegel, Nico A. (2002): Baustelle Sozialpolitik. Konsolidierung und Rückbau im internationalen Vergleich, Frankfurt a.M., New York.

Sinn, Hans-Werner (1994): How Much Europe? Subsidiarity, Centralization and Fiscal Competition, in: Scottish Journal of Political Economy 41, No. 1, S. 85-107.

Ders. (1995): Implikationen der vier Grundfreiheiten für eine nationale Fiskalpolitik, in: Wirtschaftsdienst 75, S. 240-249.

Ders. (1997a): Das Selektionsprinzip und der Systemwettbewerb, in: Oberhauser, Alois (Hrsg.): Fiskalföderalismus in Europa. Schriften des Vereins für Socialpolitik 253, Berlin, S. 9-60.

Ders. (1997b): Deutschland im Steuerwettbewerb, in: Jahrbücher für Nationalökonomie und Statistik 216, S. 672-692.

Ders. (1998): European Integration and the Future of the Welfare State, CESifo Working Paper Nr. 153.

Ders. (2003): The New Systems Competition, Malden, Oxford, Melbourne, Berlin.

Ders. (2004): The New Systems Competition, in: Perspektiven der Wirtschaftspolitik 5, Heft 1, S. 23-38.

Sinn, Hans-Werner / Holzner, Christian / Meister, Wolfgang / Ochel, Wolfgang / Werding, Martin (2002): Aktivierende Sozialhilfe. Ein Weg zu mehr Beschäftigung und Wachstum, ifo Schnelldienst Sonderausgabe 9/2002.

Sinn, Hans-Werner / Werding, Martin (2001): Zuwanderung nach der EU-Osterweiterung: Wo liegen die Probleme?, in: ifo Schnelldienst 8/2001, 54. Jahrgang, S. 18-27.

Sinn, Stefan (1992a): The Taming of Leviathan: Competition Among Governments, in: Constitutional Political Economy 3, No. 2, S. 177-196.

Ders. (1992b): Saving-Investment Correlations and Capital Mobility: On the Evidence from Annual Data, in: The Economic Journal 102, S. 1162-1170.

Smeeding, Timothy M. with Assistance from Grodner, Andrzej (2000): Changing Income Inequality in OECD Countries: Updated Results from the Luxembourg Income Study (LIS). Luxembourg Income Study Working Paper No. 252, Syracuse, New York.

Smeets, Heinz-Dieter (1996): Grundlagen der regionalen Integration: Von der Zollunion zum Binnenmarkt, in: Ohr, Renate (Hrsg.): Europäische Integration, Stuttgart, Berlin, Köln, S. 47-75.

Smith, Adam (1776): Inquiry into the Nature and Causes of the Wealth of Nations, New York 1991 (Erstveröffentlichung 1776).

Statistisches Bundesamt (Hrsg.) (1992): Statistisches Jahrbuch 1992 für die Bundesrepublik Deutschland, Wiesbaden.

Straubhaar, Thomas (1994): Internationale Wettbewerbsfähigkeit einer Volkswirtschaft – was ist das?, in: Wirtschaftsdienst 1994/X, S. 534-540.

Ders. (1998): Empirische Indikatoren für den Systemwettbewerb – Moderne und historische Befunde, in: Schenk, Karl-Ernst / Schmidtchen, Dieter / Streit, Manfred E. / Vanberg, Viktor (Hrsg.): Jahrbuch für Neue Politische Ökonomie. 17. Band: Globalisierung, Systemwettbewerb und nationalstaatliche Politik, Tübingen, S. 243-272.

Ders. (2001): Internationale Mobilität der Arbeit. Problem oder Chance der EU-Osterweiterung?, in: Wirtschaftspolitische Blätter 2-3/2001, S. 268-276.

Streit, Manfred E. (1994): Westeuropas Wirtschaftsverfassungen unter dem Druck des Systemwettbewerbs, in: List Forum für Wirtschafts- und Finanzpolitik 20, S. 111-124.

Ders. (1995): Dimensionen des Wettbewerbs – Systemwandel aus ordnungsökonomischer Sicht, in: Zeitschrift für Wirtschaftspolitik 44, S. 113-134.

Ders. (1996a): Competition Among Systems as a Defence of Liberty, in: Bouillon, Hardy (Hrsg.): Libertarians and Liberalism. Essays in Honour of Gerard Radnitzky, Aldershot, Brookfield, Singapore, Sydney, S. 236-252.

Ders. (1996b): Systemwettbewerb und Harmonisierung im europäischen Integrationsprozeß, in: Cassel, Dieter (Hrsg.): Entstehung und Wettbewerb von Systemen, Berlin, S. 223-244.

Ders. (1996c): Systemwettbewerb und europäische Integration, in: Zimmermann, Friedrich A. u.a. (Hrsg.): Ordnungspolitische Aspekte der europäischen

Integration – Freiburgs Botschaft für ein offenes Europa, Baden-Baden, S. 11-22.

Summers, Lawrence H. (1988): Tax Policy and International Competitiveness, in: Frenkel, Jacob A. (Hrsg.): International Aspects of Fiscal Policies, Chicago, London, S. 349-375.

Swank, Duane (1996): Political Institutions and Welfare State Restructuring, The Impact of Institutions on Social Policy Change in Developed Democracies, in: Pierson, Paul (Hrsg.): The New Politics of the Welfare State, Oxford, S. 197-237.

Ders. (1998): Funding the Welfare State: Globalization and the Taxtion of Business in Advanced Market Economies, in: Political Studies XLVI, S. 671-692.

Ders. (2002a): European Welfare States: Regionalization, Globalization and Policy Change, in: Brewer, Thomas / Brenton, Paul / Boyd, Gavin (Hrsg.): Globalizing Europe: Deepening Integration, Alliance Capitalism and Structural Statecraft, Cheltenham u.a., S. 159-185.

Ders. (2002b): Global Capital, Political Institutions, and Policy Change in Developed Welfare States, Cambridge (UK).

Swenson, Deborah L. (1994): The impact of U.S. tax reform on foreign direct investment in the United States, in: Journal of Public Economics 54, S. 243-266.

Teichmann, Ulrich (1993): Wirtschaftspolitik, 4. aktualisierte Auflage, München

Thalmaier, Anja (1999): Bestimmungsgründe von Fehlzeiten: Welche Rolle spielt die Arbeitslosigkeit? IZA Discussion Paper No. 62. October 1999, Bonn.

Thompson, Warren S. (1929): Population, in: The American Journal of Sociology 34, No. 6, S. 959-975.

Tibout, Charles M. (1956): A Pure Theory of Local Expenditures, in: Journal of Political Economy 64, S. 416-424.

Tichy, Gunter (1994): Konjunktur: stilisierte Fakten, Theorie, Prognose, 2. überarb. Auflage, Berlin u.a.

Trabold, Harald (1995): Die internationale Wettbewerbsfähigkeit einer Volkswirtschaft, in: DIW (Hrsg.): Vierteljahreshefte zur Wirtschaftsforschung H.2, 64. Jahrgang, S. 169-185.

Triffin, Robert (1962): Monopolistic Competition and General Equilibrium Theory, Cambridge/Mass.

Tsebelis, George (1995): Decision Making in Political Systems: Veto Players in Presidentialism, Parliamentarism, Multicameralism, and Multipartyism, in: British Journal of Political Science 25, S. S. 289-325.

Tullock, Gordon (1983): Economics of Income Redistribution, Boston, The Hague, London.

Ulmer, Robert (2001): Arbeit und Freiheit: Wege aus der Krise der Arbeitsgesellschaft, Berlin. (unveröffentlicht)

Ders. (2004): Das Recht auf Faulheit und die autoritäre Arbeitsgesellschaft, in: Bsirske, Frank / Castellina, Luciana / Hengsbach, Friedhelm / Hirsch, Nele / Peters, Jürgen u.a.: Perspektiven! Soziale Bewegungen und Gewerkschaften, Hamburg, S. 74-77.

United Nations Conference on Trade and Development (UNCTAD) (2002): World Investment Report 2002. Transnational Corporations and Export Competitiveness, New York, Genf.

United Nations Conference on Trade and Development (UNCTAD) / Division on Investment, Technology and Enterprise Development (DITE) (2004): Foreign direct investment database. Im Internet unter: http://www.unctad.org/Templates/Page.asp?intItemID=1923&lang=1 (zugegriffen am 24.04.2004).

Van der Wee (1984): Der gebremste Wohlstand. Wiederaufbau, Wachstum, Strukturwandel 1945-1980. Geschichte der Weltwirtschaft im 20. Jahrhundert, Band 6, herausgegeben von Wolfram Fischer, München.

Van Kersbergen, Keen (1995): Social Capitalism: A Study of Christian Democracy and the Post-War Settlement of the Welfare State. London u.a.

Van Parijs, Philippe (1995): Real Freedom for All. What if Anything can Justify Capitalism? New York.

Van Suntum, Ulrich (1986): Internationale Wettbewerbsfähigkeit einer Volkswirtschaft. Ein sinnvolles wirtschaftliches Ziel?, in: Zeitschrift für Wirtschafts- und Sozialwissenschaften (ZWS) 106, S. 495-507

Vaubel, Roland (1998): Probleme einer Vereinheitlichung und Zentralisierung der Sozialpolitik, in: Hanns-Seidel-Stiftung (Hrsg.): Europäische Integration und die Globalisierung, München, S. 93-113.

Ders. (1999): Kein Grund für zentrale Standards – nationale Präferenzen weiterhin durchsetzbar, in: Internationale Politik und Gesellschaft 2/99, S. 190-193.

Ders. (2000): Internationaler Politischer Wettbewerb: Eine europäische Wettbewerbsaufsicht für die Regierungen und die empirische Evidenz. Im Internet unter: http://www.vwl.uni-mannheim.de/vaubel/vaubel/intpolwett.pdf (zugegriffen am 7. April 2003).

Venables, Timothy J. (1996): Equilibrium Locations of Vertically Linked Industries, in: International Economic Review 37, No. 2, S. 341-359.

Von Hayek, F. A. (1968): Der Wettbewerb als Entdeckungsverfahren, Kieler Vorträge gehalten im Institut für Weltwirtschaft an der Universität Kiel, Kiel.

Wagner, Adolph (1893): Grundlegung der politischen Oekonomie. Erster Theil (Grundlagen der Volkswirtschaft), Zweiter Halbband. Lehr- und Handbuch der politischen Oekonomie, Leipzig.

Ders. (1911): Das Gesetz der zunehmenden Staatstätigkeit. Auszug aus: A. Wagner, Staat in nationalökonomischer Hinsicht, in Wörterbuch der Staatswissenschaften, Bd. 7. Abgedruckt in und zitiert nach: Recktenwald, Horst Claus (Hrsg.) (1970): Finanztheorie, Köln, Berlin, S. 241-243.

Wagschal, Uwe (2000): Schub- und Bremskräfte sozialstaatlicher Anstrengungen, in: Obinger, Herbert / Wagschal, Uwe (Hrsg.): Der gezügelte Wohlfahrtsstaat. Sozialpolitik in reichen Industrienationen, Frankfurt, New York, S. 73-94.

Weber, Max (1904): Die „Objektivität" sozialwissenschaftlicher und sozialpolitischer Erkenntnis, in: Archiv für Sozialwissenschaft und Sozialpolitik 19, S. 22-87.

Wellisch, Dietmar (1995): Dezentrale Finanzpolitik bei hoher Mobilität, Tübingen.

Welter, Thomas (2000): Direktinvestitionen und der Standort Deutschland. Analyse der relativ niedrigen Zuflüsse ausländischer Direktinvestitionen in die Bundesrepublik Deutschland, Aachen.

Wheeler, David / Mody, Ashoka (1992): International investment location decisions. The case of U.S. firms, in: Journal of International Economics 33, S. 57-76.

Wildasin, David E. (1989): Interjuristictional Capital Mobility: Fiscal Externality and a Corrective Subsidy, in: Journal of Urban Economics 25, S. 193-212.

Ders. (1991): Income Redistribution in a Common Labor Market, in: The American Economic Review 81, No. 4, S. 757-774.

Wilensky, Harold L. (1975): The Welfare State and Equality, Berkeley, Los Angeles, London.

Wilson, John Douglas (1999): Theories of Tax Competition, in: National Tax Journal 52, S. 269-304.

Wissenschaftlicher Beirat beim Bundesministerium der Finanzen (2000): Freizügigkeit und soziale Sicherung in Europa, Schriftenreihe des Bundesministerium der Finanzen, Heft 69, Bonn.

Wissenschaftlicher Beirat beim Bundesministerium für Wirtschaft (1998): Grundlegende Reform der gesetzlichen Rentenversicherung, Gutachten vom 20./21. Februar 1998, Bonn.

Wohlgemuth, Michael (1999): Systemwettbewerb als Entdeckungsverfahren, in: Streit, Manfred E. / Wohlgemuth, Michael (Hrsg.): Systemwettbewerb als Herausforderung an Politik und Theorie, Baden-Baden, S. 49-70.

World Bank (1995): World Development Report 1995. Workers in an Integrating World, Oxford u.a.

Dieselbe (2003): World Development Indicators 2003. CD-ROM-Ausgabe, Washington D.C.

World Economic Forum (Hrsg.) (2003): The Global Competitiveness Report 2003-2004, New York, Oxford.

Young, Garry (1999): The influence of foreign factor prices and international taxation on fixed investment in the UK, in: Oxford Economic Papers 51, S. 355-373.

Zeddies, Götz (2003): Where do We Go? Common Policies in an Enlarged European Union – the Case of Social Policy, Beitrag zur 8th Conference of Young Economists der Polish Economic Society Poznan 2003.

Zodrow, George R. / Mieszkowski, Peter (1986): Pigou, Tibout, Property Taxation, and the Underprovision of Local Public Goods, in: Journal of Urban Economics 19, S. 356-370.

Zöllner, Detlev (1963): Öffentliche Sozialleistungen und wirtschaftliche Entwicklung. Ein zeitlicher und internationaler Vergleich, Berlin.

Ders. (1997): Soziale Sicherung. Systematische Einführung, München, Wien.

Zürn, Michael (1998): Regieren jenseits des Nationalstaates. Globalisierung und Denationalisierung als Chance, Frankfurt a.M.

CeGE-Schriften

Das CeGE – Centrum für Globalisierung und Europäisierung der Wirtschaft – wurde 1999 von der Wirtschaftswissenschaftlichen Fakultät der Georg-August-Universität Göttingen gegründet. Das Centrum dient als Forum zur internationalen und interdisziplinären Zusammenarbeit bei der Analyse ökonomischer Fragestellungen von europäischer oder globaler Bedeutung. In den CeGE-Schriften werden Forschungsergebnisse aus Dissertationen, Habilitationen und anderen Forschungsprojekten des Zentrums veröffentlicht.

Band 1 Axel Gerloff: Wechselkurspolitik in Mittel- und Osteuropa. Eine theoretische Analyse unter besonderer Berücksichtigung der Erfahrungen der zehn Kandidaten für eine EU-Osterweiterung. 2001.

Band 2 Ingo Konrad: Zur Integration ausgewählter mittel- und osteuropäischer Länder in die währungspolitische Ordnung Europas. 2002.

Band 3 Axel Hennighausen: Wegekostenfinanzierung und Lenkung im deregulierten europäischen Verkehrsmarkt. 2002.

Band 4 Wolfgang Münch: Effects of EU Enlargement to the Central European Countries on Agricultural Markets. 2002.

Band 5 Holger Niermann: Welchen Finanzausgleich braucht Europa? Ein konkreter Vorschlag zur Neugestaltung der europäischen Finanzbeziehungen mit Simulationsmodell. 2002.

Band 6 Jens Südekum: Agglomeration and Regional Unemployment Disparities. A Theoretical Analysis with Reference to the European Union. 2003.

Band 7 Christoph Schinke: Der Geldmarkt im Euro-Währungsraum. Geldmarktgeschäfte, Zinsbildung und die Taylor Rule. 2004.

Band 8 Kai Stukenbrock: The Stability of Currency Boards. 2004.

Band 9 Harald Grethe: Effects of Including Agricultural Products in the Customs Union between Turkey and the EU. A Partial Equilibrium Analysis for Turkey. 2004.

Band 10 Götz Zeddies: Perspektiven der Gemeinschaftspolitiken in der erweiterten EU. 2005.

Band 11 Ingmar Kumpmann: Systemwettbewerb und Umverteilung. Gefährdet die Globalisierung den Sozialstaat? 2005.

FSC
www.fsc.org
MIX
Papier | Fördert
gute Waldnutzung
FSC® C083411

Kolibri 360 GmbH
Ferdinand-Jühlke-Straße 7
99095 Erfurt, Deutschland
produktsicherheit@kolibri360.de

Druck:
CPI Druckdienstleistungen GmbH
im Auftrag der
Kolibri 360 GmbH
Ferdinand-Jühlke-Str. 7
99095 Erfurt